*Mudança estrutural
da esfera pública*

FUNDAÇÃO EDITORA DA UNESP

Presidente do Conselho Curador
Mário Sérgio Vasconcelos

Diretor-Presidente
Jézio Hernani Bomfim Gutierre

Superintendente Administrativo e Financeiro
William de Souza Agostinho

Conselho Editorial Acadêmico
Danilo Rothberg
Luis Fernando Ayerbe
Marcelo Takeshi Yamashita
Maria Cristina Pereira Lima
Milton Terumitsu Sogabe
Newton La Scala Júnior
Pedro Angelo Pagni
Renata Junqueira de Souza
Sandra Aparecida Ferreira
Valéria dos Santos Guimarães

Editores-Adjuntos
Anderson Nobara
Leandro Rodrigues

JÜRGEN HABERMAS

Mudança estrutural da esfera pública

Investigações sobre uma categoria da sociedade burguesa

Com prefácio à edição de 1990

Tradução e apresentação
Denilson Luís Werle

© Suhrkamp Verlag Berlin 1962, 1990
© 2011 Editora Unesp
Título original: *Strukturwandel der Öffentlichkeit*
Untersuchungen zu einer Kategorie der bürgerlichen Gesellschaft

Direitos de publicação reservados à:
Fundação Editora da Unesp (FEU)
Praça da Sé, 108
01001-900 – São Paulo – SP
Tel.: (0xx11) 3242-7171
Fax: (0xx11) 3242-7172
www.editoraunesp.com.br
www.livrariaunesp.com.br
atendimento.editora@unesp.br

CIP – Brasil. Catalogação na publicação
Sindicato Nacional dos Editores de Livros, RJ

H119m

Habermas, Jürgen, 1929-
 Mudança estrutural da esfera pública: investigações sobre uma categoria da sociedade burguesa / Jürgen Habermas; tradução Denilson Luís Werle. – 1.ed. – São Paulo: Editora Unesp, 2014.

 Tradução de: *Strukturwandel der Öffentlichkeit*
 ISBN 978-85-393-0513-1

 1. História social.   2. Opinião pública.   3. Comunicação – Aspectos sociais.   I. Título.

14-09630
CDD: 303.38
CDU: 303.38

Editora afiliada:

Para Wolfgang Abendroth, em gratidão.

Sumário

Introdução à Coleção . *11*

Apresentação à edição brasileira . *15*
  Denilson Luís Werle

Prefácio à nova edição (1990) . *35*

Prefácio à primeira edição . *89*

   I. Introdução
  Delimitação propedêutica de um tipo de esfera pública burguesa . *93*

      § 1. A questão inicial . *93*
      § 2. Sobre o tipo da esfera pública representativa . *98*
      Excurso: O fim da esfera pública representativa, ilustrado no exemplo de Wilhelm Meister . *111*
      § 3. Sobre a gênese da esfera pública burguesa . *114*

   II. As estruturas sociais da esfera pública . *135*

      § 4. O traço fundamental . *135*
      § 5. As instituições da esfera pública . *141*

§ 6. A família burguesa e a institucionalização de uma privacidade vinculada ao público . *164*

§ 7. A esfera pública literária em sua relação com a esfera pública política . *176*

III. As funções políticas da esfera pública . *185*

§ 8. O caso modelo do desenvolvimento inglês . *185*

§ 9. As variações continentais . *200*

§ 10. A sociedade civil como esfera da autonomia privada: direito privado e mercado liberalizado . *212*

§ 11. A institucionalização contraditória da esfera pública no Estado de direito burguês . *221*

IV. Esfera pública burguesa – ideia e ideologia . *239*

§ 12. Opinião pública – *public opinion – opinion publique – öffentliche Meinung*: sobre a pré-história do *tópos* . *239*

§ 13. A publicidade como princípio de mediação entre a política e a moral (Kant) . *264*

§ 14. Sobre a dialética da esfera pública (Hegel e Marx) . *287*

§ 15. A concepção ambivalente da esfera pública na teoria do liberalismo (John Stuart Mill e Alexis de Tocqueville) . *306*

V. Mudança da estrutura social da esfera pública . *327*

§ 16. A tendência ao entrelaçamento da esfera pública com o âmbito privado . *327*

§ 17. A polarização entre a esfera social e a esfera da intimidade . *345*

§ 18. De um público que discute a cultura para um público que consome a cultura . *358*

§ 19. O traço fundamental obscurecido: linhas de desenvolvimento da decadência da esfera pública burguesa . *384*

VI. Mudança da função política da esfera pública . *395*

§ 20. Do jornalismo de pessoas privadas escritoras aos serviços públicos dos meios de comunicação de massa – propaganda como função da esfera pública . *395*

§ 21. A refuncionalização do princípio da publicidade . *419*

§ 22. Esfera pública produzida e opinião não pública: o comportamento eleitoral da população . *446*

§ 23. A esfera pública política no processo de transformação do Estado de direito liberal em Estado de bem-estar social . *464*

VII. Sobre o conceito de opinião pública . *487*

§ 24. Opinião pública como ficção do Estado de direito – e a dissolução do conceito em termos de psicologia social . *487*

§ 25. Uma tentativa sociológica de esclarecimento . *500*

Referências bibliográficas . *511*

Índice onomástico . *533*

Índice remissivo . *543*

Introdução à Coleção

Se desde muito tempo são raros os pensadores capazes de criar passagens entre as áreas mais especializadas das ciências humanas e da filosofia, ainda mais raros são aqueles que, ao fazê-lo, podem reconstruir a fundo as contribuições de cada uma delas, rearticulá-las com um propósito sistemático e, ao mesmo tempo, fazer jus às suas especificidades. Jürgen Habermas consta entre estes últimos. Não se trata de um simples fôlego enciclopédico, de resto nada desprezível em tempos de especialização extrema do conhecimento. A cada passagem que Habermas opera, procurando unidade na multiplicidade das vozes das ciências particulares, corresponde, direta ou indiretamente, um passo na elaboração de uma teoria da sociedade capaz de apresentar, com qualificação conceitual, um diagnóstico crítico do tempo presente. No decorrer de sua obra, o diagnóstico se altera, às vezes incisiva e mesmo abruptamente, com frequência por deslocamentos de ênfase; porém, o seu propósito é sempre o mesmo: reconhecer na realidade das sociedades modernas os potenciais de emancipação e seus obstáculos, buscando apoio em pesquisas empíricas e nunca deixando de justificar os seus próprios critérios.

Certamente, o propósito de realizar um diagnóstico crítico do tempo presente e de sempre atualizá-lo em virtude das transformações históricas não é, em si, uma invenção de Habermas. Basta se reportar ao ensaio de Max Horkheimer sobre "Teoria Tradicional e Teoria Crítica", de 1937, para dar-se conta de que essa é a maneira mais fecunda pela qual se segue com a Teoria Crítica. Contudo, se em cada diagnóstico atualizado é possível entrever uma crítica ao modelo teórico anterior, não se pode deixar de reconhecer que Habermas elaborou a crítica interna mais dura e compenetrada de quase toda a Teoria Crítica que lhe antecedeu – especialmente Marx, Horkheimer, Adorno e Marcuse. Entre os diversos aspectos dessa crítica, particularmente um é decisivo para compreender o projeto habermasiano: o fato de a Teoria Crítica anterior não ter dado a devida atenção à política democrática. Isso significa que, para ele, não somente os procedimentos democráticos trazem consigo, em seu sentido mais amplo, um potencial de emancipação, como nenhuma forma de emancipação pode se justificar normativamente em detrimento da democracia. É em virtude disso que ele é também um ativo participante da esfera pública política, como mostra boa parte de seus escritos de intervenção.

A presente Coleção surge como resultado da maturidade dos estudos habermasianos no Brasil em suas diferentes correntes e das mais ricas interlocuções que sua obra é capaz de suscitar. Em seu conjunto, a produção de Habermas tem sido objeto de adesões entusiasmadas, críticas transformadoras, frustrações comedidas ou rejeições virulentas – dificilmente ela se depara com a indiferença. Porém, na recepção dessa obra, o público brasileiro tem enfrentado algumas dificuldades que esta Coleção pretende sanar. As dificuldades se referem principalmente à ausência de tradução de textos importantes e à falta de uma padronização terminológica nas traduções existentes, o que, no mínimo, faz obscurecer os laços teóricos entre os diversos momentos da obra.

Incluímos na Coleção praticamente a integralidade dos títulos de Habermas publicados pela editora Suhrkamp. São cerca de quarenta volumes, contendo desde as primeiras até as mais recentes publicações do autor. A ordem de publicação evitará um fio cronológico, procurando atender simultaneamente o interesse pela discussão dos textos mais recentes e o interesse pelas obras cujas traduções ou não satisfazem os padrões já alcançados pela pesquisa acadêmica, ou simplesmente inexistem em português. Optamos por não adicionar à Coleção livros apenas organizados por Habermas ou, para evitar possíveis repetições, textos mais antigos que foram posteriormente incorporados pelo próprio autor em volumes mais recentes. Notas de tradução e de edição serão utilizadas de maneira muito pontual e parcimoniosa, limitando-se, sobretudo, a esclarecimentos conceituais considerados fundamentais para o leitor brasileiro. Além disso, cada volume conterá uma apresentação, escrita por um especialista no pensamento habermasiano, e um índice onomástico.

Os editores da Coleção supõem que já estão dadas as condições para sedimentar um vocabulário comum em português, a partir do qual o pensamento habermasiano pode ser mais bem compreendido e, eventualmente, mais bem criticado. Essa suposição anima o projeto editorial desta Coleção, bem como a convicção de que ela irá contribuir para uma discussão de qualidade, entre o público brasileiro, sobre um dos pensadores mais inovadores e instigantes do nosso tempo.

Comissão Editorial
Antonio Ianni Segatto
Denilson Luís Werle
Luiz Repa
Rúrion Melo

Apresentação à edição brasileira

Denilson Luís Werle[*]

A vida pública das sociedades democráticas se caracteriza pelos questionamentos mais ou menos radicais acerca dos seus ideais normativos e de suas práticas e instituições, redefinindo ou, em alguns casos, reforçando os limites entre o público e o privado, as relações entre a sociedade e o Estado. Aqueles interessados em entender a dinâmica das sociedades democráticas modernas encontrarão em *Mudança estrutural da esfera pública* (1962) uma notável contribuição para compreender sua história, as condições sociais e suas funções políticas, seus ideais normativos e os processos internos de seu funcionamento a partir de uma de suas categorias centrais: a esfera pública.

Escrito como *Habilitationsschrifft*,[1] *Mudança estrutural* foi a primeira obra mais sistemática de Habermas e, em certa me-

---
[*] Professor de Ética e Filosofia Política no Departamento de Filosofia da UFSC, pesquisador associado do Cebrap e pesquisador do Néfipo.
[1] Tese de pós-doutorado exigida para obter o cargo de professor na Alemanha. Embora seja um lugar-comum, nunca é demais

dida, destoa das demais por se tratar de uma argumentação construída em termos mais históricos, amarrada à discussão empírica do desenvolvimento da esfera pública na Inglaterra, na França e na Alemanha do século XVII ao XX. Porém, longe de ser uma mera reconstrução histórica, a investigação articula, em uma teoria crítica interdisciplinar, a discussão dos ideais normativos da esfera pública e seus desdobramentos efetivos e contraditórios na realidade das práticas sociais e instituições políticas. A investigação sobre a categoria esfera pública segue o modelo marxista da crítica imanente da ideologia e da dominação[2] que, ao mesmo tempo, apresenta os potenciais de emancipação e mostra que a sociedade democrática burguesa contradiz as premissas essenciais de sua própria autocom-

---

lembrar que Habermas pretendia submetê-la a Max Horkheimer e Theodor Adorno, em Frankfurt. Porém, ambos não a consideraram suficientemente crítica em relação ao caráter ideológico e perigoso de uma concepção demasiado iluminista de esfera pública no contexto das democracias de massa do capitalismo administrado, e também a consideraram muito radical em sua proposta política (que aparece no final do livro) de realizar efetivamente a democracia indo além das proteções e condições formais das democracias constitucionais. Diante disso, Habermas acabou submetendo a tese a Wolfgang Abendroth, em Marburg, jurista e cientista político com tendências socialistas que teve uma participação notável no debate público sobre os fundamentos constitucionais da democracia alemã (ocidental) no pós-guerra. No prefácio à nova edição de 1990, Habermas demonstra toda sua gratidão e admiração pelo trabalho de Abendroth, embora recuse seu otimismo hegeliano-marxista de uma transformação total da sociedade capitalista.

2 Como Habermas afirma no prefácio à nova edição de 1990. Sobre os diferentes exercícios da crítica nas obras de Habermas, cf. Repa, *A transformação da filosofia em Jürgen Habermas: os papéis de reconstrução, interpretação e crítica* (São Paulo: Singular/Esfera Pública, 2009).

preensão normativa – ou seja, cria os próprios obstáculos que impedem a realização desses potenciais. Para mostrar isso, o método de investigação entrelaça a economia, a cultura e a política a fim de explicitar a dinâmica da esfera pública como categoria central para entender a própria formação das sociedades modernas, explicando sua evolução, suas tensões internas e transformações, sem cair em algum tipo de reducionismo, seja ele materialista ou culturalista. O resultado é uma teoria crítica da sociedade que aponta para os potenciais e os limites da moderna forma de vida democrática.

Tendo como fio condutor a ideia kantiana de um uso público da razão, isto é, de pessoas privadas que discutem mediante razões uma variedade enorme de temas e questões (que incluem as experiências da intimidade e da subjetividade, questões da vida prática, os valores e as convicções de mundo etc.), Habermas investiga as condições históricas, sociais e institucionais e as funções críticas (cultural e política) assumidas pela esfera da comunicação e discussão pública entre cidadãos que se compreendiam como pessoas livres e iguais. Uma das questões centrais do livro é saber sob que condições sociais se formaram, nas sociedades modernas, arenas ou espaços públicos de discussão crítica e racional sobre questões comuns, conduzidos por pessoas privadas dispostas a assumir que o melhor argumento é a única fonte legítima para validar nossos juízos (sobre a cultura, a economia, a política, a religião, a verdade, e assim por diante) e, consequentemente, nossas ações e nossas instituições políticas.

Como dissemos, o foco do livro é a vida pública e política dos séculos XVII e XVIII até meados do século XX na Inglaterra, França e Alemanha, ambientada nas novas relações entre economia, sociedade e Estado. O propósito não é meramente descritivo, mas sim descobrir os ideais normativos emancipatórios ao mesmo tempo transcendentes e imanentes à própria realidade da esfera pública burguesa, bem como explicar sua decadência sob as condições das democracias de massa do capitalismo tardio e do Estado de bem-estar social. Nessa perspectiva, a análise da mudança estrutural da categoria esfera pública, concebida no ambiente intelectual da antiga escola de Frankfurt, se apresenta como uma espécie de *Verfallsgeschichte*, uma história da ascensão e decadência.[3]

Como muitos outros pensadores sociais e políticos, particularmente como Hannah Arendt, o primeiro passo de Habermas consiste na reconstrução histórica de diferentes tipos de esfera pública, começando com a distinção mais ou menos estanque entre o público e o privado na Grécia clássica; a gradativa dissolução dessa distinção na Idade Média e a emergência de uma esfera pública representativa nas cortes e nos palácios, para chegar, por fim, nas novas configurações e mediações entre privado e público de uma esfera pública burguesa liberal da sociedade moderna, e suas transformações posteriores nas democracias de massa do Estado de bem-estar social.

Nas cidades-Estado da antiga Grécia, havia uma divisão bem definida entre o âmbito privado do *oikos*, da economia doméstica voltada para a satisfação das necessidades, e a esfera pública da *polis*, o espaço de interação ente livres e iguais. A vida pública es-

---

3 Embora adote alguns pressupostos do diagnóstico pessimista da dialética do esclarecimento de Adorno e Horkheimer, *Mudança estrutural* pode ser lida como a primeira tentativa de Habermas para sanar o "déficit democrático" da tradição da teoria crítica e sair do beco sem saída daquele diagnóstico da sociedade totalmente administrada.

tava constituída na praça do mercado e nas assembleias, onde os cidadãos se reuniam para discutir e deliberar sobre as questões do dia; a esfera pública era, em princípio, um âmbito aberto ao debate – no qual aqueles cidadãos que recebiam o reconhecimento por direito do *status* de cidadão podiam interagir como iguais. A esfera pública dos cidadãos autônomos tinha como base social a autonomia e independência privada de cada senhor do *oikos*. Nessa concepção clássica da vida pública, estabeleceu-se o núcleo histórico conceitual da ideia de democracia, entendida como prática de autodeterminação e autogoverno político de cidadãos livres e iguais que, no uso público da razão, discutem e deliberam sobre os temas e problemas da vida em comum.

Esse ideal normativo permeia o pensamento ocidental sobre a política, e também as práticas e as instituições, adquirindo diferentes configurações ao longo da história. A esfera pública burguesa analisada por Habermas segue esse princípio de um uso público da razão por cidadãos livres e iguais, mas, diferentemente da Grécia clássica, a liberdade não é atributo exclusivo da vida pública. O próprio âmbito privado é entendido como espaço da liberdade contraposto ao âmbito público da autoridade e da dominação. Nas sociedades modernas, a relação entre o público e o privado adquire uma diferenciação muito mais plástica e variável com o surgimento de uma dimensão do social e da consequente separação e oposição entre sociedade civil e Estado.

A constituição de uma "esfera pública representativa" no período medieval é fundamental para entender a nova configuração da esfera pública na sociedade burguesa. Estruturada para a representação do *status* atribuído às autoridades seculares e espirituais, a esfera pública tinha a função de tornar visíveis, em celebrações, rituais e cerimoniais festivos, a autoridade e a dominação diante de um público passivo e espectador. A publicidade era uma característica do monarca ou da dominação incorporada na pessoa ou personalidade do governante, e a vida pública é meramente representada para o povo, que toma parte dela apenas como espectador. Assim como na Antiguidade grega, ela estabelece uma divisão rígida entre o público e o privado, só que sem qualquer dimensão mediadora da liberdade política e de participação ativa dos cidadãos privados. Ela estabelece, na verdade, a oposição entre sociedade privada, subordinada aos controles políticos e ideológicos da autoridade, e o domínio da vida pública da autoridade representada como um espaço autônomo.

Tal esfera pública representativa atingiu sua expressão mais elaborada na vida cortesã dos séculos XV e XVI, mas gradualmente a sociedade aristocrática da corte foi desenvolvendo uma nova forma de sociabilidade que produziu uma configuração específica de esfera pública no contexto de surgimento de uma nascente economia comercial capitalista e da constituição de estruturas jurídico-institucionais e impessoais de poder político estatal circunscritas em um território nacional específico. Diferentemente da concepção antiga de público, a esfera pública moderna se articula na oposição entre Estado e sociedade. Porém, não é uma simples oposição entre público e privado. Trata-se, antes, de um processo complexo de diferenciação e de mediação que decorre de uma dinâmica endógena do social. Por um lado, com o desenvolvimento da economia mercantil capitalista (a troca de mercadorias em larga escala e um sistema de comunicação de informações em longa distância), foram sendo criadas as condições que possibilitaram o controle privado sobre a reprodução social em geral, mas que também geraram uma diferenciação na própria esfera privada: surge uma dimensão da vida privada (da família, da subjetividade e da intimidade) que não segue a lógica privada da economia. Portanto, o domínio privado inclui tanto o âmbito sempre em expansão das atividades e relações econômicas como também a *esfera íntima* das relações pessoais, cada vez mais desligadas da atividade econômica e ancoradas na instituição da família. Por outro lado, vinculado a isso, o desenvolvimento das burocracias estatais (administração pública) resultou na consolidação de uma nova esfera de uma autoridade pública impessoal, distinta tanto da publicidade representativa quanto do conjunto dos cidadãos. Surge uma concepção de público relacionada, a princípio, com o Estado. Porém, logo foi surgindo uma outra concepção de público formado por todas as pessoas (cidadãos privados e agentes do Estado) interessados em discutir os assuntos relacionados aos interesses gerais da sociedade, de modo que entre o domínio da autoridade pública ou o Estado e o domínio privado da sociedade civil e da família surgiu a esfera pública burguesa. Formada por um público de pessoas privadas que se reunem para debater entre si e mediante razões um amplo leque de questões da vida privada, da administração pública e da regulação das atividades da sociedade civil, a esfera pública burguesa não visava à conquista direta do poder do Estado; antes, busca a racionalização do poder político, procurando estabelecer novas bases de legitimação para sua origem e seu exercício: o consentimento racional entre pessoas autônomas, livres e iguais. Um certo público de pessoas privadas passa a se compreender não mais como o mero objeto passivo da autoridade pública, mas como sujeitos autônomos que se opõem criticamente a ela. Não se trata de afirmar estrategicamente um conjunto de interesses econômicos privados e instrumentalizar o poder político para esses fins (embora isso também tenha ocorrido), mas sobretudo confrontar o princípio da dominação existente, estabelecendo uma zona crítica de formação de um juízo comum ou de um interesse geral pela prática da discussão pública mediante razões.

Habermas apresenta a constituição e a dinâmica da esfera pública moderna sob três dimensões: sua infraestrutura social como forma de sociabilidade, suas funções políticas de crítica e de racionalização do poder, e seus ideais normativos.

No primeiro plano, a esfera das relações pessoais e da intimidade na família burguesa assume um lugar destacado para explicar o surgimento de uma subjetividade autônoma e de um ideal de humanidade que formarão a base do público de pessoas privadas. Embora seja incapaz de eliminar as limitações econômicas e as patologias de sua própria herança patriarcal, a família burguesa cria o espaço para a afirmação reflexiva da vida cotidiana e para as relações intersubjetivas de seus membros como seres humanos genéricos. A própria autocompreensão da discussão pública mediante razões é derivada dessas experiências privadas da subjetividade da esfera íntima da família conjugal, que acaba formando seu próprio público, uma esfera da privacidade composta de uma intimidade mais livre e mais repleta. Habermas está ciente da ambivalência constitutiva da família burguesa, cujos membros, por um lado, estão todos submetidos à autoridade patriarcal e ainda profundamente atingidos pelas necessidades da sociedade civil, mas que, por outro, se veem vinculados a uma humanidade comum pela promessa de uma interação como pessoas iguais, livres das carências do mundo do trabalho social e da circulação de mercadorias. Para Habermas, as ideias de liberdade, de amor e de formação, que nascem das experiências da esfera privada da família conjugal, não são simplesmente uma ideologia. São também realidade, institucionalizada objetivamente, por exemplo, na própria arquitetura das residências burguesas e ancoradas subjetivamente na autocompreensão dos indivíduos.

> Com o conceito específico de humanidade, se difunde na burguesia uma concepção do existente que promete uma completa redenção da coerção do existente, sem evadir-se para domínios transcendentais. A transcendência da imanência retida é o momento de verdade que eleva a ideologia burguesa acima da própria ideologia, e da maneira mais originária ali onde a experiência da "humanidade" tem seu ponto de partida: na humanidade das relações íntimas de seres humanos tomados como simples seres humanos na proteção da família. (p.171)

A esfera pública com intenções críticas e funções políticas depende fundamentalmente desse espaço da autonomia privada, da possibilidade de formação de uma subjetividade autônoma capaz de formar seu próprio juízo sobre suas próprias vivências e as normas da vida comum. Porém, antes que a esfera pública assuma explicitamente essas funções políticas, a subjetividade oriunda do âmbito íntimo das pequenas famílias forma o seu próprio público. Trata-se de uma esfera pública na forma apolítica: a esfera pública literária, cuja discussão pública mediante razões ainda se move em torno de si mesma, em um processo de autoesclarecimento e de compreensão mútua das pessoas privadas sobre as experiências de sua privacidade.

Para mostrar como se deu a conexão empírica entre o mundo privado da família burguesa e as formas primordiais da esfera pública literária, Habermas descreve as características do salão burguês. Embora o salão tenha sua origem na sociedade aristocrática, e nesse sentido a esfera pública literária ainda se assemelha à esfera pública representativa, Habermas salienta que o salão burguês vai perdendo progressivamente suas funções representativas e ritualísticas: sua forma de comunicação já não é mais teatral e retórica, e sua estrutura social não reflete a hierarquia de uma sociedade de ordens. Vinculado social e arquitetonicamente aos espaços residenciais privados da família, o novo salão estende e amplia o princípio original da intimidade, revelando a subjetividade de cada indivíduo em presença do outro, vinculando, dessa maneira, o privado com o público. Mantém-se nele o ideal de buscar a compreensão mediante a argumentação aberta e o convencimento mútuo, sem ter em conta o prestígio e o *status*.

Essa lógica de discussão e debate do salão da família burguesa desdobra-se em outras modalidades, em outras formas reflexivas e autocríticas de sociabilidade. As casas de chá, os cafés e os clubes, os círculos de leitores, os *pubs* são extensão do mesmo princípio de crítica de todas as ideias e significados recebidos; são ambientes nos quais as elites instruídas podiam interagir entre si e com a nobreza, em um mesmo plano de igualdade. Esses espaços de sociabilidade constituíram a incipiente institucionalidade de um público racional que começa a adquirir, pela primeira vez, algum tipo de importância universal. Habermas denominou esse público como o de esfera pública literária de caráter privado, não político, mas com grandes potenciais críticos, que começam a se revelar com o desenvolvimento da imprensa periódica.

Habermas atribui uma importância particular aos periódicos críticos e semanários morais, os quais começaram a aparecer em algumas partes da Europa entre o final do século XVII e o começo do XVIII. Embora essas publicações tenham surgido como periódicos dedicados à crítica literária e cultural, gradualmente foram se ocupando de outras questões da vida prática, de significado político e social mais geral. Por meio dos periódicos, revistas e jornais, estabeleceu-se uma audiência crítica de indivíduos privados, fazendo com que a esfera pública literária fosse amadurecendo e expandindo o âmbito da reflexão crítica, até adquirir a configuração de uma esfera pública politicamente ativa.

Por exemplo, na Inglaterra, no início do século XVIII, havia uma série de condições favoráveis para o surgimento da esfera pública burguesa. A censura e o controle político da imprensa foram menos rigorosos que em outros lugares da Europa. O sistema de licenças, que havia sido restabelecido por Carlos II, em 1662, caiu em desuso no final do XVII, dando sequência a uma avalanche de novas publicações periódicas. Ao mesmo tempo, as casas de café proliferaram. Na primeira década do século XVIII, havia em torno de três mil casas de café somente em Londres, cada uma com seu núcleo de clientes regulares. Muitos dos novos periódicos estavam estreitamente vinculados com à vida pública dos cafés e clubes. Tais periódicos incluíam comentários políticos e sátiras que se convertiam em parte integral das discussões nesses novos espaços de sociabilidade. A imprensa periódica, desse modo, tornou-se um elemento-chave da esfera pública em que os indivíduos privados se congregavam, nos cafés e outros espaços de sociabilidade, para tomar parte nas discussões críticas sobre as atividades do Parlamento e da Coroa. E algo semelhante aconteceu na França e na Alemanha.

As conversações e as discussões nesses espaços públicos de uma sociabilidade que é privada, mas não dominada pela economia, e que é pública, mas não segue a lógica da administração pública, apresentam uma série de características fundamentais para entender o potencial emancipatório da esfera pública burguesa. Ela se origina de uma forma de interação e de discussão pública de questões comuns que não leva em conta, em princípio, o *status* ou a identidade daquele que fala, mas apenas a autoridade do melhor argumento. E que estabelece um princípio inclusivo para todos os temas e contribuições e para todas as pessoas privadas com acesso ao domínio da cultura, que assegura a qualidade do discurso e amplia o número dos participantes – claro, no caso da esfera pública burguesa, ainda restrito aos eruditos e proprietários.

Uma parte essencial da argumentação de Habermas é sublinhar que essa discussão crítica de um público de pessoas privadas, que discutem mediante razões nos espaços de socialização primária e na imprensa periódica, teve um impacto gradualmente transformador sobre a própria forma institucional dos Estados modernos. Constantemente chamado a comparecer ante o fórum público, o Parlamento se abriu cada vez mais ao escrutínio público. O próprio princípio crítico da esfera pública acabou sendo incorporado às instituições políticas, jurídicas e administrativas do Estado moderno. Mas é importante não perder de vista que isso decorre da própria importância pública das questões vinculadas à produção e reprodução de uma economia capitalista de mercado. À medida que a economia capitalista foi se expandindo, tornou-se cada vez mais evidente que a reprodução material teria de ser orientada por alguma regulação que fosse além da mão invisível do mercado.

A origem desse processo é descrita por Habermas a partir da crítica do Esclarecimento ao Estado moderno na sua forma absolutista. O Estado absolutista representa o desafio que motiva o estabelecimento de uma sociedade civil contra o Estado, que procura institucionalizar seus próprios campos de crítica, sem buscar destruir o Estado, nem se converter em um novo Estado, mas estabelecer uma forma de dualismo político, na qual uma esfera pública política controlará a autoridade pública do Estado. Para Habermas, a burguesia, cujo poder é, por definição, privado, não pode governar, mas também não pode aceitar uma forma de Estado que seja potencialmente arbitrária e fora de seus controles. Além disso, ela precisa de um poder unificado, capaz de garantir as precondições políticas e legais de uma economia capitalista de mercado privada, dentro e inclusive mais além dos limites territoriais nacionais. A solução histórica foi a de conservar o Estado moderno criado pelo absolutismo, mas formalizando e racionalizando o exercício de seu poder, subordinando-o ao governo da lei, para obrigá-lo a estabelecer formas de autolimitação (por exemplo, por meio um conjunto de direitos individuais fundamentais, civis e políticos) e submetê-lo ao jugo da reflexão crítica mediante o uso público da razão. Nesse sentido, na esfera pública burguesa, os indivíduos têm uma relação argumentativa polêmica e crítica em face do Estado, e não uma relação participativa. Supervisionam, procuram influenciar e de alguma maneira controlar o poder, mas eles mesmos não possuem uma parte do poder do Estado.

Como desenvolvimento dos Estados constitucionais modernos, onde são assegurados certos direitos e liberdades básicas, esse papel político da esfera pública foi formalmente reconhecido no *medium* do direito. Os direitos fundamentais individuais acabam institucionalizando formalmente a própria ideia de humanidade, gestada na esfera privada da intimidade. Esses progressos tiveram, segundo Habermas, uma considerável significação: comprovam o impacto político da esfera pública burguesa e seu papel na própria formação dos Estados constitucionais modernos.

Ao assumir a configuração de uma instância de racionalização do poder pelo debate crítico-racional entre indivíduos autônomos, na dinâmica da esfera pública burguesa se estabelece um novo princípio ou padrão de legitimação política apoiado na ideia de uma "opinião pública" como uma forma racional de acesso à verdade, diferente da mera opinião ou agregação de interesses e visões arbitrárias de indivíduos isolados.

É na discussão dessa opinião pública formada na discussão racional que Habermas aborda a ideologia e o caráter contraditório da esfera pública burguesa. Enquanto em Kant e em outros filósofos do esclarecimento se destaca o papel da livre comunicação, do entendimento mútuo e da crítica na formação racional da opinião e da vontade na esfera pública, com Hegel e Marx se revela todo caráter ideológico do público de pessoas privadas, da esfera pública e da sociedade civil modernas: elas não são dimensões emancipadas, iguais e de livre acesso, isentas da interferência de relações de poder e dos interesses particulares. Para Hegel, pelo contrário, a anarquia e a fragmentação da sociedade civil exigem a dominação do Estado para evitar sua desintegração e, para Marx, a esfera pública contradiz seu princípio de acessibilidade universal: a opinião pública não passa de uma máscara dos interesses particulares da classe burguesa dominante e que tem realmente acesso à esfera pública. Mas a visão de Marx (do jovem Marx) de que o Estado deveria ser absorvido na sociedade ainda é tributária, segundo Habermas, de uma concepção de ordem natural que poderia levar a uma relação harmoniosa das relações humanas sem a intermediação da dominação e do poder político. É em Alexis de Tocqueville e John Stuart Mill que Habermas encontra o diagnóstico do problema a ser enfrentado pela esfera pública burguesa com as transformações da vida política no século XIX: como manter as virtudes da discussão crítica e racional quando, mediante as reformas eleitorais, a urbanização e a crescente industrialização, há uma considerável expansão da forma e do conteúdo da esfera pública (novos participantes e novos temas). Quando há uma democratização em massa da esfera pública e o público se expande para além do círculo dos eruditos e proprietários, a própria opinião pública deixa de ser vista como o resultado de uma discussão racional mediante razões, isto é, como um interesse objetivo universal, e passa a ser vista negativamente, como a manifestação da opinião de uma maioria que força as minorias a se conformarem aos padrões vigentes. Para aqueles liberais nostálgicos, trata-se, agora, de defender o discurso racional livre e crítico da própria opinião pública homogeneizante.

O que importa para Habermas não é, certamente, a solução resignada do liberalismo, mas sim expor a contradição crucial da esfera pública moderna: paradoxalmente, quanto mais ela se expande, mais o seu princípio, a discussão crítica mediante razões de um público de pessoas privadas autônomas, parece perder sua força porque justamente vão desaparecendo seus fundamentos no âmbito privado. A essa mudança estrutural Habermas deu o nome de "refeudalização" da sociedade.

A decadência do caráter crítico da esfera pública no capitalismo tardio resulta da confluência de várias tendências que acabam diluindo a distinção entre Estado e sociedade. Por um lado, há uma crescente "estatização da sociedade", com a transformação do Estado liberal em Estado de bem-estar social, que passa administrar a vida privada das relações pessoais e o bem-estar dos cidadãos, e da própria atividade econômica, expandindo a administração pública e a burocracia política. Por outro, ocorre uma crescente "socialização neocorporativista do Estado", quando organizações de interesses privados começam a assumir as rédeas do poder político e a controlar o acesso e a agenda da esfera pública. Assim, as desigualdades existentes na "sociedade civil", que a esfera pública liberal procurava superar, acabam se tornando, na esfera pública da democracia de massas, o próprio fundamento para participar da esfera pública. Essas duas tendências dissolvem a estrutura social sobre a qual operava o princípio da esfera pública crítica: impedem a formação de indivíduos autônomos capazes de participar ativamente na discussão pública mediante razões.

Na verdade, o próprio princípio deixa de funcionar: a ideia de uma discussão pública mediante razões, cujo resultado seria a formação de uma opinião pública ou um interesse comum, é substituída pela prática da agregação, negociação e compromisso de interesses privados.

> O processo politicamente relevante do exercício e do equilíbrio de poder ocorre diretamente entre as administrações privadas, as federações, os partidos e a administração pública. O público como tal é incluído esporadicamente nessa circulação do poder, e apenas com a finalidade de aclamação. (p.386-7)

A substituição de um público crítico, que discute a cultura mediante razões, por um público consumidor passivo de produtos culturais foi decisiva nesse processo de despolitização da esfera pública. Cada vez mais, a dinâmica da esfera pública nas democracias de massa do Estado de bem-estar social se rende às sofisticadas técnicas dos novos meios de comunicação, usadas para atribuir uma aura de prestígio às autoridades públicas, tal como outrora as figuras reais usavam de uma esfera pública representativa nas cortes feudais. A esfera pública acaba transformando a política em um espetáculo dirigido, em que os líderes e partidos pretendem, de tempos em tempos, obter uma aclamação plebiscitária de uma população despolitizada. A maioria da população está excluída da discussão pública e dos processos de tomada de decisões e é manipulada como um recurso que permite aos líderes políticos obterem, com a ajuda de técnicas midiáticas, a lealdade necessária para legitimar seus programas políticos. Na esteira das argumentações pessimistas de Adorno e Horkheimer sobre a indústria cultural, Habermas antecipa o caráter deslumbrante de nossas campanhas eleitorais atuais através dos *mass media*.

Contudo, apesar de a mudança estrutural da esfera pública nos séculos XIX e XX ter transformado radicalmente a natureza da vida pública, Habermas continua argumentando que a esfera pública burguesa expressa ideais e princípios – na verdade, ela deu o impulso à institucionalização de princípio racional de legitimação política – caros às democracias constitucionais contemporâneas e que mantêm sua pertinência até hoje. A ideia mais importante é a do princípio crítico da esfera pública. Trata-se da ideia de que as opiniões pessoais dos indivíduos privados podem desenvolver-se num processo de debate racional crítico, aberto a todos e livre de dominação, em que prevalece a força do melhor argumento. Habermas sustenta que, a despeito do declínio da esfera pública burguesa, que proporcionou uma realização parcial e imperfeita do ideal, o princípio crítico da esfera pública conserva seu valor como ideal normativo, como uma forma de critério crítico mediante o qual as deficiências e os momentos de inércia das instituições existentes podem ser avaliados. O princípio de um uso público da razão é o conceito nuclear de uma teoria da democracia ou da política deliberativa, ainda em esboço rudimentar, em *Mudança estrutural*.[4]

Não se trata, evidentemente, de procurar restabelecer o princípio crítico da esfera pública liberal e burguesa. Muito pelo contrário, trata-se de refletir sobre a natureza da deliberação pública e do exercício da cidadania em um processo político democrático no contexto de esferas públicas dominadas pelos meios de comunicação de massas, por técnicas sofisticadas de marketing político, por sistemas políticos presos nas rotinas de partidos burocratizados e na profissionalização da política, e sobretudo pela colonização da vida pública pelo poder econômico das grandes organizações. Vale lembrar que o livro, como indica o subtítulo, está voltado à investigação das condições de surgimento de uma categoria específica da sociedade burguesa

---

4 Nas páginas finais do livro, na esteira de Abendroth, Habermas propõe algumas ideias de como o princípio crítico da esfera pública poderia tornar-se efetivo na democratização radical das próprias organizações e grupos de interesses que têm assumido um papel cada vez mais crescente nos assuntos políticos, o que poderia levar a uma realização efetiva da democracia e uma transformação da sociedade como um todo.

e sua mudança estrutural. Nas condições modificadas das democracias de massas do Estado de bem-estar social, o modelo liberal de esfera pública de modo algum é plausível, e a tarefa de uma teoria crítica das sociedades democráticas é fazer um diagnóstico sobre como estão sendo restabelecidas as funções críticas da esfera pública e quais as novas configurações do uso público da razão. Nesse sentido, o prefácio para a nova edição de 1990 fala por si: além de reconhecer os limites e as deficiências da análise da esfera pública em 1962, apontadas pelos mais diversos críticos, Habermas mostra a importância da tarefa de elaborar uma teoria crítica da democracia e o lugar central que o conceito de esfera pública ocupa nos seus escritos posteriores sobre moral, política e direito, desenvolvidos num quadro teórico modificado pela teoria da ação comunicativa, da racionalidade e da modernidade.

Prefácio à nova edição (1990)

O pedido para uma nova edição se coloca por um motivo externo. A venda da editora Luchterhand, que gentilmente promoveu meus primeiros livros, tornou necessária a mudança de editora.

Ao reler o livro pela primeira vez, depois de quase trinta anos, quanto mais me sentia tentado a fazer modificações, tirar passagens e complementar outras, tanto mais fui tomando consciência do caráter evidentemente impraticável desse procedimento: a primeira alteração me teria obrigado a explicar o porquê de não refazer o livro inteiro. Isso, por sua vez, ultrapassaria muito as forças de um autor que, nesse ínterim, voltou-se para outras coisas e não tem acompanhado a ramificação de toda a literatura sobre o assunto. Já na época, a investigação havia surgido da síntese de uma variedade quase inabarcável de contribuições de diversas disciplinas.

Duas razões justificam, talvez, a decisão de publicar sem modificações a décima sétima edição, já esgotada. Em primeiro lugar, a demanda constante por uma publicação que, em diversas disciplinas, adquiriu o *status* de uma espécie de manual.

Em segundo lugar, a atualidade que a revolução recuperadora na Europa Central e do Leste acabou atribuindo, a nossos olhos, à mudança estrutural da esfera pública [*Öffentlichkeit*].[1] A atualidade desse tema – e seu tratamento multifacetado – é confirmada também pela recepção do livro nos Estados Unidos, onde uma tradução em inglês[2] foi publicada no ano passado [1989].[3]

Pretendo aproveitar a oportunidade desta nova edição para fazer alguns comentários, mais para evidenciar do que para superar a distância de décadas. É inútil dizer que, desde a época do lançamento do livro (fim dos anos 1950 e início dos anos 1960) até agora, as pesquisas e os questionamentos teóricos mudaram. Desde o fim do regime de Adenauer, mudou o contexto extracientífico do horizonte de experiências históricas, do qual também os trabalhos nas Ciências Sociais retiram suas perspectivas. Por fim, minha própria teoria mudou, embora menos em seus traços fundamentais do que no grau de sua complexidade. Depois de elaborar uma primeira impressão, certamente ainda superficial, sobre os âmbitos dos temas correspondentes, pretendo recapitular essas mudanças, ao menos de modo ilustrativo – para estimular estudos mais amplos. Para tanto, seguirei a estrutura do livro, abordando

---

1 Habermas, *Die nachholende Revolution*.
2 Id., *The Structural Tranformation of the Public Sphere*.
3 Nessa ocasião, em setembro de 1989, houve uma conferência animada e extremamente instrutiva em Chappel Hill, na Universidade do Norte da Califórnia, na qual, além de sociólogos, cientistas políticos e filósofos, também participaram historiadores, estudiosos da literatura, pesquisadores da comunicação e antropólogos. Agradeço aos participantes pelas sugestões.

primeiro o surgimento histórico e o conceito de esfera pública burguesa (seções I a III); em seguida, a mudança estrutural da esfera pública, de dois pontos de vista: o de sua transformação no Estado de bem-estar social e o de sua modificação nas estruturas da comunicação em virtude dos meios de comunicação de massa (seções V e VI). Depois disso, discutirei as perspectivas teóricas da exposição e suas implicações normativas (seções IV e VII). Nesse ponto, interessa-me saber em que os estudos apresentados contribuem para as questões da teoria democrática, hoje novamente relevantes. Foi sob esse aspecto, sobretudo, que se deu a recepção do livro, não tanto em sua primeira publicação, mas no contexto da revolta estudantil e da reação neoconservadora provocada por ela. Nesse contexto, o livro foi assimilado de modo polêmico e oportuno tanto pela esquerda quanto pela direita.[4]

I. O surgimento e o conceito de esfera pública burguesa

(1) Como se pode concluir pelo prefácio da primeira edição, meu primeiro objetivo foi discorrer sobre o tipo ideal da esfera pública burguesa a partir dos contextos históricos dos desenvolvimentos inglês, francês e alemão no século XVIII e início do século XIX. Colocar em evidência um conceito específico de uma época exige que se acentue de forma estilizada seus traços característicos, partindo de uma realidade

---

4 Jäger, *Öffentlichkeit und Parlamentarismus: eine Kritik an Jürgen Habermas*; sobre as críticas, cf. Görtzen, *Jürgen Habermas: eine Bibliographie seiner Schriften und der Sekundärliteratur*, 1952-1981, p.24.

social muito mais complexa. Como em qualquer generalização sociológica, a escolha, a relevância estatística e a ponderação das tendências históricas e dos exemplos são um problema que envolve grandes riscos, sobretudo quando nos apoiamos muito mais na literatura secundária, em vez de recorrer às fontes, como fazem os historiadores. Do lado dos historiadores, com toda razão, atribuíram-me "déficits empíricos". Um pequeno alívio me foi proporcionado pelo juízo amigável de Geoffrey Eley, em sua contribuição minuciosa e detalhada à mencionada conferência: *"On rereading the book [...] it is striking to see how securely and even imaginatively the argument is historically grounded, given de thinness of the literature available at the time"*.[5]

As linhas fundamentais de minha análise foram corroboradas pela apresentação sintética de H. U. Wehler, apoiada em uma vasta literatura. Na Alemanha, até o fim do século XVIII, havia surgido "uma esfera pública pequena, mas que discutia de maneira crítica".[6] Compondo-se sobretudo de citadinos e burgueses, e transcendendo a república dos eruditos, um público leitor universal que não se limita a ler e reler intensivamente umas poucas obras tradicionais, mas que orienta seus hábitos de leitura para o fluxo de novas publicações, faz surgir, como que a partir do bojo da esfera privada, uma rede relativamente densa de comunicação pública. O súbito e crescente número de leitores é complementado por uma expansão considerável da produção de

---

5 Eley, *Nations, Publics, and Political Cultures. Placing Habermas in the Nineteenth Century*. [Trad.: "Relendo o livro [...] é chocante ver com que segurança, e até mesmo com que imaginação, o argumento é historicamente fundamentado, dada a escassez da literatura disponível na época". – N. T.]
6 Wehler, *Deutsche Gesellschaftsgeschichte*, p.303-31.

livros, revistas e jornais, por um aumento no número de escritores, editoras e livrarias, pela fundação de bibliotecas públicas e salas de leitura, em particular de sociedades de leitura que funcionam como entroncamentos sociais de uma nova cultura literária. Nesse meio-tempo, também se reconhece a relevância das associações surgidas no Esclarecimento [*Aufklärung*] alemão tardio, que, mais por suas formas de organização do que por suas funções manifestas, acabou adquirindo certa importância para o futuro.[7] As sociedades para o Esclarecimento, os cenáculos destinados à formação cultural, as lojas maçônicas secretas e as ordens dos *illuminati*, eram associações que se constituíam pelas decisões livres, isto é, privadas, de seus membros fundadores, compunham-se de voluntários e adotavam internamente formas igualitárias de tratamento, liberdade de discussão, decisões majoritárias etc. Nessas sociedades, por certo constituídas ainda exclusivamente por burgueses, começavam a ser ensaiadas as normas da igualdade política da sociedade vindoura.[8]

A Revolução Francesa foi o propulsor para o movimento de politização de uma esfera pública inicialmente de cunho literário e voltada para a crítica de arte. Isso vale não só para a França,[9] mas também para a Alemanha. Uma "politicização da vida social", a ascensão de uma imprensa opinativa e a luta contra a censura e pela liberdade de opinião caracterizam a mudança de função da rede expandida da comunicação públi-

---

7 Dülmen, *Die Gesellschaft der Aufklärer*.
8 Eder, *Geschichte als Lernprozeß?*, p.123 et seq.
9 Cf. as contribuições de Étienne François, Jack Censer e Pierre Rétat em Koselleck, Reichardt (orgs.), *Die französische Revolution als Bruch des gesellschaftlichen Bewußtseins*, p.117 et seq.

ca até a metade do século XIX.[10] A política de censura, com a qual os Estados da Federação Alemã lutaram contra a institucionalização de uma esfera pública política, conseguindo adiá-la até 1848, apenas tornou inevitável que a literatura e a crítica fossem sugadas pelo redemoinho da politização. Peter U. Hohendahl usa meu conceito de esfera pública para acompanhar esse processo em detalhes; contudo, já vê no fracasso da Revolução de 1848 o momento crucial para o começo da mudança estrutural da esfera pública liberal.[11]

G. Eley chama a atenção para pesquisas recentes sobre a história inglesa que se encaixam bem no quadro teórico proposto para a análise da esfera pública. Nessas pesquisas, os processos de formação de classes, urbanização, mobilização cultural e surgimento de novas estruturas de comunicação pública são investigados na linha daquelas *voluntary associations* [associações voluntárias] do século XVIII,[12] e com base no liberalismo popular na Inglaterra do século XIX.[13] As pesquisas de Raymond Williams são particularmente esclarecedoras para entender a transformação de uma esfera pública que discute a cultura mediante razões [*kulturräsonnierend*], determinada a princípio pelo debate literário e pela formação burguesa, em uma esfera dominada pelos meios de comunicação de massa e por uma cultura de massa.[14]

---

10 Wehker, *Deutsche Gesellschaftsgeschichte*, v.2, p.520-46.
11 Hohendahl, *Literarische Kultur im Zeitalter des Liberalismus 1830-1870*, especialmente os capítulos II e III.
12 Plumb, The Public, Literature and the Arts in the Eighteenth Century.
13 Hollis (org.), *Pressure from without*.
14 Williams, *The Long Revolution*; *Communications*.

Ao mesmo tempo, Eley retoma e fundamenta a objeção de que minha estilização excessiva da esfera pública burguesa leva a uma idealização injustificada, e não apenas a uma ênfase exagerada nos aspectos racionais de uma comunicação pública mediada pela leitura e focada na discussão. Mesmo quando se parte de uma certa homogeneidade do público burguês, que, para as partes em conflito, poderia ser vista como o fundamento necessário para alcançar, ao menos em princípio, um consenso no interesse de classe – que, em última instância, por mais fracionado que seja, é comum –, seria falso falar de um público no singular. Deixando de lado as diferenciações no interior do público burguês, que, com uma modificação no ângulo de visão, também poderiam ser acomodadas em meu modelo, surge uma imagem diferente se, *desde o começo*, admitimos esferas públicas concorrentes e, com isso, consideramos a dinâmica daqueles processos de comunicação excluídos da esfera pública dominante.

(2) Pode-se falar de "exclusão", em um sentido foucaultiano, quando se trata de grupos cujo papel é *constitutivo* para a formação de uma determinada esfera pública. No entanto, a "exclusão" ganha um outro sentido, menos radical, quando nas mesmas estruturas de comunicação se formam ao mesmo tempo várias arenas nas quais, ao lado da esfera pública burguesa hegemônica, surgem outras esferas públicas subculturais ou específicas de uma classe, com premissas próprias e não negociáveis. Na época, nem considerei o primeiro caso; mencionei o outro no prefácio, mas não tratei dele.

Em vista da fase jacobina da Revolução Francesa e do movimento cartista, falei a respeito do início de uma esfera pública "plebeia", considerando-a uma variação da esfera pública burguesa que teria sido reprimida no processo histórico e que, assim, poderia ser negligenciada. Contudo, na sequência da obra fundamental de E. Thompson, *A formação da classe operária inglesa*,[15] surgiu uma miríade de pesquisas sobre os jacobinos ingleses e franceses, Robert Owen e a prática dos primeiros socialistas, os cartistas e o populismo de esquerda na França no início do século XIX, que colocou em outra perspectiva a mobilização política das classes camponesas subalternas e da população trabalhadora urbana. Em uma controvérsia direta com meu conceito de esfera pública, Günther Lottes estudou a teoria e a prática do radicalismo inglês no fim do século XVIII, tomando como exemplo os jacobinos de Londres. Ele mostra como, sob a influência de intelectuais radicais e sob as condições da comunicação moderna, pôde se desenvolver uma nova cultura política a partir da cultura popular tradicional, com suas próprias formas de organização e práticas.

> O surgimento da esfera pública plebeia marca, portanto, uma fase específica no desenvolvimento histórico do contexto vital das camadas baixas e sub-burguesas. Por um lado, ela é uma variação da esfera pública burguesa, pois se orienta por seu modelo. Por outro, é mais do que isso, pois desdobra o potencial emancipatório da esfera pública burguesa em um novo contexto social. A esfera pública plebeia é, de certo modo, uma esfera pública burguesa cujos pressupostos sociais foram superados.[16]

---

15 Thompson, *Making of the English Working Class*.
16 Lottes, *Politische Aufklärung und plebejisches Publikum*, p.110; cf. também Negt, Kluge, *Erfahrung und Öffentlichkeit. Zur Organisationsanalyse bürgerlicher und proletarischer Öffentlichkeit*.

A exclusão das camadas mais baixas, que estavam mobilizadas cultural e politicamente, já implica uma pluralização da esfera pública que se encontrava em desenvolvimento. Ao lado da esfera pública hegemônica, e entrelaçada com ela, forma-se uma esfera pública plebeia.

Nas formas tradicionais da esfera pública representativa, a exclusão do povo funciona de outro modo. Aqui, o povo forma o pano de fundo diante do qual os estamentos dominantes, nobres, dignitários religiosos, reis etc., representam a si mesmos e seu *status*. Na medida em que é excluído da dominação representada, o povo faz parte das condições constitutivas dessa mesma esfera pública representativa.

Continuo pensando que esse tipo de esfera pública (apenas esboçada no § 2) forma o plano de fundo histórico para as formas modernas de comunicação pública. Esse contraste poderia ter evitado que Richard Sennett orientasse seu diagnóstico da decadência da esfera pública burguesa por um falso modelo. Sennett introduz certos traços da esfera pública representativa na esfera pública burguesa clássica; não percebe a dialética especificamente burguesa entre interioridade [*Innerlichkeit*] e publicidade [*Öffentlichkeit*], que, no século XVIII, passou a existir também literariamente, dada a privacidade vinculada ao público da esfera íntima burguesa. Por não distinguir suficientemente os dois tipos de esfera pública, Sennett acredita poder comprovar o diagnóstico do fim da "cultura pública" recorrendo ao declínio das formas de desempenho estético de uma autoapresentação distante, impessoal e cerimonial. Contudo, a encenação coberta de máscaras, que tira do campo de visão os sentimentos privados e aquilo que é subjetivo em geral, pertence ao âmbito altamente estilizado de uma esfera pública representativa, cujas convenções começaram a se desfazer já no século XVIII, quando as pessoas privadas burguesas formam um público, que, com isso, se torna o portador de um novo tipo de esfera pública.[17]

No entanto, o que me abriu os olhos para a dinâmica *interna* de uma cultura popular foi o monumental trabalho de M. Bakhtin, *Rabelais und Seine Welt* [Rabelais e seu mundo]. É evidente que essa cultura popular não era de maneira alguma apenas um pano de fundo, isto é, uma moldura passiva da cultura dominante; era também a revolta violenta ou moderada, retomada periodicamente, de um contraprojeto para o mundo hierárquico da dominação, com suas festividades oficiais e suas disciplinas cotidianas.[18] Apenas com esse olhar microscópico, é possível reconhecer como um mecanismo de exclusão, ao mesmo tempo que exclui e oprime, provoca contraefeitos que não podem ser anulados. Quando lançamos o mesmo olhar sobre a esfera pública burguesa, a exclusão das mulheres desse mundo dominado (de outro lado) por homens aparece de outra maneira, diferente daquela que eu havia visto na época.

(3) Não existe nenhuma dúvida sobre o caráter patriarcal da família conjugal que formava tanto o núcleo da esfera privada da sociedade burguesa como a fonte originária das novas experiências psicológicas de uma subjetividade voltada para si mesma. Contudo, nesse meio-tempo, a crescente literatura feminista aguçou nossa percepção para o caráter patriarcal da própria esfera pública – uma esfera pública que logo se

---

17 Sennett, *The Fall of Public Man*.
18 Davis, *Humanismus, Narrenherrschaft und die Riten der Gewalt*, especialmente o Capítulo 4; sobre as tradições das festas contraculturais, que remontam a períodos muito anteriores ao Renascimento, cf. Heers, *Vom Mummenschanz zum Machttheater*.

estendeu para além do público leitor, também constituído de mulheres, e assumiu funções políticas.[19] É de se perguntar se as mulheres foram excluídas da esfera pública burguesa *da mesma maneira* que os trabalhadores, camponeses e a "plebe", isto é, os homens "dependentes".

A ambas as categorias foi negado participar de maneira ativa, com igualdade de direitos, na formação política da opinião e da vontade. Assim, sob as condições de uma sociedade de classes, a democracia burguesa contradiz, desde o início, as premissas essenciais de sua autocompreensão. Essa dialética ainda pode ser apreendida com os conceitos da crítica marxista da ideologia e da dominação. A partir dessa perspectiva, investiguei como a relação entre esfera pública e esfera privada se modificou no decorrer da expansão dos direitos de participação democrática e da compensação do Estado de bem-estar social para as desvantagens específicas de classe. No entanto, *essa* mudança estrutural da esfera pública política aconteceu sem afetar o caráter patriarcal da sociedade como um todo. A igualdade de cidadania, por fim alcançada no século XX, certamente tornou possível que as mulheres, até então subprivilegiadas, lutassem pela melhoria de seu *status* social. No entanto, para mulheres que queriam usufruir das melhorias do Estado de bem-estar social mediante direitos políticos iguais, ainda não havia se modificado *eo ipso* aquele subprivilégio associado às diferenças de gênero adscritas.

O impulso emancipatório pelo qual o feminismo lutou há dois séculos e que, nesse meio-tempo, se tornou mais am-

---

19 Hall, Private Persons versus Public Someones: Class, Gender and Politisc in England, 1780-1850, p.10 et seq.; Landes, *Women and the Public Sphere in the Age of the French Revolution*.

plamente efetivo apoia-se, tal como a emancipação social dos trabalhadores assalariados, em uma universalização dos direitos dos cidadãos. Contudo, ao contrário da institucionalização do conflito de classes, as modificações nas relações de gênero interferem não apenas no sistema econômico, mas atingem também o cerne privado da estrutura familiar. Torna-se patente nisso que a exclusão das mulheres foi também constitutiva para a esfera pública política, no sentido de que esta foi dominada pelos homens não apenas de modo contingente, mas foi determinada também em termos de gênero em sua estrutura e sua relação com a esfera privada. Diferentemente da exclusão dos homens subprivilegiados, a exclusão das mulheres tinha uma força estruturante.

Essa tese é defendida por Carol Pateman em um ensaio importante, publicado pela primeira vez em 1983. Ela desconstrói a justificativa teórica contratualista do Estado democrático de direito para demonstrar que o direito racional apenas critica o exercício *paternalístico* da dominação, a fim de *modernizar* o *patriarcalismo* na forma de uma dominação entre irmãos:

> *Patriarchalism has two dimensions: the paternal (father/son) and the masculine (husband/wife). Political theorists can represent the outcome of the theoretical battle as a victory for contract theory because they are silent about the sexual or conjugal aspect of patriarchy, which appears as non-political or natural.*[*20]

---

* Trad.: "O patriarcalismo tem duas dimensões: a paternal (pai/filho) e a masculina (marido/esposa). Os teóricos políticos podem representar o resultado da batalha teórica como uma vitória para a teoria do contrato porque silenciam sobre o aspecto sexual ou conjugal do patriarca, que aparece como não político ou natural." (N. T.)

20 Pateman, The Fraternal Social Contract, p.105; da mesma maneira, cf. Gouldner, *The Dialectic of Ideology and Technology*, p.103; "*The inte-*

C. Pateman continua cética em relação a uma integração em igualdade de direitos das mulheres no interior de uma esfera pública política cujas estruturas permanecem, até hoje, presas às características patriarcais de uma esfera privada que foi removida da tematização pública. *"Now that the feminist struggle as reached the point where women are almost formal civic equals, the opposition is highlighted between equality made after a male image and the real social position of women as women".**

Naturalmente, essa reflexão convincente não desmente os direitos à inclusão e à igualdade irrestritas, inerentes à autocompreensão da esfera pública liberal; ela antes os reivindica. Foucault define as regras que formam o discurso detentor de poder como mecanismos de exclusão que a todo o momento constituem seu "outro". Nesses casos, não existe uma comunicação entre o dentro e o fora. Não há uma linguagem comum entre os que participam do discurso e os que protestam. É desse modo que se pode compreender a relação da esfera pública

---

gration of the patriarchical family system with a system of private property was the fundamental grounding of the private; a sphere that did not routinely have to give an accounting of itself, neither by providing information about its conduct or judification for it. Private property and patriarchy were thus indirect the grounding for the public" [Trad.: "A integração do sistema da família patriarcal com o sistema da propriedade privada era o fundamento básico do privado; uma esfera que rotineiramente não tinha de justificar a si mesma nem fornecer informações sobre sua conduta ou justificação posterior para ela. A propriedade privada e o patriarcalismo eram, portanto, o fundamento do público." – N. T.]

* Pateman, The Fraternal Social Contract, p.122. [Trad.: "Agora que a luta feminista alcançou o ponto em que as mulheres são politicamente quase iguais em uma perspectiva formal, acentua-se a oposição entre a igualdade segundo uma imagem masculina e a posição real das mulheres como mulheres". – N. T.]

representativa da dominação tradicional com a contracultura desvalorizada do povo: o povo precisava mover-se e expressar-se em um *outro* universo. É por isso que na esfera pública representativa a cultura e a contracultura estavam tão amarradas a ponto de sucumbirem juntas. Em contraste, a esfera pública burguesa se articula em discursos nos quais podem participar não apenas o movimento trabalhista, mas também o "outro" excluído dela, isto é, o movimento feminista, para transformá-la por dentro – e as estruturas da própria esfera pública. Desde o início, os discursos universalistas da esfera pública estavam baseados em premissas autorreferenciais. Não ficaram imunes a uma crítica a partir de dentro, pois, em razão de seu potencial de autotransformação, eles se diferenciam dos discursos de tipo foucaultiano.

(4) Ambos os déficits mencionados por G. Eley têm consequências para uma versão – formulada em tipos ideais – do modelo da esfera pública burguesa. Se a esfera pública moderna abrange diversas arenas nas quais um conflito de opiniões é mediado por testemunhos impressos, isto é, pela formação, informação e entretenimento, e dirimido de modo mais ou menos discursivo; se nessas arenas não somente competem entre si os diferentes partidos formados por pessoas privadas flexivelmente associadas, mas também, desde o início, um público burguês dominante se depara com um público plebeu; e se, além disso, se considera seriamente a dinâmica feminista do outro excluído, então o modelo (desenvolvido no § 11) da institucionalização contraditória da esfera pública no Estado de direito burguês está construído de modo muito rígido. As tensões que brotam na esfera pública liberal precisam aparecer de modo mais evidente como potenciais de autotransformação.

Com isso, o contraste entre a esfera pública política inicial, que vai até a metade do século XIX, e uma esfera pública permeada de relações de poder, que se apresentaria no contexto de uma democracia de massas apoiada pelo Estado de bem-estar social, pode perder algo da oposição entre um passado idealisticamente glorificado e um presente desfigurado pela crítica da cultura. Essas disparidades normativas implícitas perturbaram muitos resenhistas. Isso não se deve apenas, como veremos, a uma abordagem em termos de crítica da ideologia como tal, mas também ao obscurecimento de aspectos, que, embora mencionados, foram subestimados em sua importância. Evidentemente, uma avaliação equivocada não falsifica as grandes linhas do processo de transformação por mim apresentado.

II. Mudança estrutural da esfera pública – três revisões

(1) A mudança estrutural da esfera pública está inserida na transformação do Estado e da economia. Na época, concebi essa transformação em um arcabouço teórico que foi delineado pela filosofia do direito hegeliana e elaborado pelo jovem Marx e que, desde Lorenz von Stein, manteve sua forma específica na tradição do Estado de direito alemão.

Fundada no Estado de direito, a construção da relação entre um poder público que garante as liberdades e uma sociedade econômica organizada de modo privado deve-se, por um lado, às teorias liberais dos direitos fundamentais do *Vormärz*[*] – as

---

[*] Referência ao período compreendido entre o Congresso de Viena, em 1815, e a Revolução de Março, em 1848. (N. E.)

quais insistiam (com claras intenções políticas) em uma separação nítida entre direito público e direito privado – e, por outro, à consequência do fracasso da "dupla Revolução Alemã de 1848-49" (Wehler), isto é, ao desenvolvimento de um Estado de direito sem democracia. Essa demora da Alemanha em produzir gradualmente a igualdade para seus cidadãos é descrita da seguinte maneira por E. W. Böckenförde:

> Com a formação do confronto entre "Estado" e "sociedade", coloca-se o problema da *participação* da sociedade no poder de decisão do Estado e em seu exercício [...]. O Estado põe os indivíduos e a sociedade em liberdade civil, e nela os mantêm criando e assegurando a nova ordem jurídica universal, porém os indivíduos e a sociedade não têm nenhuma liberdade *política*, isto é, não participam do poder de decisão política concentrado no Estado e não existe nenhuma possibilidade institucionalizada de influenciá-lo ativamente. O Estado como organização da dominação manteve-se como que em si mesmo, isto é, sociologicamente apoiado pela realeza, pela burocracia e pelos senhores, e em parte também pela nobreza, e, como tal, estava "separado", do ponto de vista organizacional e institucional, da sociedade representada pela burguesia.[21]

Esse pano de fundo histórico forma também o contexto para o interesse específico em uma esfera pública que somente é capaz de assumir funções políticas na medida em que possibilita aos cidadãos da economia, na qualidade de cidadãos

---

21 Böckenförde, Die Bedeutung der Unterscheidung von Staat und Gesellschaft im demokratischen Sozialstaat der Gegenwart, p.190 et seq.

do Estado, estabelecer compromissos ou universalizar seus interesses e torná-los tão efetivos a ponto de o poder do Estado se transformar no *medium* fluido de uma auto-organização da sociedade. É o que o jovem Marx tinha em mente com a ideia da absorção do Estado por uma sociedade que se tornou política em si mesma. A ideia de uma tal auto-organização, canalizada pela comunicação pública dos membros livremente associados da sociedade, exige (como diz seu primeiro sentido) a superação daquela "separação" entre Estado e sociedade esboçada por Böckenförde.

A essa separação construída constitucionalmente se liga ainda outro significado, mais universal, a saber, aquele processo em que uma economia controlada pelos mercados se diferencia pouco a pouco da ordem pré-moderna da dominação política, processo que, desde a primeira modernidade, acompanhou a consolidação gradual do modo de produção capitalista e a formação das burocracias estatais modernas. De acordo com a retrospectiva do liberalismo, esse desenvolvimento encontra um ponto de convergência na autonomia de uma "sociedade civil" no sentido dado por Hegel e Marx, isto é, na autorregulação econômica de uma sociedade de mercado organizada segundo o direito privado e assegurada pelo Estado de direito. Esse modelo de uma progressiva separação entre Estado e sociedade, que não reage mais apenas aos desenvolvimentos específicos dos Estados alemães do século XIX, mas é muito mais derivado do desenvolvimento protótipico da Inglaterra, forneceu-me o pano de fundo contra o qual analisei a *inversão dessa tendência* no fim do século XIX. O entrelaçamento de Estado e economia remove o fundamento do modelo social do direito privado burguês e da compreensão liberal dos direitos fundamentais.[22] Com base em seus reflexos jurídicos, defini a superação factual da separação tendencial de Estado e sociedade, por um lado, como "socialização neocorporativista do Estado" e, por outro, como uma "estatização da sociedade", a qual surge como consequência das políticas intervencionistas de um Estado cada vez mais ativo.

Nesse meio-tempo, tudo isso foi investigado com muito mais precisão. Aqui, relembro apenas a perspectiva teórica que se forma quando o sentido *normativo* da auto-organização de uma sociedade que supera, mediante uma democracia radical, a separação de Estado e sociedade econômica é examinado com base no entrelaçamento funcional *real* de ambos os sistemas. Orientei-me pelo ponto de vista de um potencial imanente à esfera pública política para a auto-organização da sociedade, e interessavam-me as repercussões que aqueles desenvolvimentos complexos em direção ao Estado de bem-estar social e ao capitalismo organizado tiveram nas sociedades de tipo ocidental, em particular sobre a esfera privada e os fundamentos sociais da autonomia privada (2); sobre a estrutura da esfera pública, bem como sobre a composição e o comportamento do público (3); e, por fim, no processo de legitimação da própria democracia de massa (4). Sob esses três aspectos, surgem algumas fragilidades na apresentação que faço do capítulo V ao VII.

(2) Nas concepções do direito natural moderno, mas também nas doutrinas sobre a sociedade defendidas pelos filósofos morais escoceses, a sociedade civil (*civil society*), na qualidade de esfera *inteiramente* privada, sempre foi contraposta ao poder

---

22 Grimm, *Recht und Staat der bürgerlichen Gesellschaft*.

público ou ao governo (*government*).²³ Segundo a autocompreensão da sociedade burguesa no início da modernidade, estratificada de acordo com os estamentos de ofício, tanto a esfera da circulação de mercadorias e do trabalho social como a casa e a família, desoneradas das funções produtivas, eram atribuídas indistintamente à esfera privada da "sociedade civil". Os dois âmbitos estavam estruturados no mesmo sentido. A posição e a margem para dispor da propriedade privada no processo produtivo formavam o fundamento de uma autonomia privada que tinha seu reverso psicológico, por assim dizer, na esfera íntima da família conjugal. Para as classes economicamente dependentes, nunca existiu esse denso vínculo estrutural. Somente com o começo da emancipação social das camadas sociais mais baixas e com a politização maciça das oposições de classe no século XIX, é que também ficou evidente, no mundo da vida das camadas sociais burguesas, que ambos os domínios, o da esfera íntima da família e o do sistema ocupacional, são estruturados em *fluxos contrários*. O que mais tarde foi definido conceitualmente como a tendência à "sociedade organizacional", como a autonomização do nível de organização em relação à rede das interações simples, descrevi no § 17 nos termos de uma "polarização entre a esfera social e a esfera da intimidade". O domínio da vida privada determinado pela família, pelos contatos entre vizinhos, pela sociabilidade, pelas relações informais

---

23 Habermas, Die klassische Lehre von der Politik in ihrem Verhältnis zur Sozialphilosophie, p.48 et seq.; Naturrecht und Revolution, p.89 et seq.; Keane, Despotism and Democracy. The Origins of the Distinction between Civil Society and the State, 1750-1850, p.35 et seq.

em geral, não apenas se diferencia como um domínio próprio, mas também, e ao mesmo tempo, se transforma, de maneira específica para cada camada social, no decurso de tendências de longo prazo, tais como a urbanização, a burocratização, a concentração de empresas e, por fim, a nova orientação para o consumo de massa com o tempo livre crescente. Contudo, não me interessavam aqui os aspectos empíricos dessa transformação da estrutura do mundo da experiência, que precisariam ser complementados, mas sim o ponto de vista teórico a partir do qual apresentei, na época, a mudança de *status* da esfera privada.

Após a universalização da igualdade de direitos dos cidadãos, a autonomia privada das massas não poderia mais ter sua base social na disposição sobre a propriedade privada, como aquelas pessoas privadas que se reuniam em um público de cidadãos nas associações da esfera pública burguesa. Naturalmente, para liberar esse potencial de auto-organização social, contido implicitamente em uma esfera pública expandida, teria sido necessário que as massas, mobilizadas cultural e politicamente, passassem a usar efetivamente seus direitos de comunicação e participação. Contudo, mesmo sob as condições de comunicação idealmente favoráveis, somente se poderia esperar que as massas economicamente dependentes contribuíssem para a formação espontânea da opinião e da vontade na medida em que tivessem alcançado um equivalente para a independência social dos proprietários privados. É claro que a massa desprovida de propriedade não poderia mais adquirir o controle das condições sociais de sua existência privada por meio da participação na circulação de bens e capitais organizada segundo o direito privado. A segurança de sua autonomia privada dependia das garantias de *status* do Estado de bem-estar social. No entanto, essa autonomia privada alcançada por derivação somente poderia formar um equivalente para a autonomia privada originária, fundada na disposição sobre a propriedade privada, se os cidadãos, como clientes do Estado de bem-estar social, começassem a desfrutar das garantias de *status* que *eles mesmos* se atribuíssem como cidadãos democráticos. Mas isso, na época, só me parecia possível se o controle democrático se difundisse sobre o processo econômico como um todo.

Essa reflexão situa-se no contexto de uma ampla controvérsia sobre questões do Estado de direito que se estendeu pelos anos 1950 e cujos expoentes foram Ernst Forsthoff e Wolfgang Abendroth. Do ponto de vista da dogmática jurídica, o debate girava em torno da inserção do princípio do Estado de bem-estar social na arquitetura tradicional do Estado de direito.[24] Enquanto a escola de Carl Schmitt[25] considerava que a estrutura do Estado de direito só poderia ser preservada se a proteção dos direitos clássicos de liberdade tivesse primazia sobre as reivindicações de concessões do Estado de bem-estar social, Abendroth entendia que o princípio do Estado de bem-estar social era ao mesmo tempo uma máxima superior de interpretação constitucional e uma máxima de configuração política para o legislador. A ideia do Estado de bem-estar social deveria servir como alavanca para um reformismo democrático radical que mantivesse aberta ao menos a passagem para um socialismo democrático. Abendroth considerava que a Lei

---

24 Forsthoff (org.), *Rechtsstaatlichkeit und Sozialstaatlichkeit*.
25 Id., Begriff und Wesen des sozialen Rechtsstaates; Huber, Rechtsstaat und Sozialstaat in der modernen Industriegesellschaf, p.165 et seq., p.589 et seq.

Fundamental da República Federal da Alemanha se destinava a *"estender* a ideia material da democracia sobre o Estado de direito, sobretudo o princípio da igualdade e seu vínculo com o pensamento da participação no interior da ideia de autodeterminação, à ordem econômica e social" (cf. p.330). No entanto, nessa perspectiva, a esfera pública política se reduz a uma espécie de coadjuvante de um legislador predeterminado tanto no sentido teórico quanto no sentido do direito constitucional, de sorte que ele sabe de antemão como o Estado de direito tem de seguir sua missão "de configurar o conteúdo da ordem social", ou seja, por meio da "interferência do Estado naquela propriedade [...] que torna possível o poder privado de dispor sobre os meios de produção e, com isso, a dominação, não legitimada democraticamente, sobre as posições de poder econômico ou social".[26]

Do mesmo modo que a insistência na dogmática do Estado de direito liberal não fazia justiça às novas relações sociais, o fascinante programa de Abendroth revelava as fragilidades do modo de pensar hegeliano-marxista a partir de conceitos de totalidade. Mesmo que, nesse meio-tempo, eu me tenha distanciado ainda mais dessa abordagem, tal circunstância não diminui minha dívida intelectual e pessoal para com Wolfgang Abendroth, expressa na dedicatória. No entanto, não posso senão constatar que uma sociedade que se diferenciou funcionalmente não pode ser entendida com conceitos holísticos. A falência do socialismo de Estado, que observamos atualmente, voltou a confirmar que, com um sistema econômico moder-

---

26 Abendroth, Zum Begriff des demokratischen und sozialen Rechtsstaates, p.123 et seq.

no controlado pelo mercado, não podemos, sem ameaçar sua eficiência, substituir a nosso bel-prazer o dinheiro pelo poder administrativo e pela formação democrática da vontade. Além disso, as experiências com um Estado de bem-estar social que chegou a seu limite nos sensibilizaram para os fenômenos da burocratização e da juridificação. Esses efeitos patológicos aparecem como consequências das intervenções do Estado em domínios de ação estruturados de tal maneira que se opõem ao modo de regulação jurídico-administrativo.[27]

(3) O tema central da segunda metade do livro é a própria mudança estrutural da esfera pública, inscrita na integração entre o Estado e a sociedade. A infraestrutura da esfera pública se modificou com as formas de organização, comercialização e consumo de uma produção de livros profissionalizada e ampliada, orientada para uma nova classe de leitores, e com uma imprensa de jornais e periódicos cujo conteúdo também se modificou. A mudança estrutural da esfera pública ocorre mais uma vez com o surgimento dos meios de comunicação de massa eletrônicos, com a nova relevância da propaganda, com a crescente fusão de entretenimento e informação, a centralização mais acentuada de todas as áreas, a decadência das associações liberais, perceptível nas esferas públicas comunais etc. Essas tendências foram compreendidas da maneira correta, mesmo quando nesse ínterim foram apresentadas pesquisas mais detalhadas.[28] Com uma rede de comunicação mais comer-

---

27 Kübler (org.), *Verrechtlichung von Wirtschaft, Arbeit und sozialer Solidarität*; Habermas, Law and Morality, p.217-80.
28 Williams. *Television: Technology and Cultural Form*; *Keywords: A Vocabulary of Culture and Society*; Prokop (org.), *Medienforschung: Konzerne, Macher, Kontrolleure*.

cializada e condensada, com o crescimento dos custos de capital e com o aumento da escala organizacional das instituições editoriais, as vias de comunicação foram canalizadas de forma mais rígida e as oportunidades de acesso à comunicação pública ficaram sujeitas a uma pressão seletiva cada vez mais rigorosa. Com isso, surgiu uma nova categoria de influência, a saber, o poder da mídia, que, usado de modo manipulador, privou o princípio da publicidade de sua inocência. A esfera pública, ao mesmo tempo pré-estruturada e dominada pelos meios de comunicação de massa, tornou-se uma arena permeada de relações de poder, na qual, por meio de temas e contribuições, ocorre uma disputa não apenas em torno da influência, mas também sobre o controle que incide sobre os fluxos comunicativos comportamentalmente eficazes e que oculta o máximo possível suas intenções estratégicas.

Uma descrição e uma análise realistas da esfera pública, atravessada por relações de poder, certamente proíbem a inclusão descontrolada de pontos de vista valorativos; mas também não podem ser obtidas ao custo de uma nivelação empírica de diferenças importantes. Por isso, fiz a distinção entre, por um lado, as funções críticas dos processos de comunicação autorregulados, que são também interligados horizontalmente, inclusivos e formados mais ou menos discursivamente, além de amparados por instituições fracas, e, por outro, aquelas funções que almejam influenciar as decisões dos consumidores, eleitores e clientes, desempenhadas por organizações que intervêm em uma esfera pública midiática de massa, a fim de mobilizar o poder de compra, a lealdade ou o comportamento conformista. Essas intervenções *usurpadoras* em uma esfera pública que é percebida somente como o entorno de cada sistema atingem uma comunicação pública que se regenera espontaneamente a partir das fontes do mundo da vida.[29] Esse era o sentido da tese segundo a qual:

> a esfera pública que funciona nas condições do Estado de bem-estar social tem de se compreender como um processo de autoprodução: ela precisa primeiro instituir-se de maneira paulatina, competindo com aquela outra tendência que, no âmbito da esfera pública imensamente ampliado, aplica o princípio da publicidade contra si mesmo, reduzindo-o em sua efetividade crítica. (Cf. p.481)

Apesar de me manter fiel à descrição geral das mudanças na infraestrutura de uma esfera pública permeada de relações de poder, são oportunas algumas revisões na análise e, sobretudo, na avaliação que faço das mudanças efetuadas no comportamento do público. Retrospectivamente, vejo diversas razões para isso. A Sociologia do comportamento eleitoral estava apenas em seus primórdios, ao menos na Alemanha. Na época, elaborei minhas próprias experiências primárias com uma campanha eleitoral conduzida segundo estratégias de *marketing* baseadas em pesquisas de opinião. Recentemente, a população da República Democrática Alemã deve ter tido esse tipo de experiência chocante quando as campanhas dos partidos ocidentais invadiram seu território. A própria televisão mal dava os primeiros passos na República Federal da Alemanha; eu mesmo a conheci anos mais tarde, nos Estados Unidos, portanto, não pude comprovar minhas leituras com experiências

---

29 Cf. Langenbucher (org.), *Zur Theorie der politischen Kommunikation*.

de primeira mão. Além do mais, não é difícil perceber a forte influência da teoria adorniana da cultura de massa. Os resultados deprimentes da pesquisa empírica *Student und Politik*[30] [Estudante e política], recém-concluída na época, podem ter sido uma razão a mais para eu ter subestimado a influência crítica positiva, mobilizada culturalmente, da educação escolar formal, sobretudo em sua expansão no nível secundário. Evidentemente, é preciso dizer que ainda não havia começado na Alemanha o processo que mais tarde Parsons denominou "revolução na educação". Por fim, é evidente que estava ausente toda aquela dimensão que, entrementes, ganhou grande atenção sob a expressão "cultura política". Em 1963, G. A. Almond e S. Verba ainda pretendiam compreender a *civil culture* com base em algumas poucas variáveis de comportamento.[31] Mesmo a pesquisa mais extensa sobre a mudança de valores, iniciada pelo livro de Ronald Inglehart, *The Silent Revolution* [A revolução silenciosa], publicado em 1977, ainda não abrangia todo o escopo das autoevidências culturais cristalizadas nas mentalidades políticas, em que o potencial de reação do público de massa está enraizado historicamente.[32]

Em síntese, o diagnóstico que fiz, baseando-me em um desenvolvimento retilíneo que vai de um público politicamente ativo para um público privatizado, "de um público que discute a cultura para um público que consome a cultura", é muito incompleto. Na época, julguei de forma muito pessimista a

---

30 Habermas et al., *Student und Politik*.
31 Almond, Verba, *The Civil Culture: Political Attitudes and Democracy in Five Nations*. Cf. também Almon, Verba (orgs.), *The Civil Culture Revisited*.
32 Por outro lado, cf. Bellah et al., *Habits of the Heart*.

capacidade de resistência e, sobretudo, o potencial crítico de um público de massa pluralista, muito diversificado internamente, que em seus hábitos culturais começava a superar as barreiras de classe. Com a flexibilização ambivalente dos limites entre baixa e alta cultura, e com uma "nova intimidade entre cultura e política", que é igualmente ambivalente e não assimila meramente a informação ao entretenimento, também se modificaram os próprios critérios de avaliação.

Não posso comentar a diversificada literatura sobre a Sociologia do comportamento político, pois só a tenho acompanhado esporadicamente.[33] Do mesmo modo, a pesquisa sobre os meios de comunicação, em particular as pesquisas da Sociologia da comunicação sobre os efeitos sociais da televisão,[34] é importante para entender a mudança estrutural da esfera pública. Na época, apoiei-me nos resultados da tradição da pesquisa fundada por Lazarsfeld,[35] que foi criticada com veemência nos anos 1970 em virtude de sua abordagem behaviorista individualista, limitada à Psicologia dos pequenos grupos.[36] No entanto, a abordagem da crítica da ideologia prosseguiu com uma ênfase mais fortemente empírica[37] e orientou a atenção da pesquisa em comunicação para, de um lado, o con-

---

33 Cf., por exemplo, Barnes, Kaase (orgs.), *Political Action – Mass Participation in Western Democracies*.
34 Cf. a revista comemorativa *Ferment in the Field, Journal of Communication*, v.33. Agradeço as referências bibliográficas a Rolf Meyersohn, que há décadas trabalha na área da Sociologia dos meios de comunicação de massa e da cultura de massa.
35 Resumida em Klapper, *The Effects of Mass Communication*.
36 Gitlin, Media Sociology: The Dominant Paradigm, p.205-53. Cf. a defesa de Katz, Communication Research since Lazarsfeld, p.25-45.
37 Lodziak, *The Power of Television*.

texto institucional da mídia[38] e, de outro, o contexto cultural da recepção.[39] Stuart Hall diferencia três distintas estratégias de interpretação dos espectadores, que ou se submetem à estrutura do que é oferecido, ou se opõem, ou sintetizam o que é oferecido com interpretações próprias. Essa diferenciação mostra bem a mudança de perspectiva em relação aos modelos de explicação mais antigos, que ainda contavam com encadeamentos de efeitos lineares.

(4) No último capítulo do livro, procurei juntar ambas as linhas: o diagnóstico empírico da decadência da esfera pública liberal e o ponto de vista normativo da tentativa de alcançar e reconverter em termos de democracia radical o entrelaçamento funcional de Estado e sociedade, que se realiza, objetivamente, como que sobre a cabeça dos participantes. Ambos os aspectos se refletem nas respectivas concepções opostas de "opinião pública". Como ficção do Estado de direito, a opinião pública conserva, na teoria normativa da democracia, a unidade de uma grandeza contrafactual; nas investigações empíricas da pesquisa dos meios de comunicação e da Sociologia da comunicação, essa unidade já se dissolveu há muito tempo. Contudo, temos de considerar ambos os aspectos, se quisermos apreender o modo de legitimação efetivamente vigente nas democracias de massa do Estado de bem-estar social, sem abandonar a distin-

---

38 Gitlin, *The Whole World is Watching*; Gans, *Deciding what's News*. Uma visão geral é dada por Tuckmann, Mass Media Institutions, p.601-25. De uma perspectiva da sociedade como um todo, é instrutivo o artigo de Calhoun, Populist Politics, Communications Media and Large Scale Societal Integration, p.219-41.

39 Hall, Encodign and Decoding in the TV-Divourse, p.128-38; Morley, *Family Television*.

ção entre os processos de comunicação pública autóctones e aqueles atravessados por relações de poder.

Com esse propósito, explica-se o modelo, esboçado provisoriamente no fim do livro, de uma arena dominada pelos meios de comunicação de massa, com as duas tendências opostas em choque, uma com a outra. O grau de penetração do poder deveria ser medido pela extensão em que as opiniões informais não públicas, isto é, aquelas autoevidências culturais que formam o contexto do mundo da vida e o solo da comunicação pública, entram em curto-circuito com as opiniões formais quase públicas que são produzidas por intermédio dos meios de comunicação de massa e as quais a economia e o Estado procuram influenciar como acontecimentos do entorno do sistema; ou ainda pela extensão em que ambos os domínios são mediados por uma publicidade crítica. Na época, eu só podia imaginar como portadores da publicidade crítica as associações e os partidos democratizados internamente. Para mim, as esferas públicas internas aos partidos e às associações apareciam como virtuais pontos nodais de uma comunicação pública ainda capaz de se regenerar. Essa consequência resultou da tendência a uma sociedade organizada na qual não são mais os indivíduos associados, mas os membros de coletividades organizadas que, em uma esfera pública policêntrica, competem pelo consentimento das massas passivas de modo a chegar a um equilíbrio de poder e interesses, uns com os outros, mas sobretudo tendo como referência o maciço complexo da burocracia estatal. Nos anos 1980, Norberto Bobbio, por exemplo, elaborou sua teoria da democracia partindo dos mesmos pressupostos.[40]

---

40 Bobbio, *The Future of Democracy*.

No entanto, com esse modelo, entra em jogo novamente aquele pluralismo de interesses irreconciliáveis que já havia levado os teóricos liberais a criticar a "tirania da maioria". Talvez Tocqueville e J. S. Mill não estivessem tão errados em sua crença de que a representação liberal inicial de uma formação discursiva da opinião e da vontade nada mais era do que o disfarce do poder da maioria. Em todo caso, do ponto de vista normativo, estavam dispostos a aceitar a opinião pública como uma instância que limita o poder, mas de modo algum como um *medium* para uma possível racionalização do poder em geral. Se de fato fosse assim, isto é, "um antagonismo de interesses estruturalmente insuperável colocaria limites muito estreitos a uma esfera pública reorganizada em suas funções críticas" (cf. p.483-4), não seria suficiente confrontar a teoria liberal com uma concepção ambivalente de esfera pública, como fiz no § 15.

III. Um quadro teórico modificado

Não obstante, ainda mantenho a intenção que orientou a investigação como um todo. Segundo a autocompreensão normativa das democracias de massa do Estado de bem-estar social, estas somente podem se ver como uma continuidade dos princípios do Estado de direito liberal se assumirem seriamente o imperativo de uma esfera pública politicamente ativa. Nesse caso, porém, é preciso mostrar como deveria ser possível, em nosso tipo de sociedade, que "o público, mediatizado pelas organizações, deve pôr em movimento, por meio delas mesmas, um processo *crítico* de comunicação pública" (cf. p.480). No final do livro, esse questionamento me levou de volta àquele problema que, embora o tenha mencionado, eu não o havia tratado adequadamente. A contribuição de *Mudança estrutural da esfera pública* para uma teoria contemporânea da democracia acabou se tornando suspeita, quando o "insuperado pluralismo de interesses concorrentes [...] torna duvidoso que dele possa surgir algum tipo de interesse universal, de modo que a opinião pública pudesse encontrar nele seu padrão" (p.483). Com os instrumentos teóricos disponíveis na época, não pude resolver esse problema. Foram necessários alguns passos a mais para produzir um quadro teórico para que eu pudesse, hoje, reformular a questão e ao menos esboçar uma resposta. Gostaria de lembrar alguns pontos nas etapas desse percurso.

(1) Somente de um ponto de vista superficial, *Mudança estrutural da esfera pública* poderia ter sido escrito no estilo de uma história descritiva da sociedade, orientada por Max Weber. A dialética da esfera pública, que determina a estrutura do livro, revela imediatamente uma abordagem nos termos da crítica da ideologia. Os ideais do humanismo burguês, que caracterizam a autocompreensão da esfera íntima e da esfera pública e se articulam nos conceitos-chave de subjetividade e autorrealização, formação racional da opinião e da vontade, bem como de autodeterminação pessoal e política, impregnaram de tal modo as instituições do Estado constitucional que, como um potencial utópico, apontam para além de uma realidade constitucional que, ao mesmo tempo, os nega. A dinâmica do desenvolvimento histórico também deveria se alimentar dessa tensão entre ideia e realidade.

No entanto, essa figura do pensamento não apenas nos desvia para a uma idealização da esfera pública burguesa que vai muito além do sentido metodológico de idealização associado à formação de conceitos com base em tipos ideais, como também se apoia, ao menos implicitamente, no pano de fundo dos pressupostos de uma filosofia da história que, mais tarde, foram refutados pelas barbáries da civilização no século XX. Quando os ideais burgueses são confiscados, quando a consciência se torna cínica, desmoronam aquelas normas e orientações valorativas em torno das quais a crítica da ideologia tem de pressupor algum acordo, se quer apelar para elas.[41] Por isso, propus aprofundar os fundamentos normativos da teoria crítica da sociedade.[42] A teoria da ação comunicativa deve explicitar um potencial da razão inscrito na própria práxis comunicativa cotidiana. Com isso, abre-se ao mesmo tempo o caminho para uma ciência social que procede reconstrutivamente, identifica os processos de racionalização cultural e social *em toda a sua extensão* e também os rastreia aquém do limiar das sociedades modernas. Então, não precisamos mais procurar potenciais normativos apenas na formação de uma esfera pública surgida em uma época específica.[43] A necessidade de estilizar as manifestações individuais prototípicas de uma racionalidade comunicativa, incorporada institucionalmente, desaparece a favor de uma abordagem empírica que dissolve a tensão da oposição abstrata entre norma e realidade. Diferentemente das suposições clássicas do materialismo histórico, surgem no

---

41 Para uma crítica ao conceito marxista de ideologia, cf. Kean, *Democracy and Civil Society. On the Predicaments of European Socialism*, p.213 et seq.

42 Benhabib, *Critique, Norm and Utopia*.

43 Habermas, *Theorie des kommunikativen Handels*, v.2, p.548 et seq.

primeiro plano o sentido estrutural próprio e a história interna de tradições e sistemas de interpretação culturais.[44]

(2) A perspectiva teórica democrática, a partir da qual investiguei a mudança estrutural da esfera pública, era devedora do conceito de Abendroth de uma evolução do Estado democrático e social de direito em direção à democracia socialista; em geral, ela ficou presa a um conceito – que nesse ínterim se tornou questionável – de sociedade e auto-organização social pensados como totalidades. A sociedade que administra a si mesma, que, mediante uma legislação planejada, programa todas as esferas da vida, inclusive sua reprodução econômica, deveria ser integrada por meio da vontade política do povo soberano. Contudo, o pressuposto de que o conjunto da sociedade pode ser representado como uma associação que, através dos *media*, do direito e do poder político, pode agir sobre si mesma, perdeu toda plausibilidade em vista do grau de complexidade das sociedades funcionalmente diferenciadas. A representação holística de uma totalidade social à qual pertencem os indivíduos socializados como membros de uma organização abrangente ricocheteia na realidade do sistema econômico controlado pelo mercado e do sistema administrativo controlado pelo poder. Em *Técnica e ciência como "ideologia"* (1968), eu ainda procurei diferenciar o sistema de ação do Estado do da economia, seguindo a perspectiva de uma teoria da ação e adotando o critério da ação racional com respeito a fins ou orientada para o êxito, por um lado, e o da ação comunicativa, por outro. Esse paralelismo entre sistemas de ação e tipos de ação conduziu

---

44 Id., Historischer Materialismus und die Entwicklung normativer Strukturen, p.9-48.

a um curto-circuito e a alguns disparates,[45] o que me levou a articular, em *Problemas de legitimação do capitalismo tardio* (1973), o conceito de mundo da vida, introduzido em *A lógica das ciências sociais* (1967), com o conceito de sistema que mantém seus limites. É daí que emerge, em *Teoria da ação comunicativa* (1981), o conceito de sociedade em dois níveis, como mundo da vida e como sistema.[46] Por fim, isso tem consequências decisivas para o conceito de democracia.

Desde então, considero a economia e o aparato do Estado como domínios de ação integrados sistemicamente, que não podem mais ser transformados democraticamente a partir de dentro, isto é, não podem mais ser revertidos a um modo político de integração sem danificar seu sentido sistêmico próprio e, com isso, destruir sua capacidade funcional. Isso ficou comprovado pela falência do socialismo de Estado. Nesse sentido, o objetivo da democratização radical será definido muito mais pelo deslocamento de forças no interior de uma "separação dos poderes" mantida em princípio. O novo equilíbrio de poder não deve ser produzido entre os poderes do Estado, mas entre diferentes recursos da integração social. O objetivo não é mais simplesmente a "superação" de um sistema econômico capitalista autônomo e um sistema de dominação burocrática autônomo, mas a contenção democrática da *interferência* colonizadora dos imperativos sistêmicos nos domínios do mundo da vida. Com isso, nos despedimos das concepções de alienação e apropriação das forças objetivas essenciais, típicas da filosofia da práxis. Uma mudança democrática radical dos processos

---

45 Honneth, *Kritik der Macht*, p.265 et seq.
46 Sobre as objeções, cf. minha "Entgegung", p.377 et seq.

de legitimação tem como objetivo um novo equilíbrio entre os poderes da integração social, de modo que a força social integradora da solidariedade – "a força produtiva da comunicação"[47] – possa se impor contra os "poderes" dos dois outros recursos controladores, o dinheiro e o poder administrativo, e assim fazer valer as demandas do mundo da vida, orientadas para o valor de uso.

(3) A força de integração social da ação comunicativa está situada, em primeiro lugar, naquelas formas de vida e mundos da vida particulares, que se entrelaçam com tradições e constelações de interesses – segundo Hegel, na esfera da "eticidade". Mas as energias geradoras de solidariedade desses contextos vitais não se transferem imediatamente ao plano político dos procedimentos democráticos para equilibrar poder e interesses. E ainda menos em sociedades pós-tradicionais, nas quais não se pode mais pressupor uma homogeneidade de convicções de fundo e nas quais o suposto interesse comum de classe deu lugar a um pluralismo intransparente de formas de vida, que competem em igualdade de direitos. De fato, na formulação intersubjetivista de um conceito de solidariedade que vincula o entendimento a pretensões de validade criticáveis e, portanto, ao poder de dizer não de indivíduos e sujeitos responsáveis, não cabem as conotações usuais de unidade e totalidade. Contudo, mesmo nessa formulação abstrata da expressão "solidariedade", não se pode sugerir o falso modelo de uma formação rousseauísta da vontade, que estabeleceria as condições em que as vontades empíricas de cidadãos individualizados pudessem

---

[47] Cf. minha entrevista a H. P. Krüger, em Habermas, *Die Nachholende Revolution*, p.82 et seq.

se transformar *imediatamente* na vontade racional dos cidadãos morais, orientada para o bem comum.

Rousseau fundamenta essa presunção de virtude (sempre ilusória) na separação dos papéis do *bourgeois* e do *citoyen*, a qual transforma a independência econômica e a igualdade de oportunidades nos pressupostos para o *status* autônomo de cidadão. O Estado de bem-estar social desmente essa separação de papéis: "Essa relação se inverteu nas democracias ocidentais modernas: a formação democrática da opinião tornou-se um instrumento para a promoção da igualdade social no sentido de maximizar a distribuição igual do produto social entre os indivíduos".[48] U. Preuss enfatiza com razão que, atualmente, no processo político, o papel público do cidadão se entrelaça com o papel privado do cliente das burocracias do Estado de bem-estar social: "A democracia de massa do Estado de bem-estar social produziu a categoria paradoxal do 'ser humano privado socializado', que comumente chamamos de 'cliente', e que se fundiu com o papel do cidadão do Estado na medida em que se universalizou socialmente".[*] O universalismo democrático se converteu em um "particularismo generalizado".

No § 2 critiquei a "democracia da opinião não pública" de Rousseau porque ele concebe a vontade geral muito mais como um "consenso dos corações do que dos argumentos". Ao contrário, a moral, que Rousseau exige dos cidadãos e situa nos motivos e virtudes dos indivíduos, deve estar ancorada no próprio processo de comunicação pública. Esse ponto é destacado por B. Manin:

---

48 Preuss, Was heißt radikale Demokratie heute?, p.37-67.

[*] Ibid., p.48.

> It is necessary to alter radically the perspective common to both liberal theories and democratic thought: the source of legitimacy is not the predetermined will of individuals, but rather the process of its formation, that is, deliberation, itself [...]. A legitimate decision does not represent the will of individuals, but is one that results from the deliberation of all. It is the process by which everyone's will is formed that confers its legitimacy on the outcome, rather than the sum of already formed wills. The deliberative principle is both individualistic and democratic [...]. We must affirm, at the risk of contradicting a long tradition, that legitimate law is the result of general deliberation, and not the expression of general will.[49]

Com isso, o ônus da prova se desloca da moral do cidadão para aqueles procedimentos de formação democrática da opinião e da vontade, que devem fundamentar a suposição de que resultados racionais são possíveis.

(4) Por isso, o conceito de "esfera pública política", na qualidade de síntese daquelas condições de comunicação em que se pode realizar a formação discursiva da opinião e

---

49 Manin, On Legitimacy and Political Deliberation, p.351 et seq. Manin refere-se explicitamente a *Problemas de legitimação*, nota 35, p.367, e não a *Mudança estrutural*. [Trad.: "É necessário alterar radicalmente a perspectiva comum tanto às teorias liberais quanto ao pensamento democrático: a fonte da legitimidade não é a vontade predeterminada dos indivíduos, mas antes o processo de sua formação, ou seja, a própria deliberação [...] uma decisão legítima não representa a vontade de todos, mas resulta da deliberação de todos. É o processo pelo qual a vontade de cada um é formada de maneira a conferir legitimidade a seus resultados, e não a soma de vontades já formadas. O princípio deliberativo é tanto individualista quanto democrático. [...] Devemos afirmar, com o risco de contradizer uma longa tradição, que a lei legítima é o resultado da deliberação geral, e não a expressão da vontade geral." – N. T.]

da vontade de um público de cidadãos, apresenta-se como conceito fundamental de uma teoria da democracia orientada normativamente. Nesse sentido, J. Cohen define o conceito de "democracia deliberativa" da seguinte maneira:

> *The notion of a deliberative democracy is rooted in the intuitive ideal of a democratic association in which the justification of the terms and conditions of association proceeds through public argument and reasoning among equal citizens. Citizens in such an order share a commitment to the resolution of problems of collective choice through public reasoning, and regard their basic institutions as legitimate insofar as they establish a framework for free public deliberation.*[50]

Esse conceito discursivo de democracia baseia-se na mobilização política e no aproveitamento da força produtiva da comunicação. Nesse caso, porém, o que se tem de mostrar é que as questões sociais portadoras de conflitos, em geral, podem ser reguladas de maneira racional, isto é, no interesse comum dos concernidos. E, em segundo lugar, deve-se explicar por que o *medium* da argumentação e da negociação públicas é apropriado para essa formação racional da vontade. Do contrá-

---

50 Cohen, Deliberation and Democratic Legitimacy, p.12-34. Cohen também não se refere a *Mudança estrutural*, mas a três de minhas publicações posteriores (em inglês). Cf. nota 12, p.33. [Trad.: "A concepção de uma democracia deliberativa está enraizada no ideal intuitivo de uma associação democrática na qual a justificação dos termos e das condições da associação ocorre por meio da discussão pública e do debate racional entre cidadãos iguais. Em tal ordem, os cidadãos compartilham o compromisso de resolver seus problemas de escolha coletiva por meio da discussão racional pública e consideram legítimas suas instituições básicas, na medida em que estabelecem uma estrutura para a deliberação pública livre." – N. T.]

rio, continua a ter razão o modelo liberalista, com sua premissa de que o "equilíbrio" de interesses opostos irreconciliáveis não pode ser mais do que o resultado de uma luta conduzida estrategicamente.

Nas duas últimas décadas, John Rawls e Ronald Dworkin, Bruce Ackermann, Paul Lorenzen e K. O. Apel introduziram argumentos sobre como as questões práticas políticas, na medida em que são de natureza moral, podem ser decididas de maneira racional. Esses autores explicitaram "o ponto de vista moral" do qual se pode julgar com imparcialidade aquilo que, em cada caso, é de interesse universal. Independentemente de como formularam e fundamentaram os princípios de universalização e os princípios morais, o que se tornou claro nessa ampla discussão é que uma universalização de interesses – e uma aplicação apropriada das normas, que incorporam tais interesses universais[51] – se pode fundamentar em boas razões. Além disso, desenvolvi, com K. O. Apel,[52] uma abordagem discursiva da ética[53] que define a argumentação como o procedimento adequado para a solução de questões prático-morais. Com isso, também respondo à segunda das duas questões mencionadas. A ética do discurso não pretende apenas extrair um princípio moral universal a partir do teor normativo dos pressupostos pragmáticos necessários da argumentação em geral. O próprio princípio se refere muito mais ao resgate [*Einlösung*] discursivo de pretensões de validade normativas. Ou seja, vincula a vali-

---

51 Günther, *Der Sinn für Angemessenheit*.
52 Cf. Apel, *Diskurs und Verantwortung*.
53 Habermas, *Legitimationsprobleme im Spätkapitalismus*, p.140 et seq.; *Moralbewußtsein und kommunikativens Handeln*.

dade de normas à possibilidade de um consentimento fundamentado de todos os possíveis concernidos, desde que possam assumir *o papel de participantes na argumentação*. Segundo essa interpretação, o esclarecimento de questões políticas, no que diz respeito a seu cerne moral, depende da institucionalização de uma práxis de argumentação pública.

Embora as questões sobre os princípios políticos quase sempre se apoiem também em aspectos morais, de modo algum se pode dizer que todas as questões que, segundo sua definição institucional, precisam ser decididas pelas instâncias políticas são de natureza moral. Com frequência, as controvérsias políticas dizem respeito a questões empíricas, interpretação de estados de coisas, explicações, prognósticos, e assim por diante. No entanto, problemas de grande transcendência, as chamadas questões existenciais, muitas vezes não são questões de justiça, mas referem-se, como questões de vida com qualidade, à autocompreensão ético-política – da sociedade como um todo ou de subculturas particulares. Enfim, a maioria dos conflitos decorre da colisão de interesses de grupo e diz respeito a problemas distributivos que só podem ser resolvidos pela formação de compromissos. Mas essa diferenciação no domínio das questões que precisam ser decididas politicamente não depõe nem contra a proeminência das reflexões morais nem contra a forma argumentativa de comunicação política no todo. Muitas vezes, as questões empíricas não podem ser separadas das questões valorativas e necessitam, é claro, de um tratamento argumentativo.[54] O autoentendimento ético-político sobre

---

54 Id., Towards a Communication Concept of Rational Collective Will-Formation, p.144-54.

como nós, na condição de membros de uma determinada coletividade, queremos viver, deve ao menos estar de acordo com as normas morais. As negociações têm de se apoiar na troca de argumentos; e se levam ou não a compromissos *equitativos*, isso depende essencialmente das condições procedimentais, que devem ser avaliadas moralmente.

A abordagem da teoria do discurso tem a vantagem de poder especificar os pressupostos da comunicação que devem ser satisfeitos nas diferentes formas de argumentação e nas negociações, se os resultados de tais discursos devem ter para si a suposição da razoabilidade. Com isso, abre a possibilidade de se vincular as reflexões normativas às da Sociologia empírica.

(5) Pelo fato de, primeiro, ser necessário esclarecer e tornar plausível o conceito discursivo de democracia no âmbito de uma teoria normativa, permanece em aberto a questão de como institucionalizar, nas condições das democracias de massa do Estado de bem-estar social, uma formação discursiva da opinião e da vontade de modo a poder superar o desnível entre autointeresse esclarecido e a orientação pelo bem comum, entre o papel de cliente e o do cidadão do Estado. Nos pressupostos da comunicação de cada práxis de argumentação já estão inscritas a exigência de imparcialidade e a expectativa de que os participantes questionem e transcendam as preferências que apresentam à discussão. O cumprimento de ambos os pressupostos deve até mesmo converter-se em rotina. A resposta do direito natural moderno a esse problema foi a introdução da coerção jurídica legítima. E a resposta ao problema seguinte – como o poder político, exigido para a coerção jurídica, poderia, por sua vez, estar vinculado moralmente –, Kant a deu com a ideia do Estado de direito. O desdobramento dessa ideia pela teoria do

discurso desemboca na concepção de que o direito é aplicado uma vez mais sobre si mesmo: ele ainda precisa assegurar o modo discursivo segundo o qual os programas jurídicos devem ser criados e aplicados sob as condições da argumentação. Isso implica a institucionalização de procedimentos jurídicos que garantam um cumprimento aproximado dos exigentes pressupostos da comunicação nas negociações equitativas e nas argumentações sem coerção. Esses pressupostos idealizadores exigem a inclusão plena de todos os possíveis concernidos, a igualdade de direitos das partes, a interação não coercitiva, a abertura para temas e contribuições, a possibilidade de rever os resultados, e assim por diante. Nesse contexto, os procedimentos jurídicos servem para realçar, no interior de uma comunidade de comunicação idealmente pressuposta, as pressões seletivas do tipo espacial, temporal e conteudístico, que surgem em sociedades reais.[55]

Assim, a regra da maioria, por exemplo, pode ser entendida como um arranjo que possibilita compatibilizar a formação discursiva da opinião – em última instância, orientada para a verdade – com a coerção para que a formação da vontade seja temporalmente concluída. Segundo a interpretação da teoria do discurso, a decisão da maioria deve manter um vínculo interno com a práxis da argumentação, do qual resultam outros dispositivos institucionais (como, por exemplo, a pressão para que se apresentem razões, regras para a distribuição do ônus da prova, releituras de projetos de lei etc.). Uma decisão da maioria deve ser produzida de tal modo que seu conteúdo possa ser visto como o resultado racionalmente

---

55 Cf. minhas *Tanner Lectures*, p.246 et seq.

motivado, mas falível, de uma discussão a respeito da solução correta de um problema a que se chegou provisoriamente sob pressão para que houvesse uma decisão. Do mesmo ponto de vista de uma institucionalização das condições comunicativas universais para uma formação discursiva da vontade, também se podem compreender outras instituições — por exemplo, as regulamentações para a composição e o modo de trabalhar das corporações parlamentares, as responsabilidades e imunidades dos representantes eleitos, bem como o pluralismo político do sistema multipartidário, a necessidade de partidos populares para vincular programaticamente diferentes constelações de interesses etc.

Além disso, quando se decifra, do ponto de vista da teoria do discurso, o sentido normativo das instituições existentes, abre-se uma perspectiva para introduzir e testar *novos* arranjos institucionais, que podem refrear a tendência de transformar os cidadãos em clientes do Estado. Eles precisam graduar a distância entre ambos os papéis, interrompendo o curto-circuito entre as preferências próprias imediatas e o particularismo generalizado de interesses organizados na forma de associações. Um exemplo disso é a ideia original de vincular a *multiple preference ordering* [a ordenação múltipla de preferências] ao voto do eleitor.[56] Tais sugestões precisam apoiar-se em uma análise dos obstáculos inscritos nos arranjos existentes, que condicionam os cidadãos a ter um comportamento apolítico e, com isso, os

---

56 Apoiado em Goodin, Laundering Preferences, p.75-101. C. Offe desenvolveu essa reflexão em seu genial ensaio Bindung, Fessel, Bremse. Die Unübersichtlichkeit von Selbstbeschränkungsformeln, p.739-75.

impedem de pensar reflexivamente para além da percepção de seus próprios interesses de curto prazo. Em outras palavras: a explicitação, nos termos da teoria do discurso, do sentido democrático das instituições do Estado de direito precisa ser complementada por uma investigação crítica dos mecanismos, efetivos nas democracias de massa do Estado de bem-estar social, que alienam os cidadãos do processo político.[57]

(6) Evidentemente, o teor normativo do conceito de democracia, que está ligado ao processo de formação discursiva de valores e normas nas comunicações públicas, não se limita aos arranjos institucionais mais adequados no plano do Estado democrático de direito. Ele aponta para além dos processos formais *constitucionais* de comunicação e decisão. A formação da opinião organizada nas corporações, que leva a decisões responsáveis, apenas consegue fazer jus ao objetivo da busca cooperativa da verdade na medida em que permanecer *permeável* aos valores, temas, contribuições e argumentos, livremente flutuantes, de uma comunicação política *circundante*. Essa comunicação precisa ser facilitada do ponto de vista constitucional, porém não pode ser organizada como um todo. Antes, a expectativa de resultados racionais, justificada do ponto de vista da teoria do discurso, fundamenta-se na interação entre a formação política da vontade, constituída institucionalmente, e os fluxos espontâneos da comunicação – não atravessada por relações de poder – de uma esfera pública que seja programada não para a tomada de decisão, mas para a descoberta e a solução de problemas e, nesse sentido, *não organizada*. Se a ideia de so-

---

57 Offe, Preuss, Can Democratic Institutions make Efficient Use of Moral Resources? (manuscrito).

berania popular ainda deve encontrar alguma aplicação realista nas sociedades altamente complexas, ela deve ser desvinculada da interpretação concretista que consiste em sua incorporação nos membros fisicamente presentes, participativos e codeterminantes de uma coletividade.

Nas circunstâncias atuais, a ampliação direta das possibilidades formais de codeterminação e participação acaba apenas intensificando o "particularismo generalizado", isto é, uma imposição privilegiada de interesses particulares locais e de grupos específicos, que, desde Burke até Weber, Schumpeter e os neoconservadores de nossos dias, tem fornecido argumentos para um elitismo democrático. Este pode ser evitado com uma concepção procedimental da soberania popular como o sumário das condições que possibilitam um processo discursivo de comunicação pública. Essa soberania popular – difusa, como um todo – só pode ser "incorporada" naquelas formas de comunicação sem sujeito, mas certamente exigentes, que regulam o fluxo da formação política da opinião e da vontade, de tal modo que seus resultados falíveis tenham a seu favor a suposição da razoabilidade prática.[58] A soberania diluída comunicativamente se faz valer no poder dos discursos públicos que descobrem temas de relevância para toda a sociedade, interpretam valores, contribuem para a solução de problemas, produzem boas razões e desvalorizam outras. É evidente que essas opiniões precisam assumir uma forma nas decisões das corporações constituídas democraticamente, pois a responsabilidade por decisões que tenham consequências práticas exige

---

58 Habermas, Volkssouveränität als Verfahren. Ein normativer Begriff der Öffentlichkeit?, p.7-36.

uma imputabilidade institucional. Os discursos não dominam. Eles produzem um poder comunicativo que não substitui o poder administrativo, mas pode apenas influenciá-lo. Essa influência limita-se a dar e retirar legitimação. O poder comunicativo não pode substituir o sentido próprio das burocracias públicas, às quais ele procura influenciar "na forma do sitiamento". Quando, desse modo, a soberania popular se dissolve em procedimentos, o lugar simbólico do poder – que gera um vácuo desde 1789, ou seja, desde a abolição revolucionária das formas paternalistas de dominação – permanece vazio e não poderá ser ocupado por novas simbolizações identitárias, como um povo ou uma nação, como diz U. Rödel, seguindo Claude Lefort.[59]

IV. Sociedade civil ou esfera pública política?

Com essas novas premissas, mais precisas, podemos retomar enfim a descrição de uma esfera pública política em que se cruzam ao menos dois processos: de um lado, a criação comunicativa do poder legítimo; de outro, o uso manipulador do poder dos meios de comunicação para produzir a lealdade das massas, a informação e a *compliance* [conformidade] em relação aos imperativos sistêmicos. A questão pendente sobre a base e as fontes de uma formação informal de opinião em esferas públicas autônomas não pode mais ser respondida com uma referência às garantias de *status* fornecidas pelo Estado de bem-estar social e com a demanda holística de uma auto-organização política da sociedade. Ao contrário, completa-se

---

59 Rödel, Frankenberg, Dubiel, *Die demokratische Frage*, cap. IV.

o círculo entre a mudança estrutural da esfera pública e aquelas tendências de longo prazo que a teoria da ação comunicativa conceituou como *racionalização do mundo da vida*. Uma esfera pública politicamente ativa precisa de mais do que as garantias das instituições do Estado de direito. Precisa também da conciliabilidade de tradições culturais e padrões de socialização voltados para a cultura política de uma população *acostumada* com a liberdade.

A questão central do livro é discutida hoje sob a rubrica do "redescobrimento da sociedade civil" [*Zivilgesellschaft*]. Não é suficiente a referência indiscriminada à "conciliabilidade" de mundos da vida diferenciados e seus potenciais reflexivos. É necessária uma referência mais concreta, não apenas em vista dos padrões de socialização e das tradições culturais. Certamente, uma cultura política liberal enraizada em motivos e orientações valorativas forma uma base favorável para as comunicações públicas espontâneas. Contudo, mais importantes ainda são as formas de interação e organização, as institucionalizações dos portadores de uma esfera pública política não atravessada por relações de poder. Esse é o ponto de partida das análises mais recentes de C. Offe, que aplica o conceito de "relações de associação" com o objetivo de "confrontar as categorias globais de forma de vida e mundo da vida, que devem assegurar à ética do discurso um contraponto no social, com categorias mais sociológicas".[60] Não é por acaso que o conceito vago de relações de associação está associado àquele de "vida associativa", que formou outrora o estrato social da

---

60 Offe, Bindung, Fessel, Bremse. Die Unübersichtlichkeit von Selbstbeschränkungsformeln, p.755.

esfera pública burguesa. Ele relembra também o significado atual de "sociedade civil" [*Zivilgesellschaft*], que, ao contrário da tradução moderna de *societas civilis* para "sociedade civil", que se tornou usual desde Hegel e Marx, *não mais* inclui a esfera de uma economia controlada por intermédio dos mercados de trabalho, capitais e bens. No entanto, tem sido vã a busca por definições mais claras nas publicações mais relevantes. Em todo caso, o cerne institucional da "sociedade civil" [*Zivilgesellschaft*] é formado por associações de base voluntária, não estatais e não econômicas, que incluem —para citarmos apenas alguns exemplos— de modo não sistemático, desde igrejas, associações culturais e universidades até mídias independentes, desde associações esportivas e de lazer, clubes de discussão, fóruns de cidadania e iniciativas civis até associações profissionais, partidos políticos, sindicatos e instituições alternativas.

J. Keane atribui a essas associações a tarefa ou a função de *"to maintain and to redefine the boundaries between civil society and state through two interdependent and simultaneous processes: the expansion of social equality and liberty, and the restructuring and democratization of the state"*.[61] Portanto, trata-se de associações formadoras de opinião. Ao contrário da grande maioria dos partidos políticos estatizados, não pertencem ao sistema administrativo, porém obtêm eficácia política graças a sua influência publicística, seja porque participam diretamente da comunicação pública, seja por causa do caráter programático de suas atividades,

---

61 Keane, *Democracy and Civil Society*, p.14. [Trad.: "Manter e redefinir os limites entre a sociedade civil e o Estado por meio de dois processos interdependentes e simultâneos: a expansão da liberdade e da igualdade social e a reestruturação e a democratização do Estado". – N. T.]

como no caso de projetos alternativos, que, com seu exemplo, contribuem implicitamente para a discussão pública. De modo semelhante, Offe atribui às relações de associação a função de formar contextos adequados para uma comunicação política que, com argumentos suficientemente bons, leve os cidadãos a "agir de modo responsável":

> agir de modo responsável significa que o agente adota metodicamente, em relação a suas próprias ações, no *futurum exatum*, a perspectiva avaliativa dos especialistas, do outro generalizado e do Eu próprio, e, desse modo, valida factual, social e temporalmente os critérios da ação.[62]

A conjuntura do conceito de sociedade civil surge em função da crítica, feita sobretudo pelos dissidentes das sociedades do socialismo de Estado, ao aniquilamento totalitário da esfera pública política.[63] Aqui, o conceito de totalitarismo, desenvolvido por Hannah Arendt na perspectiva de uma teoria da comunicação, desempenha um papel central. Com ele, torna-se compreensível porque as associações formadoras de opinião, em torno das quais se podem cristalizar esferas públicas autônomas, assumem um papel proeminente na sociedade civil. É precisamente essa práxis comunicativa dos cidadãos que a dominação totalitária subordina ao controle dos aparatos da polícia secreta. Essa análise é confirmada pelas transformações

---

[62] Offe, Bindung, Fessel, Bremse. Die Unübersichtlichkeit von Selbstbeschränkungsformeln, p.758.
[63] Cf. as contribuições de Rupnik, Vajda e Pelczynski a Keane (org.), *Civil Society and the State*, parte III.

revolucionárias na Europa Central e do Leste. Não por acaso foram desencadeadas por uma política reformista, sob a bandeira da Glasnost. Como em um experimento em grande escala das Ciências Sociais, o aparato de dominação, de modo típico na República Democrática Alemã, foi se revolucionando graças à crescente pressão de movimentos de cidadania que operavam de modo pacífico. E, a partir desses movimentos, formou-se a infraestrutura de uma nova ordem, que já se delineava nas ruínas do socialismo de Estado. O marca-passo da revolução foram as associações voluntárias das Igrejas, os grupos de direitos humanos, os círculos de oposição que tinham objetivos ecológicos e feministas; a esfera pública totalitária precisava ser estabilizada pela violência para evitar a influência latente dessas associações.

A situação é diferente nas sociedades de tipo ocidental. Nelas, as associações voluntárias se formam no interior do âmbito institucional do Estado de direito democrático. E aqui se coloca outra questão, que não pode ser respondida sem um esforço empírico considerável: se e em que medida uma esfera pública dominada pelos meios de comunicação de massa fornece, aos portadores da sociedade civil, a oportunidade de competir auspiciosamente com o poder midiático dos invasores políticos e econômicos, ou seja, se e em que medida fornece a oportunidade real de mudar, abrir inovadoramente e filtrar criticamente o espectro de valores, temas e razões, canalizados de fora por meio da influência. Parece-me que o conceito de esfera pública politicamente ativa, desenvolvido em *Mudança estrutural*, ainda fornece a perspectiva adequada para tratar desse problema. Essa é a razão por que A. Arato e J. Cohen, em sua tentativa de tornar frutífero o conceito de sociedade civil para a teoria contemporânea da democracia, adotaram a arquitetura do "sistema e mundo da vida" desenvolvida na teoria da ação comunicativa.[64]

Concluo com uma referência a um estudo original que tem como objeto a influência da mídia eletrônica na reestruturação das interações mais simples. *No Sense of Place* defende a tese da dissolução daquelas estruturas nas quais os indivíduos socializados até agora situavam a si mesmos e percebiam suas posições sociais. Dessa vez, os próprios limites sociais que formavam as coordenadas elementares do espaço e do tempo histórico do mundo da vida começam a se mover:

> *Many of the features of our "information age" make us resemble the most primitive of social and political forms: the hunting and gathering society. As nomadic peoples, hunters and gatherers have no loyal relationship to territory. They, too, have little "sense of place"; specific activities are not tightly fixed to specific physical settings. The lack of boundaries both in hunting and gathering and in electronic societies leads to many striking parallels. Of all known societal types before our own, hunting and gathering societies have tended to be the most egalitarian in terms of the roles of males and females, children and adults, and leaders and followers. The difficulty of maintaining many separate places or distinct social spheres, tends to involve everyone in everyone else's business.*[65]

---

64 Arato, Cohen. Civil Society and Social Theory, p.40-67; Politics and the Reconstruction of the Concept of Civil Society, p.482-503.

65 Meyrowitz, *No Sense of Place*. [Trad.: "Muitas das características de nossa 'era da informação' nos fazem lembrar as mais primitivas formas sociais e políticas: a sociedade de caçadores e coletores. Sendo nômades, caçadores e coletores não tinham relações de lealdade com o território. Também tinham pouco 'senso de lugar': suas atividades específicas não eram rigidamente fixadas a cenários físicos espe-

Jürgen Habermas

Uma confirmação inédita dessa tese enfática é fornecida pelos acontecimentos revolucionários de 1989. As revoluções na República Democrática Alemã, na Tchecoslováquia e na Romênia formaram uma cadeia de eventos que não apenas foi um processo histórico transmitido pela televisão, mas cujo próprio *modo* de realização foi a transmissão pela televisão. Os meios de comunicação de massa não foram apenas decisivos para incendiar a difusão mundial de seus efeitos. Diferentemente do que acontecia no século XIX e início do século XX, a própria presença física das demonstrações de massa em praças e ruas só pôde desdobrar seu poder revolucionário na medida em que foi transformada em uma presença ubíqua por meio da televisão.

Tendo em vista a normalidade das sociedades ocidentais, a tese de J. Meyrowitz de que os meios de comunicação de massa removem os limites definidos socialmente é evidentemente muito linear. Há objeções óbvias. A desdiferenciação e a desestruturação que invadem nosso mundo da vida, com a onipresença de eventos que se produz eletronicamente e com a sincronização de cronologias díspares, têm certamente efeitos consideráveis sobre a autopercepção social. Contudo, essa remoção dos limites anda lado a lado com a multiplicação de papéis ao mesmo tempo específicos, com a pluralização

---

cíficos. A ausência de fronteiras tanto nas sociedades de caçadores e coletores como nas sociedades eletrônicas nos leva a paralelos surpreendentes. De todos os tipos de sociedades conhecidas antes da nossa, as sociedades de caçadores e coletores são as que tendem a ser mais igualitárias em termos de papéis de macho e fêmea, crianças e adultos, líderes e seguidores. A dificuldade de manter vários lugares separados, ou esferas sociais específicas, tende a fazer que todos se envolvam nos assuntos uns dos outros." – N. T.]

das formas de vida e a individualização dos planos de vida. O desenraizamento é acompanhado da construção de pertencimentos e origens comunitárias próprias, da nivelação, da impotência diante de uma complexidade sistêmica não transparente. Trata-se antes de desenvolvimentos complementares, que se interpenetram. Portanto, os meios de comunicação de massa também têm efeitos *opostos* em outras dimensões. Há várias evidências de que o potencial democrático de uma esfera pública, cuja infraestrutura é impregnada pelas crescentes pressões seletivas da comunicação de massas eletrônica, é ambivalente.

Quero dizer com isso que, se eu me dedicasse mais uma vez a uma investigação da mudança estrutural da esfera pública, não saberia qual seria o resultado de uma teoria da democracia – talvez um que me desse motivo para uma avaliação menos pessimista e uma perspectiva menos altiva, apenas postulante, do que aquelas a que cheguei na época.

Frankfurt am Main, março de 1990
J. H.

Prefácio à primeira edição

A tarefa da presente investigação é a análise do tipo "esfera pública burguesa".

A metodologia da investigação é exigida pelas dificuldades específicas do objeto. De início, a complexidade proíbe que o modo de proceder específico seja prescrito por uma única disciplina. A categoria da esfera pública deve ser investigada muito mais no interior daquele vasto campo que outrora definia a perspectiva da "política" tradicional.[1] O objeto acabaria se dissolvendo se fosse considerado no interior dos limites de qualquer uma das disciplinas das Ciências Sociais. É evidente a problemática que resulta da tentativa de integrar aspectos sociológicos e econômicos, do Direito Público e da Ciência Política, da História Social e da História das Ideias: dado o atual estado de diferenciação e especialização das Ciências Sociais,

---

1 Cf. Hennis, Bemerkungen zur wissenschaftsgeschichtlichen Situation der politischen Wissenschaft, p.203 et seq.; *Politik und praktische Philosophie*. Sobre isso, cf. Habermas, Die klassische Lehre von der Politik in ihrem Verhältnis zur Sozialphilosophie, p.13 et seq.

poucos seriam capazes de "dominar" várias dessas disciplinas, quanto mais todas.

Outra particularidade do método resulta da necessidade de proceder, ao mesmo tempo, de modo sociológico e histórico. Compreendemos a "esfera pública burguesa" como uma categoria típica de uma época; como tal, não pode ser separada do inconfundível desenvolvimento histórico daquela "sociedade burguesa" que saiu da Alta Idade Média europeia, nem pode ser transposta, por meio de uma generalização baseada em tipos ideais, para situações históricas com constelações formais iguais. Assim como pretendemos mostrar que só na Inglaterra do fim do século XVII e na França do século XVIII pode-se começar a falar, em sentido mais preciso, de uma "opinião pública", tratamos a "esfera pública" em geral como uma categoria histórica. Com isso, nosso procedimento diferencia-se *a limine* da abordagem da Sociologia formal, cujo estado mais avançado se define atualmente pela chamada teoria estrutural-funcionalista. No entanto, a investigação sociológica das tendências históricas mantém-se em um nível de generalização que apenas cita exemplarmente os processos e os acontecimentos originais, isto é, aqueles que podem ser interpretados como exemplos de um desenvolvimento histórico social que transcende o caso particular. Esse procedimento sociológico diferencia-se do exercício de uma história mais rigorosa por adotar, ao que parece, uma maior liberdade para avaliar o material histórico. De sua parte, porém, ela se submete do mesmo modo aos critérios rigorosos de uma análise estrutural dos vínculos sociais como um todo.

Depois dessas duas observações metodológicas, gostaríamos de fazer ainda uma advertência no que diz respeito ao próprio objeto. A investigação limita-se à estrutura e à função do modelo *liberal* de esfera pública burguesa, à sua origem e à sua transformação, ou seja, refere-se aos traços de uma forma histórica que se tornou dominante e desconsidera a variante representada por uma esfera pública plebeia que foi como que reprimida no processo histórico. Naquele estágio da Revolução Francesa que está vinculado ao nome de Robespierre, entra em funcionamento – apenas por um instante, por assim dizer – uma esfera pública que se despiu de sua vestimenta literária – seu sujeito não eram mais "os estamentos cultos", mas sim o "povo" inculto. Porém mesmo essa esfera pública plebeia, que sobrevive subterraneamente no movimento cartista e nas tradições anarquistas do movimento trabalhista continental, continua ainda orientada pelas intenções da esfera pública burguesa – do ponto de vista da história espiritual, é uma herança do século XVIII, tal como a esfera pública burguesa. Por isso, distingue-se rigorosamente da forma plebiscitária aclamativa da esfera pública regulamentada das ditaduras altamente desenvolvidas em termos de sociedade industrial. Ambas têm certos traços formais em comum, mas cada uma se diferencia, a seu modo, de uma esfera pública definida literariamente por um público de pessoas privadas que discutem mediante razões [*räsonierender Privatleute*] – uma como iletrada e a outra como pós-literária. A coincidência de certas formas de manifestação plebiscitárias não oculta o fato de que ambas as variantes da esfera pública burguesa – igualmente não analisadas no contexto de nossa investigação – assumiram também funções políticas diferentes em seus distintos estágios de desenvolvimento social.

Nossa investigação estiliza os elementos liberais da esfera pública burguesa e suas transformações no Estado de bem-estar social.

Jürgen Habermas

À *Deutsche Forschungsgemeinschaft* agradeço o apoio generoso. Com exceção dos §§ 13 e 14, o trabalho foi apresentado como *Habilitationsschrift* à Faculdade de Filosofia de Marburg.

Frankfurt, outono de 1961
J. H.

I
Introdução
Delimitação propedêutica de um tipo de esfera pública burguesa

§ 1. A questão inicial

O uso linguístico de "público" e "esfera pública" revela uma diversidade de significados concorrentes. Eles provêm de diferentes fases históricas e assumem uma vinculação turva quando aplicados sincronicamente às condições das sociedades burguesas industrialmente avançadas e constituídas pelo Estado de bem-estar social. No entanto, essas mesmas condições, que se contrapõem ao uso linguístico tradicional, parecem ainda exigir uma aplicação, por mais confusa que seja, dessas palavras – parecem ainda exigir seu uso terminológico. Pois não apenas a linguagem coloquial confirma isso (sobretudo aquela marcada pelo jargão da burocracia e dos meios de comunicação de massa), mas também as ciências (sobretudo a jurisprudência, a política e a Sociologia) são manifestamente incapazes de substituir, por determinações mais precisas, categorias tradicionais como "público" e "privado", "esfera pública" e "opinião pública". Ironicamente, esse dilema se vingou em primeiro lugar na disciplina que transformou expressamente a opinião pública em seu objeto de estudo: sob a captura das técnicas empíricas, o que deveria ter sido propriamente apreendido pela *public opinion research* dissolveu-se como uma grandeza inapreensível[1] e, não obstante, a Sociologia se furta à consequência de abandonar essas categorias. Agora como antes, continua-se a tratar da opinião pública.

Denominamos "públicos" aqueles eventos que, em oposição às sociedades fechadas, são acessíveis a todos – do mesmo modo que falamos de praças públicas ou casas públicas. Já o discurso sobre "edifícios públicos" não implica apenas sua acessibilidade universal – não precisam necessariamente estar abertos à frequentação pública; eles abrigam simplesmente as instalações do Estado, e, como tais, são públicos. O Estado é o "poder público". Ele deve esse atributo à publicidade de sua tarefa: cuidar do bem comum público de todos os concidadãos. No entanto, a palavra tem outro significado quando se fala, por exemplo, de uma "recepção pública". Em tais ocasiões, desenvolve-se uma força de representação, em cuja "esfera pública" há algum tipo de reconhecimento público. O significado também muda quando dizemos que alguém fez seu nome público; a esfera pública da reputação ou até mesmo da fama tem origem em outras épocas, que não são as da "boa sociedade".

Com tudo isso, nem sequer tocamos ainda no uso mais frequente da categoria, no sentido de uma opinião pública, de uma esfera pública indignada ou informada – são significados que estão associados ao público, à publicidade e ao tornar público. O sujeito dessa esfera pública é o público como portador da opinião pública; a publicidade está relacionada à função

---

1 Cf. p.489 et seq.

crítica desse público, como, por exemplo, na esfera pública das audiências nos tribunais. No entanto, no âmbito dos meios de comunicação de massa, a publicidade mudou seu significado. De uma função de opinião pública passou a ser também um atributo daquilo que atrai a opinião pública para si: as *public relations*, os esforços recentemente denominados de "relações públicas", que estão orientados para a produção dessa *publicity*. A própria esfera pública se apresenta como uma esfera – o domínio público se contrapõe ao privado. Às vezes, o domínio público aparece simplesmente como a esfera da opinião pública, contraposta até mesmo ao poder público. Conforme o caso, são considerados "de esfera pública" os órgãos do Estado ou também os dos meios de comunicação de massa, que, como a imprensa, servem à comunicação no público.

Uma análise em termos de história social da síndrome de significados de "público" e "esfera pública" poderia levar as diversas camadas linguísticas históricas a seu conceito sociológico. Já a primeira referência etimológica à esfera pública é elucidativa. Em alemão, foi apenas no século XVIII que o substantivo se formou a partir do adjetivo mais antigo *öffentlich* [público], em analogia com *publicité* e *publicity*.[2] No fim do século XVIII, a palavra ainda era tão inusual que pôde ser contestada por Heynatz.[3] Se somente nesse período a esfera pública pôde reivindicar seu nome, podemos supor que essa esfera, ao menos na Alemanha, formou-se e adquiriu sua função apenas a partir dessa época. Ela pertence especificamente

---

2 *Deutsches Wörterbuch der Brüder Grimm*, verbete: "Öffentlichkeit", v.VII, p.1183.
3 *Weigands Deutsches Wörterbuch*, v.II, p.232.

à "sociedade civil" que, na mesma época, se estabeleceu como um domínio de troca de mercadorias e trabalho social regido por leis próprias. Não obstante, o discurso sobre o que é "público" e o que não é público, sobre o que é "privado", já vem de muito antes.

Trata-se de categorias de origem grega que nos foram transmitidas com uma marca romana. Na cidade grega plenamente formada, a esfera da *pólis*, aquela que é comum aos cidadãos livres (*koiné*), era estritamente separada da esfera do *oikos*, que é própria a cada indivíduo (*idia*). A vida pública, *bios politikos*, desenvolve-se na praça do mercado, a *ágora*, mas não está vinculada a um local: a esfera pública se constitui no diálogo (*léxis*), que pode também assumir a forma de um conselho e um tribunal, assim como a do agir comum (*práxis*), seja na condução da guerra, seja nos jogos agonísticos. (Com frequência, para a função de legislar, são chamados estrangeiros; ela não pertence propriamente às tarefas públicas.) Como se sabe, a ordem política se funda em uma economia escravocrata na forma patrimonial. Os cidadãos estão livres do trabalho produtivo. Contudo, a participação na vida pública depende de sua autonomia como senhores de sua casa. A esfera privada não está ligada à casa apenas segundo o nome (em grego); a riqueza móvel e a posse sobre a força de trabalho são tão pouco substitutos para o poder sobre a economia doméstica e a família quanto, inversamente, a pobreza e a ausência de escravos em si mesmas já seriam um obstáculo para a admissão na *pólis* – exílio, expropriação e destruição da casa são uma única e mesma coisa. Ou seja, a posição na *pólis* está baseada na posição do déspota no *oikos*. Sob a proteção de seu domínio, realizam-se a reprodução da vida, o trabalho dos escravos, o serviço das mulheres, ocorrem o nascimento e a morte. O domínio da necessidade e da transitoriedade permanece imerso na sombra da esfera privada. Em contraste, a esfera pública, na compreensão dos gregos, aparecia como o reino da liberdade e da permanência. Apenas à luz da esfera pública manifesta-se tudo o que é, tudo que se faz visível a todos. No diálogo dos cidadãos uns com os outros, as coisas vêm à linguagem e adquirem forma; na disputa dos iguais uns com os outros, os melhores se destacam e conquistam sua essência – a imortalidade da glória. Assim como a necessidade da vida e a manutenção do que é necessário para a vida ficam vergonhosamente ocultos nos limites do *oikos*, a *pólis* fornece campo livre para a distinção pela honra: ainda que os cidadãos interajam como iguais entre iguais (*homoioi*), cada um esforça-se para destacar-se (*aristoiein*). As virtudes, cujo catálogo foi codificado por Aristóteles, comprovam-se unicamente na esfera pública e encontram nela seu reconhecimento.

Esse modelo de esfera pública helenística, como nos foi transmitido pela forma estilizada da autointerpretação dos gregos, compartilha uma força normativa peculiar, desde o Renascimento, com todos os assim chamados clássicos, até nossos dias.[4] O que comprova sua continuidade histórica espiritual ao longo dos séculos não é a formação social que lhe é subjacente, mas o próprio padrão ideológico. De início, ao longo de toda a Idade Média, as categorias do público e do privado foram transmitidas segundo as definições do direito romano, e a esfera pública foi traduzida como *res publica*. No entanto, essas categorias somente voltam a ter uma aplicação técnico-jurídica efetiva com o surgimento do Estado moderno e daquela esfera

---

4 Por fim, em Arendt, *The Human Condition*.

constituída pela sociedade civil, separada dele; servem tanto à autocompreensão política como à institucionalização jurídica de uma esfera pública burguesa no sentido específico. Contudo, nesse meio-tempo, há cerca de um século, percebe-se que seus fundamentos sociais estão novamente em dissolução. Tendências de decadência da esfera pública são inequívocas: quanto mais sua esfera se amplia grandiosamente, tanto mais sua função perde força. Não obstante, a esfera pública continua a ser como sempre um princípio organizador de nossa ordem política. Evidentemente, ela é algo a mais e diferente do farrapo de ideologia liberal que a democracia social poderia descartar sem nenhum prejuízo. Se formos bem-sucedidos em compreender historicamente, em suas estruturas, o complexo que hoje subsumimos, confusamente, com o título de "esfera pública", poderemos esperar apreender sistematicamente, por meio do esclarecimento sociológico do conceito, nossa própria sociedade a partir de uma de suas categorias centrais.

§ 2. Sobre o tipo da esfera pública representativa

Durante a Idade Média europeia, a oposição efetuada pelo direito romano entre *publicus* e *privatus* era usual, porém sem um caráter vinculante.[5] É justamente a tentativa precária de aplicá-la às relações jurídicas de dominação e vassalagem feudais que fornece involuntariamente indícios de que não se deu uma

---

5 Sobre isso, cf. Kirchner, *Beiträge zur Geschichte des Begriffs "öffentlich" und "öffentliches Recht"*, p.2. *Res publica* é a posse acessível universalmente ao *populus*, a *res extra commercium*, que é excluída do Direito vigente para os *privati* e sua propriedade; por exemplo, *flumen publicum*, *via publica*, e assim por diante (id., p.10 et seq.).

oposição entre esfera pública e esfera privada como no modelo antigo (ou moderno). Sem dúvida, também nesse ponto a organização econômica do trabalho social faz da casa do senhor o elemento central de todas as relações de dominação. Não obstante, a posição do senhor da casa no processo de produção não pode ser comparada com o poder de dispor "privado" do déspota do *oikos* ou *pater familias*. A dominação feudal (e a vassalagem dela derivada), como quintessência de todos os direitos individuais de dominação, ainda pode ser entendida como *jurisdictio*. Contudo, a oposição entre domínio privado (*dominium*) e autonomia pública (*imperium*) não se encaixa nela. Há "soberanias" baixas e altas, "prerrogativas" baixas e altas, porém não há um *status* estabelecido pelo direito privado, seja de que maneira for, a partir do qual pessoas privadas possam, por assim dizer, distinguir-se na esfera pública. Na Alemanha, somente no século XVIII, a dominação feudal, plenamente formada na Alta Idade Média, tornou-se, no processo de liberação dos camponeses e de liberação das obrigações com a terra, uma posse privada da terra. O poder doméstico não é uma dominação privada nem no sentido do direito civil clássico nem no sentido do direito civil moderno. Aparecem algumas dificuldades quando essas categorias são transpostas para as relações sociais, que não fornecem uma base para uma separação entre esfera pública e domínio privado:

> se compreendemos a terra como a esfera do público, então estamos tratando o poder exercido na casa e pelo senhor da casa como um poder público de segunda ordem, que, certamente, é um poder privado em vista da terra a qual está subordinado, porém, num outro sentido, não é privado se consideramos a ordem moderna

do direito privado. Assim, parece-me mais esclarecedor entender que as capacidades de domínio "públicas" e "privadas" se fundem em uma unidade indivisível, de modo que ambas resultam de um poder único, estão presas à terra e ao solo e podem ser tratadas como direitos privados legítimos.[6]

De todo modo, da antiga tradição jurídica germânica provém uma certa correspondência entre os termos *gemeinlich* e *sunderlich*, *common* e *particular* e os clássicos *publicus* e *privatus*. Cada oposição remete a elementos cooperativos, na medida em que se afirmavam nas relações feudais de produção. O domínio comunal é público, *publica*; o poço, a praça do mercado são acessíveis publicamente e para o uso comum, *loci comunes, loci publici*. A esse *Gemeinen* [comum], que etimologicamente é associado ao bem comum ou público (*commonwealth, public wealth*), opõe-se o que é *Besondere* [particular]. É o que é separado no sentido do que é privado, que ainda hoje usamos ao equiparar interesses particulares e interesses privados. *No entanto*, no quadro da constituição feudal, o particular se refere *também* àqueles que eram distinguidos por direitos particulares, com imunidades e privilégios. Nessa perspectiva, o excepcional, o particular, constitui o núcleo da dominação feudal e, consequentemente, "do que é público". A classificação entre as categorias jurídicas germânicas e romanas se inverte assim que aquelas são absorvidas no feudalismo – o *common man* [homem comum] é o *private man* [homem privado]. Essa relação é indicada com o uso linguístico de *common soldier* [soldado comum] no sentido de *private soldier* [soldado privado] – o homem comum sem patente, sem a particularidade de um

---

6 Brunner, *Land und Herrschaft*, p.386 et seq.

poder de comando que era interpretado como "público". Nos documentos oficiais da Idade Média, *herrschaftlich* [senhorial] é usado como sinônimo de *publicus*; *publicare* significa requisitar em nome do senhor.[7] Na ambivalência do significado de *gemein* (*common*) como algo que é comunitário, isto é, acessível (publicamente) a todos, e *gemein*, isto é, o que é excluído em geral da hierarquia (pública), do direito particular, isto é, do direito do senhor, reflete até os nossos dias a integração dos elementos de uma organização comunitária em uma estrutura social baseada na dominação feudal.[8]

Não é possível demonstrar, com base em critérios institucionais, que na sociedade feudal da Alta Idade Média existia uma esfera pública como um domínio próprio separado da esfera privada. Não obstante, os atributos da dominação – por exemplo, o selo principesco – não por acaso eram considerados "públicos"; não por acaso o rei inglês desfrutava de *publicness*[9] – ou seja, existia uma representação pública da dominação. Essa *esfera pública representativa* não se constituía como um domínio social, como uma esfera da publicidade [*Sphäre der Öffentlichkeit*], mas muito mais como um tipo de atributo de *status*, se o termo puder ser empregado dessa forma. Em si mesmo, o *status* do

---

7 Kirchner, *Beiträge zur Geschichte des Begriffs "öffentlich" und "öffentliches Recht"*, p.22.

8 Deixamos de lado o problema da dominação urbana na Idade Média tardia: no plano da "terra", encontramos as cidades, que, em sua maior parte, pertencem ao patrimônio do príncipe, como um componente integrado ao feudalismo. Contudo, no capitalismo inicial, as cidades livres desempenham um papel decisivo na formação da esfera pública burguesa. Cf. § 3, p.114 et seq.

9 *The Oxford Dictionary*, v.VII, p.2.

senhor feudal, em qualquer de seus níveis, é neutro em relação aos critérios "público" e "privado"; porém o possuidor desse *status* o representa publicamente: mostra-se, apresenta-se como a incorporação de um poder "mais elevado", seja o que isso for.[10] O conceito dessa representação conservou-se até na mais recente doutrina constitucional. Segundo ela, a representação pode "dar-se somente no âmbito da esfera pública [...], não existe uma representação que possa ser uma 'coisa privada'".[11] E seu objetivo é, na verdade, tornar visível um ser invisível, por meio da pessoa do senhor publicamente presente:

> não se pode representar algo morto, algo de pouca valia ou sem valia, algo degradante. Falta-lhe aquele modo elevado de ser, que

---

10 Sobre a história conceitual da "representação", cf. os apontamentos de Gadamer, *Wahrheit und Methode*, nota 2, p.134. "A palavra, familiar aos romanos, experimenta uma mudança completa de significado à luz do pensamento cristão da encarnação e do *corpus misticum*. Representação não significa mais cópia ou apresentação imagética [...] mas significa agora *Vertretung* [...]. *Repraesentare* significa agora tornar presente. O mais importante no conceito jurídico (sacro jurídico) de representação é que a *persona repraesentate* é apenas representada e apresentada e, não obstante, o representante, que exerce seus direitos, é *dependente* dela". Cf. também o complemento feito na página 476: "*Repraesentatio* no sentido de apresentação no teatro – o que na Idade Média só podia significar: na atuação religiosa – já se encontra nos séculos XIII e XIV [...], por isso *repraesentatio* não significa nada parecido com performance, mas significa, para o século XVII, a presentificação do que é o próprio divino".

11 Schmitt, *Verfassungslehre*, p.208 et seq.; sobre a localização na história das ideias do conceito medieval de esfera pública, cf. Dempf, *Sacrum Imperium*, especialmente o Capítulo 2, p.21 et seq., sobre as "formas da esfera pública".

é capaz de se destacar no ser público, capaz de ter uma existência. Palavras como grandeza, alteza, majestade, glória, dignidade e honra procuram ir ao encontro dessa singularidade capaz de ser representada.

A representação no sentido de uma representação da nação ou de determinados mandantes não tem nada a ver com essa esfera pública representativa, a qual depende da existência concreta do senhor, conferindo uma "aura" a sua autoridade. Quando o soberano reunia em torno de si os senhores temporais e espirituais, os cavaleiros, os prelados e os estamentos (ou, como ainda acontecia no Império Alemão até 1806, quando o Imperador convidava para o *Reichstag* [Parlamento Nacional] príncipes e bispos, condes imperiais, estamentos imperiais e abades), não se tratava de uma assembleia de delegados em que alguém representava outros. Enquanto o príncipe e seus estamentos territoriais "são" o país, em vez de simplesmente substituí-lo, eles podem representá-lo em um sentido específico; representam sua dominação "diante" do povo, e não para o povo.

O desdobramento da esfera pública representativa está ligado a atributos da pessoa: insígnias (emblemas, armas), hábitos (vestimentas, penteado), gestos (modo de saudar, postura) e retórica (formas de falar, discursos formais em geral),[12] em suma, a um código rigoroso de comportamento

---

12 Carl Schmitt observa que a forma retórica pertence tanto à esfera pública representativa quanto à discussão da esfera pública burguesa: "O que é decisivo, justamente, não é a discussão ou raciocínio, mas sim, se assim se pode dizer, o discurso [*Rede*] representativo [...].

"nobre". Durante a Alta Idade Média, esse comportamento nobre se cristaliza em um sistema de virtudes cortesãs, uma forma cristianizada das virtudes aristotélicas cardeais, em que o heroico é suavizado no cavalheiresco e no senhorial. É significativo que o aspecto físico não tenha perdido inteiramente seu significado em nenhuma dessas virtudes – a virtude deve ser incorporada, deve poder se apresentar publicamente.[13] Essa representação adquire validade sobretudo nos torneios, na imitação do combate entre cavaleiros. Certamente, a esfera pública da *pólis* grega também conhece sua encenação agonística da *arete*; porém a esfera pública da representação cortesã-cavalheiresca, que se desenvolve sobretudo nos dias festivos, nos "grandes dias", do que nas audiências do tribunal, não é nenhuma esfera de comunicação política. Enquanto aura da autoridade feudal, ela sinaliza um *status* social. Por isso, falta-lhe também um "lugar" apropriado: o código de comportamento cavalheiresco é uma norma comum a todos os senhores, desde o rei até o simples cavaleiro semicampesino. Eles se orientam pelo código não apenas em ocasiões definidas em determinado lugar – por exemplo, "em" uma esfera pública –, mas em qualquer momento e lugar em que representam o exercício de seus direitos senhoriais.

    Sem decair em uma discussão [*Diskurs*], não em um ditado nem em algum tipo de dialética, ele se move em sua arquitetura. Sua grande dicção é mais do que música; é uma dignidade humana que se torna visível na racionalidade da fala que se forma por si mesma. Tudo isso pressupõe uma hierarquia, pois a ressonância espiritual da grande retórica provém da fé na representação reivindicada pelo orador" (Schmitt, *Römischer Katholizismus und politische Form*, p.32).

13 Hauser, *Sozialgeschichte der Kunst und Literatur*, p.216.

Mudança estrutural da esfera pública

Entre os senhores, apenas os clérigos possuem, para além das ocasiões mundanas, um local para sua representação – a Igreja. Ainda hoje a esfera pública representativa sobrevive no ritual da Igreja, na liturgia, nas missas e nas procissões. Segundo uma observação conhecida, a Casa dos Lordes inglesa, o estado-maior prussiano, a Academia Francesa e o Vaticano eram os últimos pilares da representação; por fim, só a Igreja sobreviveu, "tão solitária que aquele que nela vê apenas a forma exterior teria de dizer, com sarcasmo epigramático, que ela apenas ainda representa a representação".[14] Aliás, a relação entre os leigos e o clero mostra como o "entorno" pertence à esfera pública representativa, mas, mesmo assim, está também excluído dela – nesse sentido, ela é privada, assim como o *private soldier* está excluído da representação, da dignidade militar, embora "pertença a ela". Essa exclusão corresponde a um segredo no interior do círculo da esfera pública: baseia-se num *arcano*; a missa e a bíblia são lidas em latim, e não na língua do povo.

A representação da esfera pública cortesã-cavalheiresca atinge sua última forma pura nas cortes francesas e burgúndias no século XV.[15] O célebre cerimonial espanhol é o fóssil dessa florescência tardia. Nessa forma ela se manterá por mais alguns séculos na corte dos Habsburgos. A esfera pública representativa se forma novamente a partir da cultura aristocrática urbana no Norte da Itália no capitalismo inicial,* primeiro em

---

14 Schmidt, *Römischer Katholizismus und politische Form*, p.26.
15 Huizinga, *Herbst des Mittelalters*.
 * Optamos pelo termo "capitalismo inicial" para traduzir *frühkapitalistischen* ou *Frühkapitalismus*, que aparece em diversas partes do texto, em oposição a "capitalismo tardio", que traduz *Spätkapitalismus*, e "alto capitalismo", que traduz *Hochkapitalismus*. (N. T.)

Florença e depois também em Paris e Londres. Foi justamente em sua assimilação a uma cultura burguesa, que já surge com o humanismo, que a esfera pública representativa conseguiu mostrar toda a sua força: o mundo de formação humanista foi de imediato integrado à vida cortesã.[16] Em virtude dos primeiros preceptores de príncipes, já em 1400, o humanismo, que apenas no decorrer do século XVI desenvolveu a arte da crítica filológica, serviu para modificar o próprio estilo da vida cortesã. Com o *Cortegiano*, o homem da corte, formado humanisticamente, começou a se descolar do cavaleiro cristão. A esse novo cavaleiro correspondem o que seria mais tarde o antigo *gentleman* inglês e o *honnête homme* na França. Sua sociabilidade alegre e eloquente caracteriza a nova "sociedade", que é o centro da corte.[17] O nobre da terra, independente, apoiado em sua

---

16 Contrário à conhecida interpretação de Jacob Buckhardt, cf. a apresentação de Brunner, *Adeliges Landleben*, p.108 et seq.

17 Gadamer desenvolve o vínculo histórico espiritual entre essa primeira tradição de formação humanística e aqueles *topoi* do *sensus communis* e do "gosto" (uma categoria da Filosofia moral) em cujas implicações sociológicas é bem visível o significado do humanismo cortesão na formação da "esfera pública". Sobre o ideal de formação de Graciã, afirma: "No interior da história dos ideais de formação no Ocidente, seu caráter específico consiste no fato de ser independente das prescrições estamentais. É o ideal de uma sociedade culta [...]. 'Gosto' não apenas é o ideal que institui uma nova sociedade; pela primeira vez, forma-se, na esteira desse ideal do 'bom gosto', o que desde então se chama 'boa sociedade'. Ela se reconhece e se legitima não mais pelo nascimento e pela posição social, mas fundamentalmente pela comunidade de seus juízos ou, melhor ainda, pela capacidade de pretender a um juízo que se eleve acima da estupidez dos interesses e da privacidade das predileções [...]. O conceito de gosto implica, sem dúvida, um modo de conhecimento.

dominação feudal, perde sua força de representação; a esfera pública representativa se concentra na corte do príncipe. Por fim, todos os seus momentos coincidem mais uma vez de modo patente e faustoso na festa barroca.

Em comparação com as festas mundanas da Idade Média, ou até mesmo do Renascimento, a festa barroca já perdeu algo da publicidade [*Öffentlichkeit*] no sentido literal. O torneio, a dança e o teatro se retiram das praças públicas para os pátios, das ruas para os salões do castelo. O pátio do castelo – que surgiu apenas na metade do século XVII e, sobretudo com a arquitetura do século francês, espalhou-se rapidamente por toda a Europa – possibilitou uma vida cortesã protegida do mundo exterior, assim como o próprio castelo barroco, construído, por assim dizer, em torno do grande salão de festas. Contudo, o traço fundamental da esfera pública representativa não apenas é mantido, como também aparece de forma mais clara. Em suas *Conversations*, Mademoiselle de Scudéry refere-se ao árduo trabalho nas grandes festas, que serviam não tanto para o prazer dos participantes, mas para mostrar o que é grande, mais precisamente para exibir a *grandeur* do anfitrião – o povo, que não precisava fazer mais do que assistir, entretinha-se da melhor forma.[18] Ou seja, também aqui o povo não está completamente excluído, permanece presente nas ruas;

É sinal de bom gosto ser capaz de distanciar-se de si mesmo e das predileções privadas. Por isso, o gosto, por sua própria essência, não é algo privado, mas um fenômeno social de primeira ordem. Pode até mesmo opor-se à inclinação privada do indivíduo como uma instância judicial que fala em nome de uma universalidade que o gosto significa e representa" (Gadamer, *Wahrheit und Methode*, p.32).

18 Alewyn, *Das Große Welttheater. Die Epoche der höfischen Feste*, p.14.

a representação está sempre destinada a um entorno, diante do qual ela se desenrola.[19] Exclusivos eram somente os banquetes burgueses para os notáveis, a portas fechadas.

O que diferencia a disposição de ânimo burguesa da disposição de ânimo cortesã é o fato de que, na casa burguesa, o espaço festivo é também habitável, ao passo que no palácio o próprio espaço habitável é festivo. E, de fato, desde Versalhes, o quarto de dormir do rei se desenvolveu como um segundo centro de atenção das instalações do palácio. Encontrava-se ali uma cama armada como um palco de teatro; sobre um estrado elevado, um trono para o repouso, separado por um armário do espaço do espectador. Assim, esse quarto era, de fato, o cenário cotidiano das cerimônias dos *levers* e *couchers*, que levavam à importância pública o que era mais íntimo.[20]

Na etiqueta de Luís XIV, a esfera pública representativa alcança o ponto mais refinado de sua concentração cortesã. A "sociedade" aristocrática que surgiu da sociedade do Renascimento não tem mais, ou ao menos não mais em primeira

---

19 "Em todos os eventos públicos, celebrações de vitórias e acordos de paz, as iluminações e os fogos de artifício são apenas a conclusão de um dia que, na alvorada, foi inaugurado pelo estampido dos morteiros e pelo sopro dos pífaros em todas as torres; de um dia em que todas as fontes da cidade eram regadas de vinho e bois inteiros eram assados publicamente em espetos, e que era preenchido até tarde da noite com danças, jogos, canções e gargalhadas de uma multidão que afluía dos lugares mais remotos. As coisas não eram diferentes da Idade Média no Barroco, e só começaram a mudar paulatinamente com o surgimento da época burguesa" (Alewyn, *Das Große Welttheater. Die Epoche der höfischen Feste*, p.23).

20 Alewyn, *Das Große Welttheater. Die Epoche der höfischen Feste*, p.43.

linha, uma dominação própria, isto é, uma dominação feudal, para representar; ela serve à representação do monarca. Somente depois que, com base na economia mercantil do início do capitalismo, os Estados como potências territoriais e nacionais surgiram e abalaram os fundamentos feudais da dominação, esse estrato nobre-cortesão de dominação pôde formar o parquete de uma sociabilidade – altamente individualizada, apesar de toda a etiqueta – para aquela esfera propriamente livre e flutuante, mas claramente destacada, da "boa sociedade" no século XVIII.[21] A última forma da esfera pública representativa, diminuída e ao mesmo tempo intensificada na corte do monarca, é já uma região reservada em uma sociedade que vai se apartando do Estado. Só então as esferas pública e privada se separam em um sentido especificamente moderno.

Em alemão, já em meados do século XVI, encontra-se a palavra *privat*, emprestada do latim *privatus*, e já com o significado que, naquele tempo, haviam adquirido *private* em inglês e *privé* em francês.[22] Queria dizer algo como: sem cargo público,[23] *not holding public office or official position*,[24] *sans emplois que l'engage dans les affaires publiques*.[25] *Privat* significa exclusão da esfera do aparato estatal; pois *öffentlich* se refere ao Estado formado nesse ínterim com o absolutismo, que se torna algo objetivo, separado da pessoa do dominador. *Das publikum, the public, le public* é o "poder público" em oposição à "totalidade do privado". Os servidores do Estado

---

21 Cf. Joachimsen, Zur historischen Psychologie des deutschen Staatsgedankens.
22 *Weigands Deutsches Wörterbuch*, p.475.
23 *Deutsches Wörterbuch der Brüder Grimm*, p.2137 et seq.
24 *The Oxford Dictionary*, p.1388 et seq.
25 *Dictionnaire de la Langue Française*, verbete: "Privé".

são pessoas públicas, *öffentliche Personen, public persons, persones publiques*; têm um cargo oficial público, os negócios de seus cargos são públicos (*public office, service public*), e denominam-se públicos os edifícios e as instituições da autoridade. No entanto, há as pessoas privadas, os cargos privados, os negócios privados e as casas privadas. Por fim, Gotthelf fala do homem privado. A autoridade se defronta com os súditos excluídos dela: aquela serve ao bem público; estes perseguem seu proveito privado.

São bem conhecidas as grandes tendências que se impõem até o fim do século XVIII. Os poderes feudais (a Igreja, o principado e a nobreza), aos quais a esfera pública representativa estava atrelada, decompõem-se no interior de um processo de polarização. Ao final, reduzem-se, por um lado, a elementos privados e, por outro, a elementos públicos. A posição da Igreja muda no contexto da Reforma; a religião, que representava o vínculo da Igreja com a autoridade divina, passa a ser um assunto privado. A chamada liberdade religiosa garante historicamente a primeira esfera da autonomia privada. A própria Igreja prolonga sua existência como uma corporação de direito público igual a muitas outras. A correspondente polarização do poder principesco começa a se tornar visível com a separação entre o orçamento público e os bens domésticos do senhor feudal. Com a burocracia e os militares (e, por uma parte, também com a jurisdição), as instituições do poder público tornam-se objetivas em relação à esfera cada vez mais privatizada da corte. Por fim, a partir dos estamentos, desenvolvem-se os elementos da dominação corporativa em órgãos do poder público, em um parlamento (e, por outra parte, em uma jurisdição). Os elementos das corporações de ofício, na medida em que são envolvidos em corporações urbanas e produzem certa diferenciação nos estamentos rurais, desenvolvem-se, formando uma esfera da "sociedade civil" que, como espaço genuíno da autonomia privada, se contrapõe ao Estado.

Excurso: O fim da esfera pública representativa, ilustrado no exemplo de Wilhelm Meister

Na verdade, as formas da esfera pública representativa têm grande eficácia até o limiar do século XIX. Isso vale em especial para a Alemanha, atrasada econômica e politicamente, onde Goethe escreveu outrora a segunda versão de seu *Wilhelm Meister*. Ali se encontra a carta[26] em que Wilhelm renuncia ao mundo da atividade burguesa, incorporado por seu cunhado Werner. Nessa passagem, ele esclarece por que para ele o palco significa o "mundo", isto é, o mundo da nobreza, da boa sociedade – a esfera pública em sua forma representativa:

> Um burguês pode conseguir seu ganho e instruir seu espírito para a necessidade mais imediata, porém sua *personalidade* se perde, não importa como ele se apresente. Enquanto para o nobre, que lida com as pessoas mais distintas, é um dever atribuir a si mesmo um porte distinto, e quando esse porte, graças ao qual nem portas nem portões lhe são fechados, converte-se em um porte livre, pois o nobre tem de pagar com sua *pessoa*, seja na corte, seja no exército, então ele tem motivos para dar algum valor a elas e mostrar que dá algum valor a si mesmo.

---

26 Werner Wittich chamou a atenção para os aspectos sociológicos dessa carta, em seu artigo "Der soziale Gehalt von Goethes Roman 'Wilhelm Meisters Lehrjahre'", p.279 et seq.

O nobre é autoridade na medida em que a representa; ele a exibe, incorpora em sua personalidade culta e, portanto, "é uma *pessoa pública*, e quanto mais cultivados forem seus movimentos, quanto mais sonora for sua voz, quanto mais discreta e comedida for sua essência inteira, tanto mais perfeito ele será [...], e tudo o mais que ele tiver em si e em redor de si – capacidade, talento, riqueza – tudo parece ser apenas um mero acréscimo". Goethe capta ainda o reflexo da esfera pública representativa. Sua luz, todavia, refrata-se no rococó da corte francesa e novamente na imitação alemã dos pequenos principados. Tanto mais preciosas se destacam as cores individuais: a aparição estilizada do "senhor" convertida em graça, cuja força de representação é "pública" e que produz para si uma aura nessa esfera pública. Goethe atribui outra vez à noção de "pessoa pública" o sentido tradicional de representação pública, embora já no uso linguístico da época a noção começasse a adquirir o significado novo de servidor do poder público, servidor do Estado. Na verdade, o sentido de "pessoa" se desloca imperceptivelmente para "personalidade culta". De modo mais preciso, no contexto dessa carta, o nobre serve como pretexto para descrever a ideia completamente burguesa do livre desenvolvimento da personalidade, impregnada pelo neo-humanismo do Classicismo alemão. Em nosso contexto, é importante a observação de Goethe de que a burguesia não mais podia se representar, não era mais possível conseguir uma esfera pública representativa a partir da casa. O nobre é aquilo que representa; o burguês é aquilo que produz. "Enquanto o nobre mostra tudo *por meio da apresentação de sua pessoa*, o burguês nada mostra por meio de sua personalidade, e não deve mostrar nada. Aquele pode e deve *brilhar*; este apenas deve ser, e é risível e de mau gosto o que quer aparentar." A manifestação representativa, que o *nouveau riche* quer para si, transforma-se em comédia da mera aparência. Por isso, Goethe aconselha não lhe perguntar: "o que *és*?, mas apenas: o que *tens*?, que tipo de inteligência, que conhecimento, que capacidade e quanta fortuna". Uma frase que a pretensão aristocrática de Nietzsche assumirá como sua: que o homem não se comprova naquilo que pode, mas como aquele que ele é.

Wilhelm confessa ao cunhado a necessidade "de ser *uma pessoa pública* e de agradar e atuar em um círculo amplo". Todavia, uma vez que não é um nobre e também não quer, como burguês, esforçar-se inutilmente para apenas aparentar sê-lo, busca, por assim dizer, um substituto para a esfera pública: o teatro. Esse é o segredo de sua missão teatral: "no palco, o homem culto aparece tão bem *personalizado em seu esplendor* como nas classes superiores". Pode bem ter sido o secreto equívoco da "personalidade culta" ("a necessidade de formar meu espírito e meu gosto"), a intenção burguesa na forma projetada do nobre, que possibilitou fundir a apresentação teatral com a representação pública. Por outro lado, porém, a percepção da decadência da esfera pública representativa na sociedade burguesa é tão certeira, e tão forte é a inclinação de ainda assim pertencer a ela, que não pode se dar por satisfeito com essa fusão. Wilhelm aparece diante de seu público como Hamlet e, a princípio, também com êxito. No entanto, o público já é portador de uma outra esfera pública, que não tem mais nada em comum com a esfera pública representativa. Nesse sentido, a missão teatral de Wilhelm Meister tem de fracassar. Ela como que se desencontra da esfera pública burguesa, para a qual o teatro havia entrementes se tornado o pódio: o *Fígaro* de Beaumarchais já havia entrado em cena e, com ele, a revolução, segundo a famosa frase de Napoleão.

§ 3. Sobre a gênese da esfera pública burguesa

Com o capitalismo financeiro e mercantil inicial, que desde o século XIII se difundiu do Norte da Itália para as cidades da Europa Ocidental e do Norte, formaram-se pouco a pouco os elementos de uma nova ordem social: primeiro com os empórios dos Países Baixos (Bruges, Liège, Bruxelas, Gand, e assim por diante) e depois com as grandes feiras nos cruzamentos das longínquas rotas comerciais. No início, no entanto, eles são integrados sem muito esforço à antiga ordem de dominação. Aquela assimilação inicial do humanismo cívico à cultura nobre da corte, que podemos observar exemplarmente no surgimento da sociedade renascentista de Florença, também deve ser considerada diante desse pano de fundo. O capitalismo inicial é conservador não apenas do ponto de vista da disposição de ânimo econômica, tão vivamente descrita por Sombart como uma práxis de negociar impregnada por um tipo de ganho "honrado",[27] mas também do ponto de vista político. Enquanto viver dos frutos do velho modo de produção (da produção agrária de um campesinato não livre, organizada de modo feudal, e da pequena produção de mercadorias de artesãos urbanos, organizada corporativamente) sem reestruturá-lo,[28] seus traços

---

27 Sombart, *Der moderne Kapitalismus*, II, I, p.23 et seq.
28 Dobb, *Studies in the Development of Capitalism*, p.160: "*At any rate, it is clear that a mature development of merchant and financial capital is not of itself a guarantee, that capitalist production will develop under its wing*". [Trad.: "De qualquer modo, é claro que um desenvolvimento maduro do capital mercantil e financeiro não é em si mesmo uma garantia de que a produção capitalista se desenvolverá sob sua proteção". – N. T.]

permanecem ambivalentes: por um lado, esse capitalismo estabiliza as relações de dominação estamentais e, por outro, libera aqueles elementos nos quais aquelas relações antigas vão se dissolver. Referimo-nos aos elementos de um novo contexto de relações: *a circulação de mercadorias e notícias* criada pelo comércio a longa distância do capitalismo inicial.

Naturalmente, as cidades dispõem desde o começo de mercados locais. Enquanto permanecem rigorosamente regulamentados na mão das guildas e das corporações, são antes um instrumento para a dominação dos ambientes próximos do que para a livre troca de mercadorias entre cidades e países.[29] Com o comércio à distância, para o qual a cidade era apenas uma base de operações – segundo as observações de Pirenne –, surgiram outros tipos de mercado. Eles se consolidaram em feiras periódicas e, com o desenvolvimento das técnicas financeiras capitalistas (ordens de pagamento e letras de câmbio já eram usadas na Feira de Champagne no século XIII), logo se estabeleceram como bolsas de valores: em 1531, a Antuérpia se torna uma "feira permanente".[30] Esse intercâmbio se desenvolve segundo regras que foram certamente manipuladas pelo poder político. Contudo, desdobra-se uma rede horizontal amplamente articulada de dependências econômicas que, em princípio, não podem mais ser enquadradas nas relações verticais de dependência do sistema de dominação estamental, baseadas nas formas de uma economia doméstica fechada. No entanto, na medida em que a antiga classe dominante apenas

---

29 Ibid., p.83 et seq.
30 Sée, *Die Ursprünge des modernen Kapitalismus*.

participa disso como consumidora, a ordem política permanece intocada pelos novos processos que, como tais, se esquivam do quadro existente. Mesmo quando separa uma parte crescente de sua produção própria para os bens de luxo, que se tornavam acessíveis graças ao comércio de longa distância, nem por isso a antiga produção, e sua base de dominação, cai na dependência do novo capital.

Acontece algo semelhante com a circulação de notícias, que se desenvolve em paralelo com a circulação de mercadorias. Com a expansão das trocas, o cálculo comercial orientado para o mercado necessitava de informações mais frequentes e precisas sobre processos distantes. Por isso, desde o século XIV, a antiga troca de cartas comerciais foi organizada como um tipo de sistema profissional de correspondência. Os estabelecimentos comerciais organizaram para seus fins os primeiros itinerários de mensageiros, os chamados correios ordinários, que partiam em determinados dias. As grandes cidades comerciais são, ao mesmo tempo, centros de circulação de notícias.[31] Quando a circulação de mercadorias e letras de câmbio se torna permanente, também essa *permanência* se torna urgente. Mais ou menos simultâneos ao surgimento das bolsas, o correio e a imprensa institucionalizam comunicações e contatos duradouros. No entanto, aos negociantes bastava um sistema de informações profissionalmente secreto; à chancelaria urbana e da corte, era suficiente um sistema de informação administrativo interno. A publicidade da informação não era oportuna para nenhum deles. Seus interesses se voltavam mais

---

31 Na Alemanha, sobretudo em Estrasburgo, Nuremberg, Augsburgo, Frankfurt, Colônia, Hamburgo, Lübek e Leipzig.

para os "jornais manuscritos", às correspondências privadas, organizadas comercialmente pelos negociantes de notícias [*Nachrichtenhändlern*].[32] O novo domínio de comunicação, com suas instituições de circulação de notícias, insere-se sem dificuldade nas formas existentes de comunicação, visto que falta o momento decisivo: a publicidade [*Publizität*]. Segundo uma observação de Sombart, do mesmo modo que só se pode falar de "correio" quando a oportunidade regular de transporte de cartas é acessível ao público em geral,[33] só se pode dizer que há uma imprensa em sentido estrito quando a informação regular é pública, isto é, quando é acessível ao público em geral. Ora, isso só aconteceu no fim do século XVII.[34] Até então, o antigo domínio de comunicação da esfera pública representativa não é ameaçado, em seus fundamentos, pela nova esfera pública determinada pelo publicismo. As notícias vendidas profissionalmente ainda não eram divulgadas ao público. As novidades

---

32 Isso aconteceu muito cedo em Veneza, com os escritores de avisos, os *scrittori d'avisi*; em Roma, eram chamados de *gazettani*, em Paris, *nouvellistes*, em Londres, *writers of letters* e, por fim, na Alemanha, *Zeitunger* ou *Novellisten*. Ao longo do século XVI, tornaram-se fornecedores de informativos semanais mais protocolares ou, mais precisamente, de jornais manuscritos, dos quais são característicos da Alemanha os chamados *Fuggerzeitungen* (as cerca de 40 mil reportagens produzidas entre 1565 e 1605 não decorrem somente dessas agências de notícias, mas também de empregados e parceiros comerciais da casa Fugger).

33 Sombart, *Der moderne Kapitalismus*, p.369.

34 Durante muito tempo, a *Relation* de Johann Carolus, editor e comerciante de Estrasburgo, era dado como o jornal mais antigo. Cf., todavia, a pesquisa de Fischer, *Die ältesten Zeitungen und ihre Verleger*.

publicadas irregularmente ainda não se concretizavam como notícias.[35]

---

[35] Da forma tradicional de dominação, faz parte também a competência de apresentar e explicar o que vale como "a mais antiga verdade". Os comunicados sobre acontecimentos factuais estão relacionados com esse saber da tradição. O novo aparece com o aspecto de um acontecimento mais ou menos maravilhoso. No âmbito da "verdade antiga", os "fatos novos", quando ultrapassam certo limiar do habitual, transformam-se em algo "extraordinário" – em milagres e prodígios. Os fatos se convertem em cifras. O novo e o que é vivenciado como novo adquirem, onde só podem ser meros substitutos do saber garantido pela tradição, uma estrutura enigmática. Por isso, os acontecimentos históricos não são separados dos naturais; as catástrofes naturais e os dados históricos prestam-se igualmente a uma história mágica. Os panfletos do século XV e os boletins de uma página que apareciam de vez em quando no século XVII e eram chamados de "novos jornais", testemunham ainda a força com que o saber interrompido da tradição sabia assimilar notícias, mas cuja maré crescente já apontava para a nova conformação da esfera pública. Essas folhas divulgavam, sem distinção, notícias sobre as guerras religiosas, as guerras turcas e as decisões papais, bem como chuvas de sangue e fogo, nascimento de monstrengos, pragas de gafanhotos, terremotos, tempestades e fenômenos celestes; bulas, capitulações eleitorais, descoberta de novos continentes e conversão de judeus, condenação de bruxas à fogueira, punições infligidas pelo diabo, juízos divinos e ressurreição dos mortos. Com frequência, os novos jornais, como antes os boletins, eram anunciados na forma de canções ou diálogos; eram definidos, portanto, para serem narrados, declamados e entoados, ou cantados em comum. Com isso, a novidade era retirada da esfera histórica da "notícia" e, como prodígio e milagre, reintroduzida naquela esfera da representação em que uma participação ritualizada e cerimonializada do povo na esfera pública proporciona apenas um consentimento incapaz de ser interpretado de forma independente. De modo típico, canções também eram impressas como "novos jornais", por exemplo, as

Os elementos do conjunto das relações de troca no capitalismo inicial, a circulação de mercadorias e notícias, manifestam seu poder revolucionário somente na fase do mercantilismo, quando se formam simultaneamente, com o Estado moderno, as economias nacionais e territoriais.[36] Quando, em 1597, a Liga Hanseática é definitivamente expulsa de Londres e, alguns anos mais tarde, a Companhia dos Mercadores Aventureiros instala-se em Hamburgo, isso não apenas marcou a ascensão comercial e política da Inglaterra, mas, sobretudo, definiu um novo estágio alcançado pelo capitalismo nesse período. A partir do século XVI, as companhias comerciais passam a se organizar sobre uma base ampla de capital e não se contentam mais com mercados que permanecem limitados, como os antigos empórios. Em expedições de grande estilo, abrem novos territórios para o próprio mercado.[37] Para satisfazer a necessidade crescente de capital e repartir os riscos cada vez maiores, essas companhias logo adquiriram a forma de sociedades por ações. Mas, além disso, necessitavam de garantias políticas mais fortes. Os mercados de comércio exterior passam agora a ser considerados, com razão, como "produtos institucionais"; resultam de

---

chamadas canções populares, que deslocavam os acontecimentos políticos cotidianos para a esfera épica heroica. Cf. Everth, *Die Öffentlichkeit in der Außenpolik*, p.114. Para uma visão geral, Bücher, *Die Grundlagen des Zeitungswesens*, p.9 et seq. O conteúdo de vários desses jornais avulsos se manteve até hoje sob a forma de rimas infantis.

36 Schmoller, *Umrisse und Untersuchungen*, p.37.
37 Em sua carta de fundação, em 1553, os "aventureiros" se denominam uma corporação e uma companhia de mercadores aventureiros cujo objetivo era o descobrimento de regiões, terras, ilhas e lugares desconhecidos. Cf. Sée, *Die Ursprünge des modernen Kapitalismus*, p.67.

esforços políticos e do poder militar. Assim, a antiga base de operação das comunidades citadinas regionais amplia-se para uma nova base, a do território estatal. Começa aquele processo que Heckscher descreveu como a nacionalização da economia das cidades.[38] Nesse processo, constitui-se pela primeira vez aquilo que chamamos desde então de "Nação" – o Estado moderno com suas instituições burocráticas e uma necessidade financeira crescente, que, por sua vez, atua retroativamente como acelerador da política mercantil. Nem os contratos privados de empréstimo entre o príncipe e os banqueiros, nem os empréstimos públicos conseguem cobrir essa necessidade. Apenas um sistema eficiente de impostos consegue satisfazer a necessidade de capital. O Estado moderno é essencialmente um Estado fiscal, e a administração pública das finanças é o cerne de sua administração pública em geral. A separação, daí decorrente, entre os bens domésticos do príncipe e os bens do Estado[39] é exemplar para a objetivação das relações pessoais de dominação. Na Inglaterra, as administrações locais são postas sob o controle da autoridade, recorrendo-se ao instituto do juiz de paz; na Europa, seguindo o modelo francês, isso é feito com a ajuda do intendente.

A redução da esfera pública representativa, que ocorre com a mediatização das autoridades estamentais por meio da autoridade do senhor feudal, cede espaço para outra esfera, que está

---

38 Cf. Heckscher, *Merkantilismus*, v.I, p.108 et seq.
39 No âmbito de vigência do Direito romano tradicional, a ficção do fisco se torna a expressão jurídica de um orçamento estatal independentemente da pessoa do príncipe que, ao mesmo tempo, oferece aos súditos a possibilidade de levantar pretensões do Direito privado contra o Estado.

vinculada à definição de esfera pública no sentido moderno: a esfera do poder público. Este se objetiva na administração pública *contínua* e no exército *permanente*. À permanência dos contatos na circulação de mercadorias e na circulação de notícias (bolsas de valores, imprensa) corresponde agora uma atividade estatal continuada. O poder público se consolida em uma oposição palpável para aqueles que lhe são meramente subordinados e, de início, encontram nele apenas sua definição negativa. Pois essas são as pessoas privadas, que, por não ter um cargo público, são excluídas da participação no poder público. Nesse sentido estrito, "público" é sinônimo de estatal; o atributo não se refere mais à "corte" representativa de uma pessoa dotada de autoridade, mas sobretudo ao funcionamento, regulado pela competência, de um aparato dotado do monopólio do uso legítimo da violência. A dominação feudal transforma-se em "polícia"; as pessoas privadas que lhe são submetidas formam o público, enquanto destinatários do poder público.

A política mercantilista, orientada formalmente para o balanço comercial ativo, atribui uma forma específica à relação entre autoridade e súdito. A abertura e a ampliação dos mercados externos, nos quais companhias privilegiadas adquirem, por pressão política, uma posição de monopólio — em suma, o novo colonialismo — atuam gradualmente, como é sabido, a serviço do desenvolvimento da economia industrial interna; na mesma medida, os interesses do capital manufatureiro impõem-se aos do capital comercial. Desse modo, um elemento das relações de troca do capitalismo inicial, a circulação de mercadorias, revoluciona também a estrutura da produção: o intercâmbio entre matérias-primas importadas e produtos fabricados acabados e semiacabados deve ser entendido como função de um processo em que o antigo modo de produção se transforma em um modo de produção capitalista. Dobb chama atenção para a forma como essa mudança é ressaltada na literatura mercantilista no fim do século XVII. O comércio exterior não vale mais *per se* como fonte da riqueza, mas somente na medida em que possibilita o emprego da população nacional – *employment created by trade* [emprego criado pelo comércio].[40] As medidas da administração pública são cada vez mais determinadas pelo objetivo de impor o modo de produção capitalista. No lugar dos privilégios das corporações ligados aos estamentos de ofício entram os privilégios pessoais dos príncipes, que devem fazer as atividades existentes migrar para a produção capitalista ou produzir novas manufaturas. A isso se vincula, até nos pormenores, a regulamentação do próprio processo de produção.[41]

A sociedade civil se constitui como um contraponto à autoridade. As atividades e as dependências que até então estavam amarradas ao quadro da economia doméstica ultrapassam o

---

40 Dobb, *Studies in the Development of Capitalism*, p.218. "*Greater export meant greater opportunity for the employment of labour in home manufacture; and increased employment of labour represented a widened scope for investment of capital in industry.*" [Trad.: "Mais exportação significa mais oportunidade para o emprego do trabalho na manufatura doméstica; e aumento no emprego do trabalho representava um escopo mais amplo para o investimento de capital na indústria." – N. T.]

41 Os regulamentos de Colbert mostram isso no que diz respeito às técnicas industriais da manufatura têxtil. Mas, até meados do século XVIII, na Inglaterra também subsistem regulamentos sobre a matéria-prima, o modo de trabalhá-la e a produção de mercadorias acabadas. Cf. Heckscher, *Merkantilismus*, v.I, p.118 et seq., p.201 et seq.

umbral do governo da casa e aparecem à luz da esfera pública. A afirmação de Schumpeter "de que haviam morrido as antigas formas de personalidade plena atreladas a um sistema suprapessoal de fins, e a economia individual de cada família havia se convertido no ponto central de sua existência, e, com isso, havia se fundado uma esfera privada que aparecia como algo distinto da esfera pública",[42] abrange apenas uma parte do processo, a privatização do processo de reprodução, mas ainda não a nova relevância "pública" desse processo. A atividade econômica privatizada precisa orientar-se por uma circulação de mercadorias ampliada, submetida ao incentivo e à fiscalização públicos; as condições econômicas sob as quais ela agora se realiza estão situadas fora dos limites do governo da casa; pela primeira vez, são de interesse universal. Hannah Arendt refere-se a essa *esfera privada da sociedade que se tornou publicamente relevante* ao caracterizar a relação moderna (em contraste com a antiga) da esfera pública com a esfera privada como uma ascensão do "social".

> A sociedade é a forma do viver em comum na qual a dependência do ser humano em relação ao seu semelhante ocorre em virtude da própria vida e adquire diretamente um significado público, e na qual, em consequência disso, as atividades que servem simplesmente para a manutenção da vida não apenas aparecem na esfera pública, como podem determinar a fisionomia do espaço público.[43]

---

42 Schumpeter, Die Krise des Steuerstaats, p.16.
43 Arendt, *The Human Condition*, p.43, citada segundo a tradução alemã *Vita Activa*, p.47. *Zivilsozietät, civil society, societé civile*, no uso linguístico do século XVIII, revelam com frequência a tradição antiga da "política", que ainda não fazia separação entre "sociedade civil" e

As novas condições se refletem na transformação da economia tradicional antiga em economia política. O próprio conceito do que é econômico, que até o século XVII estava vinculado ao círculo das tarefas do déspota do *oikos*, o *pater familias*, o proprietário da casa, adquire agora, pela primeira vez, seu significado moderno na práxis dos empreendimentos comerciais calculados segundo o princípio da rentabilidade: as obrigações do senhor doméstico se reduzem e reforçam a parcimônia na economia doméstica.[44] A economia moderna não se orienta mais pelo *oikos*; o mercado substituiu a casa e se transforma em "economia de comércio". Na cameralística do século XVIII (cujo nome deriva sabidamente de *camera*, a câmara do tesouro do soberano), essa precursora da economia política, era uma parte da "polícia", a doutrina da administração pública propriamente dita, situada junto à ciência das finanças, por um lado, e à doutrina da técnica agrária, já separada da economia tradicional, por outro. Isso mostra quão estreitamente relacionada com os órgãos do poder público estava a esfera privada da sociedade civil.

No interior dessa ordem política e social, que foi reformada na fase mercantilista do capitalismo (e cuja nova forma já se expressa em boa parte no fato de que os momentos do político e do social começam a se desprender de modo geral

---

Estado. Sobre isso, cf. Riedel, Aristotelestradition am Ausgang des 18 Jahrhunderts, p.276 et seq.; Hegels bürgerliche Gesellschaft und das Problem ihres Ursprungs, p.539 et seq. Muito antes, a nova esfera do que é social adquire seu respectivo conceito apolítico no Direito natural moderno. Cf. meu Die klassische Lehre von der Politik in ihrem Verhältnis zur Sozialphilosophie, p.13 et seq.

44 Brunner, *Adeliges Landleben*, p.242 et seq.

um do outro), o segundo elemento das relações de troca do capitalismo inicial também se desdobra com uma força explosiva: a imprensa. Os primeiros jornais em sentido estrito, que também eram chamados ironicamente de "jornais políticos", no início são semanais, porém, na metade do século XVII, já são diários. Naquela época, as correspondências privadas continham notícias detalhadas e atualizadas sobre as assembleias parlamentares e os acontecimentos bélicos, o rendimento das colheitas, os impostos, o transporte de metais preciosos e, sobretudo, é claro, notícias sobre o comércio internacional.[45] Mas apenas um filete dessa corrente de notícias conseguia passar pelo filtro dos jornais "manuscritos" e chegar aos jornais impressos. Os assinantes dessa correspondência privada não tinham nenhum interesse em tornar público seu conteúdo. Por isso, os jornais políticos não existem para os comerciantes, mas estes, ao contrário, existem para os jornais. Os contemporâneos os chamavam de *custodes novellarum*, justamente em razão dessa dependência que o noticiário público tinha em relação à circulação particular de notícias.[46] Pelo crivo do controle não oficial das notícias dos senhores do comércio e a censura oficial das notícias da administração pública passavam essencialmente as notícias do estrangeiro, da corte e do comércio sem interesse. Do repertório dos boletins mantinham-se as

---

45 Cf. Kempters, *Die wirtschaftliche Berichterstattung in den sogennanten Fuggerzeitungen*.

46 Bode, *Anfänge der wirtschaftlichen Berichterstattung*, p.25. "O jornal era um órgão informativo de segunda ordem, ao passo que a carta, no século XVII, ainda valia como fonte de notícias mais confiável e mais rápida". Cf. também Goitsch, *Entwicklung und Strukturwandel des Wirtschafsteils der deutschen Tageszeitung* (tese de doutorado).

"novidades" tradicionais – as curas milagrosas e as chuvas torrenciais, os assassinatos, as epidemias e os incêndios.[47] Assim, as informações que chegavam a ser publicadas pertenciam a uma categoria residual do material de notícias disponível. No entanto, é necessária uma explicação para o fato de, agora, elas terem se tornado acessíveis de maneira ampla e universal, isto é, públicas. É questionável que o interesse dos redatores de avisos [*Avisenschreiber*] tenha sido suficiente para isso; em todo caso, eles *tinham* interesse na publicação. A circulação de notícias não se desenvolve apenas vinculada às necessidades de circulação das mercadorias: as próprias notícias se transformam em mercadorias. Por isso, o noticiário profissional é submetido às mesmas leis do mercado, a cujo surgimento deve sua própria existência. Não é por acaso que os jornais impressos se desenvolvem muitas vezes a partir das mesmas agências de correspondência que já cuidavam dos jornais manuscritos. Toda informação epistolar tem seu preço; por isso, é natural querer aumentar o lucro pela ampliação das vendas. É por esse motivo que uma parte do material de notícias disponível já era impressa periodicamente e vendida anonimamente e, com isso, ganhava publicidade.

Entretanto, o peso maior estava no interesse das novas autoridades que começavam a tornar a imprensa útil para os objetivos da administração pública. Conforme a administração pública se serve desse instrumento para anunciar ordens e decretos, os destinatários do poder público começam a se tornar propriamente o "público" [*Publikum*]. No começo, os jornais políticos informavam das viagens e dos retornos do príncipe, da

---

47 Groth, *Die Zeitung*, v.I, p.580.

chegada de personalidades estrangeiras, festas, "solenidades" da corte, nomeações, e assim por diante. Vinculadas a essas notícias da corte, que poderiam ser interpretadas como uma espécie de transposição da representação na nova forma da esfera pública, apareciam também "os decretos do soberano para o bem dos súditos". A imprensa logo começou a ser posta sistematicamente a serviço dos interesses da administração pública. Um decreto do governo vienense sobre a imprensa, em março de 1769, atesta o estilo dessa prática: "Para que os redatores de jornais possam saber quais disposições internas do país, medidas e outras coisas que possam acontecer são apropriadas ao público, elas devem ser compiladas semanalmente pelas autoridades e entregues ao editor do jornal".[48]

Como sabemos pelas cartas de Hugo Grotius, que naquele tempo era emissário sueco em Paris, Richelieu já possuía um senso aguçado da utilidade do novo instrumento.[49] Ele patrocina o jornal do Estado fundado por Renaudot em 1631, que serve de modelo para a *Gazette of London*, criado em 1665, sob o reinado de Carlos II. Dois anos antes, aparecia com autorização oficial o *Intelligencer*, que pode ser associado ao *Daily Intelligencer of Court, City and Country*, em circulação esporádica desde 1643.[50] Esses boletins, surgidos inicialmente na França como um meio auxiliar para agências de anúncios e informações, tornaram-se em toda a parte os instrumentos preferidos dos governos.[51] Muitas vezes, as agências de informações eram

---

48 Apud ibid., p.585.
49 Everth, *Die Öffentlichkeit in der Außenpolik*, p.202.
50 Morrison, *The English Newspaper*.
51 Sombart, *Der moderne Kapitalismus*, p.406 et seq.; e também Bücher, *Gesammelte Aufsätze zur Zeitungskunde*, p.87. Assim como os primeiros

assumidas pelo governo e os periódicos informativos eram transformados em boletins oficiais. Segundo uma ordem de 1727 do Gabinete prussiano, essa instituição deveria ser um meio de "servir ao público" e "facilitar a circulação". Ao lado dos decretos e proclamações "na administração pública, no comércio e na manufatura", apareciam as cotações do mercado de frutas, os impostos sobre os meios de subsistência e, sobretudo, os preços mais importantes dos produtos nacionais e importados, além das cotações da bolsa e relatórios sobre o comércio, o nível das águas, e assim por diante. Assim, o governo palatino-bávaro pôde anunciar ao "público comerciante" a criação de um boletim informativo

> a serviço do comércio e do homem comum para que possam se informar dos decretos soberanos publicados de tempos em tempos, bem como dos preços das diversas mercadorias e, assim, possam vender suas mercadorias a um preço melhor.[52]

A autoridade enviava suas promulgações "ao" público, isto é, em princípio a todos os súditos. Contudo, por esse meio, elas normalmente não chegavam ao "homem comum", mas sim, sobretudo, aos "estamentos cultos". Junto ao novo aparato do

---

avisos informativos, os pequenos anúncios inseridos nos boletins informativos do século XVIII também se referiam às mercadorias e aos prazos fora da circulação rotineira dos negócios: oportunidades de compra, livros e remédios, companhia para viagens, ofertas de serviços, e assim por diante. Os anúncios de negócios, a propaganda em sentido estrito, eram raros: o mercado local de bens e trabalho ainda era regulado face a face.

52 Groth, *Die Zeitung*, v.I, p.598.

Estado moderno, surgiu uma nova camada de "burgueses" que ocupa uma posição central no "público". Seu núcleo é formado por funcionários da administração ligada ao soberano, em particular juristas (ao menos na Europa Continental, onde a técnica do direito romano tradicional foi adotada como instrumento de racionalização das relações sociais). A eles juntam-se médicos, pastores, oficiais e professores, as "pessoas cultas", cuja hierarquia se estende do mestre-escola e do escrivão ao "povo".[53]

Nesse meio-tempo, os "burgueses" [*Bürger*] propriamente ditos, os velhos estamentos de ofício de artesãos e merceeiros, decaíram socialmente. Perderam seu significado com as próprias cidades, em cujo direito de cidadania [*Bürgerrecht*] sua posição estava apoiada. Ao mesmo tempo, os grandes comerciantes cresciam para além dos estreitos limites da cidade e, por intermédio das companhias, vincularam-se imediatamente ao Estado. Assim, onde a cidade não pode se afirmar contra o poder territorial do príncipe, como é o caso de Hamburgo, "capitalistas", comerciantes, banqueiros, editores e manufatureiros pertencem àquele grupo de "burgueses" [*Bürgerliche*] que, do mesmo modo que o novo estamento das pessoas cultas, também não são "burgueses" no sentido tradicional.[54] Essa

---

53 Stadelmann, Fischer, *Die Bildungswelt des deutschen Handwerks*, p.40. Cf. também Kuske, Der Einfluß des Staates auf die geschichtliche Entwicklung der sozialen Gruppen in Deutschland, p.193.

54 Schram, *Hamburg, Deutschland und die Welt*, p.37 et seq., enfatiza essa diferença, comparando justamente o desenvolvimento social de Hamburgo com o do resto do Império: "O que constitui o cidadão autêntico é precisamente o que eles (os 'burgueses') perderam, a saber, a pertença, reforçada pela ideia de cidadania, a uma comuni-

camada de "burgueses" é o verdadeiro portador do público, que desde o início é um público que lê. Esse público não pode mais ser integrado como um todo à cultura aristocrática do fim do Barroco, como foram, em sua época, os grandes comerciantes citadinos e os funcionários públicos de cultura aristocrática das cortes italianas do Renascimento. Ao contrário, sua posição dominante na nova esfera da sociedade civil conduz a uma tensão entre "cidade" e "corte", com cujas formas de manifestação tipicamente nacionais ainda vamos nos ocupar.[55]

A autoridade provoca uma ressonância nessa primeira camada atingida *e* reivindicada pela política mercantilista, que permite ao público [*publicum*], o oponente abstrato do poder público, ter consciência de si mesmo como um adversário, como o público [*Publikum*] da agora emergente *esfera pública burguesa*. Esta se desenvolve quando o interesse público na esfera privada da sociedade civil deixa de ser percebido apenas pela autoridade e começa a ser levado em consideração também pe-

---

dade citadina [...]. Esses outros, que não eram cidadãos [*Bürger*], mas burgueses [*Bürgerliche*], serviam a seu senhor, a sua Igreja, a seu patrão, ou eram livres como membros de uma profissão livre; mas entre eles não havia outra coisa em comum a não ser o fato de que eram um 'estamento burguês' – o que não quer dizer nada mais do que isso: essa designação os delimita em relação aos nobres, camponeses e outras camadas mais baixas da cidade. Pois essa expressão não exigia nem sequer um domicílio na cidade; também o pastor em sua terra comunal, o engenheiro em sua área de mineração, os que ocupavam cargos oficiais no palácio do príncipe, faziam parte do 'estamento burguês'. Eles também eram considerados parte da burguesia culta, a *bourgeoisie*, que se diferenciava rigorosamente do povo, *peuple*".

55 Cf. § 4 [p.141].

los súditos como uma esfera de seu próprio interesse. Ao lado dos portadores do capitalismo comercial e financeiro, o grupo crescente de editores, manufatureiros e fabricantes também se torna dependente das medidas da administração pública. Por isso, existe o propósito de que esse grupo não seja apenas regulamentado em sua atividade empresarial profissional, mas deva também ser estimulado à iniciativa em função da regulamentação. O mercantilismo não favorece em absoluto a empresa estatal, como quer um preconceito muito difundido; é antes a política industrial que promove – por meio da burocracia, é claro – a construção e a dissolução de negócios privados que funcionam no sentido capitalista.[56] Com isso, a relação entre autoridade e súditos adquire a ambivalência característica da regulamentação pública e da iniciativa privada. Assim, aquela zona na qual o poder público mantém seu vínculo com as pessoas privadas com base em atos administrativos contínuos é problematizada. Isso não vale apenas para as categorias sociais que participam diretamente da produção capitalista. À medida que esta se impõe, diminui a autossuficiência e cresce a dependência dos mercados locais em relação aos mercados territoriais e nacionais, de modo que amplas camadas da população, sobretudo as citadinas, são afetadas em sua existência cotidiana como consumidoras pelas medidas da política mercantilista. Por fim, forma-se uma esfera crítica não em torno dos famosos códigos sobre a indumentária, mas em torno das taxações e impostos, e em particular da interferência pública

---

[56] Heckscher, *Merkantilismus*, v.I, p.258. Sobre isso, cf. também Treue, Das Verhältnis von Fürst, Staat, Unternehmer in der Zeit des Merkantilismus, p.26.

no governo privado da casa: com a escassez de cereais, foi proibido por decreto o consumo de pão nas noites de sexta-feira.[57] Como a sociedade contraposta ao Estado, por um lado, delimita claramente um domínio privado separado do poder público, e, por outro, a reprodução da vida ultrapassa os limites do poder privado doméstico, convertendo-se em assunto de interesse público, a zona de contato administrativo contínuo se torna uma zona "crítica" também no sentido de que provoca a crítica de um público que discute mediante razões [*räsonierenden Publikum*]. O público pôde assumir muito melhor esse desafio mudando o funcionamento daquele instrumento do qual a administração pública se serviu para tornar a sociedade um assunto público no sentido específico: a imprensa.

Já desde o último terço do século XVII, os jornais foram complementados pelos periódicos, que no início contêm não apenas informações, mas também instruções pedagógicas, até mesmo críticas e resenhas. No começo, os periódicos científicos são voltados para o círculo dos leigos cultos: o *Journal des Savants* (1665), de Denys de Sallo, depois a *Acta Eruditorum* (1682), de Otto Mencken, e, por fim, as famosas *Monatsgespräche* (1688), de Thomasius, que criam um padrão para todo um gênero de periódicos. No decorrer da primeira metade do século XVIII, a discussão mediante razões [*Räsonnement*] chega à imprensa diária com o chamado "artigo erudito". A partir de 1729, quando também a *Hallenser Intelligenzblatt* publica, além de assuntos informativos, artigos eruditos, resenhas de livros e, de vez em quando, "um relato histórico voltado para a atualidade, esboçado por um professor", o rei da Prússia se vê compelido a

---

57 Sombart, *Der moderne Kapitalismus*, p.365.

assumir as rédeas desse desenvolvimento. A discussão mediante razões fica, como tal, subordinada à regulamentação. Todos os catedráticos das faculdades de Direito, Medicina e Filosofia devem enviar "ao diretório de anúncios, a tempo e no máximo até quinta-feira, um comentário especial, escrito em estilo puro e claro".[58] Em geral, os eruditos devem compartilhar "com o público verdades que possam ser aplicadas". Nesse ponto, os burgueses se encarregam ainda de formular as ideias do soberano, mas que logo serão as suas próprias e se voltarão contra o soberano. Em um escrito de Frederico II, em 1784, afirma-se:

> Uma pessoa privada não está autorizada a emitir juízos *públicos*, especialmente juízos desaprovadores, sobre as ações, os procedimentos, as leis, as regulamentações e os decretos do soberano e da corte, de seus servidores estatais, colegiados e tribunais, ou tornar públicas ou divulgar por meio impresso as notícias que chegarem até ela sobre essas atividades. Uma pessoa privada não está capacitada para essa avaliação, pois lhe falta o conhecimento pleno das circunstâncias e dos motivos.[59]

Poucos anos antes da Revolução Francesa, as relações na Prússia se apresentam cristalizadas em um modelo, ao passo que na França, e sobretudo na Inglaterra, elas já haviam se tornado fluidas desde o início do século. Os juízos inibidos são denominados "públicos" em vista de uma esfera pública que, sem dúvida, havia funcionado como uma esfera do poder público, mas que agora se separava dele como um fórum no

---

58 Apud Groth, *Die Zeitung*, v.I, p.623.
59 Apud Schöne, *Zeitungswesen und Statistik*, p.77.

qual as pessoas privadas reunidas como um público [*Publikum*] compeliam o poder público a se legitimar diante da opinião pública. O *publicum* desenvolve-se em *Publikum*, o *subjectum* em sujeito, o destinatário da autoridade em seu adversário.

A etimologia segue os rastros dessa mudança cheia de consequências. Na Inglaterra, desde meados do século XVII, começa a ser chamado de *public* aquilo que até então era designado pelas palavras *world* ou *mankind*. Do mesmo modo, surge *le public* francês como definição para aquilo que na Alemanha do século XVIII, seguindo o dicionário dos irmãos Grimm, costumava-se chamar de *Publikum*, termo proveniente de Berlim. Até então, falava-se do mundo dos leitores [*Lesewelt*] ou simplesmente do mundo [*der Welt*] (ainda hoje no sentido de todo mundo, *alle Welt*, *tout le monde*). Adelung[60] faz distinção entre o público que se reúne como multidão em torno de um orador ou um ator em lugares públicos e o público que lê [*Lesepublikum*]; porém, em ambos os casos, trata-se de um "público que julga" [*richtendes Publikum*]. O que é submetido ao juízo do público ganha "publicidade" [*Publizität*]. No fim do século XVII, surge o termo inglês *publicity*, derivado do francês *publicité*. Na Alemanha, a palavra aparece no século XVIII. A própria crítica se apresenta na forma de *öffentlichen Meinung* [opinião pública], termo que se formou a partir de *opinion publique* na segunda metade do século XVIII. Quase simultaneamente surge na Inglaterra *public opinion*; contudo, muito tempo antes já se falava de *general opinion*.

---

60 Adelung, *Wörterbuch der hochdeutschen Mundart*, parte 3, p.826.

II
As estruturas sociais da esfera pública

§ 4. O traço fundamental

A esfera pública burguesa pode ser entendida, antes de mais nada, como a esfera de pessoas privadas que se reúnem em um público. Elas reivindicam imediatamente a esfera pública, regulamentada pela autoridade, contra o próprio poder público, de modo a debater com ele as regras universais das relações vigentes na esfera da circulação de mercadorias e do trabalho social – essencialmente privatizada, mas publicamente relevante. O *medium* desse debate político é peculiar e sem precedente histórico: a discussão pública mediante razões [*das öffentliche Räsonnement*]. No uso linguístico alemão, a palavra *Räsonnement* conserva inequivocamente a nuance polêmica dos dois lados: o apelo à razão e, ao mesmo tempo, a desvalorização desdenhosa da sofistaria critiqueira.[1] Até então, os estamentos negociavam

---

1 Kant usa *räsonieren* e *Räsonnement* ingenuamente no sentido de esclarecimento. Ele ainda está, por assim dizer, do lado de cá das barricadas; Hegel se coloca além delas. Fiel à tradição platônica,

contratos com os príncipes nos quais as pretensões de poder conflitantes eram balanceadas, caso a caso, em uma demarcação de limites entre as liberdades estamentais e as autoridades principescas ou as majestades.[2] A partir do século XIII, essa práxis levou de início a um dualismo entre os estamentos dominantes e o príncipe; não tardou para que apenas as assembleias regionais [*Landstände*] representassem o país [*Land*], ao qual fazia face o soberano [*Landesherr*].[3] Como se sabe, na Inglaterra, com a relativização do poder principesco por conta do Parlamento, esse desenvolvimento assumiu um curso diferente daquele da Europa Continental, onde os estamentos eram

---

Hegel considera que os sofistas constituem exemplarmente o pensamento que discute mediante razões, pensamento que, como mera consideração do entendimento, não penetra na universalidade concreta do conceito. Sobre a discussão mediante razões entre os sofistas, ele afirma "que o dever para fazer algo não deriva do conceito existente em si e para si da coisa, mas sim das razões exteriores, a partir das quais se decide sobre o justo e o injusto, a utilidade e o prejuízo" (*Vorlesungen über die Geschichte der Philosopohie*, v.II, p.22). Hegel deprecia a discussão mediante razões, sobretudo em seu uso público, a fim de justificar a autoridade política – com a qual o público que discute está certamente em uma relação polêmica – como o momento de um estágio superior: "o conceito de monarca é o mais difícil para a raciocinação [*Räsonnement*], isto é, para a consideração reflexiva do entendimento, pois se detém nas determinações isoladas" (*Rechtsphilosophie*, v.VII, § 279, p.283).

2 A maioria desses acordos de *status* era firmada em circunstâncias de sucessão hereditária. Naturalmente, esses contratos não podem ser comparados com os contratos no sentido do Direito privado moderno. Cf. Brunner, *Land und Herrschaft*, p.484 et seq.

3 Cf. Naef, Frühformen des modernen Staates im Spätmittelalter, *Historische Zietschrift*, p.225 et seq.

mediados pelo monarca. O Terceiro Estado rompe com esse modo de equilibrar o poder, pois ele não pode mais se estabelecer como um estamento de *dominação*. Uma divisão da dominação por meio da delimitação de direitos senhoriais (as "liberdades" estamentais também eram direitos senhoriais) não é mais possível com base em uma economia mercantil – o poder de dispor da propriedade que funciona de maneira capitalista, definido pelo direito privado, é um poder apolítico. Os burgueses são pessoas privadas e, como tais, não "dominam". Por isso, suas reivindicações de poder contra o poder público não se voltam para uma concentração de poder que deveria ser "dividida"; tendem muito mais a se confrontar com o princípio da dominação existente. O princípio do controle que o público burguês lhe opõe, isto é, a publicidade, quer mudar a dominação como tal. Se quisesse se impor, a pretensão de poder que se apresenta na discussão pública mediante razões, que *eo ipso* renuncia à forma de uma pretensão de dominação, teria de levar a algo mais do que uma mudança na base de legitimação de uma dominação que, em princípio, se mantém (§ 7).

Os padrões da "razão" e as formas da "lei", aos quais o público deseja submeter a dominação e, desse modo, modificá-la substancialmente, somente revelam seu sentido sociológico com a análise da própria esfera pública burguesa, a começar pelo fato de que são pessoas privadas os que nela interagem entre si como um público. A autocompreensão da discussão pública mediante razões é derivada especificamente dessas experiências privadas que se originam, em vínculo com o público, da subjetividade da esfera íntima da família conjugal. Esse é o lugar da origem histórica da privacidade, no sentido moderno de uma intimidade mais livre e mais plena. O sentido antigo de "privado" – de uma inexorabilidade imposta pelas carências básicas da vida – é banido, ao que parece, da circunscrição interna da esfera privada, da casa, juntamente com os esforços e as relações de dependência do trabalho social. Na medida em que a circulação de mercadorias ultrapassa as fronteiras da economia doméstica, a esfera da família conjugal se diferencia da esfera da reprodução social: o processo de polarização entre Estado e sociedade repete-se mais uma vez no interior da sociedade. O *status* de um homem privado combina o papel do possuidor de mercadorias com o de pai de família; o do proprietário com o de "ser humano" *per se*. A duplicação da esfera privada nos níveis mais elevados da esfera íntima (§ 6) fornece o fundamento para identificar os dois papéis sob o título comum do "privado"; em última instância, a autocompreensão política da esfera pública burguesa remonta a essa identificação.

Antes que a esfera pública assuma expressamente as funções políticas no campo de tensão entre Estado e sociedade, a subjetividade, nascida do âmbito íntimo das pequenas famílias, forma, por assim dizer, seu próprio público. Ainda antes que a esfera pública conteste o poder público na forma de uma discussão política mediante razões, empreendida por pessoas privadas, e, no fim, distancie-se completamente dele, forma-se, sob sua proteção, uma esfera pública na forma apolítica: a forma literária prévia da esfera pública politicamente ativa. Ela é o campo de exercício de uma discussão pública mediante razões que ainda se move em torno de si mesma – um processo de autoesclarecimento das pessoas privadas sobre as experiências genuínas de sua nova privacidade. No século XVIII, ao lado da Economia Política, surge, como se sabe, a Psicologia como a outra ciência especificamente burguesa. Interesses psicológicos também orientam a discussão mediante razões, a qual se inflama nos produtos da cultura que se tornaram acessíveis ao público: nos salões de leitura e nos teatros, nos museus e nas salas de concerto. Na medida em que a cultura adota a forma mercadoria, desenvolvendo-se propriamente pela primeira vez como "cultura" (como algo que pretende existir por sua própria vontade), ela é reivindicada como objeto acabado para a discussão, em virtude da qual uma subjetividade orientada para o público chega a um acordo consigo mesma.

No entanto, a esfera pública literária não é uma esfera pública autoctonemente burguesa; ela conserva certa continuidade com a esfera pública representativa da corte principesca. A vanguarda burguesa das camadas intermediárias cultas aprendeu a arte da discussão pública mediante razões no contato com o "mundo elegante" da sociedade nobre e cortesã, que se distanciava da corte e formava um contrapeso na cidade, ao passo que o aparato estatal moderno se tornava autônomo em relação à esfera pessoal do monarca. A "cidade" não é apenas o centro econômico vital da sociedade burguesa. Em oposição político-cultural à "corte", ela define sobretudo uma esfera pública literária inicial que encontra suas instituições nos cafés [*coffee-houses*], nos salões [*salons*] e nas sociedades de comensais [*Tischgesellschaften*]. No encontro com os intelectuais burgueses, em conversações sociáveis que logo se desdobram em críticas públicas, os herdeiros daquela sociedade humanística aristocrática lançam a ponte entre a forma residual de uma esfera pública decadente – a da corte – e a forma prévia de uma nova esfera pública – a burguesa (§ 5).

Jürgen Habermas

Com o cuidado habitual que acompanha tais ilustrações, o traço fundamental da esfera pública burguesa no século XVIII pode ser apresentado graficamente no seguinte esquema de domínios sociais:

Domínio privado		*Esfera do poder público*
Sociedade civil (domínio da circulação de mercadorias e do trabalho social)	Esfera pública política Esfera pública literária (clubes, imprensa)	Estado (domínio da "polícia")
Espaço interno da família conjugal (intelectualidade burguesa)	(Mercado de bens culturais) "Cidade"	Corte (sociedade cortesã aristocrática)

A linha divisória entre Estado e sociedade, fundamental para nosso contexto, separa a esfera pública do domínio privado. O domínio público limita-se ao poder público, no qual ainda incluímos a corte. No domínio privado está incluída uma esfera pública que lhe é própria, pois ela é uma esfera pública de pessoas privadas. Por isso, no âmbito reservado às pessoas privadas, distinguimos esfera privada e esfera pública. A esfera privada compreende a sociedade civil no sentido estrito, como o domínio de circulação de mercadorias e do trabalho social. Nela está incorporada a família com sua esfera da intimidade. A esfera pública política resulta da esfera pública literária. Por meio da opinião pública, faz a mediação entre o Estado e as necessidades da sociedade.

§ 5. As instituições da esfera pública

Le public, na França do século XVII, denomina os *lecteurs, spectateurs, auditeurs* enquanto destinatários, consumidores e críticos de arte e de literatura.[4] Ainda se entendia por isso, em primeiro lugar, a corte e, depois, as partes da aristocracia urbana que, com uma pequena camada da alta burguesia, tinham assento nos camarotes do teatro parisiense. A esse público inicial pertenciam, portanto, a corte e a "cidade". Um momento moderno forma-se já na sociabilidade inteiramente aristocrática desse círculo. Com o Hôtel de Rambouillet, surge o que mais tarde viria a se chamar *salon*, tomando o lugar da sala da corte, na qual o príncipe comemorava suas festas e, como mecenas, reunia os artistas em torno de si.[5] Seguindo seu modelo, surgiram as preciosas *ruelles*, que mantinham certa independência em relação à corte. Embora já aqui possamos distinguir aquele vínculo, típico do salão do século XVIII, entre a aristocracia urbana, economicamente improdutiva e sem função política, e escritores, artistas e cientistas importantes, muitas vezes oriundos da burguesia, o espírito não pode se desprender, no clima reinante da *honnêteté*, da autoridade do anfitrião aristocrático e se desenvolve em direção à autonomia que transforma a conversação em crítica e os motes em argu-

---

4 Auerbach, *Das französische Publikum des 17. Jahrhunderts*, p. 5, já encontra a palavra disponível em 1629, no sentido de um público de teatro; até então, o uso substantivo de público referia-se exclusivamente ao Estado, consequentemente ao bem público.

5 Naquele tempo, o *salon* ainda era entendido completamente no sentido do Renascimento italiano, uma sala suntuosa, mas não *cabinet, circle, reduite*, e assim por diante.

mentos. A corte perde sua posição central na esfera pública, ou seja, perde, na verdade, sua posição *como* esfera pública, somente com a regência de Filipe de Orléans, que transferiu sua residência de Versalhes para Paris. Na medida em que a cidade assume suas funções culturais, muda não somente o portador da esfera pública, mas também ela mesma. A esfera da representação do rei, e com ela o *grand goût* de Versalhes, torna-se uma fachada mantida a muito custo. O regente e seus dois sucessores preferem as pequenas sociedades, quando não apenas o círculo familiar, e esquivam-se, até certo ponto, da etiqueta. O cerimonial grandioso quase cede à intimidade burguesa:

> Na corte de Luís XVI, as reuniões, nos seis dias da semana, tinham o caráter de uma sociedade privada. Durante a *Régence*, o único lugar onde se desenvolveu algo semelhante a uma recepção cortesã foi o castelo da duquesa de Maine, em Sceaux, que chegou a ser cenário de festividades brilhantes, luxuosas e criativas e um novo centro artístico, um autêntico jardim das musas. Mas as festas da duquesa contêm em si os germes da destruição final da vida cortesã: fazem a passagem da corte, no sentido antigo, para o salão do século XVIII – o herdeiro espiritual da corte.[6]

Na Inglaterra, a corte jamais conseguiu dominar a cidade, como ocorreu na França do Rei-Sol.[7] Contudo, depois da Re-

---

[6] Hauser, *Sozialgeschichte der Kunst und Literatur*, v.II, p.6.
[7] Londres nunca esteve submetida diretamente ao rei como Paris. A cidade, que administrava a si mesma por meio de conselheiros eleitos e o poder de polícia era exercido por uma milícia própria, era menos acessível à jurisdição da corte e do Parlamento do que qualquer outra cidade do país. Perto da virada para o século XVIII,

volução Gloriosa, pode-se observar que houve uma reviravolta na relação entre *court* e *town* semelhante à que ocorreu, uma geração mais tarde, na relação entre *cour* e *ville*. Com os Stuarts, até Carlos II, a Literatura e a Arte serviam à representação do rei.

Todavia, depois da revolução, o brilho da corte empalideceu. Nem a posição política da Coroa nem as qualidades pessoais de seu portador correspondiam ainda ao padrão do passado. O severo Guilherme, a sofredora Ana, os reis alemães de nome Jorge, o agricultor Jorge, a doméstica Vitória: nenhum deles alimentou o desejo de manter uma corte no estilo elisabetano. A corte era doravante a residência de uma família real de vida retirada, para a qual se aponta à distância e da qual só é possível aproximar-se com grande dificuldade, em ocasiões formais de tédio proverbial.[8]

A preponderância da cidade é consolidada por aquelas novas instituições que, com toda a sua diversidade, assumem funções sociais iguais na Inglaterra e na França: os cafés em florescência entre 1680 e 1730, os salões no período entre a Regência e a revolução. Aqui como acolá, são os centros de uma crítica inicialmente literária e depois também política, nos quais começa a ser produzida uma paridade das pessoas cultas entre a sociedade aristocrática e a intelectualidade burguesa.

---

os cerca de 12 mil contribuintes, que eram quase todos membros das 89 guildas e companhias, elegeram 26 conselheiros e 200 membros do conselho – uma base ampla, sem precedentes na época, quase "democrática". Não obstante, depois da Revolução Gloriosa, a relação da *court* com a *town* passou por uma reviravolta, que pode ser mais ou menos comparada com o desenvolvimento sob a Regência.
8 Trevelyan, *Kultur- und Sozialgeschichte Englands*, p.327.

Mais ou menos em meados do século XVII, depois que não só o chá, que foi o primeiro a se difundir, mas também o chocolate e o café se tornaram bebidas habituais, ao menos nas camadas abastadas da população, o cocheiro de um mercador do Oriente abriu o primeiro café. Na primeira década do século XVIII, já existiam em Londres mais de 3 mil desses cafés, cada qual com um círculo de fregueses assíduos.[9] Assim como Dryden discutia "os antigos e os modernos" no círculo da jovem geração de escritores que se encontrava no Will's e, mais tarde, Addisson e Steele mantinham no Button's um *little senate*, assim também no Rotary Club, sob a presidência de um assistente de Milton, Marvell e Pepys se reuniam com Harrington, que certamente expôs ali as ideias republicanas de sua *Oceana*.[10] Como nos salões, a Literatura teve de se legitimar nesses cafés, nos quais a "intelectualidade" se encontrava com a aristocracia. Contudo, a aristocracia vinculada à camada da alta burguesia possui aqui as funções sociais que foram arrebatadas da aristocracia francesa. A aristocracia inglesa representa o *landed and moneyed interest* [interesse fundiário e monetário]. Assim, a discussão mediante razões que se inflamava a respeito das obras de arte e da Literatura logo se estende também às disputas econômicas e políticas, sem que se pudesse dar a essas questões, como nas discussões dos salões, a garantia de que seriam inconsequentes, ao menos de imediato. A isso também pode estar associado o fato de que, nas sociedades dos cafés, eram admitidos exclusiva-

---

9 Stephen, *English Literature and Society in the 18th Century*, p.37. Cf. também Reinhold, Zur Sozialgeschichte des Kaffees und des Kaffeehauses, p.151 et seq.

10 Westerfrölke, *Englische Kaffehäuser als Sammelpunkte der literarischen Welt*, p.21 et seq.

mente os homens, enquanto o estilo dos salões, como no rococó em geral, tinha um traço essencialmente feminino. As mulheres da sociedade londrina, abandonadas todas as noites, travaram uma luta persistente, embora vã, contra as novas instituições.[11] Os cafés permitiam não apenas o acesso livre aos círculos competentes, mas abrangiam sobretudo as camadas amplas dos estamentos médios, inclusive artesãos e merceeiros. O que Ned Ward relata[12] sobre as visitas diárias do *wealthy shopkeeper* [rico comerciante] vale também para os pobres.[13]

---

11 Já em 1674, surgiu o panfleto *"The Women's Petition against Coffe, representing to Public Consideration of the Grand Inconveniences according to their Sex from Excessive Use of that Drying, Enfeebling Liquor"* ["Petição das mulheres contra o café, apresentando à consideração pública as grandes inconveniências, conforme o sexo, do uso excessivo dessa bebida emagrecedora e enfraquecedora."].

12 Trevelyan, *Kultur- und Sozialgeschichte Englands*, nota de rodapé, p. 315.

13 Cf. um informe na *National Review*, n.8, apud Westerfrölke, *Englische Kaffeehäuser als Sammelpunkte der literarischen Welt*, p.15: "Cada profissão, cada estamento comercial, classe, cada partido tem seu café preferido. Os juristas discutiam sobre a ciência do Direito ou a erudição, criticavam os casos mais recentes ou narravam o último 'boato de Westminster' no Nando's ou no Grecian, nas imediações do Templo [...]. As pessoas da *city* [cidadãos do centro financeiro de Londres – N. T.] se encontravam para criticar a alta e a queda das ações e confirmar o nível dos prêmios de seguro no Garraway's ou no Jonathan's. Os religiosos trocavam fofocas acadêmicas ou faziam observações sobre o último sermão do dr. Sacheverells no Tuby's ou no Child's. Após suas atribulações, os soldados se reuniam no Old ou no Young's Man, nas proximidades de Charing Cross. O St. James' ou o Smyrna eram o quartel-general dos *whigs*, enquanto os *tories* visitavam com frequência o Cocoa Tree ou o Ozinda's, todos na rua St. James. Os escoceses se reuniam no Forest's. Os franceses no Giles's ou Old Slaughter's em St. Martins Lant. Os jogadores

Em contrapartida, na França, os salões formavam um enclave peculiar. Enquanto a burguesia, embora quase excluída da direção do Estado e da Igreja, assumia cada vez mais as posições-chave na economia, e a aristocracia compensava essa superioridade material da burguesia com privilégios reais e uma ênfase mais rigorosa da hierarquia no trato social, a nobreza e (assimilada a ela) a alta burguesia bancária e burocrática encontravam-se nos salões em pé de igualdade, por assim dizer, com a intelectualidade. O plebeu D'Alembert não é uma exceção. Nos salões das damas do mundo, tanto burgueses quanto aristocratas, circulavam filhos de príncipes e condes, relojoeiros e merceeiros.[14] No salão, o espírito não presta mais serviços ao mecenas. A "opinião" se emancipa das amarras da dependência econômica. Se no início, sob o reinado de Filipe, os salões eram mais locais de entretenimento galante do que de discursos inteligentes, as discussões logo foram associadas aos jantares. A distinção de Diderot entre textos escritos e discursos[15] esclarece as funções dos novos locais de

---

lançavam dados no White's e nas chocolaterias ao redor do Covent Garden, os artistas honravam a vizinhança do Gresham College e os amantes das belas-artes se reuniam no Will's, no Button's ou no Tom's, na rua Great Russell, onde depois do teatro jogava-se piquet e reinava o maior divertimento até meia-noite. [...] Os comerciantes mais ricos conversavam sobre o aumento e a queda das ações no Lloyd's. No Robin's e no Mrs. Rochefort's, aconselhavam-se os ministros estrangeiros e os banqueiros. Os amantes da arte honravam o café Don Salteros em Cheyne Walk [...]."

14 Hauser, *Sozialgeschichte der Kunst und Literatur*, v.II, p.7.
15 "*Nos écrits n'opèrant que sur une certaine classe de citoyens, nos discours sur toutes.*" ["Nossos escritos operam apenas sobre certa classe de cidadãos, nossos discursos operam sobre todas."]

reunião. Dificilmente haveria algum grande escritor do século XVIII que não tenha apresentado primeiramente suas ideias essenciais para debate em tais discursos, em conferências na academia e, sobretudo, nos salões. O salão como que mantém o monopólio da primeira publicação: um novo *opus*, mesmo musical, teria primeiro de se legitimar diante desse fórum. Os diálogos do abade Galiani sobre o comércio de cereais fornecem uma imagem muito clara de como a conversação e a discussão se cruzam com elegância, de modo que o irrelevante, as viagens e a prosperidade são tratados *en passant* com a mesma gravidade que o importante, o teatro e a política.

Na Alemanha daquela época, não existia uma "cidade" que pudesse substituir a esfera pública representativa pelas instituições próprias de uma esfera pública burguesa. Mas alguns elementos semelhantes também se encontram aqui, em primeiro lugar, nas cultas *Tischgesellschaften*, as antigas sociedades de conversação do século XVII. Naturalmente, são menos atuantes e difundidas do que os cafés e os salões. Estão mais rigorosamente separadas da práxis política do que os salões. Todavia, como nos cafés, seu público é recrutado entre pessoas privadas que exercem trabalho produtivo, isto é, em razão da honradez urbana da residência principesca, com uma forte preponderância dos burgueses academicamente cultos. As "sociedades alemãs", seguindo aquela fundada por Gottsched em Leipzig, em 1727, são uma continuidade das ordens literárias do século anterior. Essas eram ainda convocadas pelo príncipe, mas evitavam a exclusividade estamental. Tentativas posteriores de transformá-las em ordens de cavaleiros fracassaram significativamente. Como diz um dos documentos de fundação, elas partiam do fato "de que, entre pessoas de estamentos tão desiguais, poderia haver uma igualdade e uma sociedade".[16] Tais ordens, câmaras e academias dedicam seus cuidados à língua materna, porque esta é concebida agora como o *medium* do entendimento entre os seres humanos como seres humanos. Para além das barreiras das hierarquias sociais, os cidadãos se encontram ali com a nobreza, socialmente reconhecida, mas sem influência política, como "simples" seres humanos.[17] O que é decisivo não é tanto a igualdade política entre os membros, mas sobretudo sua exclusão em relação ao domínio político do absolutismo em geral: de início, a igualdade social somente era possível como uma igualdade fora do Estado. Por isso, a união das pessoas privadas em um público é antecipada, em segredo, em uma esfera pública que se encontra sob exclusão da publicidade [*Öffentlichkeit*]. A prática secreta do Esclarecimento, tão típica das lojas maçônicas, mas também difundida em outras associações e nas *Tischgesellschaften*, tem um caráter dialético. A razão que deve realizar-se em seu uso público, na comunicação racional de um público de pessoas cultas, precisa ela própria, já que ameaça toda a relação de dominação, ser protegida de uma publicização. Enquanto a publicidade [*Publizität*] mantém seu posto na chancelaria secreta do príncipe, a razão não pode manifestar-se imediatamente. Sua esfera pública depende ainda de uma atitude secreta; seu público, mesmo enquanto público, permanece interno. Ou seja, a luz de uma razão, que se oculta para se proteger, desvela-se paulatinamente. A isso alude a célebre frase de Lessing sobre a maçonaria, que já na época era

---

16 Manheim, *Die Träger der öffentliche Meinung*, p.83.
17 A língua vale como "órgão de um senso comum transcendental" e como "*medium* de um consenso público", cf. ibid., p.88 e p.92.

um fenômeno comum na Europa: ela seria tão velha quanto a sociedade burguesa – "caso não fosse a sociedade burguesa apenas um filho da maçonaria".[18]

A prática das sociedades secretas destrói sua própria ideologia na medida em que o público que discute mediante razões – e, com isso, a esfera pública burguesa, para a qual ele é o desbravador – impõe-se diante da esfera pública regulamentada pela autoridade. De enclaves de publicismo do senso comum burguês, tais sociedades se transformam em "estruturas internas que têm como fundamento o isolamento em relação à esfera pública surgida nesse ínterim".[19] Em contraste com isso, outras sociedades, sobretudo aquelas que no decorrer do século XVIII surgiram das notabilidades burguesas, expandem-se em associações abertas que, também com base na cooptação, têm acesso relativamente fácil. O estilo burguês de trato social, a intimidade e a moral formada contra as convenções cortesãs adquiriram nessas sociedades uma evidência que, em todo caso, não carece mais da organização de uma irmandade cerimonial.

Por mais que as *Tischgesellschaften*, os salões e os cafés se diferenciem na extensão e na composição de seu público, no estilo de tratamento, no clima da discussão mediante razões e na orientação temática, todos eles organizam uma tendência à discussão permanente entre pessoas privadas. Para isso, dispõem de uma série de critérios institucionais comuns. *Em primeiro lugar*, exige-se um tipo de intercâmbio social que

---

18 Lessing, Ernst, Falk, *Gespräch für Freimaurer*. Sobre a complexidade do tema, cf. Lenhoff, Posner, *Internationales Freimaurerlexikon*; e Fay, *La franc-maçonnerie et la révolution inteletuelle du XVIIIe siècle*.
19 Manheim, *Die Träger der öffentliche Meinung*, p.11.

não pressupõe de modo algum uma igualdade de *status*, mas até prescinde dela. Contra o cerimonial da posição, impõem-se tendencialmente o tratamento entre iguais.[20] A paridade, que forma a única base sobre a qual a autoridade do argumento pode se afirmar e, por fim, se impor também sobre a hierarquia social, significa, na autocompreensão da época, a paridade dos "meros seres humanos". *Les hommes*, *private gentlemen*, as pessoas privadas formam o público não apenas no sentido de que o poder e a reputação dos cargos públicos estão fora do jogo; em princípio, também as dependências econômicas não devem ter nenhum efeito. As leis do mercado estão suspensas tal como as do Estado. Não que nos cafés, nos salões e nas sociedades essa ideia de público tenha se realizado a sério, mas com eles ela é certamente institucionalizada como ideia e, portanto, foi posta na qualidade de pretensão objetiva e, nessa medida, foi operante, mesmo que não tenha se tornado realidade efetiva.

Em segundo lugar, a discussão nesse público pressupõe a problematização dos domínios que até então não eram considerados dignos de questionamento. "O universal", com o qual o público se ocupa criticamente, permanecia reservado ao monopólio interpretativo das autoridades eclesiásticas e estatais, não só do púlpito para baixo, mas ainda mais na Filosofia, na Literatura e na Arte, mesmo quando o desenvolvimento do capitalismo já exigia, para determinadas categorias sociais, um comportamento orientado racionalmente pela informação e

---

20 Plessner define a esfera pública, certamente em outro contexto, como a "esfera de validade do tratamento correto". As relações diplomáticas acontecem entre os portadores de papéis; as relações de tratamento correto entre as pessoas naturais. Cf. Plessner, *Grenzen der Gemeinschaft*, especialmente p.100.

por cada vez mais informações. Contudo, na medida em que as obras filosóficas e literárias, as obras de arte em geral, começam a ser produzidas para o mercado e mediadas por ele, esses bens culturais passam a se assemelhar àquele tipo de informação: como mercadorias, tornam-se em princípio acessíveis universalmente. Não continuam por muito tempo mais como elementos de representação da esfera pública eclesiástica ou cortesã. É precisamente a isso que se refere a perda de sua aura, a profanação de seu antigo caráter sacramental. As pessoas privadas, a quem a obra se torna acessível como mercadoria, profanam-na quando procuram seu sentido autonomamente, por meio do entendimento racional entre si, quando discutem e, com isso, precisam manifestar aquilo que, mesmo no âmbito do indizível, pode desenvolver a força de sua autoridade. Como demonstra Raymond Williams,[21] apenas no século XVIII

---

21 Williams, *Culture and Society, 1780-1950*. "*An art had formerly been any human skill* (arte no sentido de disposição artística, de capacidade – J. H.); *but Art, now, signified a particular group of skills, the 'imaginative' or 'creative' arts [...]. From [...] a skill, it had become [...] to be a kind of institution, a set body of activities of a certain kind*" ["A arte antigamente era qualquer habilidade humana, mas a Arte, agora, significa um grupo específico de habilidades, as artes 'imaginativas' ou 'criativas' [...]. De [...] uma habilidade, tornou-se [...] um tipo de instituição, um conjunto de atividades de certo tipo" – N. T.]. A isso corresponde a mudança de significado do termo "cultura": "*It had meant, primarily, the tending of natural growth* (cultura, no sentido de algo como cultivo de plantas) *and then, by analogy, a process of human training* (por exemplo, um "homem de cultura"). *But these letter use, which had usually been a culture of something, was changed [...] to culture as such, a thing in itself*" (p.XIV) ["(Cultura) significava, primeiramente, o cuidado com o crescimento natural e, depois, por analogia, o processo de instrução humana. Mas este último uso, que é usualmente a cultura *de* algo, transformou-se [...]

"arte" e "cultura" em geral adquirem seu significado moderno de uma esfera separada da reprodução da vida social.

O mesmo processo que conduz a cultura à forma mercadoria, e com isso a transforma em algo passível de ser discutido em geral, leva, *em terceiro lugar*, a uma abertura fundamental do público. Por mais exclusivo que seja, o público não poderia jamais se isolar completamente e se consolidar como um grupo, pois já se entende e já se encontra no público maior de todas as pessoas privadas, das quais se pressupõe que tenham, como leitores, ouvintes e espectadores, propriedade e formação para se apoderar dos objetos em discussão por meio do mercado. As questões discutíveis são "universais" não apenas no sentido de sua importância, mas também em sua acessibilidade: todos devem *poder* participar. Onde o público se estabelece institucionalmente como um grupo fixo de interlocutores, ele não se equipara com o público; quando muito, ele pretende, como seu porta-voz, ou talvez até mesmo como seu educador, manifestar-se em seu nome, representá-lo – a nova forma da representação burguesa. O público das primeiras gerações, mesmo quando constituído na forma de um círculo de pessoas notáveis, sabe-se inserido em um público maior. Potencialmente, trata-se sempre de uma corporação publicística, pois as discussões não ficam restritas ao âmbito interno, podendo sempre se tornar externas – os *Diskurse der Mahlern*, que Bodmer e Breitinger publicavam em Zurique desde 1721, são talvez alguns exemplos entre muitos outros.

---

em cultura como tal, uma coisa em si mesma" – N. T.]. Wittram (*Das Interesse an der Geschichte*) também faz um comentário sobre o termo "cultura" no plano de uma história dos conceitos.

O "grande" público, que se forma de maneira difusa fora das primeiras instituições do público, tem uma extensão extremamente reduzida em comparação com a massa da população rural e do "povo" das cidades. Quando existe, a formação escolar primária é ínfima. No caso da Inglaterra, a parcela de analfabetos é ainda maior do que na época elisabetana.[22] Até o início do século XVIII, mais da metade da população vivia no limite mínimo de subsistência: as massas não apenas são amplamente iletradas, como também estão tão pauperizadas

---

22 Cf. Altick, *The English Common Reader. A Social History of the Mass Reading Public*, especialmente o primeiro capítulo, cujas conclusões são resumidas na p.30: "*If speculating from such little information as we have, we tried to chart the growth of the reading public in the first three centuries after Caxton, the line would climb slowly for the first hundred years. During the Elizabethan period its rate of ascent would considerably quicken. The line would reach a peak during the Civil War and Commonwealth, when interest in reading was powerfully stimulated by public excitements. But during the Restoration it would drop, because of the lessening of popular turmoil, the damage the war had done to the educational system, and the aristocratic domination of current literature in the age of Dryden. A fresh ascent would begin in the early eighteenth century, the time of Addison and Steele and thereafter the line would climb steadily.*" ["Se, especulando com a pouca informação que temos, tentássemos determinar em um gráfico o crescimento do público leitor nos três primeiros séculos após Caxton, a linha subiria vagarosamente nos primeiros cem anos. No período elisabetano, a ascensão se aceleraria consideravelmente. A linha atingiria um pico durante a Guerra Civil e a República, quando o interesse pela leitura foi fortemente estimulado pela agitação pública. Durante a Restauração, porém, declinaria em razão da diminuição do tumulto popular, dos estragos que a guerra causou no sistema educacional e da dominação aristocrática da Literatura contemporânea na época de Dryden. Uma nova ascensão começaria no início do século XVIII, época de Addison e Steele, e, *depois disso, a linha subiria constantemente.*" – N. T.]

que nem conseguem adquirir Literatura. Não dispõe de poder aquisitivo suficiente para participar, ainda que de maneira modesta, do mercado de bens culturais.[23] Não obstante, surge uma nova categoria social com o público difuso que se formou na esteira da comercialização das relações culturais.

A aristocracia cortesã do século XVII não representa propriamente um público leitor. Decerto, mantinha literatos como servidores, mas a produção baseada no mecenato corresponde mais a um tipo de *conspicious consumption* do que à leitura séria de um público interessado. Este só se forma nos primeiros decênios do século XVIII, depois que o editor substituiu o mecenas como comitente dos escritores e assumiu a distribuição das obras no mercado.[24]

Assim como a Literatura, o teatro também só adquire um público no sentido estrito quando o teatro cortesão e palaciano, que podem ser observados tipicamente na Alemanha, se tornam "públicos". Certamente, o povo, ou a plebe, como era chamado segundo as fontes da época, já tinha acesso, por exemplo, ao *Globe Theatre* ou à *Comédie*, na Inglaterra e na França do século XVII – inclusive criados, soldados, aprendizes, jovens escriturários e um lumpemproletariado sempre disposto

---

23 Watt, The reading public.
24 Hauser, *Sozialgeschichte der Kunst und Literatur*, p.53. "O mecenato é substituído pela editora; a subscrição, que muito acertadamente se definiu como patrocínio coletivo, faz a transição entre eles. O patronato é a forma aristocrática pura da relação entre o escritor e o público. A subscrição afrouxa o vínculo, mas conserva ainda certos traços do caráter pessoal dessa relação; só a publicação de livros destinados ao público universal, plenamente desconhecido do autor, corresponde à circulação anônima de mercadorias sobre a qual se apoia a estrutura da sociedade burguesa".

ao "espetáculo". Mas todos eles ainda são parte daquele outro tipo de esfera pública na qual as "fileiras" (que ainda hoje se mantêm em nossos teatros como uma relíquia arquitetônica disfuncional) desdobravam a representação diante dos olhos do povo aclamativo. As disposições da polícia de Paris mostram sintomaticamente como o *parterre* [o público do rés do chão] teve de se transformar no público burguês. Desde o édito real de 1641, tais disposições visavam combater o barulho, as brigas e até os homicídios,[25] pois em breve não somente a "sociedade" seria protegida dos finórios nos camarotes e nos balcões, mas também determinada parte do próprio público do *parterre* – o público burguês, exemplarmente representado pelos *marchands de la rue St. Denis* (os donos das novas lojas de moda e artigos de luxo recém-surgidas: joalheiros, oculistas, comerciantes de instrumentos musicais, luveiros). No *parterre*, reúne-se aos poucos aquilo que mais tarde se contará entre os estamentos cultivados, sem pertencerem já à camada mais alta da grande burguesia que circula nos salões. Na Inglaterra, a cesura é mais nítida. O teatro popular desaparece completamente. Em Londres, na época de Carlos II, só um teatro era mantido sob o patronato da corte "e mesmo ali não se destinava aos burgueses, mas somente à sociedade".[26] Só mais tarde, na fase pós-revolucionária, com a transição das comédias de Dryden para os dramas de Congreve, os teatros se abrem para certo público, do qual Gottsched pôde finalmente dizer nos anos sessenta do século seguinte:

---

25 Parfaict conta que um poeta avaliava orgulhosamente o sucesso de sua obra pelo fato de que, no dia da estreia, quatro porteiros foram assassinados. Cf. Auerbach, *Das französische Publikum des 17. Jahrhunderts*, p.13.
26 Trevelyan, *Kultur- und Sozialgeschichte Englands*, p.255.

"Em Berlim, essa coisa se chama agora público".[27] Somente em 1766, a Alemanha ganha um palco fixo com o Deutschen Nationaltheather, graças aos esforços críticos de Gottsched e Lessing.

O deslocamento que não tem como resultado um redimensionamento do público, mas apenas suscita o "público" como tal de maneira geral pode ser aprendido categorialmente em um sentido ainda mais rigoroso no público dos concertos do que nos novos públicos leitor e espectador. Até o fim do século XVIII, toda música estava amarrada às funções da esfera pública representativa; como dizemos hoje, era uma música funcional. Avaliando-se suas funções sociais, ela servia à devoção e à dignidade do ofício divino, às festividades da sociedade cortesã e, sobretudo, ao esplendor das cenas festivas. Os compositores eram empregados como músicos pelas Igrejas, pela corte ou pelo Conselho Municipal e trabalhavam sob encomenda, tal como os escritores a serviço dos mecenas e os atores cortesãos a serviço do príncipe. Os cidadãos tinham poucas oportunidades de ouvir música fora das igrejas ou da sociedade dos nobres. Inicialmente, os *Collegia Musica* privados começam a se emancipar, e logo se estabeleceram como sociedades de concertos públicos. A entrada mediante pagamento transforma a apresentação musical em mercadoria; mas, ao mesmo tempo, surge uma música sem finalidade: pela primeira vez, reúne-se um público para ouvir música como tal; um público de apreciadores, ao qual todos tinham acesso, pressupondo-se posses e formação.[28] A Arte, liberada

---

27 Apud Groth, *Die Zeitung*, v.I, p.620.
28 Hauser, *Sozialgeschichte der Kunst und Literatur*, v.II, p.84 et seq. Cf. também Balet, *Die Verbürgerlichung der deutschen Kunst, Literatur und*

de suas funções na representação social, torna-se objeto de livre escolha e inclinação cambiante. O "gosto" pelo que ela se orienta dali em diante expressa-se nos juízos não especializados de leigos, pois no público cada um pode reivindicar competência.

O conflito em torno do juízo leigo, do público como instância crítica, é mais intenso onde um círculo de *connaisseurs* havia vinculado sua competência especializada a um privilégio social — na pintura, que era essencialmente uma pintura destinada aos colecionadores entendidos da nobreza, até que também aqui os artistas se viram, por fim, obrigados a trabalhar para o mercado. Na mesma medida, os pintores se emancipam das amarras da guilda, da corte e da Igreja. Do artesanato surgiu uma *ars liberalis*, embora ainda pela via de um monopólio estatal. Em 1648, em Paris, sob a direção de Le Brune, é fundada a Academia de Arte, e em 1667, três anos depois de Colbert dotá-la de privilégios semelhantes aos da Académie Française, ela se volta para a esfera pública com o primeiro "salão". Contudo, durante o reinado de Luís XIV, houve no máximo dez exposições desse tipo.[29] Somente depois de 1737 é que elas se tornaram regulares. E, dez anos depois, surgem as famosas reflexões de La Font, que pela primeira vez formulam o princípio: "uma imagem

---

Musik im 18. Jahrhundert, p.38: "Os concertos públicos eram realizados regularmente em Frankfurt desde 1723, em Hamburgo desde 1724, em Estrasburgo desde 1730, em Lübeck desde 1733 e em Leipzig, em 1733, um grupo de alegres comerciantes empreendedores fundaram os Grossen Konzerte, que mais tarde se expandiram nas Gewandhauskonzerten, que ainda hoje existem".

29 Realizava-se, por ocasião da reunião anual da Academia, na corte do Palais Royal, ao ar livre. Em 1699, o primeiro salão passa para o Louvre. Depois de 1704, a prática das exposições se perde completamente por toda uma geração.

exposta é um livro dado à luz da impressão, uma peça de teatro representada no palco – cada um tem o direito de julgá-la".[30] Assim como o concerto e o teatro, os museus institucionalizam o juízo leigo sobre a Arte: a discussão se torna o *medium* de sua apropriação. Os inumeráveis panfletos que tem como objeto a crítica e a apologia das teorias da Arte dominantes se vinculam às conversações de salão e são, por sua vez, acolhidos por elas – crítica de arte como conversação. Na primeira metade do século XVIII, o círculo interno do novo público de arte é formado também pelos *amateurs éclairés* [amadores esclarecidos]. À medida que as exposições públicas atraem círculos mais amplos, e as obras de arte entram em contato com um vasto público sem a mediação da cabeça dos conhecedores, estes não podem mais sustentar por muito tempo sua posição, embora sua função tenha se tornado imprescindível. Ela agora é assumida pelos críticos de arte profissionais. Podemos ver de pronto que a crítica de arte é produzida propriamente pelo salão se observamos seu primeiro e mais significativo representante: Diderot escreve seus "Salões",[31] juízos artisticamente competentes das exposições periódicas da Academia a partir de 1759, para a *Correspondência Literária*, de Grimm, um periódico que foi inspirado no conhecido salão de Madame d'Épinay e produzido também para seu uso no salão.

Nas instituições da crítica de arte, que incluía as críticas literária, teatral e musical, organiza-se o juízo leigo do público

---

30 La Font, *Refléxions sur quelques causes de l'état présent de la peinture*, apud Dresdner, *Die Entstehung der Kunstkritik im Zusammenhang des europäischen Kunstlebens*, p.161.

31 São inovadoras, sobretudo, as críticas dos "Salões" de 1765 e 1767, mas foram todas publicadas só depois da revolução.

que se vê emancipado ou em via de se emancipar. A nova profissão que lhe corresponde recebe, no jargão da época, o nome de *Kunstrichter* [juiz de arte]. O juiz de arte assume uma tarefa dialética peculiar: ele se compreende como mandatário do público e, ao mesmo tempo, como seu educador.[32] Os juízes de arte podem entender a si mesmos – esse é o *tópos* central em sua disputa com os artistas – como porta-vozes do público porque não conhecem nenhuma autoridade além do argumento e se sentem ligados a todos aqueles que se deixam convencer por argumentos. Ao mesmo tempo, podem voltar-se contra o próprio público quando apelam, como especialistas, contra "dogmas" e "modas" na capacidade de julgar dos mal instruídos. Pelo mesmo contexto dessa autocompreensão, explica-se também a posição do crítico: na época, não se tratava de uma função profissional em sentido estrito. O juiz de arte tem ainda algo de amador, sua especialidade vale até que alguém diga o contrário;

---

[32] Em princípio, todo aquele que participa de uma discussão pública compra um livro ou um lugar no concerto ou no teatro, visita uma exposição de arte, é exortado e está justificado ao livre juízo. Mas, no conflito dos juízos, deve se manter aberto ao argumento mais convincente, ou seja, deve abdicar dos "pré-juízos". Com a superação da barreira estabelecida entre leigos e iniciados, típica da esfera pública representativa, tornam-se ilusórias em princípio todas as competências especializadas, tanto as herdadas como as adquiridas, tanto as sociais como as intelectuais. Mas, como o verdadeiro juízo deve ser mediado na discussão, a verdade aparece como um processo, isto é, como um processo de esclarecimento. Nesse processo, partes do público podem estar mais avançadas do que outras. Por conseguinte, o público reconhece certos especialistas, ainda que não privilegiados. Eles podem e devem educar o público, mas apenas para convencê-los por meio de argumentos, mas não para eles próprios serem doutrinados pelos melhores argumentos.

nele, organiza-se o juízo leigo, e sua especialização não é outra coisa senão o juízo de um homem privado entre todas as outras pessoas privadas que, em última instância, não deixavam que nenhum juízo, exceto o seu próprio, valesse como obrigatório. É nisso que o juiz de arte se diferencia do juiz de direito. Ao mesmo tempo, ele precisa ser capaz de encontrar uma audiência diante do público amplo, que transcende o círculo estreito dos salões, dos cafés e das associações, mesmo em seu apogeu. Em breve, o periódico – primeiro a correspondência escrita, depois o escrito semanal e mensal impresso – se tornaria o instrumento para publicar essa crítica.

Os jornais de crítica artística e cultural,[33] como instrumentos da crítica de arte institucionalizada, são criações típicas

---

33 Tão logo a impressa assume funções críticas, a redação de avisos se transforma em jornalismo literário. A origem deste a partir da discussão sociável mediante razões deixa sua marca indelével nos primeiros jornais, denominados *Monatsgespräch, Monatliche Unterredungen*, e assim por diante. Sua expansão pode ser acompanhada exemplarmente na Alemanha. A partir das revistas thomasianas, surgem os *Gelehrten Anzeigen* que, com comunicações e resenhas, trazem a Filosofia e a Ciência para a discussão pública. Os conhecidos *Frankfurtischen Gelehrten Zeitungen* [Jornais Eruditos Frankfurtianos] (desde 1736) também se ocupam das "belas ciências". Ligados aos esforços de Gottsched, os jornais de crítica literária desenvolveram-se plenamente com a fundação, por Nicolai, da Biblioteca das Belas Ciências e das Artes Livres, em Berlim (1777). Com os *Beiträgen zur Historie und Aufnahme des Theaters* (1750) [Contribuições para a história e a recepção do teatro], de Lessing e Mylius, surge a crítica jornalística do teatro. Também foram criados jornais de crítica musical, embora não fossem tão frequentes quanto os jornais sobre teatro, depois que Adam Hiller forneceu pela primeira vez o modelo com suas *Wochentliche Nachrichten und Anmerkungen die Musik betreffend* (1767) [Notícias semanais e observações concernentes à Música].

do século XVIII. "Já é bastante notável", admira-se com razão Dresdner, "que a crítica de arte, depois de o mundo passar muito bem sem ela durante milênios, apareça no cenário de repente, em meados do século XVIII".[34] Por um lado, a Filosofia somente é possível como Filosofia crítica, a Literatura e a Arte somente são possíveis em vínculo com a crítica da Literatura e da Arte. Somente nos "jornais críticos" alcança sua própria finalidade aquilo que as próprias obras criticam. Por outro lado, o próprio público só conseguiu se esclarecer graças a uma apropriação crítica da Filosofia, da Literatura e da Arte, ou seja, consegue se compreender como processo vivo do Esclarecimento.

Nesse contexto, os semanários morais são um fenômeno-chave. Aqui, ainda se encontram juntos os momentos que depois vão se separar. Os periódicos críticos já se desprenderam tanto dos círculos de conversação sociável quanto das obras às quais a discussão mediante razões se refere. Em contrapartida, os semanários são imediatamente uma parte das discussões nos cafés e se entendem também como uma parte da Literatura – com razão, eram chamados de ensaios periódicos.[35]

---

34 Dresdner, *Die Entstehung der Kunstkritik im Zusammenhang des europäischen Kunstlebens*, p.17.
35 Stephan, *English Literature and Society in the 18th Century*, p.76: "*The periodical essay represents the most successful innovation of the day [...] because it represents the mode by which the most cultivated writer could be brought into effective relation with the genuine interests of the largest audience*" ["O ensaio periódico representa a inovação mais bem-sucedida do momento [...] porque representa o modo pelo qual os escritores mais cultos poderiam ser colocados em relação efetiva com os interesses genuínos do público mais amplo" – N. T.].

Quando Steele e Addison publicaram o primeiro número do *Tatler*, em 1709, os cafés já eram tão numerosos e o círculo de frequentadores já havia se estendido de tal maneira[36] que o vínculo entre esses milhares de círculos somente podia ser mantido por meio de um jornal.[37] Ao mesmo tempo, a nova revista está tão intimamente entrelaçada com a vida dos cafés que esta poderia ser reconstruída diretamente a partir de cada número. Os artigos de jornal não apenas eram transformados pelo público dos cafés em objeto de discussão, como também eram considerados parte integrante dessas discussões, como mostra o fluxo de cartas de leitores, das quais o editor publicava semanalmente uma amostra. Quando o *Spectator* se separa do *Guardian*, as cartas dos leitores ganham uma instituição própria: no canto esquerdo do café *Button's*, é pendurada uma cabeça de leão em cuja fauce os leitores deixavam suas cartas.[38] A forma de diálogo, mantida por muitos artigos, também indica a proximidade com a palavra falada. A mesma discussão, transmitida em outro *medium*, é desenvolvida por meio da leitura para retornar ao *medium* original da conversação. Vários semanários desse gênero aparecem depois sem data, para acentuar

---

36 O *Tatler* se dirigia expressamente aos "*worthy citizens who live more in a coffehouse than in their shops*" ["cidadãos de valor que vivem mais nos cafés do que em suas lojas"] (edição de 17 de maio de 1709).

37 O *Tatler* logo chegou a uma tiragem de 4 mil exemplares. Quão grande era o interesse que despertava mostra a queixa geral que se seguiu à interrupção repentina da publicação, na virada de 1711. Mais pormenores se encontram em Westerfrölke, *Englische Kaffehäuser als Sammelpunkte der literarischen Welt*, p.64.

38 Desde então as cartas apareciam semanalmente como "Roaring of the Lion" ["O rugido do leão"].

a continuidade transtemporal do processo de esclarecimento mútuo. A intenção de autoentendimento dos que se sentem chamados à maioridade aparece mais clara nos semanários morais[39] do que nos jornais posteriores. Nesses semanários, o que em seguida vai se especializar na função de juiz de arte ainda é uma única e mesma coisa: arte e crítica da Arte, Literatura e crítica da Literatura. Com o *Tatler*, o *Spectator* e o *Guardian*, o público se vê como em um espelho. Ele ainda não se compreende por meio do desvio de uma reflexão sobre obras de Filosofia e Literatura, Arte e Ciência, mas antes pelo fato de ele mesmo entrar na "Literatura" como objeto. Addison se compreende como *censor of manners and morals* [censor da moral e dos bons costumes]. Ele trata de instituições de caridade e escolas para pobres, propõe melhoramentos para o ensino, faz exortações a formas de tratamento civilizado, polemiza contra o vício do jogo, o fanatismo e os pedantes, o mau gosto dos beletristas e a excentricidade dos eruditos. Trabalha pela propagação da tolerância, pela emancipação da moralidade civil em relação à teologia moral, pela emancipação da sabedoria de vida em relação à filosofia dos mestres de escola. Assim, o público que o lê e comenta tem a si mesmo como tema.

---

39 Os modelos ingleses foram obrigatórios, também na Europa Continental, para três gerações de semanários morais. Na Alemanha, surgiu em Hamburgo, em 1713, o *Der Vernünftler*. Mas tarde, foi amplamente superado pelo sucesso do *Hamburger Patrioten* (1724-1726). Na Alemanha, no decorrer de todo o século, o número desses periódicos chegou a 187. Na Inglaterra, no mesmo período, deviam ser 227 e, na França, 31.

Jürgen Habermas

§ 6. A família burguesa e a institucionalização de uma privacidade vinculada ao público

Enquanto as instituições iniciais da esfera pública burguesa estão originalmente presas a uma sociedade nobre que se desliga da corte, o "grande" público formado nos teatros, nos museus e nos concertos é um público burguês também segundo os critérios de sua origem social. Sua influência acabou se impondo por volta de 1750. Os semanários morais, inundando toda a Europa, já atingem aquele gosto que alçou o romance medíocre *Pamela* à condição de *best-seller* do século. Eles já correspondem às necessidades de um público leitor burguês que, mais tarde, pôde se satisfazer autenticamente com as formas literárias dos dramas burgueses e do romance psicológico. As experiências pelas quais um público apaixonado, que tematiza a si próprio, busca entendimento e esclarecimento recíproco na discussão pública mediante razões entre pessoas privadas, fluem das fontes de uma subjetividade específica: sua terra natal, em um sentido literal, é a esfera da família conjugal patriarcal. Como se sabe, produzida por mudanças na estrutura familiar que já vinham se mostrando havia séculos com a revolução capitalista, esta esfera se consolida como o tipo dominante das camadas burguesas.

Certamente, a nobreza citadina, sobretudo a da capital francesa, que serve de modelo para o restante da Europa, ainda mantém a "casa" e desvaloriza a interioridade da vida familiar burguesa. Apenas o nome já é suficiente para garantir a continuidade da linhagem e, ao mesmo tempo, a sucessão dos privilégios. Para isso, não é necessário nem o domicílio comum dos cônjuges, que moram muitas vezes cada um em seu próprio *hôtel* e de vez em quando se encontram na esfera extrafamiliar do salão com mais frequência do que no círculo da própria família. A *maîtresse* é uma instituição, e é sintomático o fato de que as relações da "vida social", flutuantes e ao mesmo tempo rigorosamente convencionadas, muito raramente permitam uma esfera privada no sentido burguês. A intimidade encenada, onde ela ainda podia surgir, distingue-se da intimidade duradoura da nova vida familiar. Esta, no entanto, se desvincula das antigas formas de vida comum da grande família, que ainda foram mantidas pelo "povo" ao longo de todo o século XVIII, sobretudo no campo. Eram formas pré-burguesas também no sentido de que não se sujeitavam à diferenciação entre "público" e "privado".

Mas o nobre inglês fundiário e aburguesado do século XVII já parece livre desse estilo de vida ligado à "grande casa" [*ganze Haus*]. A privatização da vida pode ser observada na mudança do estilo arquitetônico:

> Nas casas recém-construídas foram feitas certas modificações arquitetônicas. O átrio alto, com vigas no teto [...] sai de moda. A sala de jantar e os quartos de dormir são construídos agora no patamar do primeiro andar, enquanto as diversas finalidades que o antigo átrio cumpria foram divididas em espaços de tamanho comum. Também o pátio [...], onde transcorria grande parte da vida, encolheu, de modo que foi transferido do centro para os fundos da casa.[40]

O que Trevelyan relata sobre os solares dos *gentry* ingleses vale na Europa Continental para as casas burguesas do século seguinte:

---

40 Trevelyan, *Kultur- und Sozialgeschichte Englands*, p.242.

Nas casas modernas das grandes cidades, quase todos os espaços funcionais da "grande casa" foram limitados a uma medida mínima: os amplos vestíbulos foram reduzidos a um corredor estreito e mesquinho; na cozinha profanada, movem-se apenas as criadas e as cozinheiras, em vez da família e do espírito da casa. Mas os pátios sobretudo [...] tornaram-se espaços estreitos, úmidos e malcheirosos [...]. Se olharmos para o interior de nossas casas, veremos que a "sala da família", isto é, o lugar comum para o homem e a mulher, as crianças e os serviçais, tornou-se cada vez menor, quando não desapareceu completamente. Em contrapartida, os quartos específicos para cada membro da família tornaram-se cada vez mais numerosos e decorados singularmente. O isolamento dos membros da família, mesmo no interior da casa, é considerado algo bom.[41]

Riehl analisa esse processo de privatização que, como diz ele, torna a casa mais habitável para o indivíduo, porém mais estreita e empobrecida para a família.[42] A "esfera pública" do saguão da grande família, representada pela senhora da casa, ao lado do senhor da casa, diante dos serviçais e dos vizinhos, cede lugar à esfera pública da sala de estar da família conjugal, onde o casal e as crianças menores se separam do pessoal de serviço. As festas caseiras se transformam em noites sociais, a sala de estar em sala de visita, na qual as pessoas privadas se reúnem em um público:

---

41 Riehl, *Die Familie*, p.174 e p.179.
42 Ibid., p.187: "Na casa antiga, o símbolo arquitetônico da posição do indivíduo em relação à família era a sacada. Nela, que na verdade pertencia à sala da família, cada indivíduo encontrava seu canto de trabalho, diversão e amuo; ele pode se recolher ali, mas não pode se isolar, pois a sacada é aberta para a sala".

As salas e os lugares consagrados à grande casa foram reduzidos ao mínimo. O espaço mais significativo na distinta casa burguesa é, em contraste, atribuído a um aposento completamente novo: o salão [...]. No entanto, o salão não serve à casa, mas à "sociabilidade"; e essa sociedade do salão está muito longe de equivaler ao círculo restrito e fixo dos amigos da casa.[43]

A fronteira entre a esfera privada e a esfera pública passa pelo meio da casa. As pessoas privadas saem da intimidade da sala de estar para a esfera pública do salão, mas uma está estreitamente ligada à outra. Apenas o nome salão lembra ainda a origem que as disputas sociáveis e a discussão pública mediante razões tiveram na esfera da sociedade nobre. Entrementes, o salão se desprendeu dela como o lugar da circulação dos pais de família burgueses e de suas esposas. As pessoas privadas que aqui formam um público não nascem "na sociedade". Elas surgem primeiramente, por assim dizer, de uma vida privada que adquiriu uma forma institucional no espaço interior da família conjugal patriarcal.

Esse é o lugar de uma emancipação psicológica[44] que corresponde à emancipação no âmbito da economia política. Mes-

---

43 Ibid., p.185.
44 Cf. Bahrdt, *Öffentlichkeit und Privatheit als Grundformen städtischer Soziierung* (manuscrito), p.32: "A interiorização e o cultivo da vida familiar, a cultura doméstica da configuração consciente do ambiente objetivo mais reduzido, a propriedade privada dos meios de formação e a utilização comum por pequenos grupos sociais, o intercâmbio espiritual como forma normal e integradora da vida comum dos familiares, uma vida religiosa no círculo familiar relativamente independente da igreja, a vida erótica individual, a liberdade na escolha do parceiro, que no estágio final de desenvolvimento não reconhece

mo que a esfera do círculo familiar queira se perceber como domínio da pura humanidade independente, livre de todos os vínculos sociais, encontra-se em relação de dependência com a esfera do trabalho e da circulação de mercadorias – a própria consciência da independência pode ser compreendida a partir da dependência factual daquele domínio íntimo em relação ao domínio privado do mercado. De certo modo, os proprietários de mercadorias podem se considerar autônomos. Em virtude de sua emancipação em relação às diretrizes e aos controles estatais, eles decidem livremente, segundo padrões de rentabilidade, no que ninguém é obrigado à obediência e todos se encontram submetidos às leis que funcionam anonimamente segundo uma racionalidade econômica que seria, ao que parece, inerente ao mercado. Essas leis estão dotadas da garantia ideológica da troca justa e em toda a parte devem possibilitar que o poder seja superado pela justiça. Essa autonomia das pessoas privadas, fundada na disposição sobre a propriedade e de certo modo também realizada pela participação nas relações de troca, deve poder se apresentar como tal. À independência do proprietário no mercado corresponde uma autoapresentação do ser humano na família. Sua intimidade, aparentemente livre da coerção social, é o selo de verdade de uma autonomia privada exercida na competição. A autonomia privada que nega sua origem econômica – isto é, uma autonomia *exterior* ao domínio daquela praticada unicamente pelo participante do mercado que se crê autônomo – fornece também

---

mais o direito de veto dos pais – tudo isso é uma manifestação típica da construção da esfera privada e, ao mesmo tempo, da cultura e da civilidade burguesas" (nesse meio-tempo, apareceu uma versão ampliada desse texto em Bahrdt, *Die moderne Großstadt*, p. 36 et seq.).

à família burguesa sua consciência de si mesma. Ela parece ser fundamentada voluntariamente por indivíduos livres e mantida sem coerção. Parece se apoiar na comunidade duradoura do amor dos cônjuges; parece permitir aquele desdobramento não instrumental de todas as faculdades que definem a personalidade culta. Os três momentos – da voluntariedade, da comunidade do amor e da formação – unem-se no conceito de humanidade, que deve ser inerente ao seres humanos como tais e constitui verdadeiramente sua posição absoluta: a emancipação (que ainda ressoa na expressão de algo que é puro ou simplesmente humano) de uma interioridade que se realiza segundo leis próprias, sem fins exteriores de qualquer tipo.

Contudo, essa ideia que a esfera íntima da família conjugal faz de si mesma colide com as funções reais da família burguesa na própria consciência do burguês. Pois, evidentemente, a família não estava livre da coerção a que a sociedade civil, como todas as anteriores, a submete. Ela desempenha um papel precisamente circunscrito no processo de valorização do capital. Como um vínculo genealógico, ela garante a continuidade pessoal, que consiste materialmente na acumulação de capital e é juridicamente ancorada na livre transmissão hereditária da propriedade. Como agência social, ela serve sobretudo àquela difícil função de mediação que, sob a aparência da liberdade, produz a rigorosa conformidade às exigências socialmente necessárias. Freud descobriu o mecanismo da internalização da autoridade paterna; seus discípulos a relacionam, em termos de Psicologia social, ao tipo da família conjugal patriarcal.[45]

---

45 Cf. em especial Fromm, em Horkheimer, *Autorität und Familie*, p.77 et seq.

Em todo caso, a independência do proprietário no mercado e no empreendimento próprio tem como correlato a dependência da mulher e dos filhos em relação ao pai de família. A autonomia privada de lá se transforma em autoridade aqui, tornando ilusória a pretendida voluntariedade do indivíduo. Também a forma contratual do matrimônio, que pressupõe a declaração autônoma da vontade dos parceiros, era uma ilusão em grande parte, pois o enlace matrimonial, na medida em que a família é a portadora do capital, não podia isentar-se de considerações sobre sua manutenção e ampliação. O risco que surge daí para a ideia de uma comunidade de amor, como um conflito entre amor e razão (isto é, casamento por dinheiro e conveniência) ocupa a Literatura até os nossos dias, e não apenas a Literatura.[46] Por fim, as necessidades da profissão também contradizem a ideia de formação que deve ser um fim em si mesma. Hegel logo percebeu depois, uma vez que não podia ser admitido tal qual burguês, como a formação permanece em seu cerne, presa ao trabalho socialmente necessário. A velha contradição prossegue até hoje na disputa em torno da formação da personalidade, por um lado, e a mera instrução que fornece habilidades, por outro.

Se as necessidades da sociedade civil perfuram gravemente a autocompreensão da família, tomada como uma esfera da humanidade que se constitui na intimidade, essas ideias de liberdade, amor e formação que nascem das experiências da esfera privada da família conjugal não são simplesmente uma ideologia. Elas são também uma realidade, como um sentido objetivo contido na forma da instituição efetiva, cuja validade subjetiva é essen-

---

46 Cf. minha glosa "Heiratsmarkt", *Zeitschrift Merkur*.

cial para a reprodução da sociedade. Com o conceito específico de humanidade, difunde-se na burguesia uma concepção do existente que promete uma completa redenção da coerção do existente, sem evadir-se para domínios transcendentais. A transcendência da imanência retida é o momento de verdade que eleva a ideologia burguesa acima da própria ideologia, e da maneira mais originária ali onde a experiência da "humanidade"[47] tem seu ponto de partida: na humanidade das relações íntimas de seres humanos tomados como simples seres humanos na proteção da família.[48]

Na esfera da intimidade da família conjugal, as pessoas privadas se compreendem como independentes também da esfera

---

[47] O humanismo renascentista tem raízes sociológicas diferentes daquelas do humanismo esclarecido inglês e francês e do neo-humanismo do Classicismo alemão, que são os que consideramos aqui.

[48] Cf. Horkheimer, *Autorität und Familie*, p.64: "A reificação dos seres humanos na economia como mera função de uma grandeza econômica continua certamente na família, na medida em que o pai se converte naquele que ganha o dinheiro, a mãe em objeto sexual ou em criada doméstica, e as crianças em herdeiros do poder ou em seguro de vida para quem espera recuperar com juros todos os seus esforços. Todavia, o ser humano tem também na família – na qual as relações não são mediadas pelo mercado e os indivíduos não se confrontam como competidores – a possibilidade permanente de agir não meramente como uma função, mas como um ser humano. Enquanto na vida burguesa o interesse comunitário comporta um caráter essencialmente negativo e se afirma na rejeição dos perigos, ele tem uma forma positiva no amor sexual e, acima de tudo, no cuidado materno. O desenvolvimento e a felicidade dos outros são desejados nessa unidade [...]. De modo que a família burguesa não conduz apenas à autoridade burguesa, mas também à ideia de uma situação humana melhor".

privada de sua atividade econômica – justamente como seres humanos que podem assumir relações "puramente humanas" com um outro. Na época, a forma literária é a troca de cartas. Não é por acaso que o século XVIII é o século das cartas.[49] Ao escrever cartas, o indivíduo se desenvolve em sua subjetividade. Nos primeiros tempos do correio moderno, utilizado sobretudo como um meio de transporte para os novos jornais, a carta logo serve também para uma correspondência culta e para a amabilidade familiar. Mas a carta familiar "bem escrita" do século XVII, pela qual os cônjuges declaravam de antemão "amor matrimonial e fidelidade", ou que assegurava ao senhor pai ou à senhora mãe a obediência dos filhos, vive ainda das comunicações secas dos "jornais", que em seguida haviam se autonomizado com um rótulo próprio. A noiva de Herder já teme, porém, que suas cartas não contenham "nada mais que narrativa, e que o senhor possa me considerar apenas uma boa escritora de jornal".[50] Na era da sentimentalidade, as cartas eram receptáculos para os "arroubos do coração", mais do que para as "notícias frias" que, quando mencionadas, devem ser desculpadas. No jargão da época, que tanto deve a Gellert, a carta era considerada uma "cópia da alma", uma "visita à alma". As cartas querem ser escritas com o sangue do coração e, justamente por isso, querem ser choradas.[51] Desde o início, o interesse psicológico cresce na dupla relação consigo mesmo e com o outro: a auto-observação entra em uma relação, em

---

49 Steinhausen, *Geschichte des deutschen Briefes*, especialmente p.245 et seq.
50 Ibid., p.288.
51 Na Alemanha, o pietismo preparou essas formas de sentimentalidade secularizada.

parte curiosa, em parte empática, com as emoções da alma do outro eu. O diário a torna uma carta endereçada ao remetente; a narrativa na primeira pessoa, endereçada ao receptor estranho, se torna um monólogo. Ambos são experimentos com a subjetividade descoberta nas relações íntimas da família conjugal.

Essa subjetividade, como recinto mais íntimo do privado, já está voltada para o público. O oposto da intimidade mediada literariamente não é a publicidade como tal, mas sim a indiscrição. Não apenas cartas alheias são expostas e copiadas, como muitas correspondências já são de antemão projetadas para a impressão, como mostram os exemplos de Gellert, Gleim e Goethe na Alemanha. Uma expressão idiomática comum na época confirma isso: de uma carta bem redigida dizia-se que era "bela para ser impressa". Assim, direta ou indiretamente voltada para o público, a subjetividade das trocas epistolares e dos diários íntimos explica a origem do gênero típico e da realização literária específica daquele século: o romance burguês, a descrição psicológica em forma autobiográfica. Seu primeiro exemplar, e por muito tempo o mais influente, *Pamela* (1740), surgiu precisamente da intenção de Richardson de produzir uma daquelas adoráveis coleções de cartas exemplares. De modo sub-reptício, o que era usado pelo autor como adereço na história acabou se transformando no elemento central. *Pamela* tornou-se de fato um padrão, não para as cartas, mas para o romance em cartas. Não foi apenas Richardson que se manteve fiel ao modelo recém-descoberto, com *Clarissa* e *Sir Charles Grandison*. Quando Rousseau, com *A nova Heloísa*, e Goethe, com *Os sofrimentos do jovem Werther*, se servem da forma do romance epistolar, não é mais possível voltar atrás. O século que finda move-se com prazer e segurança no terreno da subjetividade, quase inexplorado em seu início.

As relações entre autor, obra e público se modificam: tornam-se relações íntimas entre pessoas privadas que têm interesses psicológicos pela "humanidade", pelo autoconhecimento, bem como pela empatia mútua. Richardson chora com os personagens de seus romances do mesmo modo que seus leitores. Autor e leitor tornam-se eles próprios personagens que "se expressam". Sterne, em particular, refina o papel do narrador recorrendo a reflexões, por direcionamentos, quase por meio de indicações cênicas. Ele coloca o romance mais uma vez em cena para o público contextualizado não com a finalidade de estranhamento, mas para ocultar plenamente a diferença entre parecer e ser.[52] A realidade como ilusão, que o novo gênero cria, é chamada em inglês de *fiction*: ela se livra do caráter de algo *meramente* fingido. O romance psicológico cria pela primeira vez aquele realismo que permite a cada um participar da ação literária como uma ação substitutiva para a sua própria, tomando as relações entre os personagens, as relações entre leitor, personagens e autores como relações substitutivas da realidade. Do mesmo modo que o romance, o drama contemporâneo se torna ficção com a introdução da "quarta parede". A mesma Madame de Stäel, que promove em sua casa o extravagante jogo social em que, logo após a refeição, todas as pessoas presentes se retiram para escrever cartas umas às outras, toma consciência de que as pessoas transformavam a si mesmas e as demais em *sujets de fiction* [temas de ficção].

---

52 Cf. Hauser, *Sozialgeschichte der Kunst und Literatur*, v.II, p.74. Sobre o papel do narrador, cf. Kayser, *Entstehung und Krise des moderne Romans*.

Nas camadas mais amplas da burguesia, a esfera do público surge de início como uma expansão e, ao mesmo tempo, como um complemento da esfera da intimidade da família conjugal. A sala de estar e o salão se encontram sob o mesmo teto, e assim como a privacidade de um depende da esfera pública do outro, a subjetividade do indivíduo privado está ligada à publicidade desde o início, e ambas estão sintetizadas na Literatura que se tornou *fiction*. Por um lado, o leitor empático repete as relações privadas delineadas previamente na Literatura, preenche a intimidade fingida com as experiências provenientes da intimidade real, e se põe à prova naquela para viver nesta. Por outro lado, a intimidade desde o início mediada literariamente, a subjetividade apta à Literatura, tornou-se efetivamente Literatura de um público leitor amplo. As pessoas privadas que se reúnem para formar um público também discutem em público o que foi lido e o incluem no processo de Esclarecimento impulsionado conjuntamente. Dois anos depois que *Pamela* apareceu na cena literária, é criada a primeira biblioteca pública. Clubes do livro, círculos de leitura, bibliotecas por assinatura crescem rapidamente e, em uma época, como a Inglaterra de 1750, em que o volume de vendas dos jornais diários e semanais duplica em um quarto de século,[53] possibilitam que a leitura de romances se torne um hábito nas camadas burguesas. Estas formam o público que foi gerado havia tempos nas primeiras instituições dos cafés, salões e *Tischgesellschaften*, e que agora é mantido pela instância de mediação da imprensa e de sua crítica profissional. Elas formam a esfera pública de uma

---

53 Leavis, *Fiction and the reading public*, p.130. Também Altick, *The English Common Reader. A Social History of the Mass Reading Public*, p.30 et seq.

discussão literária mediante razões na qual a subjetividade da intimidade da família conjugal se entende consigo mesma sobre si mesma.

§ 7. A esfera pública literária em sua relação com a esfera pública política

O processo no qual a esfera pública regulamentada pela autoridade é apropriada pelo público de pessoas privadas que discute mediante razões, e é estabelecida como uma esfera de crítica ao poder público, realiza-se como uma reformulação no funcionamento da esfera pública literária, já dotada com as instituições do público e com as plataformas de discussões. Mediado pela esfera pública literária, o contexto de experiências da privacidade voltadas para o público acaba sendo introduzido também na esfera pública política. A representação dos interesses da esfera privatizada de uma economia de trocas é interpretada com a ajuda de ideias desenvolvidas no terreno da intimidade da família conjugal: a humanidade tem seu lugar genuíno aqui, e não na própria esfera pública, como ocorria no modelo grego. Com o surgimento de uma esfera do social, cuja regulamentação a opinião pública disputa com o poder público, o tema da esfera pública moderna, em comparação com a antiga, deslocou-se das tarefas propriamente políticas de uma cidadania que age em comum (na jurisprudência interna e na autoafirmação diante do externo) para as tarefas mais propriamente civis de uma sociedade que discute publicamente mediante razões (para a circulação de mercadorias com segurança). A tarefa política da esfera pública burguesa é a regulamentação da sociedade civil [*Zivilsocietät*] (diferentemente da *res publica*).⁵⁴ Tendo como pano de fundo as experiências de uma esfera privada que se tornou íntima, a esfera pública burguesa pôde confrontar a autoridade monárquica estabelecida. Nesse sentido, ela tem desde o início um caráter ao mesmo tempo privado e polêmico. Ao modelo grego de esfera pública faltam ambas as características: pois o *status* privado do senhor da casa, do qual depende seu *status* político como cidadão, apoia-se na dominação sem qualquer aparência de liberdade mediada pela intimidade; e o comportamento do cidadão só é agonístico na competição esportiva um com o outro, a qual representa uma forma aparente de luta contra o inimigo externo e não uma disputa com o próprio governo.

A dimensão da polêmica, no interior da qual a esfera pública conseguiu eficácia política durante o século XVIII, já havia se desenvolvido, nos dois séculos anteriores, na controvérsia jurídica estatal em torno do princípio da dominação absoluta. A literatura apologética dos segredos de Estado produz verbalmente os instrumentos com que o príncipe pode afirmar sua soberania, os *jura imperii* – ou seja, os *arcana imperii*, o catálogo completo de práticas secretas, inaugurado por Maquiavel, que deveriam assegurar a dominação sobre o povo imaturo. Mais tarde, à práxis do segredo será contraposto o princípio da publicidade.⁵⁵ Os opositores da época, os monarcômacos, levantam a questão: a lei deve depender do arbítrio do príncipe ou seus comandos somente devem ser legitimados com base em uma lei? Nesse período, entendiam-se por legislador,

---

54 Sobre o conceito clássico de sociedade civil, cf. Riedel, Aristoteles-traditions am Ausgang des 18. Jahrhundert, p.278 et seq.
55 Schmitt, *Die Diktatur*, p.14 et seq.

evidentemente, as assembleias dos estamentos: a polêmica dos monarcômacos ainda vive da tensão entre o príncipe e os estamentos dominantes, mas já se volta contra a mesma burocracia absolutista que, a partir do fim do século XVII, também será alvo da polêmica burguesa. Na verdade, os dois *fronts* se unem, como em Montesquieu, contra o inimigo comum e, muitas vezes, a ponto de ser indistinguíveis. O único critério confiável para distinguir entre a nova e a velha polêmica é o conceito rigoroso de lei, que contém não apenas a justiça no sentido de direitos devidamente adquiridos, mas também a legalidade imposta por normas gerais e abstratas.

A tradição filosófica, tanto a aristotélica escolástica quanto a cartesiana moderna, certamente conhece a categoria da *lex generalis* ou *universalis*. Mas, no âmbito da Filosofia social e política, ela foi introduzida implicitamente por Hobbes e definida explicitamente por Montesquieu.[56] "*Whoever has the legislative or supreme power of any commonwealth, is bound to govern by established standing laws, promulgated and known to the people, and not by extemporary decrees [...].*"[57] Locke atribui à lei, em contraste com o comando e a ordem, *a constant and lasting force* [uma força constante e permanente].[58] Na literatura francesa do século seguinte, essa definição se torna mais precisa: "*Le lois [...] sont*

---

56 Sobre o conceito rigoroso de lei no século XVIII, cf. Lask, *Fichtes Geschichtsphilosophie*; por fim, do lado jurídico, Böckenförde, *Gesetz und gesetzgebende Gewalt*, p.20 et seq.

57 Locke, Two Treaties of Civil Government, p.182. [Trad.: "Quem tiver o poder legislativo ou supremo de qualquer República estará obrigado a governar por leis estáveis, promulgadas e conhecidas do povo, e não por decretos extemporâneos [...]." – N. T.]

58 Ibid., p.191.

les rapports nécessaires qui derivent de la nature des choses".[59] São regras racionais, com certa universalidade e duração. Os governos que se baseiam em éditos e decretos são chamados por Montesquieu de *une mauvaise sorte de législation* [uma espécie ruim de legislação].[60] Com isso, prepara-se a subversão do princípio de dominação absoluta formulado de modo irrevogável na teoria do Estado de Hobbes: *veritas non auctoritas facit legem* [a verdade, não a autoridade, faz a lei]. Na lei, a quintessência das normas gerais, abstratas e permanentes, a cuja mera execução deve se reduzir a dominação, habita uma racionalidade em que o correto converge com o justo.

Historicamente, a pretensão polêmica desse tipo de racionalidade desenvolveu-se contra a prática secreta da autoridade do príncipe com a discussão pública mediante razões empreendida por pessoas privadas. Assim como o segredo serve à manutenção da dominação fundamentada na *voluntas*, a publicidade deve servir à imposição de uma legislação fundamentada na *ratio*. Já Locke vincula a lei que é publicamente conhecida ao *common consent* [consentimento comum]. E Montesquieu a faz remontar pura e simplesmente à *raison humaine* [razão humana]. Mas aos fisiocratas, como ainda veremos mais adiante,[61] está destinada a referência explícita da lei à razão que se expressa na opinião pública. Na esfera pública burguesa, desdobra-se uma consciência política que articula o conceito e a exigência de leis abstratas e gerais contra a dominação absoluta e que,

---

59 Montesquieu, *Oeuvres complètes*, I, 1, p.1. [Trad.: "As leis são as relações necessárias que derivam da natureza das coisas". – N. T.]
60 Ibid., XXIX, 17, p.289.
61 Cf. § 12 [p.239].

por fim, aprende a autoafirmar-se, isto é, a afirmar a opinião pública como a única fonte legítima dessas leis. No decorrer do século XVIII, a opinião pública reivindica a competência legislativa para aquelas normas que somente a ela devem seu conceito polêmico e racionalista.

Os critérios de generalidade e abstração que definem as normas legais deviam ter uma evidência peculiar para as pessoas privadas, que, nos processos comunicativos da esfera pública literária, se asseguram de sua subjetividade originada na esfera íntima. Pois, como público, essas pessoas privadas já estão sob a lei tácita de uma paridade de pessoas cultas, cuja universalidade abstrata fornece a única garantia de que os indivíduos subsumidos à lei de maneira igualmente abstrata como "simples seres humanos" estão justamente por meio dela libertos em sua subjetividade. Os clichês de "liberdade" e "igualdade", imobilizados em fórmulas de propaganda revolucionária burguesa, ainda comprovam aqui seu contexto vital: a discussão pública, mediante razões empreendidas pelo público burguês, realiza-se, em princípio, sob a abstração de todas as posições sociais e políticas pré-formadas, e segundo regras universais que, por permanecerem externas aos indivíduos como tais, asseguram um espaço para o desenvolvimento literário de sua interioridade; por terem validade universal, asseguram um espaço ao mais individual; por serem objetivas, um espaço ao que é mais subjetivo; por serem abstratas, um espaço ao mais concreto. Ao mesmo tempo, reivindicam razoabilidade para aquilo que resulta da discussão pública mediante razões desenvolvida naquelas condições. Segundo essa ideia de razoabilidade, uma opinião pública nascida da força do melhor argumento exige uma racionalidade moralmente exigente, que procura fazer coincidir o justo e o correto. A opinião pública deve corresponder à "natureza das coisas".[62] Por isso, as "leis", que agora também pretendem organizar a esfera social, podem reivindicar para si a racionalidade como um critério material, a par dos critérios formais de generalidade e abstração. É nesse sentido, declaram os fisiocratas, que *opinion publique* reconhece e torna visível a *ordre naturel* [ordem natural], e, com isso, o monarca esclarecido pode fazer dela, na forma de normas gerais, o fundamento de sua ação – desse modo, a dominação deve se harmonizar com a razão.

Demonstrada na categoria nuclear da norma legal, a autocompreensão de uma esfera pública política é mediada pela consciência institucionalizada da esfera pública literária. Em geral, essas duas formas de esfera pública se encaixam uma na outra de um modo peculiar. Em ambas, forma-se um público de pessoas privadas que, com uma autonomia fundada na disposição sobre a propriedade privada, pretendem se representar como tais na esfera da família burguesa, no amor, na liberdade e na formação; em síntese, pretendem se realizar interiormente como humanidade.

Chamamos a esfera do mercado de esfera privada; a esfera da família, enquanto cerne do que é privado, é a esfera íntima. Esta se imagina independente daquela, quando, na verdade, estão profundamente envolvidas pelas necessidades do mercado. A ambivalência da família, de ser agente da sociedade

---

62 Sobre "o sistema natural das ciências do espírito do século XVII", cf. a conhecida investigação de Dilthey, *Gesammelte Schriften*, v.II, p.5. O sentido filosófico social e o contexto sociológico do conceito racionalista de "natureza" é explicado por Borkenau, *Der Übergang vom feudalen zum bürgerlichen Weltbild*.

e ser também, de certo modo, a emancipação antecipada da sociedade, expressa-se na posição dos membros da família. Por um lado, estes são mantidos juntos em virtude da dominação patriarcalista; por outro, estão vinculados uns aos outros pela intimidade humana. Como homem privado, o burguês é ambas as coisas em uma só: proprietário de bens e de pessoas, assim como ser humano entre seres humanos, *bourgeois* e *homme*. Essa ambivalência da esfera privada é demonstrada também na esfera pública, seja quando, na discussão literária mediante razões, as pessoas privadas se entendem como seres humanos em relação às experiências de sua subjetividade; seja quando, na discussão política, elas se entendem como proprietários em relação à regulamentação de sua esfera privada. O círculo de pessoas em ambas as formas de público não coincide completamente: mulheres e dependentes estão excluídos de fato e de direito da esfera pública política; já o público leitor feminino, bem como os aprendizes e os criados, têm em geral uma participação maior na esfera pública literária do que os próprios proprietários e pais de família. Não obstante, nos estamentos cultos, uma forma de esfera pública ainda é considerada idêntica à outra. Na autocompreensão da opinião pública, a esfera pública aparece como una e indivisível. Tão logo as pessoas privadas deixam de se entender entre si apenas como seres humanos em relação à sua subjetividade e começam a se entender como proprietários que pretendem determinar o poder público em nome de seus interesses comuns, a humanidade da esfera pública literária serve para mediar a efetividade da esfera pública política. *A esfera pública burguesa desenvolvida fundamenta-se na identidade fictícia das pessoas privadas reunidas em um público em seu duplo papel de proprietários e de meros seres humanos.*

A identificação do público de "proprietários" com o de "seres humanos" pôde se consumar completamente quando o *status* social das pessoas privadas burguesas vincula, de todo modo e por via de regra, as características da propriedade e da formação. Mas a ficção de *uma* esfera pública é facilitada, sobretudo, por ela assumir funções efetivas no contexto de emancipação política da sociedade civil em relação à regulamentação mercantilista, em particular dos regimes absolutistas: por ter retomado o princípio da publicidade contra as autoridades estabelecidas, a função objetiva da esfera pública política pôde, desde o começo, convergir com a autocompreensão adquirida a partir das categorias da esfera pública literária; os interesses dos proprietários privados puderam convergir com as liberdades individuais em geral. A fórmula básica de Locke da *preservation of property* [preservação da propriedade] subsume, de um só fôlego e despreocupadamente, com o título de "propriedade", *live, liberty and estate* [vida, liberdade e posses]; tão facilmente se podia, na época, identificar a emancipação política com a emancipação "humana" – segundo uma distinção do jovem Marx.

III
As funções políticas da esfera pública

§ 8. O caso modelo do desenvolvimento inglês

Uma esfera pública que funciona politicamente surge primeiro na Inglaterra, na virada do século XVIII. As forças que pretendem influenciar as decisões do poder estatal apelam para o público que discute mediante razões para legitimar suas demandas perante esse novo fórum. Vinculada a essa práxis, a assembleia dos estamentos se transforma em um parlamento moderno, em um processo que se estende por todo o século. Resta explicar por que na Inglaterra, muito antes de outros países, houve conflitos resolvidos com a participação do público. Na Europa Continental também existe uma esfera pública literária como instância de apelação. No entanto, ela só se tornou politicamente virulenta quando, sob a tutela do mercantilismo, a imposição do modo de produção capitalista progrediu tanto quanto na Inglaterra após a Revolução Gloriosa. Na segunda metade do século XVII, surge na Inglaterra um grande número de novas companhias que promoveram e ampliaram sobretudo a manufatura têxtil e a indústria metalúrgica, bem como a fabricação de papel. A tradicional oposição entre *landed* e *moneyed interest* [interesse fundiário e interesse financeiro] – que na Inglaterra (onde os filhos mais jovens da aristocracia fundiária logo se tornaram comerciantes bem-sucedidos e a grande burguesia comprava frequentemente propriedades rurais[1]) não levou simplesmente a uma oposição aguda entre as classes – foi sobreposta por uma nova oposição de interesses: o conflito entre os interesses restritos dos capitais comercial e financeiro, por um lado, e os interesses em expansão dos capitais manufatureiro e industrial, por outro.[2] No começo do século XVIII, toma-se consciência desse conflito e só então *commerce* e *trade* não são mais sinônimos imediatos de *manufacture* e *industry*. Certamente, com essa oposição, repete-se o antagonismo, típico das fases iniciais do desenvolvimento capitalista, entre os interesses de uma geração mais antiga, que já havia se estabelecido no mercado, e os de uma geração mais nova, que ainda precisa abrir o mercado para os novos ramos do comércio e da indústria. Se essa constelação tivesse se limitado ao círculo estreito dos *merchant-princes*, como ocorreu no tempo dos Tudors, dificilmente ambas as partes teriam de apelar para a nova instância do público. Mas na Inglaterra pós-revolucionária, a oposição que se expande a partir da esfera do capital abrange camadas mais amplas à medida que o modo de produção capitalista se impõe. E uma vez que, nesse meio-tempo, surgia dessas mesmas camadas sociais um público que discutia mediante razões, era natural que o partido mais fraco estivesse

---

1 A maioria das cadeiras no Parlamento "dependia" da propriedade da terra. Cf. Kluxen, *Das Problem der politische Opposition*, p.71.

2 Dobb, *Studies in the Development of Capitalism*, p.193.

disposto, em certo momento, a levar a controvérsia política para a esfera pública. Por volta da virada do século, a discórdia partidária penetra também na população que não tinha direito ao voto.

Três acontecimentos dos anos 1694 e 1695 estão na origem desse desenvolvimento. Ao contrário das bolsas de Lyon e Amsterdã, a fundação do Banco da Inglaterra define um novo estágio do capitalismo; ele vislumbra a consolidação do sistema, que até então era integrado apenas pelo comércio, com base no modo de produção revolucionado capitalisticamente.[3] A superação do instituto da censura prévia caracteriza um novo estágio no desenvolvimento da esfera pública, que possibilita a penetração da discussão mediante razões na imprensa e permite que esta se desenvolva, tornando-se um instrumento pelo qual as decisões políticas podem ser examinadas diante do novo fórum do público. O primeiro Gabinete de Governo[4]

---

3 A forma específica do capitalismo moderno somente se impõe, como se sabe, na medida em que os capitais financeiro e comercial conseguem primeiro pôr sob sua dependência os antigos modos de produção na cidade (a produção de mercadorias em pequena escala) e no campo (exploração feudal da agricultura) e, com isso, trasladá-los para uma produção baseada no trabalho assalariado. As formas capitalistas de circulação de mercadorias (o capitalismo financeiro e comercial) parecem apenas poder *progredir* de modo duradouro onde também a mercadoria força de trabalho pode ser trocada e, por conseguinte, ser produzida de modo capitalista.

4 Pela primeira vez, o rei nomeia um gabinete *whig* unificado (1695-1698). O período entre a ascensão ao trono de Guilherme III e a dinastia dos Hannover é de transição: a Coroa nomeia seu ministério em parte por seu livre critério e em parte por aclamação na Casa dos Comuns. Cf. Hasbach, *Die parlamentarische Kabinettsregierung*, p.45 et seq.

caracteriza finalmente um novo estágio no desenvolvimento do Parlamento. É um primeiro passo no longo caminho que leva à parlamentarização do poder estatal e, por fim, faz que a própria esfera pública com função política se estabeleça como órgão estatal.

Já nos anos 1670, o governo se viu obrigado a fazer proclamações contra o perigo das conversações nos cafés. Os cafés são considerados incubadoras de agitação política:

> *Men have assumed to themselves a liberty, not onely in coffehouses, but in other places and meetings, both public and private, to censure and defame the proceedings of State, by speaking evil of things they understand not, and endeavouring to create and nourish an universal jealouise and dissatisfaction in the minds of all His Majesties good subjects.*[5]

Em 1695, o Licensing Act derruba a censura prévia. A rainha exorta várias vezes os deputados a restabelecer a censura, mas em vão. A imprensa continua submetida à rigorosa Law of Libel[6] e às limitações de inúmeros privilégios da Coroa e do

---

5 Apud Emden, *The People and the Constitution*, p.33. Proclamações semelhantes foram feitas em 1674 e 1695. De resto, estabelece-se o vínculo entre os cafés e os primórdios da "opinião pública" (Speier, The Historical Development of Public Opinion, p.323 et seq.). [Trad.: "Os homens haviam concedido a si mesmos, e não apenas nos cafés, mas também em outros lugares e reuniões, a liberdade de censurar e difamar os procedimentos do Estado, falando mal de coisas que não entendem e pretendendo criar e alimentar uma inveja e uma insatisfação universais na mente de todos os bons súditos de Sua Majestade." – N. T.]

6 Que somente foi abolida pelo liberal Fox's Libel Act, em 1792.

Parlamento. O imposto sobre o selo,[7] promulgado em 1712, também teve como consequência um retrocesso temporário: a tiragem da imprensa cai, o alcance dos periódicos diminui, alguns desaparecem completamente. Contudo, se comparada com a imprensa dos demais Estados europeus, a imprensa inglesa desfruta de liberdades únicas.

Harley é o primeiro estadista que sabe aproveitar a nova situação. Ele engaja literatos do estilo de Defoe, que já foi considerado o primeiro jornalista profissional e defendeu a causa dos *whigs* não apenas em panfletos (como era o caso até então), mas nos novos jornais. Na verdade, ele transforma o "espírito do partido" em *public spirit*. A *Review* de Defoe, o *Observator* de Tutchin e o *Examiner* de Swift são discutidos nos clubes e nos cafés, nas casas e nas ruas. Até mesmo Walpole e Bolingbroke se voltam para a esfera pública. Em homens como Pope, Gay, Arbuthnot e Swift, estabelece-se um vínculo próprio entre literatura e política, comparável àquele entre literatura e jornalismo em Addison e Steele.

No entanto, nesses primeiros decênios, a imprensa dominante nunca esteve nas mãos da oposição. Em 1704, a *London Gazette*, durante muito tempo o único jornal oficial, ainda no velho estilo do "jornal político" parcimoniosamente limitado às notícias, é complementada pela *Review*, publicada três vezes por semana. Em 1711, o *Examiner* assumiu seu lugar. No fim do reinado da rainha Anne, com o *Britisch Merchant*, os *whigs* se contrapõem ao *Mercator*, fundado em 1713. Sob o reinado de Jorge I, começa a dominação dos *whigs* – que se estenderá por décadas.

---

7 A *taxe on knowledge*, como era chamada, existiu até 1855. Cf. Hanson, *Government and the Press (1695-1763)*, p.11 et seq.

Mas não são eles que, ao comprar em 1722 o *London Journal*, o mais importante e com maior abrangência na época,[8] fazem jornalismo político em grande estilo, mas sim os *tories*, que agora, com Bolingbroke, constituem a oposição política.

O que a oposição conseguiu realizar de novo foi a produção de uma opinião popular. Bolingbroke e seus amigos entenderam que se tratava de formar uma opinião pública orientada para um ponto e dotada de impulsos volitivos de mesmo sentido, capaz de mover a política. Demagogia e gritaria de *slogans*, agitações e correrias ainda não eram novidade [...]. Também não havia assembleias públicas regulares [...]. A opinião pública era muito mais orientada por outro fator: a fundação de um jornalismo independente, que se entendia como opositor do governo e transformou em algo normal o comentário crítico e a oposição pública ao governo.[9]

No verão de 1726, como que em um prelúdio literário da "longa oposição", aparecem três sátiras de época inspiradas em Bolingbroke: *Gulliver*, de Swift, *Dunciad*, de Pope e *Fables*, de Gay. Em novembro do mesmo ano, Bolingbroke publica o primeiro número do *Craftsman*, a plataforma publicística da oposição até a emigração do editor para a França (1735). Com esse periódico, seguido mais tarde pelo *Gentleman's Magazine*,

---

[8] Com o pseudônimo de Cato, dois *whigs* escrevem editoriais nos quais, em particular sobre o assim chamado escândalo do Panamá, emitem "*the loudest cries for justice*" ["os mais veementes apelos à justiça"]. Em 1721, o jornal chamou a atenção ao publicar e comentar as discussões da Comissão de Inquérito instalada pelo Parlamento. Em sentido estrito, esse foi o primeiro ato de publicismo político.

[9] Kluxen, *Das Problem der politische Opposition*, p.187.

a imprensa se estabelece pela primeira vez como o verdadeiro órgão crítico de um público que discute a política por meio de razões: *the fourth Estate* [o Quarto Estado].

Alçados ao *status* de instituições, o comentário e a crítica permanentes das medidas da Coroa e das decisões do Parlamento transformam o poder político, citado agora perante o fórum da esfera pública. O poder torna-se "público" em um duplo sentido. Dali em diante, o grau de desenvolvimento da esfera pública mede-se pelo nível de controvérsia entre o Estado e a imprensa, tal como ela se estende por todo o século.[10] As cartas de Junius, que aparecem no *Public Advertise*, de 21 de novembro de 1768 até maio de 1772, precursoras a seu modo dos artigos editoriais políticos, marcam nitidamente esse nível. Esses artigos satíricos já foram chamados de "pioneiros da imprensa moderna",[11] porque neles as maquinações políticas são imputadas publicamente ao rei, aos ministros, ao alto escalão militar e aos juristas, e são revelados vínculos de significado político que eram mantidos em segredo, em uma forma que, desde então, é modelar para toda imprensa crítica.

O Parlamento dispõe de um instrumento eficaz contra tal crítica, um privilégio oriundo dos tempos da disputa com a Coroa que lhe permite manter em segredo as negociações parlamentares. Sem dúvida, em 1681, foi autorizada a publicação dos *votes*, aquelas informações escassas sobre certos resultados das negociações parlamentares,[12] mas o Parlamento

---

10 Cf. Schlenke, *England und das Friderizianische Preußen, 1740-1763*.
11 Bauer, *Die öffentliche Meinung in der Weltgeschichte*, p.227 et seq.
12 Essas notícias do Parlamento representavam, desde 1641, os primeiros jornais diários.

insiste ferrenhamente na proibição de torná-los acessíveis à esfera pública. A partir da ascensão da rainha Ana, *The Political State of Great Britain* resolve publicar, com extrema cautela, uma espécie de relatório informativo sobre o Parlamento, tarefa que também será assumida pelo *Historical Register*, em 1716. Evidentemente, ambos os jornais privilegiam o governo, de modo que a oposição deve se dar por satisfeita com notícias oportunas sobre os discursos mais importantes de seus representantes nos folhetins semanais ou com coletâneas de discursos na forma de brochura. A partir do começo dos anos 1730, naquele novo clima de crítica política provocado pelo *Craftsman*, o *Gentleman's Magazine* e, logo em seguida, seu adversário *London Magazine* noticiam os debates parlamentares. O Parlamento se viu novamente obrigado a renovar a proibição de publicação, de modo que, em 1738, reforça as antigas decisões e até a publicação dos debates parlamentares, mesmo nos períodos de recesso parlamentar, passa a ser considerada uma *breach of privilege* [quebra de privilégio].[13] Só Wilkes conseguiu, em 1771, como conselheiro de Londres, anular o privilégio do Parlamento, não juridicamente, mas faticamente: não foi executada a pena a que havia sido condenado o redator do *Evening Post* em virtude do *breach of privilege*. Não se podia manter por muito tempo a exclusão da esfera pública das negociações parlamentares[14] em uma época em que um *Memory* de Woodfall transformou o *Morning Chronicle* em um diário londrino de vanguarda por ter sido capaz de reproduzir literalmente dezesseis colunas de discursos parlamentares,

---

13 Hanson, *Government and the Press* (1695-1763), p.81.
14 Exclusão que poderia se basear na prática operacional tradicional de "exclusão dos estrangeiros".

sem comunicar a Casa dos Comuns, o que era proibido. Só em 1803, o *Speaker* [presidente] reservou oficialmente um lugar aos jornalistas na Casa; por quase um século, eles a acessavam de maneira ilegal. Mas só no novo prédio do Parlamento, após o incêndio de 1834, é que foram construídas tribunas para os jornalistas – dois anos depois de a primeira Reformbill ter transformado o Parlamento, há muito tempo criticado pela opinião pública, em um órgão dessa mesma opinião pública.

Essa mudança se prolonga por quase meio século. Em virtude dessa continuidade, é particularmente apropriada ao estudo da familiaridade que um público que discute mediante razões acaba por adquirir em relação às funções de controle político. A Inglaterra foi o único Estado em que, em fins do século XVII, simultaneamente ao término da guerra civil religiosa, foi imposta uma constituição que, se de fato não antecipou completamente as revoluções burguesas dos séculos XVIII e XIX que ocorreram no continente europeu, tornou-as supérfluas em seu próprio território com a realização de elementos próprios do Estado de direito (Habeas Corpus Act, Declaration of Rights). Em um estágio do capitalismo em que o capital industrial está começando a se desenvolver, encontrando-se ainda sob o domínio do capital comercial – que, de todo modo, está mais interessado na manutenção do antigo modo de produção –, originam-se também os primeiros representantes do *moneyed interest* entre as camadas conservadoras da alta burguesia, em um entrelaçamento multifacetado com a nobreza. Os membros das duas classes encontram-se no Parlamento apoiando-se no solo de uma certa homogeneidade social de cunho aristocrático.[15]

---

15 Löwenstein, Zur Soziologie der parlamentarischen Repräsentation in England, p.94.

Nesse sentido, em 1688, as classes econômica e socialmente dominantes haviam chegado também ao poder político. Contudo, a Casa dos Comuns perdeu seu caráter de assembleia de estamentos, e não apenas porque era composta cada vez mais de nomeados das classes dominantes, em vez de delegados das corporações. Mais importante é que, desde o início, as camadas burguesas dos estamentos médios protestantes, comerciais e industriais – cujos interesses capitalistas foram os que essencialmente apoiaram a revolução, sem representação diretamente no Parlamento – formaram uma espécie de corte pré-parlamentar em permanente ampliação. Aqui, como público crítico, rapidamente dotado de órgãos publicísticos, as camadas burguesas acompanham as discussões e decisões do Parlamento. Não importa se, como em Londres e Westminster,[16] a maior parte de seus membros ainda seja de eleitores ou se, como em outros lugares, pertença à massa dos não eleitores. A mudança na função do Parlamento não pode ser reduzida exclusivamente ao fato de que o rei soberano, vinculado ao Bill of Rights, tenha sido rebaixado a *King in Parlament* [rei no Parlamento]. A diferença qualitativa em relação ao sistema vigente até então é produzida antes de tudo por aquela nova relação do Parlamento com a esfera pública, que por fim leva à plena publicidade das negociações parlamentares.

Agora, mesmo o rei, que não pode fechar o Parlamento, precisa assegurar um apoio seguro no interior do Parlamento. O *surgimento* da oposição *whig-tory* sob o signo da *Resistance* aqui, e, lá, do *Divine Right* [direito divino], a cisão do Parlamento

---

16 Ali, cada homem chefe de família e pagador de impostos tinha direito ao voto.

em "partidos" com a controvérsia a respeito da Exclusion Bill – que substitui a antiga oposição entre *Parlament* e *country*, por um lado, e entre *Krone* e *councellors* [coroa e conselheiros], por outro – podem ser vinculados estruturalmente à situação objetiva dos interesses de diferentes grupos sociais. Todavia, o *desenvolvimento* parlamentar dessas "facções" só pode ser entendido a partir do novo campo de tensão do Parlamento, que no século seguinte se desenvolve entre a discussão pública mediante razões empreendida por um público crítico e a influência corruptora de um rei que depende de um regimento indireto. A minoria submetida no Parlamento pode sempre se desviar para a esfera pública e apelar para o julgamento do público. A maioria, mantida graças à corrupção,[17] vê-se obrigada a legitimar a *authority* de que dispõe por meio da *reason*, que lhe é contestada pela oposição. Essa relação se desenvolve segundo aquele deslocamento peculiar de posições que manteve o partido de resistência dos *whigs* no governo durante uma geração e, inversamente, obrigou os legitimistas jacobitas, na base da ordem revolucionária, à prática da oposição. De 1727 até 1742, com a eficácia do *Craftsman*, surge uma oposição sistemática que, armada de uma espécie de Gabinete paralelo, faz a mediação entre as controvérsias políticas do Parlamento e o grande público por meio da literatura e da imprensa. Os *tories* assumem na teoria os princípios dos *old whigs*, e os *modern whigs* do governo assumem na prática os princípios dos *tories*. Até então, a oposição política no plano nacional era possível como uma tentativa de impor à força certos interesses, na for-

---

17 Detalhes em Löwenstein, Zur Soziologie der parlamentarischen Repräsentation in England, p.95 et seq.

ma de levantes e guerra civil. Agora, mediada por um público que discute recorrendo a razões, a oposição assume a forma de uma controvérsia permanente entre o partido do governo e o partido da oposição. Para além da agenda do dia, a discussão estende-se sobretudo aos *topics of government*, à separação dos poderes, às liberdades inglesas, ao patriotismo e à corrupção, ao partido e à facção, à questão da legalidade da nova relação da oposição com o governo – e até às questões mais elementares de Antropologia política. Da discussão publicística mediante razões desses trinta anos surgiu também a teoria da oposição, desenvolvida pelo próprio Bolingbroke no contexto de sua antropologia pessimista.[18] Bolingbroke apresenta agora a relação entre *private* e *public interest* como a relação entre *court* [corte] e *country* [país], *in power* [no poder] e *out of power* [fora do poder], *pleasure* [prazer] e *happiness* [felicidade], *passion* [paixão] e *reason* [razão]: a oposição, como a *country-party*, parece sempre ter razão em relação ao *court-party*, corrompido pela *influence*.

Desde o início do século XVIII, é normal diferenciar, nos resultados eleitorais oficiais, aquilo que outrora era chamado de *sense of the people* [o senso do povo]. Os resultados médios das eleições nos condados eram considerados a medida aproximada desse senso do povo. Desde então, *the sense of the people, the common voice, the general cry of the people* [o juízo do povo, a voz comum, o clamor geral do povo] e, por fim, *the public spirit* [o espírito do povo] definem uma grandeza à qual a oposição pode recorrer. Com sua ajuda, a oposição obrigou Walpole e sua maioria parlamentar a ceder.[19]

---

18 Kluxen, *Das Problem der politische Opposition*, p.103 et seq.
19 Em 1733-1734, na questão da *Septennial Bill* e, em 1739, na questão da guerra com a Espanha.

Mudança estrutural da esfera pública

É claro que tais acontecimentos ainda não devem ser entendidos como o sinal de um tipo de dominação da opinião pública. As relações de poder reais podem ser medidas de maneira mais confiável pela ineficácia das petições de massa, organizadas com mais frequência desde 1680. Sem dúvida, as respectivas petições, tanto de 1701 quanto de 1710, foram efetivamente seguidas de uma dissolução do Parlamento, mas eram no fundo apenas aclamações, das quais o rei tirou proveito. Isso ficou comprovado entre 1768 e 1771, quando, no contexto da agitação promovida por Wilkes, as petições de inúmeros condados, cidades e pequenas comunidades não levaram à almejada dissolução do Parlamento: o rei não tinha nenhum interesse em se submeter aos perigos de uma nova eleição, tendo em vista que dispunha de uma cômoda maioria parlamentar. Mesmo a dissolução do Parlamento em 1784 – quando o rei, em um célebre discurso diante dos Comuns, chegou à conclusão de que se sentia obrigado *to recur to the sense of the people* [a recorrer ao juízo do povo] – não ocorreu primeiramente por em razão da pressão dessa "opinião do povo".[20]

Nesse ano, ao lado dos grandes jornais diários, como o *Times* (1785), surgem ao mesmo tempo outras instituições do público que discute a política mediante razões. Desde a época de Wilkes, as *public meetings* [reuniões públicas] crescem em abrangência e frequência. Surge também um grande número de associações políticas. As 26 *county-associations* [associações de condado], fundadas em 1779 conforme o modelo da Yorkshire Association, dedicam-se a petições que questionam o financia-

---

20 Cf. a avaliação equilibrada de Emden, *The People and the Constitution*, p.194-6.

mento da guerra, a reforma do Parlamento, e assim por diante. É verdade que, no fim do século XVII, os parlamentares já se associavam na forma de clubes mais flexíveis. Mas, ainda em 1741, por exemplo, o *Gentleman's Magazine* teve dificuldades para classificar os deputados eleitos de acordo com sua orientação política. Na verdade, não é possível reconhecer nem uma clara filiação partidária. Somente por volta do fim do século XVIII é que os partidos adquirem fora do Parlamento, *outdoors*, uma base de organização que vai além daquelas *petitions, public meetings* e *political associations*. Com a fundação dos comitês locais, os partidos adquirem sua primeira forma de organização sólida.

Em 1792, três anos depois da eclosão da Revolução Francesa, o público que discute a política mediante razões é indiretamente sancionado na função de crítica pública graças a um discurso de Fox na Casa dos Comuns. Pela primeira vez, fala-se no Parlamento de uma *public opinion* em sentido estrito.

> *It is certainly right and prudent to consult the public opinion [...]. If the public opinion did not happen to square with mine; if, after pointing out to them the danger, they did not see it in the same light with me, or if they conceived that another remedy was preferable to mine, I should consider it as my due to my king, due my Country, due to my honour to retire, that they might pursue the plan which they thought better, by a fit instrument, that is by a man who thought with them [...] but one thing is most clear, that I ought to give the public means of forming an opinion.*[21]

---

21 29 Parliamentary History 974. [Trad.: "É certamente correto e prudente consultar a opinião pública (...). Se acontecer de a opinião pública não concordar com a minha, se, depois de eu lhes mostrar o

Tão notável quanto a própria afirmação é o motivo: Fox volta-se contra Pitt, que, em 1791, diante da pressão da opinião pública, suspendeu os preparativos para a guerra contra a Rússia. Até o limiar do século XIX, a discussão política mediante razões empreendida pelo público se organizou de tal maneira que ele, no papel de comentador crítico permanente, acabou rompendo definitivamente a exclusividade do Parlamento e se desenvolveu em um parceiro de discussão oficialmente convocado dos deputados. Fox fala com o rosto voltado para o público: *they* [eles], os sujeitos da *public opinion*, não são mais vistos como aqueles que podem ser excluídos como *strangers* [estrangeiros] das negociações parlamentares. O absolutismo parlamentar precisa abdicar, passo a passo, de sua soberania. Também não se trata mais de falar do *sense of people* ou da *vulgar* ou *common opinion*. Agora, trata-se de *public opinion*, que se forma na discussão pública, uma vez que o público, em virtude da educação e da comunicação, está em condições de formar uma opinião fundamentada. Por isso, a máxima de Fox: *to give the public means of forming an opinion* [dar ao público meios de formar uma opinião].

Mesmo assim, a discussão sobre a ampliação dos direitos de voto se prolonga ainda por quatro décadas. Finalmente, dois anos após a Revolução de Julho, a Reformbill é aprovada, reven-

---

perigo, eles não o virem à mesma luz que eu, ou se considerarem que outro remédio seria preferível ao meu, eu deveria considerar minha obrigação para com meu rei, meu país e minha honra afastar-me, de modo que possam perseguir o plano que julgarem o melhor, por meio de um instrumento adequado, isto é, por meio de um homem que pense como eles (...) mas uma coisa é muito clara: devo dar ao público meios de formar uma opinião." – N. T.]

do a obsoleta divisão de distritos eleitorais e concedendo à alta classe média, na qual é recrutada a grande maioria do público que discute mediante razões, um direito de participação: na época, dos 24 milhões de habitantes, apenas cerca de 1 milhão podia votar. Em 1834, as condições para a transição rumo a um *government by public opinion* [governo da opinião pública] se completam com o chamado *Tamworth Manifestum* de Peel. Pela primeira vez, um partido publica seu programa eleitoral. A opinião pública se forma pela disputa de argumentos em torno de uma questão, e não acriticamente, por meio do *common sense*, de modo ingênuo ou manipulado plebiscitariamente, no consentimento ou no voto em pessoas. Para isso, ela precisa ter como objeto antes a definição dos estados de coisas do que as pessoas proeminentes. Os conservadores publicam seu programa; ao mesmo tempo, os *whigs* advertem em um manifesto eleitoral: *"Remember that you are now fighting for things, not men – for the real consequences of your reform"* ["Lembrem-se de que vocês lutam agora por coisas, não por homens – pelas consequências reais de sua reforma"].[22]

§ 9. As variações continentais

Somente em meados do século XVIII surge também na França um público que discute a política mediante razões. Contudo, antes da revolução, esse público não conseguiu institucionalizar seus impulsos críticos, como na Inglaterra à mesma época. Nenhuma linha podia ser impressa sem a aprovação do órgão de censura; o jornalismo político não pode se

---

22 Emden, *The People and the Constitution*, p.205.

desenvolver, e a imprensa periódica como um todo continua raquítica. Embora fosse de longe o jornal mais difundido, o diário oficial *Mercure de France*, publicado semanalmente, ainda não tinha, em 1763, mais do que 1.600 assinantes, dos quais cerca de 500 moravam em Paris e 900 na província; o restante era enviado para o estrangeiro. Os jornais introduzidos ilegalmente, sobretudo os holandeses, eram lidos clandestinamente.[23]

Falta não apenas um jornalismo político constituído, mas também uma assembleia de estamentos que, sob sua influência, pudesse se transformar aos poucos em uma representação popular: os Estados Gerais não eram mais convocados desde 1614. Os parlamentos e as cortes supremas da justiça, que representavam de fato a única força política completamente independente do rei, não incorporavam de forma alguma a elite da burguesia, mas aqueles poderes intermediários aburguesados, na medida em que podiam se afirmar contra o centralismo do regime absolutista. Por fim, falta também a base social para tais instituições. Certamente não a burguesia comercial e industrial em geral. Especuladores e banqueiros, manufatureiros comerciais, grandes negociantes e arrendatários já formam, sob a Regência, a mais alta burguesia, em cujas mãos se acumula a riqueza da nação. Mas eles não podem atuar politicamente

---

23 Já em 1679, 1683 e 1686, Luís XIV teve de proibir os jornais estrangeiros. Nessa época, as *Gazettes de Hollande*, as mais livres da Europa, ganharam a fama que conservaram ao longo de todo o século XVIII. Por meio desses canais de publicismo, os huguenotes, expulsos depois da revogação do Édito de Nantes, também têm influência sobre sua pátria. Cf. Everth, *Die Öffentlichkeit in der Außenpolitik*, p.299.

nos destinos da nação. Eles não se associam com a nobreza e a mais alta burocracia (*noblesse de robe*),[24] como na Inglaterra, para formar uma camada superior homogênea que, apoiada em um prestígio seguro, poderia representar politicamente os interesses das classes formadoras de capital contra o rei.

As diferenças estamentais são rigorosas. É bem verdade que os comerciantes ricos, normalmente a terceira geração, adquiriam um título de nobreza, na maior parte os que se vinculam às prebendas dos altos postos oficiais. Mas, com isso, separam-se da esfera da produção e da circulação. Por volta de meados do século, o abade Coyer traz esse problema à tona com *La noblesse commerçante*, o que desencadeia uma enxurrada de panfletos. No entanto, a nobreza, que se exclui das atividades comerciais e industriais, bem como dos negócios bancários, por não serem adequados a seu estamento, entra em uma relação de dependência econômica com a Coroa: do ponto de vista burguês sobre o trabalho produtivo, a nobreza é um estamento parasitário, cuja irrelevância política é paga com privilégios tributários e patentes reais. O rei monopoliza amplamente o poder público. O negativo da igualdade burguesa está posto: todos, com exceção do rei único (e seus oficiais), são igualmente súditos, igualmente meros subordinados à autoridade – são pessoas privadas. Sejam burgueses ou não, sua esfera é a *société civile* – uma estrutura que não é fácil de ser analisada a partir de uma teoria das classes, no século XVIII. Com frequência, a burguesia parece ainda presa ao Estado estamental, como mostra o papel feudal dos parlamentos burgueses e a adaptação da alta

---

[24] Cf. a análise sociológica da *noblesse de robe* em Borkenau, *Der Übergang vom feudalen zum bürgerlichen Weltbild*, p.172 et seq.

burguesia à nobreza. E, com frequência, muito antes da própria burguesia, a nobreza se abre em seus salões aos modos de pensar esclarecidos dos intelectuais burgueses. Não obstante, a burguesia, a nobreza e a Coroa se distanciam de tal modo em seu *status* e função que os "setores" – o político, o econômico e, entre eles, aquele que a "sociedade" assume – podem ser facilmente separados em um modelo.[25]

Na primeira metade do século, apesar de Montesquieu, a crítica dos "filósofos" se ocupa de preferência da religião, da Literatura e da Arte. A intenção moral dos filósofos só se desenvolve em uma intenção política no estágio de sua publicação enciclopédica. A *Encyclopédie* foi pensada como um empreendimento de publicação de grande estilo.[26] Mais tarde, Robespierre pôde festejá-la como "um capítulo introdutório da revolução". No último terço do século, aparecem os clubes, no estilo da primeira sociedade de senhores, o Club de l'Entresol, inspirado nas ideias inglesas;[27] a eles seguiu-se o Bureaux d'Esprit, dirigi-

---

25 Barber, *The Bourgeoise in 18th Century France*.
26 Em 1750, aparece primeiro o *Prospectus*, de Diderot, um anúncio que encontra eco em quase toda a Europa; um ano mais tarde, D'Alembert lança o *Discours préliminaire de l'Encyclopédie*, um brilhante esboço da obra completa. O escrito é explicitamente dirigido ao *public éclairé*. Fala em nome de uma *société de gens des lettres* [sociedade de homens das letras]. E em 1758, em uma carta a Voltaire, Diderot recorda as obrigações para com a esfera pública: nesse meio-tempo, havia quatro mil assinantes, duas e até três vezes mais assinantes com que podia contar o jornal mais lido na época.
27 Sob o estímulo de Bolingbroke, o emigrante, havia se formado, com o abade Alary, que morava em um mezanino (por isso o nome Club de l'Entresol), uma sociedade privada, uma academia informal de pessoas cultas, religiosos e funcionários públicos, que trocavam informações, desenvolviam planos e investigavam tanto a constitui-

do por mulheres. Os iniciadores da crítica pública, os filósofos, passam de beletristas a economistas. Estes são chamados de fisiocratas e se reúnem primeiro com Quesnay e, mais tarde, com Mirabeau e Turgot. O clube se mantém por mais de uma década. Defendem sua doutrina na *Gazette du Commerce* e no *Journal de l'Agriculture, du Commerce et des Finances*. Até que, por fim, em 1774, Turgot e Malesherbes, dois de seus representantes mais significativos – e, ao mesmo tempo, os primeiros expoentes da opinião pública – são chamados ao governo.

Mas, como é sabido, só Necker consegue abrir uma brecha no sistema absolutista para a esfera pública politicamente ativa: leva ao conhecimento público o balanço do orçamento estatal. Três meses depois, o rei depõe o ministro.[28] Mesmo assim, a discussão política mediante razões empreendida pelo público confirmou-se como instância de controle do governo,

---

ção do Estado quanto as necessidades da sociedade. Walpole também circulava por ali, ao lado do marquês D'Argenson e do velho abade de Saint Pierre. Cf. Koselleck, *Kritik und Krise*, p.53 et seq.

28 Na véspera da revolução, Necker percebe o grau de maturidade da esfera pública burguesa: "O espírito da vida social, a predileção pela consideração e pelo louvor, instalaram na França um tribunal perante o qual todos os homens, que chamam a atenção para si, são obrigados a comparecer: é a opinião pública [*opinion publique*]". E, mais adiante, afirma: "A maioria dos estrangeiros tem dificuldade em formular uma ideia correta da autoridade que a opinião pública exerce na França. É-lhes difícil compreender que haja um poder invisível que, sem tesouro, sem corpo de guardas, sem exército, dita leis que são seguidas até mesmo no castelo do rei. E, contudo, não existe nada que seja mais verdadeiro". Desde então, fala-se da "opinião pública do sr. Necker", mencionada até em relatórios endereçados ao rei. (Apud Bauer, *Die öffentliche Meinung in der Weltgeschichte*, p.234, e Böhm, *Rokoko, Frankreich im 18. Jahrhundert*, p.318.)

especialmente no ponto nevrálgico dos interesses burgueses: a dimensão do endividamento do Estado simboliza a desproporção entre o poder econômico e a impotência política, de um lado, e a dependência financeira e o governo absolutista, de outro. A esfera de um público que, por fim, também discute a política mediante razões – incubada no colo de uma nobreza sem função econômica nem política, mas socialmente representativa, mantida com a ajuda de uma intelectualidade ascendente – transforma-se agora definitivamente na esfera em que a sociedade burguesa representa e reflete os seus interesses. Desde o *compte rendu* [prestação de contas] de Necker, essa esfera pública só pode ser reprimida em sua função política, mas não pode mais ser propriamente tornada ineficaz. Por meio dos *Cahiers de Doléance*, admite-se oficialmente, nos assuntos públicos, o acesso do público que discute mediante razões. Como se sabe, isso leva à convocação dos Estados Gerais. A tradição das assembleias estamentais, contínua na Inglaterra, é retomada em um estágio de desenvolvimento social em que ela só pode assumir a função de um parlamento moderno.

Na França, a revolução produziu da noite para o dia – embora, evidentemente, de modo menos estável – aquilo que na Inglaterra precisou de um desenvolvimento permanente ao longo de um século: as instituições que até então faltavam a um público que discute a política mediante razões. Surgem os partidos de clube, nos quais são recrutadas as facções do Parlamento; forma-se uma imprensa diária política.[29] E os Estados Gerais já impõem a publicidade [*Öffentlichkeit*] de

---

29 Sobre isso, cf. os detalhes em Bauer, *Die öffentliche Meinung in der Weltgeschichte*, cap. XIII, p.239 et seq.

suas negociações. Desde agosto, circula diariamente o *Journal des Débats et des Décrets*, dedicado ao noticiário parlamentar. Ao menos tão importante quanto a institucionalização factual da esfera pública política é sua normatização jurídica: o processo revolucionário é logo interpretado e definido em termos jurídicos constitucionais. Talvez seja por isso que na Europa Continental chega a existir uma consciência tão precisa das funções políticas, factuais ou apenas possíveis da esfera pública burguesa. Surge aqui uma autoconsciência mais claramente delineada do ponto de vista terminológico do que na Inglaterra da mesma época. A partir das codificações da Constituição da Revolução Francesa, as funções políticas da esfera pública logo passam a ser palavras de ordem que se difundem por toda a Europa. Não é por acaso que o termo alemão *Öffentlichkeit* é imitado do termo francês. Em sua versão original, como *Publizität*, circulou nos versos sarcásticos que percorreram as terras alemãs nos dias da Revolução:

> *Das große Losungswort, das ein jeder kräht,*
> *Vor dem in ihren Staatsperücken*
> *Sich selbst des Volkes Häupter bücken,*
> *Horch auf! Es heißt – Publizität.*[30]

O complexo da "esfera pública" é completado pela Constituição de 1791, que adota na íntegra a Déclaration des Droits

---

30 Esses versos se encontram em Smend, Zum Problem des Öffentlichen und der Öffentlichkeit. [Trad.: "A grande senha que todos gritam,/ Ante a qual, com suas perucas estatais,/ Até mesmo os maiorais se inclinam ao povo,/ Preste atenção! Chama-se: publicidade." – N. T.]

de l'Homme et du Citoyen (de 26 de agosto de 1789). No parágrafo 11: "A livre comunicação das ideias e das opiniões é um dos mais preciosos direitos do homem. Todo cidadão pode, portanto, falar, escrever e imprimir livremente, respondendo, todavia, pelos abusos dessa liberdade nos termos previstos pela lei".[31] A Constituição de 1793 coloca expressamente o direito de associação sob a proteção da livre expressão da opinião – "O direito de compartilhar ideias e opiniões, seja pela imprensa ou outro meio qualquer, o direito de se reunir pacificamente [...] não podem ser proibidos" –, para, em seguida, como que para se desculpar dessa precaução, acrescentar uma observação sobre o Ancien Régime: "A necessidade de proclamar esses direitos decorre da existência ou da lembrança recente do despotismo".[32] Na verdade, no momento em que entra em vigor, esse artigo já não corresponde mais à realidade da Constituição. Em agosto do ano anterior, dois dias após o assalto às Tulherias, os opositores da revolução foram denunciados, em um édito da comuna de Paris, como *empoisonneurs de l'opinion publique* [envenenadores da opinião pública] e sua imprensa foi confiscada. Em 17 de janeiro de 1800, dois dias após o golpe de Estado, Napoleão suprime a liberdade de imprensa. Apenas treze jornais foram excluídos da proibição da imprensa política. A partir de 1817, apenas três – além da publicação oficial, *Le Moniteur* – foram autorizados a prosseguir circulando, mesmo assim sob rigo-

---

31 Hartung, *Die Entwicklung der Menschen- und Bürgerrechte*, p.33 e p.35. O primeiro a oferecer garantias semelhantes foi o Estado da Virgínia, na *Bill of Rights* de 12 de junho de 1776, artigo 12: "A liberdade de imprensa é um dos principais baluartes da liberdade e jamais pode ser limitada, a não ser por governos despóticos" (p.27).
32 Ibid.

rosa censura. Os Bourbons, ao retornar, apresentam-se com a proclamação de que respeitariam a liberdade de imprensa. Na Charte, de junho de 1814 (artigo 8), é dito: "Os franceses têm o direito de publicar e deixar imprimir suas opiniões, desde que se conformem às leis que devem proibir os abusos dessa liberdade".[33] Mas a oposição tinha de se expressar com cautela. Somente a Revolução de Junho – que retira seu *slogan*[34] *do jornal oposicionista fundado por Thiers e Mignet, Le National* – devolve à imprensa e aos partidos – e, por fim, ao Parlamento, que havia sido ampliado pela reforma do direito de voto e agora delibera em plena esfera pública – o espaço de ação assegurado pelos revolucionários direitos do homem.

Na Alemanha, uma espécie de vida parlamentar agita-se somente em consequência da Revolução Francesa de Julho e, ainda assim, apenas por um breve período, nas capitais de alguns territórios do Sul e do Sudoeste,[35] onde as corporações representativas, recomendadas pelos Atos Conclusivos do Congresso de Viena em 1815, vincularam-se com certas tradições das assembleias regionais [*Landstände*], mas depois foram paralisadas em quase todos os lugares pelas resoluções de Karlsbad.

As condições na Alemanha distinguem-se das inglesas pelas barreiras estamentais, conservadas por mais tempo pelo absolutismo continental em geral, sobretudo aquelas entre a nobreza e a burguesia. Os burgueses, por sua vez, mantêm

---

33 Hartung, *Die Entwicklung der Menschen- und Bürgerrechte*, p.45.
34 *"Le roi règne et ne gouverne pas"* ["O rei reina e não governa"].
35 Cf. o relato da época: Schreiben von München, betreffend den bayerischen Landtag von 1831, p.94 et seq.

uma rigorosa distância em relação ao povo. A este pertencem, além da população rural (desde trabalhadores rurais até arrendatários e proprietários de terras livres) e da camada baixa propriamente dita (trabalhadores diaristas, soldados e serviçais domésticos), os merceeiros, os artesãos e os operários. *Volk* é coextensivo a *peuple* [povo], ambas as categorias adquirem o mesmo significado durante o século XVIII. Aqui como acolá, o balconista e o trabalho manual valem como critérios, subjetivamente vinculantes, de delimitação em relação à burguesia propriamente dita. Os que já foram burgueses [*Bürger*], cidadãos de um burgo *par excellence*, varejistas e artesãos, não são mais considerados parte da burguesia pelos "burgueses" [*Bürgerliche*]. O critério dos burgueses é a formação. Os burgueses pertencem aos estamentos cultos – homens de negócios e acadêmicos (eruditos, religiosos, funcionários públicos, médicos, juristas, professores, e assim por diante). As condições alemãs distinguem-se das francesas em virtude da posição completamente independente que a nobreza tem em relação às cortes. Isso não impede que a esfera da "sociedade", separada tanto das funções econômicas quanto das políticas, em comunicação com os intelectuais burgueses, forme-se como um público que discute mediante razões, formador dos padrões culturais.[36]

O público que discute a política mediante razões encontra seu lugar, sobretudo, nas reuniões privadas dos burgueses. Na última década do século XVIII, os florescentes periódicos (inclusive os políticos) são justamente os pontos de cristalização da vida social entre pessoas privadas. Não apenas pelo fato de

---

36 Heliborn, *Zwischen zwei Revolutionen. Der Geist der Schinkelzeit 1789 bis 1848*, p.97 et seq.

que os próprios jornais testemunham a "sede de leitura", a "fúria de leitura" da época esclarecida.[37] Desde os anos 1770, as sociedades de leitura, privadas e comerciais, difundem-se por toda a parte, até mesmo nas cidades menores, de modo que pôde se estabelecer uma discussão universal sobre o valor e o não valor dessas instituições. Até o fim do século, havia mais de 270 sociedades de leitura na Alemanha.[38] Tratava-se, em sua maioria, de associações com espaços próprios, que possibilitavam a leitura tanto de periódicos quanto de jornais, bem como, o que é igualmente importante, para conversar sobre o que foi lido. Os antigos círculos de leitura nada mais eram do que comunidades de assinantes que ajudavam a baratear a aquisição dos jornais. As sociedades de leitura, por sua vez, não tinham mais essa motivação financeira. Essas associações – que elegem uma direção segundo um estatuto, decidem por maioria a admissão de novos membros, resolvem questões controversas em geral pela via parlamentar e não admitem mulheres e jogos – servem unicamente à necessidade de pessoas privadas burguesas de formar uma esfera pública enquanto público que discute mediante razões: ler e conversar sobre revistas, trocar opiniões pessoais e formular conjuntamente aquelas que, a partir dos anos 1790, são denominadas "opiniões públicas". Em geral, os

---

37 Como, por exemplo, o *Journal von und für Deutschland*, v.II, p.55, ou a *Jenaische Allgemeine Literaturzeitung*, n.30, p.255. Sobre o surgimento de uma esfera pública política na Alemanha no fim do século XVIII, cf. Valjavec, *Die Entstehung der politische Strömung in Deutschland, 1770-1815*.

38 Cf. a tese bem documentada de Jentsch, *Zur Geschichte des Zeitungswesens in Deutschland*. O mesmo vale para a Suíça (ibid., nota 10, p.33). Cf. também a detalhada pesquisa de Braubach, Ein publizistischer Plan der Bonner Lesegesellschaft, p.21 et seq.

jornais preferidos e mais lidos eram os de conteúdo político: o *Staatsanzeigen*, de Schlözers; o *Teuscher Merkur*, de Wieland; o *Minerva*, de Archenholz; o *Hamburger Politische Journal*; e o *Journal von und für Deutschland*.[39] Sobre a revista de Schlözer, que chegou a uma tiragem de 4 mil exemplares, incidiu o reflexo hannoveriano da liberdade de imprensa inglesa. Era considerada a "*bête noire* dos grandes", pois estes tinham medo "de cair no Schlözer", como se dizia na época.[40] De certo modo, a reação brutal dos príncipes aos primeiros publicistas políticos no Sudoeste da Alemanha também é um sintoma de certa força crítica da esfera pública. Wekherlein, que se destaca primeiro com o *Felleisen*, em 1778, e Schubart, que se torna conhecido em 1774 com seu *Deutschen Chronik*, pagam ambos um alto preço. Um morre na prisão; o outro teve sua resistência rompida nos dez anos de prisão na fortaleza: lavagem cerebral do modo mais direto.[41]

---

39 Na famosa sala de leitura do *Hamburger Harmonie*, encontravam-se, por volta da virada do século, 47 revistas alemãs, 8 francesas e 2 inglesas. As revistas de entretenimento, que seguiam os antigos semanários morais, não faziam propriamente parte do repertório. Eram lidas pelas mulheres, em casa.
40 Groth, *Die Zeitung*, v.I, p.706.
41 Sobre isso, cf. Balet, *Die Verbürgerlichung der deutschen Kunst, Literatur und Musik im 18. Jahrhundert*, p.132 et seq. "Durante um ano, Schubart ficou deitado sobre palha na cela da velha torre (na fortaleza de Hohenasperg). O roupão por fim apodreceu sobre seu corpo [...]. Depois de 2 ¼ anos de prisão, foi-lhe permitido caminhar ao ar livre. Em 1780, pôde corresponder-se pela primeira vez com sua mulher e seus filhos, e no mesmo ano a estreita cela foi transformada em cárcere. Depois de dez anos de prisão, foi finalmente liberado [...]". Aliás, foi desse Schubart que o jovem Schiller recebeu seus primeiros impulsos políticos. A seu modo, *Os bandoleiros* também pertencem ao início da publicidade política.

§ 10. A sociedade civil como esfera da autonomia privada: direito privado e mercado liberalizado

Os excursos históricos sobre o surgimento de uma esfera pública politicamente ativa na Inglaterra e no continente europeu permanecerão abstratos enquanto se limitarem ao vínculo institucional entre o público, a imprensa, os partidos e o Parlamento e ao campo do tenso confronto entre autoridade e publicidade, como o campo de tensão do princípio de um controle crítico dos gabinetes. Eles podem comprovar que a esfera pública assume funções políticas no século XVIII, mas só se consegue compreender a natureza da própria função pela análise daquela fase específica da história do desenvolvimento da sociedade burguesa como um todo, em que a circulação de mercadorias e o trabalho social se emancipam em grande medida das diretrizes estatais. Não é por acaso que a esfera pública assume uma posição central na ordem política, em que esse processo consegue chegar a um término provisório: ela se torna precisamente o princípio que organiza o Estado de direito burguês com uma forma de governo parlamentar, como na Inglaterra depois do grande Reformbill de 1832. O mesmo vale, com certas limitações, para as chamadas monarquias constitucionais, segundo o modelo da Constituição belga de 1830.

A esfera pública politicamente ativa mantém o *status* normativo de um órgão de automediação da sociedade civil com um poder estatal que corresponda a suas necessidades. O pressuposto social dessa esfera pública "desdobrada" é um mercado tendencialmente liberalizado, que, tanto quanto possível, faz da circulação na esfera da reprodução social um assunto para pessoas privadas e, com isso, completa a privatização da sociedade civil. Sob o absolutismo, só se podia falar de um estabelecimento da sociedade civil como um domínio privado no sentido privativo de que as relações sociais haviam sido despojadas de seu caráter quase público. As funções políticas, jurídicas e administrativas foram assimiladas ao poder público. O domínio separado da esfera pública não era de modo algum "privado", no sentido de uma liberação dos regulamentos da autoridade. Na verdade, ele só surge de modo geral como um domínio regulamentado pelo mercado. No entanto, o "sistema unificador" do mercantilismo também já estabelece o começo de uma privatização do processo de reprodução social em sentido positivo: que este se desenvolva pouco a pouco, de modo autônomo, segundo as leis próprias do mercado. Pois à medida que se impõe o modo de produção capitalista, promovido de cima, as relações sociais passam a ser mediadas pelas relações de troca. Com a difusão e a liberação dessa esfera do mercado, os proprietários de mercadorias adquirem autonomia. O sentido positivo do "privado" forma-se em geral no conceito da livre disposição sobre a propriedade que funciona de modo capitalista.

A história do direito privado na modernidade mostra quanto esse processo já havia se desenvolvido na fase mercantilista. A concepção do negócio jurídico como um contrato fundamentado na livre declaração da vontade é copiada do processo de troca entre proprietários de mercadorias em livre concorrência. Ao mesmo tempo, um sistema de direito privado que, em princípio, reduz as relações que as pessoas privadas mantêm umas com as outras a relações de contrato privado estabelece como padrão as relações de troca que se produzem segundo as leis da livre circulação do mercado. Certamente, os contratantes nem sempre estão em uma relação de parceiros de troca. Mas essa relação de troca, sendo a relação central para a sociedade civil, fornece em geral o modelo para as relações contratuais. Com as liberdades fundamentais do sistema de direito privado, articula-se também a categoria da capacidade jurídica universal [*allgemeine Rechtsfähigkeit*], a garantia do *status* jurídico da pessoa. Este não é mais definido segundo o estamento ou o nascimento. O *status libertatis*, o *status civitatis* e o *status familiae* cedem lugar ao *status naturalis*, que passa a ser atribuído genericamente a todos os sujeitos de direito[42] – o que corresponde ao princípio da paridade dos proprietários de mercadorias no mercado e das pessoas cultas na esfera pública.

Com as grandes codificações do direito civil, desenvolve-se um sistema de normas que assegura uma esfera privada em sentido estrito, ou seja, o intercâmbio de pessoas privadas umas com as outras, progressivamente liberado das imposições estamentais e estatais. Elas garantem a instituição da propriedade privada e, em conexão com isso, as liberdades fundamentais de contrato, empreendimento e herança. É certo que as fases de desenvolvimento são mais claramente marcadas na Europa, precisamente em virtude das codificações, do que na Inglaterra, onde o mesmo processo ocorre no quadro da *common law*.

---

42 Sobre a história teórico-jurídica desse conceito, cf. Coing, Der Rechtsbegriff der menschlichen Person und die Theorie der Menschenrechte, p.191 et seq. A imposição da "capacidade jurídica universal" nas codificações do direito privado do século XVIII e início do século XIX é examinada em Conrad, *Individuum und Gemeinschaft in der Privatrechtsordnung*.

No entanto, na Inglaterra as formas jurídicas e os institutos jurídicos específicos de uma sociedade de livre circulação de mercadorias[43] são formados antes do que nos países de tradição jurídica romana. Na Prússia, o *Allgemeine Landrecht* [Código Civil prussiano] é publicado em 1794; na Áustria, o *Allgemeine Bürgerliche Gesetzbuch* [Código Civil austríaco] é publicado em 1811. Entre ambos, coloca-se a obra clássica do direito privado burguês, o *Code Civil* de 1804 [Código Civil napoleônico]. É característico de todos esses códigos jurídicos o fato que não surgiram apenas no interesse da sociedade civil, mas também no *medium* específico dela: passaram muitas vezes pela discussão pública mediante razões conduzida por pessoas privadas reunidas em um público. Onde não havia corporações parlamentares ou onde estas permaneceram ineficazes, como na França napoleônica, a opinião pública também participa da obra legislativa por meio de concursos e consultas. Como em Berlim e Viena, também em Paris o projeto do Código é inicialmente apresentado à avaliação da esfera pública, e não apenas ao fórum interno de especialistas (1800). Além disso, os próprios projetos não foram elaborados pelos tradicionais portadores da jurisprudência, mas por homens cultos, da confiança do governo – de certo modo, pessoas em contato com o público já politicamente ativo. Ideias fundamentais eram debatidas em círculos de discussão, como, por exemplo, na *Mittwochsgesellschaft* [Sociedade das Quartas-Feiras], à qual pertencia Suarez.

---

43 A saber, a sociedade de capital, o crédito real, os títulos de crédito, os elementos do direito comercial e do direito marítimo, o direito de mineração, bem como o conjunto do direito sobre a concorrência.

A história do direito privado na modernidade não começa somente com as positivações do direito natural no século XVIII. Só que o direito romano herdado, entendido de início como direito privado apenas em antítese ao direito canônico, apenas se desenvolve com a dissolução das formas jurídicas tradicionais, tanto dos velhos estamentos de dominação quanto dos estamentos de ofício dos burgos, tornando-se o direito da sociedade civil emancipada. Sob o absolutismo, a técnica jurídica, mais do que o direito, serve aos monarcas como instrumento na disputa das autoridades interessadas na centralização com o particularismo dos poderes estamentais. A sociedade civil deve ser separada de seus vínculos corporativos e submetida à majestade administrativa do príncipe. Mesmo nessa função, o direito romano ainda não garante uma ordem do direito privado em sentido estrito. O "direito privado" continua vinculado à autoridade administrativa, mesmo onde não foi completamente absorvido pelos ordenamentos da polícia. Estes incluem as tarefas adicionais do "bem-estar público",[44] bem como o direito comercial, industrial e trabalhista. As pandectas pelas quais se orientava na época a teoria dominante do direito privado tornam-se ficção diante da realidade jurídica:

> No direito do trabalho, as pandectas reconhecem como relações de trabalho livres apenas aquelas prestações de serviço livres pouco diferenciadas. Mas o direito da servidão local deriva do poder doméstico e da comunidade doméstica; o direito do artesão, da po-

---

44 Por exemplo, disposições sobre vestimenta, casamentos, prostituição, usura, blasfêmia, falsificação dos meios de subsistência, e assim por diante. Cf. Wieacker, *Privatrechtsgeschichte der Neuzeit*, p.108 et seq.

sição na corporação; o direito do trabalho agrícola, das obrigações servis dos camponeses. O direito relativo às dívidas nas pandectas pressupõe uma liberdade contratual completa e ampla. As regulamentações estão cheias de controles de preço, taxas, obrigações de entrega e oferta, limitações de produção e obrigações de prazo [...]. Uma ordenação jurídica abstrata, geral e, por isso, aparentemente livre e economicamente individualista, contrapõe-se a uma quantidade quase sufocante de vínculos de autoridade, de estamentos profissionais e corporativos do direito contratual, do direito do trabalho, do direito de habitação e do direito imobiliário, isto é, todos os pontos-chave sociais e econômicos do direito privado.[45]

A partir da segunda metade do século XVIII, o direito privado moderno elimina em princípio todos esses vínculos. Mesmo assim, ainda leva um século até que a passagem do *status* para o contrato quebre todas as barreiras concretas que outrora atrapalhavam a valorização do capital industrial, isto é, a imposição do modo de produção capitalista; até que a propriedade seja entregue à livre troca dos participantes do mercado; a herança, à vontade livre do proprietário individual; a escolha e a atuação da empresa, bem como a formação dos empregados, ao bel-prazer do empregador; a definição do salário, ao livre contrato entre empregador e empregado. Em 1757, na Inglaterra, foi retirada dos juízes de paz, primeiro na indústria têxtil, a tarefa de regular o salário em nome do Estado. Até 1813, o trabalho assalariado livre é introduzido em todos os ramos da indústria. Um ano mais tarde, é suspensa a lei elisabetana que previa um período de sete anos de formação

---

45 Wieacker, *Privatrechtsgeschichte der Neuzeit*, p.110.

para os aprendizes. A isso correspondem rigorosas proibições de coalizão. Do mesmo modo, a liberdade empresarial avança pouco a pouco a partir de meados do século XVIII. Na França, esse desenvolvimento começa com a eclosão da revolução. Até 1791, são eliminadas praticamente todas as diretrizes estatais, todas as regulamentações estamentais no comércio e na indústria. O que na Áustria já pôde se impor sob o reinado de José II, na Prússia fica reservado às reformas de Stein-Hardenberg, após a derrota de 1806. As leis feudais sobre a sucessão da herança também são defendidas com sucesso por muito tempo. Na Inglaterra, somente com a lei da reforma de 1843 se impôs a concepção individualista de que a sucessão da herança devia ser desvinculada da unidade econômica coletiva da comunidade doméstica e familiar e ter como referência o proprietário individual.[46] Antes que a circulação de mercadorias entre nações (e, no solo alemão, entre territórios) fosse liberada das barreiras alfandegárias, o capital industrial abriu para si mesmo uma via livre no mercado interno. Ao final desse desenvolvimento, o mercado de bens de consumo, terras e trabalho, enfim, o próprio capital, acha-se submetido quase exclusivamente às leis da livre concorrência.

Na própria Inglaterra, a liberalização das relações de comércio exterior só consegue se impor de modo consistente com a derrogação da Lei dos Cereais (1846). Em um plano superior, reproduziu-se a antiga contradição entre os interesses defensivos associados às posições de mercado estabelecidas e os interesses expansivos do capital que é investido em novos setores. Contudo, dessa vez, impulsionado pelas poderosas forças da

---

46 Brentano, *Geschichte der wirtschaftlichen Entwicklung Englands*, p.223 et seq.

revolução industrial,[47] o capital não leva apenas a um afrouxamento temporário dos velhos monopólios e, em longo prazo, a uma simples troca nas posições dominantes do mercado. A necessidade das novas indústrias de oportunidades mais amplas para vender seus produtos, de um fornecimento mais amplo de matérias-primas para seus produtos e, finalmente, de importação mais ampla de meios de subsistência, que reduzam o custo de subsistência dos produtores, os trabalhadores assalariados – esse interesse objetivo pela eliminação das regulamentações estatais, dos privilégios e dos controles encontra a Inglaterra da época, como nação que dominava tanto os mares quanto os mercados, em uma situação em que podia, por meio do *laisser-faire*, ganhar tudo e nada perder. A vantagem industrial da Inglaterra aumentava seu interesse pelo livre comércio.[48] Depois da emancipação das colônias norte-americanas da metrópole, podia-se colocar o exemplo à prova. O comércio com um país livre mostrou-se ao menos tão lucrativo quanto o intercâmbio no interior de um mesmo sistema colonial.[49] Assim, o *free*

---

47 Ashley, *The Economic Organization of England*, p.141: "*Long before 1776, by far the greater part of English industry had become dependent on capitalistic enterprise in the two important respects that a commercial capitalist provide the actual workmen with their materials and found a market for their finished goods*" ["Muito antes de 1776, a maior parte da indústria inglesa havia se tornado dependente do empreendimento capitalista em dois aspectos importantes: o capitalista comercial fornecia aos trabalhadores reais sua matéria-prima e encontrava mercado para seus produtos acabados" – N. T.]. Cf. também Meredith, *Economic History of England*, p.221 et seq.

48 Hilferding. *Das Finanzkapital*, p.447 et seq.

49 "*The victory of Trafalgar, and the consequent establishing of the unrivalled maritime power of Britain, seemed to render it unnecessary to pay any special*

trade,⁵⁰ a efetividade da livre concorrência tanto interna quanto externa, determina todo aquele período que chamamos de liberal. Chega a se tornar hábito derivar a essência do capitalismo dessa conformação específica do capitalismo concorrencial. Em contraposição, devemos lembrar que, na longa história do desenvolvimento capitalista, o capitalismo concorrencial foi apenas um momento feliz, pois decorre de uma constelação histórica única na Inglaterra do fim do século XVIII. Os demais países não realizaram sem reservas os princípios do *laisser--faire* no comércio internacional, nem mesmo no apogeu da era liberal, em meados do século XIX. Ainda assim, nesse período,

---

 attention to the political aspects of national wealth or to raise any question as to what trades were good for the community. All ground for interference on the part of the State with the manner in which a man employed his capital seemed to be taken away, and when the 19th century opened public opinion was inclined to leave the capitalist perfectly free to employ his wealth in any enterprise he chose, and to regard the profit which he secured as the best proof that his enterprise was beneficial to the State." ["A vitória de Trafalgar, e o consequente estabelecimento do poder marítimo sem igual da Inglaterra, parecia ter tornado desnecessário dar qualquer atenção especial aos aspectos políticos da riqueza nacional ou levantar qualquer questão sobre quais comércios são bons para a comunidade. Parecia ter desaparecido qualquer motivo para a interferência do Estado na maneira como um homem emprega seu capital e, quando se iniciou o século XIX, a opinião pública estava inclinada a deixar o capitalista perfeitamente livre para empregar sua riqueza em qualquer empreendimento que escolhesse, e a considerar o lucro auferido por ele como a melhor prova de que seu empreendimento era benéfico ao Estado." – N. T.] (Cunningham, *The Progress of Capitalism in England*, p.107).

50 A liberalização do comércio exterior começa com o tratado que William Pitt assinou com a França em 1786.

a sociedade civil como esfera privada se emancipa das diretrizes do poder público, de tal modo que, naquele momento, a esfera pública política pode se desdobrar plenamente no Estado de direito burguês.[51]

§ 11. A institucionalização contraditória da esfera pública no Estado de direito burguês

Segundo a ideia que a esfera pública tem de si mesma, o sistema da livre concorrência pode se regular por si próprio. Mas somente com o pressuposto de que nenhuma instância extraeconômica intervenha na relação de troca é que ele promete funcionar no sentido de promover o bem-estar de todos e a justiça segundo o critério da capacidade de realização individual. A sociedade determinada exclusivamente pelas leis do livre mercado se apresenta não apenas como uma esfera livre da dominação, mas, sobretudo, como uma esfera livre do poder. O poder econômico de cada proprietário de mercadorias é representado dentro de uma ordem maior, na qual não pode assumir nenhuma influência sobre o mecanismo de preços, e, por conseguinte, nunca pode se tornar imediatamente efetivo como poder sobre outros proprietários de mercadorias. Todos ficam submetidos à decisão do mercado, que é desprovida de poder e se dá anonimamente e, de certo modo, autonomamente

---

51 Isso não vale na Alemanha do mesmo modo que na Inglaterra e na França. No fim do século XVIII, existia apenas uma separação virtual entre o Estado e a sociedade. Sobre isso, cf. o estudo histórico--social de Conze, *Staat und Gesellschaft in der frührevolutionären Epoche Deutschlands*, p.1-34; cf. também Conze (org.), *Staat und Gesellschaft im deutschen Vormärz*.

no processo de troca.[52] As garantias jurídicas de sua constituição econômica fundamental também apontam na direção de uma esfera privada tendencialmente emancipada e neutra em relação ao poder. A segurança jurídica, isto é, a vinculação das funções do Estado por normas gerais, juntamente com a liberdade codificada no sistema do direito privado burguês, protege a ordem do "livre mercado". As intervenções do Estado sem a autorização por meio de uma lei não são, do ponto de vista de seu sentido sociológico, condenáveis porque violam princípios de justiça estatuídos pelo direito natural, mas simplesmente porque seriam imprevisíveis e, por isso, negam justamente o

---

52 *"The man who is moved to exploit his consumers through unduly high prices will survive only long enough to discover that they have deserted him in favor of his numerous competitors. To pay a worker less than the going wage is to invite him to go where the going wage is paid. It requires only a moment's reflection to conclude that a businessman with power neither to overcharge his costumers nor to underpay his labor (and for similar reasons his others suppliers) has very little power to do anybody ill. To minimize the exercises of private power, and especially the opportunity for its misuse, was to remove most of the justification for exercise of government authority over the economy."* [Trad.: "O homem que está inclinado a explorar seus consumidores com preços abusivos somente sobreviverá tempo suficiente para descobrir que foi desertado em favor de seus inúmeros competidores. Pagar a um trabalhador menos do que o salário corrente é convidá-lo a ir para onde se paga o salário corrente. Requer apenas um momento de reflexão para concluir que um homem de negócios que não tem poder nem para onerar seus fregueses nem para sub-remunerar seu trabalho (e, por razões similares, seu outros fornecedores) tem muito pouco poder para fazer mal a alguém. Reduzir o exercício do poder privado, e em especial a oportunidade de usá-lo mal, era remover grande parte da justificação para o exercício da autoridade governamental sobre a economia." – N. T.] (Galbraith, *American Capitalism*, p. 31).

tipo e a medida de racionalidade que interessa às pessoas privadas que agem de forma capitalista. Caso contrário, faltariam justamente aquelas "garantias de calculabilidade" que Max Weber descobriu no capitalismo industrial:[53] o cálculo das oportunidades de lucro exige uma circulação que transcorra conforme expectativas calculáveis. Por isso, a competência e a formalidade jurídicas são os critérios do Estado de direito burguês.[54] Do ponto de vista organizacional, seus pressupostos são a administração "racional" e a justiça "independente".[55] A própria lei, à qual têm de se ater o Executivo e o Legislativo,

---

53 Weber, *Wirtschaft und Gesellschaft*, p.651: "O capitalismo industrial [...] precisa poder contar com a continuidade, a segurança e a objetividade do funcionamento da ordem jurídica, com o caráter racional, em princípio calculável, do Judiciário e da administração".

54 Falo do "Estado de direito burguês" sempre no sentido material de uma constituição determinada politicamente. A formalização do conceito do Estado de direito na jurisprudência alemã do fim do século XIX é uma adaptação a ser esclarecida sociologicamente em seu tempo, que pertence ao contexto mencionado. Ademais, cf. Scheuner, Die neuere Entwicklung des Rechtsstaats in Deutschland, p.229 et seq.

55 Em que a justiça, por sua vez, passa a exigir uma jurisprudência científica. Cf. Wieacker, *Privatrechtsgeschichte der Neuzeit*, p.257: "A neutralidade de uma jurisprudência científica responsável tem uma função de justiça imediata. À medida que vincula o juiz a princípios doutrinários fixos, equânimes e comprováveis da opinião pública, ela força os interesses conflitantes – os interesses políticos, sociais e econômicos voltados para o benefício próprio em uma sociedade livre, cujo princípio de funcionamento é a luta regulada – à concorrência, a permanecer fora do espaço do tratamento jurídico. Mas, por meio disso, realiza-se precisamente a regra do jogo dessa sociedade, a saber, a arbitragem e a correção formal, em vez da imposição do poder".

deve ser igualmente obrigatória para cada um. Não deve, em princípio, permitir nenhuma exceção ou privilégio. Nisso, as leis do Estado correspondem às do mercado: ambos não admitem exceções em relação ao cidadão e ao homem privado; são objetivas, isto é, não são manipuladas pelos indivíduos (o preço escapa à influência de cada possuidor de mercadorias individual); não são direcionadas para determinados indivíduos (o mercado livre proíbe conluios particulares).

Na verdade, as leis do mercado se tornam habituais por si mesmas, o que lhes dá, na economia clássica, a aparência de uma *ordre naturel* [ordem natural], ao passo que as leis do Estado ainda exigem expressamente a imposição. Ora, o príncipe também poderia funcionar como legislador, se estivesse disposto a vincular seus comandos, sua atividade geral de estadista, a normas universais, as quais, por sua vez, teriam de se orientar conforme os interesses da circulação burguesa. O caráter de Estado de direito como tal também não exige de imediato a constitucionalização da esfera pública no quadro de uma forma de governo parlamentar (ou ao menos vinculada ao Parlamento). Os fisiocratas tinham em mente algo parecido. Seu assim chamado "despotismo legal" prometia justamente a dominação da opinião pública por monarcas esclarecidos. No entanto, os interesses que competem com o capital industrial, sobretudo o *landed interest*, seja dos nobres senhores feudais, seja dos grandes proprietários de terras aburguesados, ainda são tão fortes no período liberal que dominaram o Parlamento inglês até 1832 e retardaram a revogação da Lei do Trigo por mais quatorze anos.[56]

---

56 Brentano, *Geschichte der wirtschaftlichen Entwicklung Englands*, p.209 et seq.

Por isso, o monarca esclarecido dos fisiocratas permanece uma pura ficção: no conflito dos interesses de classe, o caráter de Estado de direito não é *per se* uma garantia de legislação conforme as necessidades da circulação burguesa. O público de pessoas privadas só adquire essa certeza com a própria competência legislativa. O Estado de direito, como Estado de direito burguês, estabelece a esfera pública politicamente ativa como órgão do Estado, de modo a assegurar institucionalmente o vínculo entre a lei e a opinião pública.

Dada sua origem, no entanto, ele se mantém preso a uma contradição específica, que se revela primeiro na ambivalência do conceito de lei:

> Na luta política contra um governo monárquico forte, a cooperação da representação do povo como característica definidora da lei seria cada vez mais enfatizada e, por fim, considerada decisiva. Se, politicamente, faz parte da lei, acima de tudo, a cooperação da representação do povo, então se explica [...] o inverso: o que resulta da cooperação da representação do povo é uma lei. A dominação das leis significa, então, a cooperação ou, por fim, a dominação da representação do povo.[57]

Por um lado, no conceito de lei como expressão da vontade entra também o momento da pretensão de dominação imposta à força. Por outro lado, o conceito de lei como expressão da razão mantém também o outro momento, mais antigo: o de sua origem na opinião pública, preservada no vínculo entre o Parlamento e o público. Por isso, Carl Schmitt contrapõe outra

---

[57] Schmitt, *Verfassungslehre*, p.148.

determinação à determinação política da lei: "A lei não é a vontade de um ou de muitos homens, mas algo universal-racional; não *voluntas*, mas *ratio*".[58] A dominação da lei tem a intenção de dissolver a dominação em geral. Uma ideia tipicamente burguesa, na medida em que nem mesmo a garantia política da esfera privada que se emancipa da dominação política deveria assumir a forma da dominação. A ideia burguesa de Estado legal, ou seja, o vínculo de toda atividade estatal de acordo com um sistema (na medida do possível, sem lacunas) de normatizações, legitimadas pela opinião pública, já almeja eliminar o Estado como um instrumento de dominação em geral. Os atos soberanos são considerados apócrifos *per se*.

Em virtude de a discussão pública mediante razões por parte de pessoas privadas afirmar convincentemente o caráter de uma investigação não violenta a respeito do que é ao mesmo tempo o correto e o justo, uma legislação que se reporta à opinião pública não pode valer expressamente como dominação. E, mesmo assim, é tão evidente que a competência de legislar foi conquistada com uma luta ferrenha contra os antigos poderes que não se pode retirar dela o caráter de "poder" [*Gewalt*]: Locke a chama de *legislative power* [poder legislativo], e Montesquieu de *pouvoir* [poder]. Só a justiça, que "aplica" meramente leis dadas, aparece para ambos os autores como destituída de poder, por isso também sem uma determinada categoria social como portador. No entanto, a distinção entre o poder que legisla e o poder que executa imita a oposição entre a regra e a ação, entre o entendimento ordenador e a vontade ativa.[59] Embora

---

58 Ibid., p.139.
59 Böckenförde, *Gesetz und gesetzgebende Gewalt*, p.35.

construída como "poder", a legislação deve ser a emanação de um acordo racional, e não de uma vontade política. Mesmo a inversão democrática de Rousseau, da vontade do príncipe para a soberania do povo, não resolve o dilema: a opinião pública é simplesmente contraposta ao arbítrio e submetida às leis imanentes do público de pessoas privadas que discutem mediante razões, de tal modo que, a rigor, não poderia ser atribuído a ela o próprio atributo de vontade mais elevada, superior a todas as leis, ou seja, de soberania. Segundo sua própria intenção, a opinião pública não quer ser uma limitação do poder nem o próprio poder, e muito menos a fonte de todos os poderes. Ao contrário, em seu *medium* deveria modificar-se o caráter do poder exercido, a própria dominação. Segundo sua própria ideia, a "dominação" da esfera pública é uma ordem na qual a dominação em geral se dissolve; *veritas non auctoritas facit legem*. Essa inversão da frase de Hobbes se perde tanto na tentativa de entender a função da opinião pública com a ajuda do conceito de soberania quanto na construção dos *pouvoirs*, segundo o Estado de direito. O *pouvoir* como tal é posto em debate por meio de uma esfera pública politicamente ativa. *Esta deve conduzir a* voluntas *a uma* ratio *que se produz na concorrência pública de argumentos privados como o consenso sobre o que é, na prática, necessário no interesse universal.*

As funções da esfera pública encontram-se mais claramente articuladas onde a ordem dada com o Estado de direito não emerge factualmente das formações mais antigas do Estado estruturado em estamentos, como na Inglaterra, mas é sancionada expressamente, como no continente, em uma lei colocada em sua base, ou seja, na lei fundamental ou na constituição.[60] Um

---

60 Cf. Habermas, *Theorie und Praxis*, p.82 et seq.

conjunto de direitos fundamentais refere-se à esfera do público que discute mediante razões (liberdade de opinião e expressão, liberdade de imprensa, liberdade de reunião e associação, e assim por diante) e à função política das pessoas privadas nessa esfera pública (direito de petição, direitos iguais de eleição e voto, e assim por diante). Um outro conjunto de direitos fundamentais refere-se ao *status* de liberdade do indivíduo, fundamentado na esfera íntima da família conjugal patriarcal (a liberdade pessoal, a inviolabilidade do lar, e assim por diante). O terceiro conjunto de direitos fundamentais refere-se às relações dos proprietários na esfera da sociedade civil (igualdade perante a lei, proteção da propriedade privada, e assim por diante). Os direitos fundamentais garantem: as *esferas* pública e privada (com a esfera íntima como núcleo); as *instituições* e os *instrumentos* do público, por um lado (imprensa, partidos) e a base da autonomia privada (família e propriedade), por outro; por fim, as *funções* das pessoas privadas, suas funções políticas como cidadãos do Estado, bem como suas funções econômicas como proprietários de mercadorias (e, como "seres humanos", a função da comunicação individual, por exemplo, por meio do sigilo de correspondência).[61]

Como consequência da inscrição constitucional da esfera pública e de suas funções,[62] a própria esfera pública tornou-se

---

61 Cf. Hatung, *Die Entwicklung der Menschen- und Bürgerrechte*.
62 Quando compreendemos os direitos fundamentais no vínculo que o Estado de direito cria entre a esfera pública politicamente ativa e uma esfera privada emancipada politicamente, sua genealogia também se mostra transparente. Os direitos humanos burgueses são claramente diferenciados dos direitos de liberdade estamentais. Da Magna Charta Libertatum (1215), passando pela Petition of Rights (1628), o Habeas Corpus Akte (1679) e a Bill of Rights (1689),

um princípio organizatório para o procedimento dos órgãos do Estado. É nesse sentido que se pode falar de publicidade [*Publizität*]. A publicidade dos debates parlamentares assegura

---

não há nenhum caminho direto que nos leve à primeira Declaração dos Direitos Humanos da Virgínia (1776). Os direitos de liberdade estamentais são essencialmente contratos entre corporações que estabelecem limites para a influência juridicamente permissível, mas que não confirmam a autonomia de uma esfera privada por meio das funções políticas de um público de pessoas privadas, ou seja, a esfera pública. Com o processo de formação da sociedade burguesa, e da família conjugal patriarcal como uma de suas instituições mais proeminentes, também a Igreja perde cada vez mais o caráter de "esfera pública representativa" e a religião, desde a Reforma, torna-se uma questão privada; com isso, o exercício da religião torna-se ao mesmo tempo função e símbolo de uma nova esfera íntima, podendo a assim chamada liberdade religiosa ser considerada o "direito fundamental" mais antigo do ponto de vista histórico. Quando G. Jellinek (*Die Erklärung der Menschen- und Bürgerrechte*) deduz nesse ínterim a origem dos direitos fundamentais simplesmente da luta pela liberdade religiosa, ele acaba hipostasiando um contexto histórico espiritual que, por sua vez, só pode ser compreendido claramente como parte de um contexto social mais amplo. Naquela disputa entre as colônias e a terra mãe, da qual resulta a primeira formulação dos direitos humanos, a liberdade religiosa não desempenha um papel decisivo, mas sim a questão da codeterminação política das pessoas privadas reunidas em um público sobre aquelas leis que atingem sua esfera privada: *no taxation without representation* [nenhuma taxação sem representação] (cf. os comentários introdutórios de Hartung, *Die Entwicklung der Menschen- und Bürgerrechte*, p.2 et seq., que resumem a controvérsia em torno de Jellinek). A salvaguarda da esfera íntima (com a liberdade da pessoa e, em especial, do culto religioso) é a expressão histórica mais antiga da garantia de uma esfera privada em geral que se tornou necessária para a reprodução do capitalismo na fase do mercado liberalizado. Cf. a coletânea de Schnur, *Zur Geschichte der Erklärung der Menschenrechte*.

a influência da opinião pública, o vínculo entre representantes e eleitores como partes de um único e mesmo público. Mais ou menos na mesma época,[63] a publicidade também se impõe nos processos judiciais. A própria justiça independente precisa do controle por meio da opinião pública. Certamente, sua independência em relação ao Executivo, bem como ao privado, somente parece estar assegurada no *medium* de um público disposto à crítica. As resistências mais eficientes ao princípio da publicidade foram impostas pela administração estatal, mas não porque determinados processos deveriam ficar em segredo justamente em nome do interesse público, mas sobretudo porque a burocracia, ao lado do exército, representava naturalmente o único meio de poder formado no absolutismo que estava nas mãos do príncipe contra os interesses da sociedade civil. Mesmo assim, ainda no âmbito do absolutismo esclarecido, uma ordem do rei da Prússia a seu ministro de Estado, em 1804, é exemplar da visão, que ia se difundindo, "de que uma publicidade honesta é a garantia mais segura, para o governo e para os súditos, contra a negligência e a má vontade de oficiais subalternos e merece ser promovida e protegida de todos os modos".[64]

A consolidação constitucional de uma esfera pública politicamente ativa revela ainda mais, no artigo central que afirma que todo poder emana do povo, o caráter de uma ordem de dominação ela própria conquistada suficientemente e com

---

63 As exigências de justiça política da esfera pública burguesa encontraram sua primeira expressão precisa no código do processo civil napoleônico, o Code de Procédure. Na margem esquerda do Reno, o código vale imediatamente, mas, a partir de 1815, suas máximas se impõem também nos demais territórios alemães.

64 Apud Groth, *Die Zeitung*, v.I, p.721.

muito esforço por meio de todo poder. De resto, com base na esfera pública ativa, o Estado de direito burguês pretende obter uma organização do poder público que assegura a subordinação deste às necessidades de uma esfera privada que considera a si mesma neutralizada em relação ao poder e emancipada em relação à dominação. As normas constitucionais são, portanto, fundadas no modelo de uma sociedade civil que não corresponde à sua realidade. As categorias que são derivadas do processo histórico do capitalismo, mesmo de sua fase liberal, têm elas mesmas um caráter histórico: caracterizam tendências sociais, mas nada mais do que tendências. Assim, "as pessoas privadas" – com as quais o Estado de direito conta tanto por meio da autonomia assegurada socialmente pela propriedade quanto pelas qualificações de formação do público que estas pessoas constituem – são, na verdade, uma pequena minoria, mesmo quando se acrescenta a pequena burguesia. O "povo" é incomparavelmente mais numeroso, sobretudo a população rural. E, segundo as leis políticas da sociedade pré-capitalista, continuam sempre mais atuantes os príncipes apoiados na burocracia e no exército, por um lado, e os grandes proprietários de terras, nobres senhores feudais, por outro.[65] Não obstante,

---

65 Nesse nível de generalidade, podemos desconsiderar as diferenças nacionais entre Inglaterra, França e Alemanha, que são, ao mesmo tempo, diferenças no estágio de desenvolvimento do capitalismo. Nessa perspectiva, naturalmente são incomparáveis as condições nos Estados Unidos, onde a estrutura social e a ordem política não precisaram reconstruir os elementos tradicionais da dominação feudal e das monarquias absolutas da Europa. (Nossa análise, orientada pelas condições europeias, desconsiderou sobretudo as especificidades do desenvolvimento norte-americano. Sobre o sistema político, cf. Fraenkel, *Das amerikanische Regierungssystem.*)

as novas constituições, escritas e não escritas, referem-se simplesmente aos cidadãos e aos seres humanos e, certamente, de modo necessário, uma vez que têm a "esfera pública" como seu princípio de organização.

A esfera pública burguesa se ergue e cai com o princípio do acesso universal. Uma esfera pública da qual determinados grupos fossem *eo ipso* excluídos não apenas é incompleta, como nem sequer é uma esfera pública. Aquele público que pode ser considerado o sujeito do Estado de direito burguês compreende também sua esfera como uma esfera pública neste sentido estrito: em suas ponderações, antecipa, em princípio, o pertencimento de todos os seres humanos. O homem privado individual é também simplesmente ser humano, isto é, a pessoa moral. Nós descrevemos o lugar histórico e social em que se desenvolveu essa autocompreensão: na esfera íntima voltada para o público da família conjugal patriarcal cresce a consciência dessa humanidade sem forma, se assim se pode dizer. Entretanto, o público adquiriu sua forma muito bem determinada: é o público leitor burguês do século XVIII. Essa esfera pública continua literária mesmo quando assume funções políticas. A formação é um dos critérios de admissão; a propriedade, o outro. Do ponto de vista factual, ambos os critérios abrangem praticamente o mesmo círculo de pessoas, pois a formação escolar era, naquela época, mais consequência do que pressuposto de um *status* social, que, por sua vez, era determinado primeiramente pelos títulos de propriedade. Os estamentos cultos são também os dos proprietários. Por isso, o censo que regula o acesso à esfera pública politicamente ativa pode coincidir com o censo dos impostos: a Revolução

Francesa já o assume como padrão para diferenciar os cidadãos ativos dos cidadãos passivos.

Contudo, essa limitação do direito de voto não precisava ser considerada uma limitação da própria esfera pública, na medida em que podia ser vista como mera ratificação jurídica de um *status* conquistado economicamente na esfera privada, ou seja, o *status* do homem privado, ao mesmo tempo culto e proprietário. A acessibilidade universal a essa esfera que o Estado de direito institucionaliza em suas funções políticas precisa ser decidida de antemão por meio da estrutura da sociedade civil, e não depois, por meio da constituição política que esta se dá. Portanto, a esfera pública é garantida quando as condições econômicas e sociais colocam à disposição de cada homem oportunidades iguais para preencher os critérios de acesso: conquistar as qualificações da autonomia privada que distinguem o homem culto e proprietário. Essas condições foram demonstradas pela economia política contemporânea: Jeremias Bentham não seria imaginável sem Adam Smith.[66]

Os pressupostos da economia clássica são conhecidos. Ela concebe um sistema cujas leis imanentes fornecem uma base segura para o indivíduo calcular racionalmente sua atividade econômica segundo o padrão da maximização do lucro. Cada um faz para si tais cálculos, sem combinar com os outros. A produção de mercadorias é subjetivamente anárquica, mas objetivamente harmônica. O primeiro pressuposto é econômico: a garantia da livre concorrência. A segunda parte da suposição

---

[66] Sobre a sociologia do conhecimento da teoria econômica, cf. Eisermann, *Ökonomische Theorien und sozioökonomische Struktur*, p.457 et seq.

de que todas as mercadorias são trocadas por seu "valor". Este, por sua vez, deve ser medido pelo *quantum* de trabalho necessário para sua produção. Com isso, os bens produzidos e a força de trabalho produtora valem igualmente como mercadorias. Como essa condição só é preenchida quando cada fornecedor produz ele mesmo sua mercadoria e, inversamente, quando cada trabalhador possui seus próprios meios de produção, o segundo pressuposto acaba sendo sociológico: o modelo de uma sociedade de pequenos produtores de mercadorias. Este está vinculado àquele, visto que o pressuposto econômico da formação independente de preços inclui o pressuposto sociológico de uma propriedade dos meios de produção mais ou menos difusa e equitativamente distribuída. O terceiro pressuposto é teórico e foi inicialmente introduzido pelo velho Mill e transmitido em uma formulação posterior como lei de Say: com a plena mobilidade de produtores, produtos e capital, oferta e procura sempre se equivalem. Logo, as capacidades sempre serão aproveitadas ao máximo, as reservas de força de trabalho serão esgotadas e o sistema – em princípio, livre de crises – será mantido em equilíbrio em um nível sempre apropriado ao estágio de desenvolvimento das forças produtivas.

Com esses pressupostos, mas somente com eles, cada um teria igualmente a oportunidade de conquistar – com denodo e "sorte" (o equivalente para a intransparência dos processos de mercado, embora determinados com rigor) – o *status* de um proprietário e, com isso, de um "ser humano", adquirir as qualificações (propriedade e formação) do homem privado com acesso à esfera pública. Já na primeira metade do século XIX, essas qualificações não eram preenchidas, como se pode entrever pelas funções polêmicas da própria economia política.[67] Em todo caso, o modelo liberal estava de tal modo próximo da realidade que acabava identificando o interesse da classe burguesa com o interesse universal, e o Terceiro Estado podia ser identificado com a Nação – nessa fase do capitalismo, a esfera pública era fidedigna como princípio de organização do Estado de direito burguês. Se cada um, como podia parecer, tinha a possibilidade de ser um "cidadão", então só mesmo cidadãos deveriam ter acesso à esfera pública politicamente ativa, sem que, com isso, ela perdesse seu princípio. Em contrapartida, apenas proprietários estavam em condições de formar um público que pudesse, do ponto de vista legislativo, proteger os fundamentos da ordem de propriedade existente. Apenas eles tinham sempre interesses privados que convergiam automaticamente com o interesse comum de proteger a sociedade civil como esfera privada. Com isso, deles somente se podia esperar uma representação efetiva do interesse universal, pois não tinham a necessidade de sair de sua existência privada para exercer seu papel público. Não havia nenhuma ruptura entre o homem privado como *homme* e o *citoyen*, na medida em que o *homme* é, ao mesmo tempo, proprietário privado e, como *citoyen*, deve zelar pela estabilidade da ordem da propriedade como pessoa privada. O interesse de classe é a base da opinião pública. Contudo, durante aquela fase do capitalismo, o interesse de classe teve de se revestir também objetivamente

---

67 Sobre a polêmica em relação ao *landed interest*, cf., por exemplo, o escrito polêmico de Ricardo contra os altos preços dos cereais (*An Essay on the Influence of a Low Price of Corn on the Profits of Stock*), no qual ele chega à conclusão de que o interesse dos proprietários de terras se opõe a todas as outras classes sociais.

como o interesse universal, ao menos até o ponto em que essa opinião pudesse ser considerada a opinião pública mediada pela discussão por meio de razões empreendida pelo público e, portanto, pudesse valer como opinião razoável. Já naquela época ela teria se convertido em coerção, caso o público, como classe dominante, tivesse decidido deixar ruir o princípio da esfera pública: a discussão mediante razões teria se tornado dogma, o discernimento de uma opinião não mais pública teria se tornado ordem. Enquanto os pressupostos citados anteriormente podiam ser aceitos como dados, e enquanto a esfera pública existia como esfera e funcionava como princípio, aquilo que o público acreditava ser e fazer era ideologia e, ao mesmo tempo, mais do que mera ideologia. Na base de uma dominação contínua de uma classe sobre a outra, essa classe desenvolveu instituições políticas que implicavam em si mesmas, como sentido objetivo, a ideia verossímil de sua própria superação: *veritas non auctoritas facit legem*, a ideia da dissolução da dominação naquela coação suave que doravante se impõe no discernimento cogente de uma opinião pública.

Se as ideologias não apenas indicam a consciência socialmente necessária em sua falsidade; se dispõem de um momento que é verdadeiro ao transcender utopicamente o existente para além de si mesmo, ainda que para justificá-lo, então só existe ideologia em geral a partir daquela época.[68] Sua origem seria a identidade dos "proprietários" com os "meros seres humanos", tanto no papel como público que cabe às pessoas privadas na esfera

---

68 Sobre a história do conceito de ideologia, cf. a coletânea de Lenk, *Ideologiekritik und Wissenssoziologie*, como também as indicações bibliográficas.

pública politicamente ativa do Estado de direito burguês – na identificação da esfera pública política com a literária – quanto na própria opinião pública, na qual o interesse de classe pode assumir a aparência do universal pela mediação da discussão pública mediante razões – na identificação da dominação com sua dissolução na pura razão [*bare Vernunft*].

Seja como for, a esfera pública burguesa desenvolvida está ligada a uma complicada constelação de pressupostos sociais. Eles sempre se alteram de maneira rápida e profunda e, com sua modificação, ressaltam a contradição da esfera pública institucionalizada no Estado de direito burguês: com base em seu princípio, que, segundo sua ideia, se opõe a toda dominação, foi fundada uma ordem política cuja base social, porém, não tornou supérflua a dominação.

IV
Esfera pública burguesa – ideia e ideologia

§ 12. Opinião pública – *public opinion* – *opinion publique* – *öffentliche Meinung*: sobre a pré-história do *tópos*[1]

A autocompreensão da função da esfera pública burguesa se cristalizou no *tópos* da "opinião pública". Sua pré-história, estendendo-se à articulação de seu significado nos fins do século XVIII, é certamente longa e até agora só pode ser vista

---

1 Nesse contexto, deixamos de considerar a longa história do *sensus communis*. Cf. Gadamer, *Wahrheit und Methode*, p.16 et seq. Mediado pelo conceito de "opinião universal", existe igualmente um vínculo entre o *tópos* "opinião pública" e a tradição clássica do *consensus omnium*; cf. Oehler, Der consensus omnium als Kriterium der Wahrheit in der antiken Philosophie und der Patristik, p.103 et seq. Essas correspondências, certamente relevantes do ponto de vista da história *espiritual*, acabam, porém, passando por cima de pontos de ruptura específicos do desenvolvimento *social*, que são, ao mesmo tempo, limites da formação polêmica do conceito – também na passagem da "opinião" para a "opinião pública".

em grandes linhas.[2] No entanto, ela deve nos servir como introdução para a ideia de esfera pública burguesa (§ 12) que, depois de ter encontrado sua formulação clássica na doutrina do direito de Kant (§ 13), é problematizada por Hegel e Marx (§ 14) e, na teoria política do liberalismo da metade do século XIX, assumirá sua ambivalência como ideia e ideologia (§ 15).

Opinion assume em inglês e francês o significado nada complicado do latim *opinio*, a opinião, o juízo incerto não plenamente demonstrado. A linguagem técnica da Filosofia, da *doxa* de Platão ao *Meinen* de Hegel, corresponde nesse ponto exatamente à compreensão semântica da linguagem cotidiana. Todavia, para o nosso contexto, o outro significado de *opinion* é mais importante, a saber, *reputation*, a reputação, a consideração, aquilo que se apresenta à opinião dos outros.[3] *Opinion* no sentido de uma

---

2 Mischke (*Die Entstehung der öffentlichen Meinung im 18. Jahrhundert*) desconsidera por demais o desenvolvimento inglês. Devo muitas indicações à excepcional investigação de Koselleck, *Kritik und Krise*.

3 As nuances aparecem claramente na linguagem usada por Shakespeare. Da grande reputação e mesmo da fama (*Júlio César*, I, 2, 323: "*all tending to the great opinion, that Rome holds of his name*" ["todos tendendo à grande opinião que Roma tem de seu nome"]); passando pela boa reputação de um *Gentleman* (*Henrique IV*, V, 4, 48: "*Thou hast redeem'd thy lost opinion*" ["Tu reparaste tua opinião perdida"]); e pela estima comprada que se goza junto de outros (*Júlio César*, II, I, 145: "*Purchase us a good opinion*" ["Compra-nos uma boa opinião"]), até chegar ao brilho duvidoso e inconstante de uma consideração meramente exterior (*Otelo*, I, 3, 225: "*Opinion – a souvereign mistress of effects*" ["Opinião: senhora soberana dos efeitos"]). Ambos os significados fundamentais fluem um no outro. Shakespeare caracteriza-os naquela contraposição entre o "*craft of great opinion*" ["a arte da grande opinião"] e a "*great truth of mere simplicity*" ["grande verdade da mera simplicidade"] (*Henrique VIII*, IV, 4, 105).

opinião incerta, que ainda teria de passar pela prova da verdade, liga-se à *opinion* no sentido de uma reputação diante da multidão, questionável em seu cerne. Com isso, a palavra carrega tão fortemente o tom do significado dado pela opinião coletiva que todos os atributos que indicam seu caráter social podem ser poupados como pleonasmos. Substantivos compostos, tais como *common opinion, general opinion, vulgar opinion* ainda são completamente ausentes em Shakespeare. Ainda não se fala de *public opinion* nem de *public spirit*.[4] Do mesmo modo em francês, usos e costumes, sobretudo representações usuais e convenções difundidas, são chamadas sem rodeios de *les opinions*.

Certamente, *opinion* não se desenvolveu em linha reta na direção da *public opinion, opinion publique*, cunhadas no fim do século XVIII, termos que estão associados à discussão mediante razões empreendida por um público capaz de julgar, pois ambos os significados originais – a mera opinião e a reputação que se produz no espelho das opiniões – estão em oposição àquela razoabilidade que a opinião pública pretende ter. Contudo, em inglês, a oposição entre *opinion* e *truth, reason, judgment* não é tão marcante como é no francês a contraposição entre *opinion* e *critique*, firmemente polida durante o século XVII.[5]

---

4 Bartlett, *A Complete Concordance of Shakespeare*, verbetes "Opinion" e "Spirit".

5 Na Inglaterra, a palavra "crítica" também foi aceita na língua nacional por volta de 1600. Os humanistas usaram-na inicialmente no contexto histórico-filológico de seus estudos de crítica das fontes. Desde Shaftesbury, aquele que sabe julgar de acordo com as regras do bom gosto ocupa-se com as *criticks*. A *opinon*, por si só, não entra aqui em oposição com *criticism*. Aliás, na Alemanha da época, *Kritikus* é também o juiz de arte, o juiz da língua. Sobre isso, cf. Bäumler, *Kants Kritik der Urteilskraft*, p.46 et seq.

Hobbes faz uma mediação plena de consequências ao identificar *conscience*, consciência e consciência moral [*Gewissen*] em uma única coisa, a *opinion*. Como se sabe, Hobbes orienta-se pelas experiências da guerra civil religiosa e projeta, no *Leviatã* (1651), um Estado que, fundado apenas na *auctoritas* do príncipe, é independente das convicções e disposições morais dos súditos. Dado que os súditos estão excluídos da esfera pública objetivada no aparato do Estado, o conflito entre suas disposições não é decidível do ponto de vista político, ele é até mesmo completamente retirado da esfera da política – a guerra civil encontra um fim sob a égide de uma autoridade neutralizada em relação à religião. A confissão religiosa é um assunto privado, uma disposição privada, sem consequências para o Estado: para ele, uma vale tanto quanto a outra, a consciência moral transforma-se em opinião.[6] É desse modo que Hobbes define a "corrente de opiniões", que vai da *faith* [fé] ao *judgment* [juízo]. E nivela todos os atos de fé, de juízo e de crença na esfera da "opinião". Também a *conscience* é "*nothing else but man's settled judgment and opinion*".[7] Ainda que Hobbes, ao identificar *conscience* e *opinion*, não quisesse dar a esta o que retirava daquela – a pretensão de verdade –, mesmo assim acabou fornecendo o comentário histórico-intelectual de um desenvolvimento que,

---

6 Hobbes, *Elements of Law*, I, 6, 8: "*Men, when they say things upon their conscience, are not therefore presumed certainly to know the truth of what they say. Conscience therefore I define to be opinion of evidence.*" [Trad.: "Os homens, quando dizem coisas sobre sua consciência, não estão por isso presumivelmente certos de saber a verdade do que dizem. Portanto, defino a consciência como a opinião da evidência." – N. T.]

7 Ibid., II, 6, 12. [Trad.: "nada mais do que o julgamento estabelecido e a opinião de um homem". – N. T.]

Mudança estrutural da esfera pública

com a privatização da religião e da propriedade e com a emancipação das pessoas privadas burguesas dos vínculos semipúblicos da Igreja e dos poderes intermediários do Estado organizado em estamentos, ajudou a dar vigência à opinião privada. A desvalorização da disposição religiosa, feita por Hobbes, leva, na verdade, a uma revalorização da convicção privada em geral.[8]

Já Locke, que três anos após a decapitação de Carlos I e um ano após o surgimento do *Leviatã*, assume o College Christ Church, em Oxford, pode, por isso, apresentar a *law of opinion* [lei da opinião] como uma categoria de posição igual à da lei de Deus e à do Estado – e defendê-la ferrenhamente nas edições posteriores de seu *Ensaio sobre o entendimento humano*. A *law of opinion* orienta as virtudes e os vícios; na verdade, a virtude se mede justamente pela *public esteem* [estima pública].[9] Como revela a formulação completa, *Law of opinion and reputation* [Lei da opinião e reputação], reaparece em Locke o significado originário do que se apresenta à opinião dos outros. No entanto, essa *opinion* é claramente depurada da inconfiabilidade do mero opinar, da aparência externa e mesmo enganadora: a *law of opinion*, como *measure of virtue and vice* [medida das virtudes

---

8 Cf. Schmitt, *Der Leviathan*, p.94. "No instante em que é reconhecida a diferença entre o dentro e o fora, já é decidida, em seu cerne, a superioridade da interioridade sobre a exterioridade e, com isso, do que é privado sobre o que é público." Em outro contexto, espero mostrar como, no caminho que vai de Lutero e Calvino a Hobbes, a distinção reformadora entre *regnum spirituale* e *regnum politicum* desloca e, por fim, determina o sentido da oposição *intramundana* da sociedade privatizada e a autoridade política, de *society* e *government*.

9 Locke, *An Essay concerning Human Understanding*, II, § 11; cf. Koselleck, *Kritik und Krise*, p.41 et seq.

e dos vícios] é também chamada de *philosophical law* [lei filosófica]. *Opinion* significa o tecido informal dos *folkways* [cultura popular], cujo controle social indireto é mais efetivo do que a censura formal sob a ameaça das sanções da Igreja e do Estado. Por isso, aquela lei é também chamada *law of private censure* [lei da censura privada]. Em relação à espontaneidade dos usos e costumes coletivos, certamente ela já tem naquele momento a consciência que a "opinião" adquire, agora, a partir de sua origem na profissão de fé privatizada, da moral secularizada – todavia, falta aqui, não sem razão, a palavra *public opinion*. *Law of opinion* não é entendida de modo algum como lei da opinião pública, pois essa *opinion* não surge da discussão pública – ela adquire sua obrigatoriedade muito mais *by a secret and tacit consent* [por um consenso secreto e tácito]; nem encontra qualquer aplicação nas leis do Estado, pois se fundamenta no *"consent of private men, who have not authority enough to make a law"*.[10] Por fim, a *opinion* não está presa, como a *public opinion*, aos pressupostos da formação (e da propriedade). Colaborar para ela não exige de maneira alguma participar de uma discussão mediante razões, mas simplesmente expressar aqueles "hábitos" que mais tarde se contrapõem como preconceitos à opinião pública crítica.

Mesmo assim, mediada por sua identificação com a *conscience*, a *opinion* mantém uma importância em Locke que a livra do vínculo polemicamente desvalorizado com o puro *prejudice* [preconceito]. Por sua vez, em francês, a opinião continua presa ao preconceito. Para Bayle, contemporâneo de Locke, a

---

10 Locke, *An Essay concerning Human Understanding*, § 12. ["Consentimento dos homens privados, que não têm autoridade suficiente para fazer uma lei". – N. T.]

lei "filosófica" não é a *law of opinion*, mas o *régime de la critique*.[11] Bayle separou a crítica de sua origem histórica e filológica, transformando-a simplesmente em crítica, em ponderação dos *pour et contre* [prós e contras] de uma *raison* aplicável a tudo e destruidora da *opinion* em cada forma. No entanto, considerava a atividade da crítica algo estritamente privado. Embora a verdade seja produzida na discussão pública dos críticos entre si, o domínio da razão continua a ser interior, contraposto ao domínio público do Estado. Crítica no que diz respeito ao interior, a *raison* permanece subalterna no exterior. Assim como na *conscience* em Hobbes, a *critique* em Bayle é um assunto privado e sem consequências para o poder público. Assim, ele também diferencia *critique* de *satires* [sátiras] e *libelles diffamatoires* [libelos difamatórios]. A crítica que comete o equívoco de transpor os limites da política degenera em panfleto. Na Inglaterra, em contrapartida, na mesma época a imprensa que discute a política mediante razões se desenvolve a partir do panfleto. Os enciclopedistas, que se referem a Bayle como seu precursor não só por causa de seu empreendimento enciclopédico,[12] tomam a *opinion* no sentido polêmico de um estado espiritual de incerteza e vazio.[13] Quem sabe manipular a *raison*, quem entende de *critique*, sabe como livrar-se do *"joug de la scolastique, de l'opinion de l'autorité, en un mot des préjuges et de la barbárie"*.* O editor alemão traduz a frase um tanto precipitadamente como

---

11 Cf. Koselleck, *Kritik und Krise*, p.89 et seq.
12 O *Dictionnaire historique et critique* de Bayle apareceu em 1695.
13 D'Alembert, *Discours préliminaire*, introdução à *Encyclopédie* de 1751, p.148.
 * Trad.: "Jugo da escolástica, da opinião, da autoridade, em suma, dos preconceitos e da barbárie." (N. T.)

"o jugo da escolástica, da opinião *pública*, da autoridade".[14] De fato, um ano antes, pela primeira vez um autor havia falado de *opinion publique*, a saber, Rousseau, em seu famoso discurso sobre Arte e Ciência. Ele ainda usa a nova composição no velho sentido de *opinion*. Em todo caso, o atributo *publique* revela o deslocamento da polêmica. Os críticos, diz-se agora, minam os fundamentos da crença e aniquilam a virtude, dedicam seu talento e sua filosofia à destruição e à ruína do que é sagrado para o ser humano. Orientam-se contra a opinião pública (*"c'est de l'opinion publique qu'ils sont ennemis"*).[15]

Na língua inglesa, o desenvolvimento da *opinion* em *public opinion* se deu por meio da expressão *public spirit*. Em 1793, Friedrich Georg Forster ainda menciona o antigo *public spirit*, como equivalente à *opinion publique*, no lugar de *public opinion*, se bem que naquela época ambas as palavras fossem sinônimas no uso corrente. Já Steele transpõe o *public spirit* da disposição elevada, pronta ao sacrifício, de sujeitos individuais para aquela grandeza objetiva do espírito de época, de uma *general opinion* [opinião geral] que, desde então, dificilmente pode ser separada do instrumento dessa opinião, a imprensa.[16] Bolingbroke recorre a essa expressão para fundamentar o vínculo da oposição política com o *sense of the people*. Nos artigos do *Craftsman* de 1730, designa o *public spirit* do povo esclarecido e liderado pela oposição de um *spirit of liberty* contra a corrupção dos detentores do poder. *The knowledge of the millions* [O conhecimento de

---

14 Ibid., p.149.
15 Rousseau, *Schriften zur Kulturkritik*, p.34. ["É da opinião pública que eles são inimigos." – N. T.]
16 Cf. *Spectator*, n.204, 1712.

milhões de pessoas] não seria ridículo nem desprezível desde que na massa da população estivesse vivo um sentimento correto – "*if all men cannot reason, all men can feel*".[17] Nesse sentido, o *public spirit* ainda conserva, da *opinion* de Locke, certos traços de não mediação: o povo, em seu confiante *common sense*, é, de certo modo, infalível. No entanto, já traz sinais do Esclarecimento, do que em breve será chamado de *public opinion*: com o jornalismo político, que o próprio Bolingbroke ajudou a criar, o *sense of the people* transforma-se no *public spirit* oposicionista ativo. Na consciência desse conservador, que se vê obrigado ao papel de frondista que discute mediante razões e, com isso, ao de primeiro oposicionista no sentido da moderna tática parlamentar, vincula-se de modo notável uma peça do rousseaunismo antecipado com os princípios de uma crítica pública. No *public spirit* ambos estão ainda juntos: o senso imediato não culto para o justo e o correto e a articulação da opinião com o juízo por meio da exposição pública dos argumentos.

Apenas Edmund Burke, antes do início da Revolução Francesa, da qual se tornaria o crítico mais notável, acertou na diferenciação que faltava.[18] Contudo, ainda não em seu famoso discurso aos eleitores de Bristol, no qual desenvolve de modo exemplar a teoria liberal da representação virtual. Três

---

17 *Craftsman*, 27 jul. 1734. [Trad.: "Se nem todos os homens podem pensar, todos os homens podem sentir." – N. T.]

18 Cf., por fim, Hilger, *Edmund Burke und seine Kritik der Französischen Revolution*, p.122 et seq. Deixo de lado as interessantes teorias sobre a esfera pública política, com as quais, na mesma época, os filósofos morais escoceses complementam sua teoria evolucionista da sociedade civil. Observações em Habermas, *Theorie und Praxis*, p.47 et seq.

anos mais tarde, escreve aos mesmos eleitores uma carta *On the affairs of America* [Sobre os negócios da América]. Entrementes, houve a secessão das colônias norte-americanas em relação à Metrópole, e a Declaration of Rights foi publicada:

> *I must beg leave to observe that it is not only the invidious branch of taxation that will be resisted, but that no other given part of legislative right can be exercised without regard to the general opinion of those who are to be governed. That general opinion is the vehicle and organ of legislative omnipotence.*[19]

A definição, não muito clara do ponto de vista constitucional, da opinião pública como veículo e órgão da onipotência legislativa (ou da soberania) não deixa, contudo, nenhuma dúvida quanto ao conceito dessa *general opinion*. A opinião do público que discute mediante razões não é mais simplesmente *opinion*, não se origina mais da simples *inclination*, mas é uma reflexão privada sobre os *public affairs* [assuntos públicos] e a discussão pública sobre eles. Alguns meses depois, Burke escreve:

> *In a free country every man thinks he has a concern in all public matters; that he has a right to form and to deliver an opinion on them. They sift, examine and discuss them. They are curious, eager, attentive and jealous; and by making such matters the daily subjects of their thoughts and discoveries, vast numbers contract a very tolerable knowledge of them, and some a very considerable one [...]. Whereas*

---

19 Burke, *Burke's Politics*, p.106. [Trad.: "Permitam-me observar que não é somente o odioso ramo da taxação que encontrará resistências, nenhuma outra parte do direito legislativo poderá ser exercida sem considerar a opinião geral daqueles que serão governados. A opinião geral é o veículo e o órgão da onipotência legislativa." – N. T.]

> in other countries none but men whose office calls them to it having much care or thought about public affairs, and not daring to try the force of their opinions with one another, ability of this sort is extremely rare in any station of life. In free countries, there is often found more real public wisdom and sagacity in shops and manufactories than in the cabinets of princes in countries where none dares to have an opinion until he comes into them. Your whole importance therefore depends upon a constant, discreet use of your own reason.[20]

Logo a *general opinion* de Burke assume, em um movimento paralelo com o *public spirit*, o nome de *public opinion*: o *Oxford Dictionary* fornece a primeira prova disso em 1781.

Na França, a palavra correspondente já aparece por volta de meados do século. Mas, naquela época, o significado quase não havia se modificado em relação a *opinion*. *Opinion publique* é considerada a opinião do povo sustentada pela tradição e o

---

20 Ibid., p.119. [Trad.: "Em um país livre, todo homem pensa que tem algo a ver com as questões públicas; que ele tem o direito de formar e dar uma opinião sobre elas. Eles as peneiram, examinam e discutem. São curiosos, ávidos, atentos e ciumentos; e, ao fazer de tais assuntos objeto diário de seus pensamentos e descobertas, um grande número adquire um conhecimento bem razoável deles e alguns um conhecimento bem considerável [...]. Enquanto isso, em outros países, ninguém a não ser os homens chamados por ofício a eles e que têm muitos cuidados e pensamentos com os assuntos públicos, e sem que ousem tentar a força de suas opiniões com as dos outros, habilidade desse tipo é extremamente rara em qualquer estação da vida. Em países livres, encontra-se com frequência mais sabedoria pública e sagacidade verdadeira nas lojas e manufaturas do que nos gabinetes dos príncipes em países onde ninguém ousa ter uma opinião até que ela venha até eles. Toda a vossa importância depende, portanto, de um uso constante, discreto de vossa própria razão." – N. T.]

bon sens, seja aquela a que Rousseau se refere, do ponto de vista da crítica da cultura, em sua naturalidade, seja aquela que os enciclopedistas pretendem destruir do ponto de vista de uma crítica da ideologia. Somente quando é atribuída pelos fisiocratas ao próprio *public éclairé* é que a *opinion publique* assume o significado rigoroso de uma opinião que, por meio da discussão crítica na esfera pública, é depurada em uma opinião verdadeira: nela se dissolve a oposição entre *opinion* e *critique*. Como é sabido, os fisiocratas, expoentes de um público que agora também discute a política mediante razões, são os primeiros que afirmam a legalidade própria da sociedade civil em relação às medidas do Estado. Contudo, do ponto de vista do regime absolutista, eles se comportaram de forma apologética. Segundo uma expressão de Marx, sua doutrina equivale à reprodução burguesa do sistema feudal.[21] Na transição do mercantilismo para o liberalismo, agarram-se à base da dominação feudal, considerando a agricultura o único trabalho produtivo. Esta, porém, já é compreendida do ponto de vista da produção capitalista. O monarca é chamado a ser o guardião da *ordre naturel*. Para isso, o conhecimento das leis da ordem natural lhe é fornecido pelo *public éclairé*. Louis-Sébastien Mercier, que parece ter sido o primeiro que, a partir desses contextos, compreendeu o conceito rigoroso de *opinion publique* e refletiu sobre seu papel social,[22] diferencia, ainda que com dificuldades, os governantes e os eruditos.[23] Estes determinam a opinião pública, aqueles

---

21 Sobre isso, cf. Kuczynski, Zur Theorie der Physiokraten, p.27 et seq.
22 Mischke, *Die Entstehung der öffentlichen Meinung im 18. Jahrhundert*, p.170 et seq. Schmitt (*Die Diktatur*) já chama a atenção para esse contexto.
23 Mercier, *Notions claires sur les gouvernements*, p.VI et seq.

colocam em prática o que resulta da discussão do público conduzida por especialistas.

> *Les bons livres dépendent des lumières dans toutes les classes du peuple; ils ornent la vérité. Ce sont eux qui déjà gouvernent l'Europe; ils éclairent le gouvernement sur ses devoirs, sur sa faute, sur son véritable intérêt, sur l'opinion publique qu'il doit écouter et suivre: ces bons livres sont des maîtres patients qui attendent le réveil des administrateurs des États et le calme de leurs passions.*[24]

L'opinion publique é o resultado esclarecido da reflexão comum e pública sobre os fundamentos da ordem social; ela resume suas leis naturais; não domina, mas o déspota esclarecido precisa acompanhar o desenvolvimento dela.

Com essa doutrina da dupla autoridade da opinião pública e do príncipe, da *ratio* e da *voluntas*, os fisiocratas ainda interpretam a posição do público que discute a política mediante razões dentro dos limites do regime existente. Enquanto os contemporâneos ingleses entendiam o *public spirit* como uma instância que pode forçar os legisladores à legitimação, na França o isolamento da sociedade em relação ao Estado ainda continua, de modo que na cabeça desses intelectuais a função crítica da *opinion publique* permanece rigorosamente separada de sua função legislativa. Ao mesmo tempo, nesse primeiro con-

---

24 Ibid., p.VII. [Trad.: "Os bons livros dependem das luzes em todas as classes do povo; eles ornam a verdade. São eles que já governam a Europa; esclarecem o governo sobre seus deveres, sobre suas falhas, sobre seu verdadeiro interesse, sobre a opinião pública que deve escutar e seguir: esses bons livros são mestres pacientes que aguardam o despertar dos administradores dos Estados e a calma de suas paixões." – N. T.]

ceito de opinião pública já aparece também a ideia específica de uma esfera pública politicamente ativa. Certa vez, Le Harpe disse sobre Turgot: *"Il est le premier parmi nous qui ait changé les actes de l'autorité souveraine en ouvrages de raisonnement et de persuasion"*.[25] Isso já significa uma racionalização da dominação. Mas, como os demais fisiocratas, Turgot associa pouco essa ideia à garantia democrática de que as pessoas privadas que, na forma da opinião pública, produzem os conhecimentos pertinentes, possam também lhes atribuir obrigatoriedade legislativa: ainda que a máxima do absolutismo *auctoritas facit legem* não esteja mais vigente, seu contrário ainda não se realizou. No fim das contas, a razão da opinião pública ainda será privada de sua função constitutiva. No entanto, Rousseau, que, com toda a clareza desejável, fundamentou a autodeterminação democrática do público, vincula a *volonté générale* a uma *opinion publique* que coincide com a *opinion* irrefletida, com a opinião em sua condição de opinião publicizada.

Também Rousseau quer restabelecer, no "estado de sociedade", uma *ordre naturel*, mas esta não lhe parece ser imanente às leis da sociedade burguesa, mas simplesmente transcendente em relação à sociedade até então existente. Tanto a desigualdade quanto a falta de liberdade decorrem da corrupção do estado de natureza, no qual os seres humanos não realizam nada mais do que sua natureza humana, ao passo que a ruptura entre natureza e sociedade cinde cada indivíduo em *homme* e

---

25 Apud L. Say, *Turgot*, p.108. Koselleck (*Kritik und Krise*) chama a atenção para essa posição típica. [Trad.: "Entre nós, ele é o primeiro que transformou: os atos da autoridade soberana em obras de argumentação e de persuasão." – N. T.]

citoyen. O acontecimento originário da autoalienação se dá por conta do progresso civilizatório. O truque genial do *Contrato social* deve corrigir essa cisão: cada um submete, à comunidade, sua pessoa, sua propriedade e todos os seus direitos para, com a mediação da vontade geral, participar dos direitos e deveres de todos.[26] O pacto social exige uma entrega sem reservas, o *homme* ressurge no *citoyen*. Rousseau projeta a ideia pouco burguesa de uma comunidade política na qual a esfera privada autônoma, a sociedade civil emancipada do Estado, não tem lugar. Sua base não está excluída disso: a propriedade é ao mesmo tempo privada e pública, exatamente como se cada cidadão, como participante da vontade geral, apenas tivesse a si mesmo como súdito.[27] Nesse sentido, a vontade geral não resulta da concorrência dos interesses privados. Uma tal *volonté de tous* [vontade de todos] corresponderia ao modelo liberal sob o pressuposto da autonomia privada, o qual o modelo do *Contrato social* justamente suprime. A *volonté générale*, a garantia do reestabelecimento do estado de natureza sob as condições do estado de sociedade, ascende de maneira redentora do primeiro ao último, como um tipo de instinto de humanidade. Assim, voltando-se contra Montesquieu, Rousseau não vê o espírito da constituição nem no mármore nem no bronze, mas ancorado no coração dos cidadãos e isso quer dizer: na

---

26 "Os compromissos que nos ligam ao corpo social só são obrigatórios por serem mútuos, e sua natureza é tal que, ao cumpri-los, não se pode trabalhar para outrem sem trabalhar também para si mesmo" (Rousseau, *Contrat social*, II, 4; citado segundo a tradução alemã de Weigand, p.30).

27 Cf. os comentários de Weigand ao livro III, 15, p.164.

opinion – "falo dos costumes, dos usos e principalmente da opinião popular".[28]

A *law of opinion* de Locke torna-se soberana por meio do *contrat social* de Rousseau. A opinião não pública, com o título de uma outra *opinion publique*, é alçada à condição de único legislador, mais precisamente eliminando da esfera pública o público que discute mediante razões. O procedimento de legislação que Rousseau prevê não deixa nenhuma dúvida quanto a isso.[29] Só o saudável bom senso (*bon sens*) é necessário para perceber o bem comum. Os seres humanos simples, talvez simplórios, apenas ficariam irritados com as sutilezas políticas da discussão pública: longos debates estimulam os interesses particulares. À concórdia das assembleias, Rousseau contrapõe as perigosas pretensões dos oradores. A *volonté générale* é antes um consenso dos corações do que dos argumentos.[30] É mais bem governada aquela sociedade em que as leis (*lois*) correspondem simplesmente aos costumes (*opinions*) já enraizados. A simplicidade dos costumes evita as discussões espinhosas (*discussions épineuses*).[31] O luxo, ao contrário, corrompe a sã simplicidade, submete um grupo ao outro e todos à opinião pública sobretudo (*et tous à l'opinion*).[32] Nessa passagem, impõe-se novamente o uso linguístico concorrente: *l'opinion* é a opinião do *public éclairé* mediada pela imprensa e pelos discursos de salão. Contra sua influência corruptora, Rousseau, bem ao estilo de seu escrito

---

28 Rousseau, *Contrat social*, II, 12, p.49.
29 Sobre o que se segue, cf. Rousseau, *Contrat social*, IV, I e II, p.91 et seq.
30 Ibid., III, I, p.53.
31 Ibid., III, p.60.
32 Ibid.

premiado de 1750, separa com toda a determinação a opinião dos costumes simples e das almas boas.

Apesar de sua naturalidade, essa opinião precisa ser orientada em sua dupla função. Por um lado, como convenção, ela tem imediatamente a tarefa de controle social; o censor a vigia, não como juiz da opinião popular, mas muito mais como seu porta-voz: *"L'opinion publique est l'espèce de loi dont le censeur est le ministre"*.[33] Esse é o único capítulo do *Contrato social* em que se fala de *opinion publique*. E o comentário torna de fato nítida a coincidência quase literal com a *law of opinion* de Locke: *"Qui juge des moeurs juge de l'honneur; et qui juge l'honneur prend sa loi de l'opinion"*.[34] Esta também tem a tarefa de legislar, ao contrário do que se vê em Locke. Em todo caso, ela precisa aqui de orientação. Assim como a *opinion* precisa ser articulada pelo *censeur* na função do controle social, a *opinion* precisa ser articulada pelo *legislateur* em sua função de legislar. O Legislativo defronta-se com uma *opinion* que certamente é soberana, mas que também, em situação precária, corre o risco de ser tacanha. Não pode se servir nem do poder nem da discussão pública (*ni la force ni la résolution*), deve, portanto, procurar abrigo na autoridade de uma influência indireta, *"qui puisse entraîner sans violence et persuader sans convaincre"*.[35] A democracia rousseauísta da opinião pública não pública acaba postulando, por fim, o exercício manipulador do poder. A vontade geral sempre tem

---

33 Ibid., IV, 7, p.110. [Trad.: "A opinião pública é a espécie de lei da qual o censor é o ministro." – N. T.]
34 Ibid., II, 8. [Trad.: "Quem julga os costumes julga a honra; e quem julga a honra busca a sua lei na opinião." – N. T.]
35 Ibid. [Trad.: "Que possa arrebatar sem violência e persuadir sem convencer." – N. T.]

razão, é dito na famigerada passagem, mas nem sempre ela é iluminada por um juízo orientador. É preciso, portanto, colocar as coisas diante dos olhos tal como são ou, às vezes, como devem parecer.[36] Mas por que Rousseau não chama a opinião popular soberana simplesmente de *opinion*, por que a identifica com a *opinion publique*? A explicação é simples. Uma democracia direta exige a presença real do soberano. A *volonté générale* como *corpus mysticum* está vinculada ao *corpus physicum* do povo unânime reunido.[37] A ideia de um plebiscito permanente é apresentada por Rousseau segundo a imagem da *pólis* grega: ali o povo estava reunido continuamente na praça; assim, aos olhos de Rousseau, a *place publique* torna-se o fundamento da constituição. É da praça pública que a *opinion publique* recebe seu atributo, ou seja, dos cidadãos do Estado reunidos para a aclamação, e não para discussão pública mediante razões conduzida por um *public éclairé*.

Os fisiocratas defendem um absolutismo complementado por uma esfera pública criticamente ativa. Rousseau quer uma democracia sem discussão pública – e ambos os lados reivin-

---

36 Hennis (Der Begriff der öffentlichen Meinung bei Rousseau, p.111 et seq.) desconhece que Rousseau identifica *opinion publique* com opinião não pública. É precisamente a desconfiança, baseada em uma crítica da cultura, contra a realização da "opinião pública" no sentido estrito dos fisiocratas contemporâneos que obriga a ideia democrática do *Contrat social* a assumir certas consequências de uma ditadura. Por fim, cf. Fetscher, *Rousseaus politische Philosophie*, em que também se encontra uma bibliografia mais ampla.

37 Rousseau, *Contrat social*, III, 14, p.81: "A soberania não pode ser exercida de modo representativo [...]. Ela consiste essencialmente na vontade geral e a vontade é irrepresentável; ou ela é ela mesma ou outra [...]. É nula toda lei que o próprio povo não tenha ratificado".

dicam o mesmo título: *opinion publique*. Por isso, seu significado ficou polarizado na França pré-revolucionária. Mas a própria revolução acaba combinando as duas funções separadas da opinião pública, a crítica e a legislativa.[38] A Constituição de 1791 entrelaça o princípio da soberania popular com o Estado de direito parlamentarista, que garante, como direito fundamental, a esfera pública politicamente ativa. O conceito francês de opinião pública é radicalizado em relação ao conceito inglês. O deputado Bergasse, em uma discussão na Assembleia Nacional sobre o significado constitucional da *opinion publique*, deu-lhe uma fórmula patética:

> *Vous savez que ce n'est que par l'opinion publique que vous pouvez acquérir quelque pouvoir pour faire le bien; vous savez que ce n'est que par elle que la cause si longtemps désespérée du peuple a prévalu; vous savez que devant elle toutes les autorités se taisent, tous les préjugés disparaissent, tous les intérêts particuliers s'effacent.*[39]

No mesmo período, na Inglaterra, Jeremy Bentham redigiu um texto a favor da necessidade da Constituinte,[40] o qual pela

---

38 Característico disso é o panfleto do abade Sieyès, surgido em 1788 (edição alemã: *Was ist der Dritte Stand?*). Cf. meu ensaio Naturrecht und Revolution, p.52 et seq. e, em especial, p.57 et seq.

39 Apud Redslob, Staatstheorien der französischen Nationalversammlung, p.65. [Trad.: "O senhores sabem que só pela opinião pública é que podem alcançar algum poder para fazer o bem; sabem que só por ela prevaleceu a causa do povo, por tanto tempo desesperada; sabem que diante dela todas as autoridades se calam, todos os preconceitos desaparecem, todos os interesses particulares se apagam." – N. T.]

40 Contudo, essas propostas não tiveram nenhuma influência sobre os constituintes franceses. O texto original está redigido em fran-

primeira vez explícita em forma monográfica o vínculo da opinião pública com o princípio da esfera pública.

Por um lado, o exercício do poder público, por estar "exposto a determinada quantidade de tentações", precisa do controle permanente da opinião pública. A esfera pública dos debates parlamentares assegura uma "supervisão do público", cuja capacidade crítica é considerada decisiva.

> A totalidade do público (*the public, le corps publique*) forma um tribunal que vale mais do que todos os tribunais reunidos. Pode-se querer enfrentar suas pretensões, ou representá-las como opiniões flutuantes e divergentes que se neutralizam e destroem mutuamente; contudo, todos sentem que esse tribunal, embora esteja sujeito a errar, é incorruptível, que busca continuamente se esclarecer, que contém em si toda a sabedoria e justiça de um povo, que sempre decide sobre o destino dos homens de Estado (*public men, hommes publiques*) e que as penas que inflige são inevitáveis.[41]

Além disso, a assembleia é colocada em condições de fazer uso dos conhecimentos do público – "nada é mais fácil sob o regime da publicidade" (*under the guidance of publicity, sous le régime*

---

ces; apareceu primeiro em 1816 em Genebra. Citamos segundo a tradução alemã do mesmo ano: *Taktik oder Theorie des Geschäftsganges in deliberierenden Volksständeversammlungen*, especialmente cap. 3, p.10 et seq.: Von der Publizität. Apresentamos também os termos específicos em inglês (An Essay on Political Tactics, p.299 et seq.) e em francês (*Tactique des assemblées legislatives*) porque ainda se mostram diferenças significativas em seu uso linguístico: no texto alemão, encontram-se paráfrases para "opinião pública" e "esfera pública".

41 Bentham, *Taktik oder Theorie des Geschäftsganges in deliberierenden Volksständeversammlungen*, p.11.

de la publicité).⁴² Por outro lado, é certo que a opinião pública, por sua vez, precisa da publicidade dos debates parlamentares para se informar:

> Em um povo que por um longo tempo teve assembleias públicas, o espírito comum (*general feeling, esprit général*) estará afinado em um tom mais elevado; as ideias serão mais universais; combatidos pelos homens de Estado, não pelos retóricos, os preconceitos perniciosos perderão seu poder [...] A razão e o espírito de investigação serão um costume em todas as classes da sociedade.⁴³

Bentham entende os debates públicos do Parlamento apenas como uma parte dos debates públicos do público em geral. Somente a esfera pública dentro e fora do Parlamento pode assegurar a continuidade da discussão política mediante razões e de sua função, a saber, fazer que a dominação, como se expressou Burke, se transforme de uma *matter of will* [questão de vontade] em uma *matter of reason* [questão de razão]. A escolha dos deputados não deve ser resultado de uma decisão cega, mas deve ser ela mesma a decisão ponderada sobre algo: "Em uma assembleia escolhida pelo povo e renovada de tempos em tempos, a esfera pública é absolutamente necessária para fornecer aos eleitores a possibilidade de proceder com conhecimento das coisas".⁴⁴ Sobretudo a partir de Jorge III, a força viva da opinião pública se impôs em relação os estatutos mortos – "*since public opinion, more enlightened, has had a great ascendency (depuis*

---

42 Ibid., p.15.
43 Ibid., p.14.
44 Ibid., p.16 et seq.

l'opinion publique plus éclairée a pris plus d'ascendent)"* — no texto alemão, ainda se fala nessa passagem de *Volks-Meinung* [opinião popular]. Na Inglaterra, o melhor teria sido conseguido por uma violação contínua das leis: por isso Bentham fala do *regime of publicity* como "*still very imperfect and newly tolerated (le régime de la publicité, très imparfait, encore et nouvellement toléré)*".[45]

Guizot, que era uma geração mais jovem e desde 1820 proferia conferências sobre a origem e a história do Estado de direito burguês, dá ao "domínio da opinião pública" sua formulação clássica:

> *C'est de plus le caractère du système qui n'admet nulle part la légitimité du pouvoir absolu d'obliger tous les citoyens à chercher sans cesse, et dans chaque occasion, la vérité, la raison, la justice, qui doivent régler le pouvoir de fait. C'est ce que fait le système représentatif: 1) par la discussion qui oblige les pouvoirs à chercher en commun la vérité; 2) par la publicité qui met les pouvoirs occupés de cette recherche sous les yeux des citoyens; 3) par la liberté de la presse qui provoque les citoyens eux mêmes à chercher la vérité et à la dire au pouvoir.*[46]

---

* Trad.: "Desde então, a opinião pública, mais esclarecida, tem tido maior ascendência." (N. T.)

45 Ibid., p.33. [Trad.: "O regime de publicidade, ainda muito imperfeito e recentemente tolerado." – N. T.] Em outra passagem, fala-se de uma salvação na "proteção o povo"; ao contrário, na edição francesa (*Tactic des Assemblées Legislatives*, p.28) é dito: "*Il n'y a de sauvegarde que dans la protection de l'opinion publique*" ["Não há salvaguarda a não ser na proteção da opinião pública"].

46 Guizot, Historie des origines du governement representatif en Europe, II, p.10. Carl Schmitt também chama a atenção para o significado dessa passagem em: Die geistesgeschichtliche Lage des Parlamentarismus, nota, p.22. [Trad.: "Além do mais, é característico do sistema que não admite em parte alguma a legitimidade do

No início dos anos 1890, Friedrich Georg Forster parece ter introduzido no Oeste alemão a expressão *opinion publique* como "opinião pública"; os *Parisischen Umrisse*, as cartas que escreveu à esposa no fim de 1793, dão testemunho dessa nova realidade pela primeira vez na Literatura alemã.[47] É sobretudo a importante diferenciação de Forster entre a opinião pública e o espírito comum que mostra que o conceito de uma esfera pública politicamente ativa já havia se formado na Inglaterra e na França:

> Já temos 7 mil escritores, e, apesar disso, como não há um espírito comum alemão, também não há nenhuma opinião pública

---

poder absoluto obrigar todos os cidadãos a buscar incessantemente, e em cada ocasião, a verdade, a razão e a justiça que devem regular o poder de fato. É isso que faz o sistema representativo: 1) pela discussão que obriga os poderes a buscar em comum a verdade; 2) pela publicidade que coloca os poderes encarregados dessa busca sob os olhos dos cidadãos; 3) pela liberdade de imprensa que provoca os próprios cidadãos a buscar a verdade e a dizer ao poder." – N. T.]

47 Em seus *Parisischen Umrisse*, Forster escreve sobre a origem da opinião pública na França: "Com ponderação, situo suas primeiras reconfigurações nos últimos tempos da monarquia, pois a grandeza da capital, com a massa de conhecimentos, gosto, espírito e força imaginativa que nela se concentra; a necessidade cada vez mais aguda de um ensino epicurista titilante; a liberação de preconceitos nos estamentos altos e também, mais ou menos, nos estamentos médios; o poder dos parlamentos indo sempre contra a corte; as ideias de governo, constituição e republicanismo que começaram a circular com a independência da América e a participação francesa nesse processo [...], tudo isso abriu caminho para a liberdade de pensamento e a liberdade da vontade que, algum tempo antes da revolução, uma opinião pública decisiva já dominava quase sem restrição toda Paris e, a partir desse ponto central, toda França". Apud Bauer, *Die öffentliche Meinung in der Weltgeschichte*, p.238.

alemã. Até mesmo essas palavras nos são tão novas, tão estranhas, que cada um pede esclarecimentos e definições, ao passo que nenhum inglês entende mal outro inglês quando se fala de *public spirit*, e nenhum francês entende mal outro francês quando se fala de *opinion publique*.[48]

Quão certo Forster estava a respeito da necessidade de comentários sobre os vocábulos emprestados,[49] é confirmado por Wieland, que, naquele tempo, era mais conhecido pelo público em geral como publicista do que como aspirante a editor de clássicos. Meia década depois das observações de Forster, Wieland conduz uma de suas *Gespräche unter vier Augen* [Conversas a quatro olhos] justamente sobre essa "opinião pública".[50] As definições de Wieland não trazem nada de novo. A opinião pública irrompe "onde conceitos equivocados e preconceitos que atingem nosso bem-estar ou mal-estar imediatos [...] cedem finalmente ao supremo poder da verdade".[51] A opinião pública coincide no resultado com a "investigação mais aguda da coisa, segundo a ponderação exata de todas as razões pró e contra"; e, também na Alemanha, deve ter quase a "força de uma lei".[52] A opinião pública parte dos instruídos e difunde-se "sobretudo entre aquelas classes que, quando atuam em massa,

---

48 Forsters, "Über öffentliche Meinung", S 249.
49 Os *Europäische Annalen*, de Posselts, cujo primeiro volume aparece em 1795, com o artigo "Frankreichs Diplomatie oder Geschichcte der öffentliche Meinung in Frankreich", ainda revela a incerteza do uso linguístico.
50 Wieland, *Sämtliche Werke*, v.32, p.191 et seq.
51 Ibid., p.200.
52 Ibid., p.218.

adquirem preponderância".[53] É certo que "as classes populares mais baixas", os *sans-culottes*, não fazem parte disso, pois sob a pressão da carência e do trabalho não têm disposição nem oportunidade "para se preocupar com coisas que não dizem respeito imediato às necessidades corpóreas".[54]

É bem verdade que nas reflexões de Wieland também estão presentes elementos rousseauístas, aqueles aos quais mais tarde, durante as guerras de libertação, o romantismo político se reportará para identificar a opinião pública com o espírito do povo silencioso.[55] Contudo, no próprio Wieland domina um conceito de opinião pública que, na tradição um tanto pedante do Esclarecimento alemão, está inclinado a denunciar sobretudo a mentira clerical e o segredo de gabinete perante o fórum da discussão pública mediante razões.[56]

---

53 Ibid., p.192.
54 Ibid., p.198.
55 Ibid., p.193: a opinião pública é aquela "que imperceptivelmente se apodera da maioria das cabeças e, nos casos em que não se atreve a se expressar em voz alta, mesmo assim, à semelhança de uma colmeia que logo vai enxamear, anuncia-se por um murmúrio abafado, que se torna cada vez mais forte"; analogamente, ibid., p.212 et seq. O vínculo do conceito de opinião pública com a doutrina do espírito do povo, desenvolvida sobretudo pelo publicismo antinapoleônico, é demonstrado por Flad, *Der Begriff der öffentlichen Meinung bei Stein, Arndt, Humboldt*.
56 "Enquanto a moral for uma competência exclusiva do clero, e a política, um segredo reservado às cortes e aos gabinetes, uma e outra acabam sendo mal usadas como instrumentos de engodo e opressão. O povo torna-se vítima de jogos de palavras perniciosos, e o poder se permite tudo e pode permitir-se tudo impunemente, pois depende de seu arbítrio selar o injusto como justo, o justo como injusto, e transformar em crime aquilo que antes mais temia – a divulgação

§ 13. A publicidade como princípio de mediação entre a política e a moral (Kant)

Ainda antes de o *tópos* da opinião pública ganhar cidadania no domínio da língua alemã, a ideia de uma esfera pública burguesa encontra sua forma teórica madura no desdobramento do princípio da publicidade em Kant, nos termos de uma Filosofia do direito e de uma Filosofia da história.

O processo crítico contra a dominação absolutista conduzido por pessoas privadas que discutem a política mediante razões compreende a si mesmo como apolítico: a opinião pública quer racionalizar a política em nome da moral. No século XVIII, a tradição aristotélica de uma filosofia da política se dissolve significativamente em uma filosofia moral, em que o fenômeno "moral", já pensado de todo modo em conjunção com a "natureza" e a "razão", estende-se também à esfera conceitual do "social" que estava prestes a surgir – entrando assim no horizonte semântico do termo inglês *social*, tão peculiarmente acentuado na época. Não por acaso, o autor de *A riqueza das nações* possuía uma cátedra de Filosofia moral. Nesse contexto, encontra-se a frase:

---

da verdade – e como tal puni-la. Não é assim quando a razão se apodera novamente de seus direitos eternos e imprescritíveis para lançar luz sobre todas as verdades, cujo conhecimento a todos é oportuno, e, com a ajuda de todas as musas da Arte, arranjar para todas elas a máxima popularidade, sob todas as formas e roupagens imagináveis. Então, uma grande quantidade de conceitos de fatos corretos começa a circular; uma quantidade de preconceitos começa a cair como escamas dos olhos [...]." (ibid., p.208 et seq.).

A verdadeira política não pode dar um passo sem antes ter prestado homenagem à moral e, embora a política em si mesma seja uma arte difícil, a união dela com a moral não constitui uma arte, pois a última corta o nó górdio que a política não consegue desatar, quando ambas entram em conflito uma com a outra.[57]

Kant escreveu essa frase no apêndice a seu projeto *A paz perpétua*. Nesse ponto, ele retoma dois postulados deduzidos em *Doutrina do direito*: a constituição civil de todo Estado deve ser republicana, e a relação dos Estados entre si deve ser pacifista no âmbito de uma federação cosmopolita. Todas as obrigações jurídicas que asseguram a liberdade civil no plano interno e a paz cosmopolita no âmbito externo unem-se na ideia de uma ordem plenamente justa. A coerção não pode mais ser exercida na forma de uma dominação pessoal ou de uma autoafirmação violenta, mas apenas de tal modo "que unicamente a razão tenha poder". As próprias relações jurídicas, que se desenvolveriam a ponto de se tornar dominação exclusiva e podem ser representadas como a possibilidade de uma coerção recíproca em concordância com a liberdade de cada um segundo leis universais, originam-se da razão prática – máximo contragolpe ao princípio: *auctoritas non veritas facit legem*.

Com essa fórmula, Hobbes pôde outrora sancionar o poder absoluto do príncipe, pois o estabelecimento da paz, ou seja, o fim da guerra civil religiosa, somente seria alcançável se o monarca monopolizasse em suas mãos o poder público, e a sociedade civil, com toda a disputa de consciências, fosse neutralizada como esfera privada. Diante da decisão em

---

57 Kant, *Werke*, v.VI, p.467 et seq.

conformidade com as recomendações de uma prudência que, por assim dizer, se comprovava existencialmente na pessoa do soberano, qualquer discussão mediante razões a respeito das regras da eticidade estava degradada a uma disposição sem consequências políticas. Dois séculos depois, quando a discussão mediante razões é reabilitada por Kant na forma de leis da razão prática, de modo que até mesmo a legislação política deveria ser submetida a seu controle, aquelas pessoas privadas burguesas já haviam formado um público, e sua esfera de discussão, a saber, a esfera pública, se institui em suas funções políticas de mediar o Estado e a sociedade. Por isso, a publicidade em Kant vale como aquele único princípio que pode afiançar a consonância da política com a moral.[58] Kant apreende a "publicidade" [Öffentlichkeit] como princípio da ordem jurídica e, sobretudo, como método do Esclarecimento.

"A menoridade", assim começa, como se sabe, o famoso ensaio,

> é a incapacidade de se servir do entendimento sem a orientação de outrem. Tal menoridade é por culpa própria, se sua causa não reside na falta do entendimento, mas na falta de decisão e coragem [...].[59]

A libertação da menoridade por culpa própria chama-se Esclarecimento. Tendo em vista o indivíduo, ela indica uma máxima subjetiva, a saber, pensar por conta própria. Considerando-se a humanidade como um todo, indica uma tendência objetiva, a saber, o progresso em direção a uma ordem plenamente justa.

---

58 Ibid., v.VI, p.468 et seq.
59 Ibid., v.IV, p.169.

Em ambos os casos, o Esclarecimento deve ser mediado pela esfera pública: "é, pois, difícil ao homem desprender-se da menoridade que para ele se tornou quase uma natureza [...]. Mas é perfeitamente possível que *um público* a si mesmo se esclareça. Mais ainda, é quase inevitável, se para tal lhe for dada apenas a liberdade".[60] Em relação ao Esclarecimento, o pensar por conta própria parece coincidir com o pensar em voz alta,[61] assim como o uso da razão parece coincidir com seu uso público:

> É certo o que se diz: a liberdade para falar ou escrever nos pode ser retirada por um poder superior, mas não a liberdade de pensar. Mas quanto e com que correção poderíamos bem pensar se não pudéssemos fazê-lo de algum modo em comunidade com outros, aos quais comunicamos nossos pensamentos e eles comunicam os deles![62]

Assim como os enciclopedistas, Kant apresenta o Esclarecimento, o uso público da razão, primeiramente como um assunto de instruídos [*Gelehrte*], em particular daqueles que lidam com os princípios da razão pura, quer dizer, os filósofos. Como nas disputas dos escolásticos e ainda nos famosos debates dos Reformadores, trata-se de doutrinas e opiniões "sobre as quais as faculdades têm de entender-se sob o nome do teórico [...], e das quais o povo reconhece para si mesmo que nada entende".[63] O conflito das faculdades realiza-se

---

60 Ibid., v.IV, p.170.
61 Ibid., v.IV, p.389.
62 Ibid., v.IV, p.363.
63 Ibid., v.VII, p.344.

como uma controvérsia crítica entre as faculdades inferiores e superiores. Estas, a saber, a teologia, a jurisprudência e a medicina, fundam-se, de um modo ou de outro, na autoridade. Também estão sujeitas à supervisão do Estado, já que formam os "negociantes da erudição", os religiosos, os juízes e os médicos. Eles apenas aplicam a ciência (entendem-se sobre o malfeito, sobre o *savoir-faire*). As faculdades inferiores, ao contrário, lidam com os conhecimentos da razão pura. Seus representantes, os filósofos, deixam-se orientar unicamente pelos interesses da razão, independentemente dos interesses do governo. Seu espírito "volta-se para a apresentação pública da verdade".[64] Nesse conflito das faculdades, a razão precisa "ter o direito de falar publicamente, pois (senão) a verdade não aparecerá à luz do dia".[65] E isso, como acrescenta Kant, em prejuízo do próprio governo.

No entanto, a esfera pública, na qual os filósofos praticam seu artesanato crítico, não é meramente acadêmica, a despeito de manter um núcleo acadêmico. Assim como a discussão dos filósofos se desenrola com a intenção de instruir e examinar o governo, ela acontece também diante do público do "povo", para induzi-lo a servir-se da própria razão. A posição desse público é ambígua: por um lado, encontra-se na menoridade e ainda precisa ser esclarecido; por outro, já se constitui como público sob a pretensão de maioridade dos que estão aptos ao Esclarecimento. Pois, no fim das contas, não apenas o filósofo é útil ao processo de Esclarecimento, mas também todo aquele que sabe usar publicamente sua razão. O conflito das facul-

---

64 Ibid., v.VII, p.343.
65 Ibid., v.VII, p.330.

dades é, por assim dizer, apenas a fornalha da qual irradia o fogo do Esclarecimento, e no qual ele é sempre renovadamente atiçado. A esfera pública não se realiza unicamente na república dos instruídos, mas sim no uso público da razão de todos que nela se entendem. No entanto, estes últimos precisam sair dos limites de sua esfera privada *como se* fossem instruídos:

> Mas entendo por uso público de sua própria razão aquele uso que alguém, como instruído, faz perante o grande público do mundo letrado. Chamo uso privado aquele que alguém, em um cargo público ou função a ele confiado, pode fazer de sua razão [...]. Aqui, sem dúvida, não é permitido discutir mediante razões, mas é preciso obedecer. Porém, na medida em que essa parte da máquina se considera também elo de uma coletividade [*gemeinen Wesens*] inteira, e até da sociedade de cidadãos do mundo [*Weltbürgergesellschaft*], por conseguinte na qualidade de um instruído que, em entendimento próprio, se volta com escritos a um público, ele pode certamente discutir mediante razões.[66]

Disso resulta o postulado da publicidade [*Öffentlichkeit*] como princípio:

> O uso público da sua razão deve ser sempre livre, e só ele pode produzir o Esclarecimento entre os seres humanos; mas o uso privado da razão pode frequentemente ser limitado de modo muito rigoroso sem com isso impedir especialmente o progresso do Esclarecimento.[67]

---

66 Ibid., v.IV, p.171.
67 Ibid.

Cada um está convocado a ser um "publicista" que fala, "por meio de escritos, ao público propriamente dito, isto é, ao mundo".[68]

Com o "mundo", no qual se constitui o público, a esfera pública é caracterizada como esfera: Kant fala de conhecimento do "mundo", refere-se ao homem do mundo. Esse sentido de mundanidade [*Weltläufigkeit*] articula-se no conceito de cidadania cosmopolita, enfim, no conceito de melhor para o mundo [*Weltbesten*], tornando-se a ideia de um mundo que ressalta de forma mais clara no "conceito mundano" [*Weltbegriff*] de ciência – pois em sua pureza o mundo é produzido na comunicação dos seres racionais. Enquanto o conceito acadêmico de ciência apenas significa uma "habilidade para certos fins arbitrários", seu conceito mundano "afeta o que necessariamente interessa a cada um".[69] Não é o mundo no entendimento transcendental: como sumário de todos os fenômenos, a totalidade de sua síntese e, nesse sentido, uno com a "natureza". Esse mundo remete muito mais à humanidade como gênero, mas de modo que sua unidade se apresenta no fenômeno: o mundo do público leitor que discute mediante razões e que naquela época se desenvolvia nas amplas camadas burguesas. É o mundo dos literatos, mas também dos salões, nos quais as "sociedades mistas" interagiam de modo discursivo. Aqui, nas casas burguesas, estabelece-se o público.

Quando se presta atenção ao decurso das conversas em sociedades mistas, que consistem não apenas de instruídos e homens de

---

68 Ibid., v.IV, p.172.
69 Id., Kritik der reinen Vernunft, nota, p.561 et seq.

razão, mas também de pessoas do comércio e senhoras, observa-se que, além das narrativas e dos gracejos, tem lugar ainda um entretenimento, a saber, a discussão mediante razões.[70]

O público dos "seres humanos" que discute mediante razões constitui-se no público dos "cidadãos", no qual ele se entende sobre os assuntos da "coletividade". Essa esfera pública politicamente ativa torna-se, sob uma "constituição republicana", o princípio organizador do Estado de direito liberal. Em seu âmbito, a sociedade civil é estabelecida como esfera da autonomia privada (cada um deve poder procurar sua "felicidade" pelo caminho que lhe parecer mais auspicioso). As liberdades civis são asseguradas por leis universais; a liberdade do "ser humano" corresponde à igualdade dos cidadãos perante a lei (revogação de todos os "direitos natos"). A própria legislação se deve à "vontade do povo oriunda da razão", pois as leis se originam, do ponto de vista empírico, da "concordância pública" do público que discute mediante razões. Por isso, Kant também as denomina leis públicas, diferenciando-as das leis privadas que, como os usos e os costumes, reivindicam uma validade não explícita.[71]

> Mas uma lei pública, que determina a todos o que lhes deve ser juridicamente permitido ou não permitido, é o ato de uma vontade pública, da qual emana todo direito, e que, portanto, não deve poder

---

70 Id., Kritik der praktischen Vernunft, p.165.
71 Uma diferença que não coincide com a diferença entre direito público e direito privado. No sentido kantiano, o direito civil como um todo é público. Cf. Kant, Metaphysik der Sitten, Rechtslehre.

fazer nada de injusto a ninguém. Mas, além disso, não é possível outra vontade, a não ser a do povo inteiro (uma vez que todos decidem sobre todos; portanto, cada um decide sobre si mesmo).[72]

Aqui a argumentação de Kant segue inteiramente a de Rousseau, com a decisiva exceção em um ponto: que o princípio da soberania popular[73] só pode ser realizado sob o pressuposto de um uso público da razão.

> Em toda coletividade [...] é preciso haver um espírito de liberdade, uma vez que, naquilo que concerne ao direito humano universal, cada um exige ser convencido pela razão que essa coerção é conforme o direito, para que não entre em contradição consigo mesmo.

A limitação da esfera pública, diz Kant com o olhar voltado para as lojas maçônicas, ardorosamente discutidas na época, é "a causa que motiva todas as sociedades secretas. Pois é uma vocação natural da humanidade compartilhar uns com os outros aquilo que sobretudo diz respeito a todos os seres humanos".[74] Nesse contexto, aparece a famosa expressão da liberdade da pena como o "único paladino dos direitos do povo".

Já em *Crítica da razão pura*, Kant havia atribuído ao consenso público dos que discutem entre si mediante razões a função de um controle pragmático da verdade: "A pedra de toque para decidir se a crença é convicção ou simples persuasão, será, portan-

---

72 Kant, *Werke*, v.VI, p.378.
73 Ibid., v.VI, p.389. "O que um povo não consegue por si mesmo decidir, o legislador também não pode decidir pelo povo".
74 Ibid., v.VI, p.389.

to, externamente, a possibilidade de comunicá-la e considerá-la válida para a razão de todo ser humano".[75] À unidade inteligível da consciência transcendental corresponde o acordo de todas as consciências empíricas, produzido na esfera pública. Mais tarde, na Filosofia do direito, essa "concordância de todos os juízos a despeito da diversidade dos sujeitos entre si", garantida por meio da publicidade, para a qual só falta, em Kant, o nome de "opinião pública", recebe seu significado constitutivo para além de seu valor pragmático: as próprias ações políticas, ou seja, relacionadas com o direito dos outros, só podem estar em concordância com o direito e a moral na medida em que suas máximas são capazes de publicidade, elas até mesmo carecem dela.[76] Diante da esfera pública, todas as ações políticas devem poder ser remetidas ao fundamento das leis, que, por sua vez, são comprovadas como leis universais e racionais perante a opinião pública. No âmbito de uma situação plenamente normatizada (que unifica a constituição civil e a paz perpétua em uma "ordem plenamente justa"), a lei natural da dominação é substituída pela dominação das leis do direito – a política pode ser convertida fundamentalmente na moral.

Mas como a consonância da política com a moral poderia ser assegurada se esse estado jurídico [*Rechtszustand*] ainda não existe? Para produzi-lo, não é suficiente o querer de todos os seres humanos individuais para viver sob uma constituição jurídica segundo os princípios da liberdade, ou seja, a unidade

---

[75] Na seção "Sobre a opinião, a ciência e a fé". Cf. Kant, *Werke*, v.III, p.550.

[76] Kant chama isso de "consonância da política com a moral, segundo o conceito transcendental de direito público" (*Werke*, v.VI, p.468 et seq.).

distributiva da vontade de todos; para isso, seria necessária a unidade coletiva da vontade: todos juntos deveriam querer esse estado. Em decorrência disso, Kant também crê não poder esperar outro começo de um estado jurídico que não seja por meio do poder político. A tomada indireta do poder por parte de um público de pessoas privadas reunidas não se entende, porém, a si mesma como política;[77] a autocompreensão moral da esfera pública burguesa impõe, mesmo sobre aqueles esforços que propiciam sua função política, uma abstinência em relação aos métodos de um poder político, do qual a publicidade promete justamente a libertação. Kant resolve esse dilema por meio da Filosofia da história. Mesmo sem a intervenção dos indivíduos interiormente livres, serão produzidas relações externas livres, sob as quais a política pode ser então consistentemente absorvida pela moral. Como se sabe, Kant constrói um progresso da espécie humana e de sua constituição social a partir da mera coação da natureza, sem mesmo levar em conta o que os próprios seres humanos deveriam fazer segundo as leis da liberdade. Certamente, esse progresso não consiste então em um *quantum* de moralidade, mas exclusivamente em uma multiplicação dos produtos da legalidade.[78]

Quando a natureza se serve do "antagonismo da sociedade", das lutas internas, bem como das guerras entre os povos, para desenvolver todas as disposições naturais da humanidade em uma "sociedade civil que administra universalmente o direito", então essa "constituição civil plenamente justa" terá de ser ela mesma uma "concordância imposta patologicamente",

---

77 Cf. Koselleck, *Kritik und Krise*, especialmente p.81 et seq.
78 Kant, *Werke*, v.VII, p.404.

que apenas *aparece* como um "todo moral". Nela um problema teria encontrado sua solução prática, que Kant formula teoricamente assim:

> ordenar uma multidão de seres racionais que, para sua conservação, exigem em conjunto leis universais, das quais, porém, cada um é secretamente inclinado a eximir-se, e estabelecer sua constituição de tal maneira que eles, embora se opondo uns aos outros nas suas disposições *privadas*, contêm-se reciprocamente, de modo que, em seu comportamento *público*, o resultado seja o mesmo como se não tivessem tais disposições más.[79]

Trata-se de uma variação do lema de Mandeville: *"private vices, public benefits"* [vícios privados, benefícios públicos].

Segundo esse princípio, Kant também desenvolve, então, os pressupostos sociológicos determinantes da esfera pública politicamente ativa: estão sempre atrelados à autonomia privada concedida pelas relações sociais dos proprietários de mercadorias em livre concorrência.

No público que discute a política mediante razões são admitidos apenas proprietários privados cuja autonomia se enraíza na esfera da circulação de mercadorias e coincide, por isso, com o interesse em sua manutenção como esfera privada:

> A única qualidade que para tal se exige, além da qualidade natural (de não ser nem criança nem mulher), é ser seu próprio senhor, por conseguinte, possuir alguma propriedade (a que se pode acrescentar também toda habilidade, ofício, talento artístico

---

[79] Ibid., v.VI, p.452.

ou ciência) que lhe sustente; isto é, nos casos em que ele recebe dos outros os meios de viver, é necessário que os adquira apenas por meio da alienação do que é seu, e não pela concessão que confere aos outros para utilizar suas forças; portanto, que não sirva, no sentido próprio da palavra, a ninguém mais, exceto à coletividade. Ora, aqui as associações de ofícios e os grandes (ou pequenos) proprietários de bens são iguais uns aos outros [...].[80]

Kant, notando o caráter insatisfatório dessa distinção – "reconheço que é algo difícil determinar os requisitos para se fazer valer da posição de um próximo que é seu próprio senhor" – chegou, não obstante, a uma delimitação certeira em relação ao que mais tarde se chamará de trabalho assalariado livre.[81] Enquanto os assalariados são obrigados a trocar sua força de trabalho como única mercadoria, os proprietários privados interagem entre si como proprietários de mercadorias por

---

80 Ibid., v.VI, p.378.
81 "O servidor doméstico, o servidor do comércio, o diarista e até o cabeleireiro são simples *operarii*, não artífices e não membros do Estado; por conseguinte, não estão qualificados para ser cidadãos"; são apenas "companheiros de proteção" [*Schutzgenossen*], no gozo da proteção jurídica das leis, mas não com direito à própria legislação – "embora aquele que encarrego de preparar minha lenha para o aquecimento e o alfaiate a quem dou pano para fazer uma peça de vestuário pareçam encontrar-se em comparação comigo em relações inteiramente semelhantes, é preciso distinguir aquele deste, como o cabeleireiro deve ser distinguido do fabricante de perucas (a quem posso também ter dado o cabelo para esse fim), portanto, como o diarista do artista ou do artesão, o qual faz uma obra que lhe pertence, enquanto não for remunerado. O último, como alguém que exerce um ofício, troca, portanto, sua propriedade com um outro (*opus*), enquanto o primeiro cede a um outro o uso de suas forças" (ibid., nota, p.379).

meio da troca de bens. Apenas estes são seus próprios senhores, apenas a eles deve ser autorizado, no sentido exemplar, o direito de voto, o uso público da razão.

No entanto, essa restrição apenas se coaduna com o princípio da esfera pública quando existirem, no interior da esfera privada, oportunidades iguais à aquisição da propriedade por meio do mecanismo eficiente da livre concorrência.[82] Assim, a livre circulação de mercadorias pode certamente:

> produzir, em uma série de descendentes, uma considerável desigualdade nas circunstâncias da fortuna entre os membros de uma coletividade (mercenários e locatários, proprietários de bens e servos camponeses, e assim por diante); só não (é lícito) impedir que estes possam elevar-se às mesmas circunstâncias quando seu talento, seu esforço e a sua sorte lhes tornem isso possível. Pois senão um poderia coagir o outro sem poder ser, por sua vez, coagido por meio de uma ação contrária [...]. Pode-se considerá-lo (cada um) feliz em qualquer estado quando está simplesmente consciente de que apenas depende de si (de suas capacidades ou de sua vontade séria) ou de circunstâncias a respeito das quais não pode culpar nenhum outro, e não depende da vontade inexorável de

---

[82] Em outro contexto, Kant alude anedoticamente ao tópico do *laisser--faire*, recém-colocado em circulação na época: "Um ministro francês convocou alguns dos mais conceituados comerciantes e pediu-lhes sugestões sobre a melhor maneira de promover o comércio [...]. Depois de um ter proposto isto e outro aquilo, um velho comerciante, que permaneceu calado durante muito tempo, disse: 'Construam boas estradas; cunhem boa moeda, deem de imediato um direito cambial e coisas semelhantes, mas de resto 'deixem-nos fazer'!" (*Werke*, v.VII, nota, p.330).

outros que ele não ascenda ao mesmo nível que os outros, os quais, no que tange ao direito, não têm nenhuma vantagem sobre ele.[83]

Por conseguinte, sem violar, por meio disso, o princípio da esfera pública, os não proprietários estão excluídos do público de pessoas privadas que discute a política mediante razões. Nesse sentido, eles também não são cidadãos; são aqueles que, com talento, esforço e sorte, podem algum dia tornar-se cidadãos. Até ordem em contrário, são apenas companheiros de proteção que gozam da proteção das leis, sem poder eles mesmos fazê-las.

Kant partilhava da confiança dos liberais de que, com a privatização da sociedade civil, tais pressupostos sociais se estabeleceriam por si mesmos como a base natural do estado jurídico e de uma esfera pública capaz de funcionar politicamente até mesmo poderiam se tornar habituais. E porque uma constituição social desse tipo já se desenhava de forma tão nítida, ao que parece, como a de uma *ordre naturel*, não é difícil para Kant presumir, nos termos de uma Filosofia da história, o estado jurídico como resultado da coerção da natureza, o que lhe permite transformar a política em uma questão da moral. A ficção de uma justiça imanente à livre circulação de mercadorias torna plausível equiparar o *bourgeois* e o *homme*, o proprietário privado interessado e o indivíduo autônomo. A relação específica da esfera privada com a esfera pública, da qual surge a duplicação do *bourgeois* maximizador de seus interesses na forma do *homme* não maximizador de seus interesses, do sujeito empírico no sujeito inteligível, possibilita também considerar o *citoyen*,

---

83 Kant, *Werke*, v.VI, p.376 et seq.

o cidadão com direito de voto, sob o duplo aspecto da legalidade e da moralidade. Em seu comportamento "patologicamente imposto", ele pode aparecer, ao mesmo tempo, como moralmente livre, na medida em que somente por meio de um propósito da natureza – a saber, com base em uma sociedade de proprietários privados em livre concorrência, emancipada da dominação e neutralizada em relação ao poder – é assegurada a concordância da esfera pública política com sua autocompreensão adquirida a partir da esfera pública literária – ou seja, no sentido de que as pessoas privadas interessadas, reunidas em público, portanto, em sua qualidade como cidadãos do Estado, comportam-se externamente de tal modo como se fossem seres humanos internamente livres. Sob os pressupostos sociais que traduzem os vícios privados em benefícios públicos, é possível representar empiricamente uma condição cosmopolita e, com isso, a subsunção da política à moral. Enquanto *res publica phaenomenon*, ela pode manifestar a *res publica noumenon*. No mesmo solo da experiência, pode unir duas legislações heterogêneas, sem que uma possa prejudicar a outra: a das pessoas privadas como proprietárias de mercadorias impulsionadas pela sensibilidade e, ao mesmo tempo, como seres humanos espiritualmente livres. Assim como no domínio social, a relação do fenômeno com o númeno se apresenta para o mundo em geral segundo o padrão da solução da terceira antinomia da razão pura: toda ação deve ser considerada, em sua causa inteligível, livre, mas, ao mesmo tempo, em vista de seu fenômeno empírico, deve ser pensada como necessária, isto é, como elo da conexão causal completa de todos os acontecimentos do mundo dos sentidos.[84]

---

84 Id., Kritik der reinen Vernunft, p.374 et seq.

No entanto, na Filosofia política, Kant não consegue manter com consistência essa diferenciação sistemática central – ele não pode seriamente tornar as leis da razão prática dependentes de condições empíricas. Na medida em que aquela base natural do estado jurídico como tal se torna questionável, a própria produção de um estado jurídico – que até aqui era *pressuposto* de uma política moral – tem de ser transformada em conteúdo e tarefa da política. Por isso, seria acrescentada à esfera pública, que deve manter a política em uníssono com as leis da moral, uma nova função, uma função que afinal não se deixaria interpretar no interior do sistema kantiano.

Seja quem for o sujeito da ação política – o príncipe, o partido, alguém chamado à liderança ou o cidadão individual –, se ele não pode se orientar por leis já existentes, mas quer primeiro suscitar um estado jurídico, não é suficiente estar preocupado com uma mera concordância negativa com o arbítrio de todos os demais – ele deve antes procurar influenciar positivamente o arbítrio deles. Isso pode acontecer por meio do poder e, por via de regra, acontece dessa forma. No entanto, adquirir influência sobre o arbítrio dos outros, quando se procede moralmente, exige uma orientação pelo fim universal do público, ou seja, pelo bem-estar da sociedade civil como um todo. Por conseguinte, a intenção moral de uma ação precisa ser, no domínio de uma tal política, controlada em seu êxito possível no mundo sensível. A virtude política não deve ser indiferente à felicidade: agora, todas as máximas políticas precisam da publicidade para coincidir univocamente com o direito e a política, precisamente porque "devem ser adequadas ao fim universal do público (a felicidade)", pois "satisfazê-lo com seu estado" é a tarefa própria da política.⁸⁵ Antes, no mesmo ensaio, Kant havia dito o contrário:

> As máximas políticas não devem partir do bem-estar de cada Estado, esperado da observância delas, ou seja, não da finalidade que cada um deles toma por objeto [...] como o supremo [...] princípio da sabedoria de Estado, mas sim do conceito puro do dever jurídico, quaisquer que sejam as consequências físicas que decorrem disso.⁸⁶

Sob o pressuposto de uma base natural já existente para o estado jurídico, desenvolvido no âmbito de uma Filosofia da história, Kant podia e até tinha de separar a saúde do Estado e o bem-estar dos cidadãos, a moralidade e a legalidade. Mas Kant não se fia completamente nesse pressuposto. Isso se torna patente pela ambivalência de sua Filosofia da história, na qual, ao lado das muitas afirmações conformes ao sistema, que excluem a moralidade do progresso e o consideram uma multiplicação dos produtos da legalidade, encontra-se também a confissão que as contradiz, segundo a qual "o gênero humano, uma vez que está constantemente em progresso do ponto de vista da cultura, como sua finalidade natural, também está compreendido no progresso em direção ao melhor do ponto de vista da finalidade moral de sua existência".⁸⁷ E, no mesmo contexto: "quanto a isso, podem-se dar muitas provas de que o gênero humano como um todo, em nossa época, comparan-

---

85 Id., *Werke*, v.VI, p.473 et seq.
86 Ibid., v.VI, p.466.
87 Ibid., v.VI, p.393.

do-a com todas as anteriores, realmente progrediu em direção ao que é propriamente melhor".[88] Se o próprio estado jurídico só pode ser estabelecido politicamente, mais precisamente por meio de uma política mantida em concordância com a moral, o progresso da legalidade depende diretamente de uma moralidade, e a *res publica phaenomenon* torna-se produto da própria *res publica noumenon*:

> então todos os talentos são desenvolvidos paulatinamente, o gosto é formado e, até mesmo por um Esclarecimento progressivo, o começo é convertido no fundamento de um modo de pensar que *pode chegar a transformar*, com o tempo, a grosseira disposição natural em uma diferenciação moral em princípios práticos determinados e, assim, transformar uma concordância em relação a uma sociedade, extorquida patologicamente, *em um todo moral*.[89]

A relação entre *res publica phaenomenon* e *res publica noumenon* não se encaixa mais na relação teoricamente estabelecida entre essência e aparência. Como é dito no conflito da Faculdade de Filosofia com a de Direito:

> a ideia de uma constituição que esteja em concordância com o direito natural dos homens, a saber, que os que obedecem à lei devem ao mesmo tempo, unidos, ser legisladores, subjaz a todas as formas de Estado, e a coletividade que, pensada em conformidade com ele por meio de conceitos da razão pura, chama-se um *ideal platônico (res*

---

88 Ibid., v.VI, p.394.
89 Ibid., v.IV, p.155.

publica noumenon) não é uma quimera, mas sim uma norma eterna para toda constituição civil e afasta toda guerra.[90]

Aqui é preciso lembrar o uso kantiano de "ideal", que quer dizer uma ideia *in individuo*, ou seja, uma coisa individual, apenas determinável ou até determinada pela ideia.[91] O ideal está ainda mais distante da realidade do que a ideia. A ambos apenas pode ser atribuída uma função reguladora: assim como a ideia fornece a regra, o ideal serve como imagem original da determinação de uma cópia, e é sempre apenas "um padrão de medida de nossa ação" e inteiramente diferente do ideal ao qual Platão, tomando-o como uma ideia do entendimento divino, teria atribuído falsamente um significado constitutivo. Tanto mais surpreendente é que, no contexto da passagem por nós citada, a *res publica noumenon* é denominada precisamente ideal *platônico*. Isso não é mero lapso, pois na continuação se diz: uma "sociedade civil organizada conforme esse ideal é a apresentação do mesmo segundo leis da liberdade por meio de um exemplo na experiência (*res publica phaenomenon*) e só pode ser alcançado com muito esforço, depois de múltiplas hostilidades e guerras; mas sua constituição, uma vez que tenha sido conquistada em grande escala, qualifica-se como a melhor entre todas". Já a frase anterior havia concluído no mesmo sentido, de forma indicativa: "[...] capaz de afastar toda guerra". Em contrapartida, na determinação do ideal afirma-se:

mas querer realizar o ideal em um exemplo, algo como o sábio em um romance, é impraticável e, além disso, tem em si algo de

---

90 Ibid., v.VII, p.403 et seq.
91 Id., Kritik der reinen Vernunft, v.III, p.395.

contrassenso e é pouco construtivo, na medida em que as barreiras naturais, que interrompem continuamente a plenitude da ideia, tornam impossível toda ilusão em tais tentativas e, por meio disso, tornam suspeito o próprio bem que se encontra na ideia e o tornam parecido com uma mera invenção.[92]

Na filosofia política de Kant há *duas* versões claramente distinguíveis. A versão oficial serve-se da construção de uma ordem cosmopolita produzida unicamente pela coerção da natureza, sob cujo pressuposto a doutrina do direito pode então deduzir as ações políticas na forma de ações morais: em um estado jurídico de todo modo existente (ou seja, aquelas condições externas nas quais realmente pode ser atribuído um direito ao ser humano), a política moral não significa nada mais do que ação jurídica por dever sob leis positivas. A dominação das leis é garantida por meio da publicidade, ou seja, por meio de uma esfera pública cuja capacidade funcional é estabelecida com a base natural do estado jurídico em geral.

A outra versão da Filosofia da história, a não oficial, parte de que a política deve primeiramente insistir no estabelecimento de um estado jurídico. Por isso, ela se serve da construção de uma ordem cosmopolita surgida da coação da natureza *e, sobretudo*, da política moral. A política não pode ser compreendida exclusivamente como uma ação moral, como uma ação conforme ao dever segundo as leis positivas existentes: a positivação delas, como o objetivo próprio de seu agir, precisa levar muito mais em consideração uma vontade coletiva unificada na finalidade universal de um público, a saber, seu bem-estar. Essa

---

92 Ibid., p.396.

vontade coletiva deve ser novamente assegurada por meio da publicidade. Mas, agora, a esfera pública deve mediar a política e a moral em um sentido específico. Nela deve realizar-se uma unificação inteligível dos fins empíricos de todos, a legalidade deve resultar da moralidade.

Com essa intenção, a Filosofia da história assumirá a tarefa de orientar o público, pois nela, como a propedêutica do estado cosmopolita, as leis da razão concordam com as necessidades do bem-estar: a própria razão deve tornar-se opinião pública. É assim que se chega à notável autoimplicação da Filosofia da história; ela avalia o efeito retroativo de uma teoria da história sobre seu próprio percurso: "Uma tentativa filosófica de elaborar uma história mundial universal segundo um plano da natureza, que tem como objetivo a perfeita união civil no gênero humano, deve ser vista como possível e até mesmo exigida para esse propósito da natureza".[93] Com o Esclarecimento progressivo, "certa parte do coração, que o homem esclarecido não pode deixar de assumir no bem, que ele compreende plenamente, acabará, passo a passo, por subir ao trono".[94] Assim, a própria Filosofia da história deve tornar-se parte do Esclarecimento que ela diagnostica como seu caminho, ou seja, pelo fato de que seus conhecimentos penetram na discussão mediante razões empreendida pelo público. Consequentemente, no contexto de sua "história profetizante da humanidade", Kant dedica um parágrafo específico às dificuldades "das máximas aplicadas ao progresso rumo ao melhor para o mundo em vista

---

93 Id., *Werke*, v.IV, p.164.
94 Ibid., v.IV, p.163.

de sua publicidade".[95] Para a instrução pública do povo seriam convocados os jurisconsultos livres, precisamente os filósofos, que, com o nome de "adeptos do Esclarecimento" [*Aufklärer*], são execrados como perigosos para o Estado. O progresso em direção ao melhor para o mundo precisa, contudo, da atividade deles em toda a esfera pública – "assim, a proibição da publicidade impede o progresso de um povo para o melhor".[96]

Explosivas para o sistema, as consequências de uma Filosofia da história que implica nela mesma sua própria intenção e efeito político destacam-se justamente na categoria de esfera pública reivindicada por ela: no percurso histórico de sua realização, a razão exige, como correlato da unidade inteligível da consciência em geral, "unidicidade" [*Geeintheit*] das consciências empíricas. A esfera pública deve fazer a mediação entre uma e outra. Sua universalidade é a de uma consciência empírica em geral, à qual a filosofia do direito de Hegel dará seu nome: opinião pública.

A esfera pública só se insere comodamente nas categorias do sistema kantiano na medida em que a separação entre o sujeito empírico e o sujeito inteligível, entre o domínio fenomênico e o numênico em geral, de início obrigatória até mesmo para a Filosofia política, pode contar com os pressupostos sociais do modelo liberal de esfera pública: com a clássica relação do *bourgeois-homme-citoyen*, ou seja, com a sociedade civil como aquela *ordre naturel* que converte os *private vices* em *public virtues*. Visto que uma série de ficções nas quais a autocompreensão da consciência burguesa se articula como opinião pública penetra

---

95 Ibid., v.VII, p.402 et seq.
96 Ibid.

no sistema kantiano, pode-se novamente obter, a partir dele, a ideia da esfera pública burguesa justamente em sua conexão com o pressuposto de uma base natural do estado jurídico. Não é por acaso que o conceito de esfera pública, quando não consegue mais se certificar dessa conexão, volta-se contra os fundamentos do próprio sistema kantiano. Já Hegel duvidará expressamente de que a sociedade civil possa funcionar como uma tal ordem natural. Embora base natural do estado jurídico, a esfera privatizada da circulação de mercadorias e do trabalho social ameaça romper-se em seus conflitos imanentes. Mas, em tais circunstâncias, a esfera pública também não serve mais como princípio de mediação entre a política e a moral – no conceito hegeliano de opinião pública, a ideia de esfera pública burguesa já é denunciada como ideologia.

§ 14. Sobre a dialética da esfera pública (Hegel e Marx)

No público de pessoas privadas que discutem mediante razões é produzido aquilo que em Kant significa "concordância pública" e, em Hegel, "opinião pública"; nela, "a universalidade empírica" encontra "as opiniões e os pensamentos de muitos".[97] À primeira vista, só em algumas nuances Hegel

---

97 Hegel, *Grundlinien einer Philosophie des Rechts*, § 301, p.261. "A expressão 'os muitos'", explica Hegel nesse parágrafo, "indica a universalidade empírica mais corretamente do que a expressão corrente: 'todos' – pois, caso se diga que é por si evidente que nesse 'todos', de início ao menos, não são visadas as crianças, as mulheres etc., então, com isso, é ainda mais evidente que não se deve usar a expressão inteiramente determinada 'todos'".

parece definir essa grandeza diferentemente de Kant: "A liberdade formal, subjetiva, segundo a qual os indivíduos como tais têm e expressam seu próprio juízo, opinião e aconselhamento sobre os assuntos universais, manifesta-se nesse conjunto que se chama opinião pública".[98] Ao elucidar esse parágrafo, Hegel define a função da esfera pública segundo o modelo do século XVIII, ou seja, como racionalização da dominação: "O que deve valer agora não vale mais pelo poder, e muito menos pelo hábito e pelo costume, mas sim pelo conhecimento e por razões". E logo adiante: "O princípio do mundo moderno exige que aquilo que cada um deve reconhecer se lhe mostre como algo justificado".[99] E assim como Kant toma a esfera pública da discussão mediante razões como a pedra de toque da verdade, em que considerar algo verdadeiro significa comprová-lo como válido à razão de qualquer ser humano, Hegel espera muito da opinião pública, "pois que uma coisa é o que alguém imagina em casa junto de sua mulher ou de seus amigos, e outra coisa é o que acontece em uma grande assembleia, em que uma inteligência devora a outra".[100] No entanto, também a opinião pública está presa à contingência de uma universalidade meramente formal, que encontra sua substância em alguma outra coisa fora dela: ela é o conhecimento apenas como aparência. Na medida em que o uso público da razão é um assunto de instruídos, como afirma Kant no *Conflito das faculdades*, o conhecimento transcende sua mera aparência. Por isso, para Hegel, a ciência reside fora do domínio da opinião pública:

---

98 Id., *Rechtsphilosophie*, § 316, p.272.
99 Adendo aos §§ 116 e 117, v.VII, p.424 e p.426.
100 Gans, *Deciding what's News*, p.424. Adendo ao § 315.

As ciências, uma vez que elas, se são pois ciências, não se encontram no terreno da opinião e da consideração subjetivas, tampouco sua exposição consiste na arte dos torneios verbais, das alusões, das meias palavras e dos encobrimentos, mas na expressão inequívoca, determinada e aberta da significação e do sentido, não incidem na categoria do que constitui a opinião pública.[101]

Essa depreciação da opinião pública decorre necessariamente do conceito hegeliano de sociedade civil. Certamente, ele louva uma vez as suas leis, em uma remissão à economia política de Smith, Say e Ricardo, tomando-as como aparência de racionalidade, mas sua concepção sobre o caráter ao mesmo tempo anárquico e antagônico desse sistema de carências destrói definitivamente as ficções liberais sobre as quais se apoiava a autocompreensão da opinião pública como pura razão. Hegel descobre a cisão profunda da sociedade civil, que "não apenas não supera [...] a desigualdade [...] posta pela natureza [...], como também a eleva a uma desigualdade de habilidade, de fortuna e mesmo de formação intelectual e moral".[102]

[Pois] graças à universalização da conexão entre os homens por suas carências e modos de preparar e pôr à disposição os meios para satisfazê-las, aumenta a acumulação de riquezas [...], por um lado, assim como aumenta, por outro, o isolamento e o caráter restrito do trabalho particular e, com isso, a dependência e a necessidade da classe amarrada a esse trabalho [...]. Aqui, torna-se manifesto que, no excesso de riqueza, a sociedade civil não é rica o suficiente,

---

101 Hegel, *Rechtsphilosphie*, § 319, p.277.
102 Ibid., § 200, p.175.

isto é, na riqueza que lhe é peculiar ela não possui o suficiente para impedir o excesso de pobreza e a geração da plebe.[103]

Sem dúvida, o proletariado se determina apenas negativamente nos estamentos da sociedade civil, como uma categoria de assistência aos pobres. Mas o esboço de uma teoria do subconsumo (com as consequências de um imperialismo antecipado, cf. § 246) diagnostica um conflito de interesses que acaba desacreditando o interesse comum e pretensamente universal dos proprietários privados que discutem a política mediante razões, mostrando que se trata de um interesse meramente particular. A opinião pública de pessoas privadas reunidas em um público não mantém mais uma base para sua unidade e verdade. Ela retorna ao nível de uma opinião subjetiva de muitos.

A posição ambivalente da opinião pública decorre necessariamente da "desorganização da sociedade civil". Pois como deveria ser um Estado que, segundo a expressão de Hegel, é "confundido" com a sociedade civil, ou seja, que encontra "sua determinação na segurança e proteção da propriedade e da liberdade pessoal"?[104] O Estado de direito burguês, com cujo auxílio as pessoas privadas devem conduzir a dominação à razão segundo os padrões de sua opinião pública, tende realmente a reduzir-se à sociedade civil, a "confundir-se" com ela. Mas se o estamento privado enquanto tal "é levado a participar da coisa universal no poder legislativo",[105] a desorganização da sociedade civil continuará no interior Estado.

---

103 Ibid., § 243 e § 245, p.200 et seq.
104 Ibid., § 258, p.208.
105 Ibid., § 303, p.264.

Quando o sistema antagônico das carências está cindido em interesses particulares, uma esfera pública politicamente ativa de pessoas privadas levaria "a um opinar e querer inorgânicos e a um mero poder da massa contra o Estado orgânico".[106] Para evitar isso, a polícia deve preventivamente controlar essa ameaça de desorganização, tanto quanto o vínculo corporativo. O interesse na liberdade do comércio e da indústria, "quanto mais se aprofunda cegamente no fim egoísta, tanto mais requer um semelhante (vínculo) para ser reconduzido ao universal e abreviar e atenuar as perigosas convulsões e a duração do intervalo no qual as colisões devem se aplainar pela via de uma necessidade inconsciente".[107] Com esse conceito de uma sociedade reintegrada corporativamente, Hegel definitivamente ultrapassou a linha do liberalismo. Também o conceito de esfera pública, que pertence a uma esfera privada delimitada dessa maneira, não pode mais ser uma esfera pública liberal.

A opinião pública tem a forma do bom senso, está difundida no povo à maneira de preconceitos, mas, nesse anuviamento, espelha "as carências verdadeiras e as tendências corretas da realidade efetiva".[108] Ela chega à consciência de si mesma – na assembleia dos estamentos, pois os estamentos de ofício da sociedade civil participam da legislação. "A esfera pública das assembleias estamentais"[109] não serve, por isso, para fazer algo como a ligação entre as discussões parlamentares e a discussão política mediante razões empreendida por um público que cri-

---

106 Ibid., § 302, p.263.
107 Ibid., § 236, p.198.
108 Ibid., § 317, p.273.
109 Ibid., § 314, p.272.

tica e controla o poder do Estado. Ela é muito mais o princípio que integra os cidadãos do Estado a partir de cima, pois:

> a abertura dessa oportunidade de conhecimentos tem o aspecto universal de que, assim, a opinião pública chega, pela primeira vez, a pensamentos verdadeiros e ao discernimento da situação e do conceito do Estado e de seus assuntos e, com isso, pela primeira vez também, a uma capacidade de julgá-los de maneira mais racional; a seguir, ela também conhece e aprende a respeitar os negócios, os talentos, as virtudes e as habilidades das autoridades estatais e dos funcionários públicos. Assim como esses talentos conseguem, nessa esfera pública, uma poderosa oportunidade de desenvolvimento e um palco de alta dignidade, ela, por sua vez, é o remédio contra a presunção dos indivíduos e da multidão e um meio de formação para estes, e, na verdade, um dos maiores.[110]

Essa esfera pública reduzida a um "meio de formação" não pode mais ser considerada um princípio do Esclarecimento e uma esfera em que a razão se realiza. A esfera pública serve simplesmente para integrar a opinião subjetiva na objetividade que o espírito se deu na forma do Estado. Hegel apega-se à ideia da realização da razão em uma "ordem plenamente justa", na qual justiça e felicidade coincidem. No entanto, a discussão política mediante razões conduzida pelo público, a opinião pública, é desqualificada para servir de garantia a essa concordância. O Estado, como realidade efetiva da ideia ética, assume *per se* essa garantia, por meio de sua mera existência.

---

110 Ibid., § 315, p.272.

A opinião pública merece, por isso, tanto ser respeitada quanto desprezada. Desprezada segundo sua consciência concreta e sua expressão; respeitada segundo seu fundamento essencial que apenas brilha, de forma mais ou menos turva, nesse concreto. Já que ela não tem (nela mesma) o padrão de medida da diferenciação, nem a capacidade de elevar em si mesma o lado substancial ao saber determinado, a independência em face dela é a primeira condição formal para algo grande e racional (tanto na realidade quanto na ciência).[111]

A *opinion publique* é reenviada à esfera da *opinion*. Por isso, a razão realizada no Estado existente conserva, por sua vez, o momento impenetrável da dominação pessoal, que em Kant deveria ser penetrado e dissolvido pelo *medium* da esfera pública. Hegel resume sua análise da opinião pública na seguinte afirmação:

A subjetividade, que, como dissolução do corpo político [*Staatswesen*] existente, tem sua manifestação mais extrema no opinar e no discutir com razões, querendo fazer valer sua contingência e igualmente se destruindo, tem sua verdadeira realidade efetiva em seu oposto, na subjetividade, enquanto idêntica à vontade substancial, que constitui o conceito de poder principesco.[112]

No interior do Estado, a liberdade subjetiva alcança, como que por meio de um jogo de palavras, seu direito no sujeito do

---

111 Ibid., § 318, p.274.
112 Ibid., § 320, p.278.

monarca. O monarca não realiza de modo algum o direito do público, no qual somente seria possível, segundo Kant, a unificação dos fins de todos. Ao contrário, o poder principesco tem seu fundamento no caráter imediato daquele mundo ético a partir do qual os sujeitos primeiramente se alçaram ao direito de sua subjetividade. Ou seja, o monarca faz a experiência de "que um povo não se deixa iludir a respeito de seu fundamento substancial, da essência e do caráter determinado de seu espírito, mas é enganado – e por si mesmo – quanto ao modo como sabe disso e segundo o modo como julga suas ações, acontecimentos, e assim por diante".[113] A dominação só é mantida dentro de certos limites por meio do espírito do povo, que é uno com a eticidade substancial de uma ordem espontânea; em contrapartida, o reino do Esclarecimento, no qual o espírito do povo se sabe como opinião pública, permanece sem vinculação. De modo geral, Hegel recusa a consonância da política com a moral, tomando-a como uma falsa questão. Contra uma racionalização da dominação mediada pela esfera pública, ele afirma um existencialismo histórico-universal dos espíritos do povo:

> Falou-se muito, em certo momento, da oposição entre moral e política e da exigência de que a segunda seja conforme à primeira. Sobre isso, cabe aqui apenas observar em geral que o bem de um Estado tem uma justificação completamente diferente do bem dos indivíduos, e que a substância ética, o Estado, tem seu ser-aí [*Dasein*], isto é, seu direito, imediatamente em uma existência [*Existenz*] não abstrata, mas concreta, e que somente essa existência

---

[113] Ibid., § 317, p.274. Cf. também Hegel, *Phänomenologie des Geistes*, p.392.

concreta pode ser o princípio de seu agir e de seu comportamento, e não os muitos pensamentos universais tidos por mandamentos morais. A opinião sobre a pretensa injustiça que a política sempre deveria ter nessa mencionada oposição [à moral] apoia-se ainda na unilateralidade das representações da moralidade, da natureza do Estado e de suas relações com o ponto de vista moral.[114]

Hegel enfraquece a ideia da esfera pública burguesa porque a sociedade anárquica e antagônica não representa a esfera de circulação das pessoas privadas autônomas que seria emancipada da dominação e neutralizada em relação ao poder e sobre cuja base um público de pessoas privadas poderia converter a autoridade política em uma autoridade racional. Mesmo a sociedade civil não pode prescindir da dominação. Certamente, em vista da tendência natural à desorganização, ela possui uma especial necessidade de ser integrada por meio do poder político. A construção hegeliana de um Estado corporativo reage às contradições que Hegel já constatou inteiramente na realidade efetiva do Estado de direito burguês anglo-saxão e francês. No entanto, ele não quis considerar essa realidade uma realidade da sociedade burguesa avançada.[115]

O jovem Marx discerniu isso. Ele sabe que os estamentos "políticos" da sociedade pré-burguesa se dissolveram, na sociedade burguesa, em estamentos meramente "sociais". No entanto, atribuir-lhes a função política de uma mediação entre Estado e sociedade equivale à impotente tentativa restauradora

---

114 Ibid., § 337, p.287.
115 Cf. Riedel, Hegels "bürgerliche Gesellschaft" und das Problem ihres geschichtlichen Ursprungs, p.539 et seq.

"de fazer com que na própria esfera da política o ser humano fique submetido às limitações de sua esfera privada".[116] A constituição neocorporativa no estilo da constituição prussiana, enaltecida por Hegel, quer fazer retroceder, por meio de uma "reminiscência", a separação realizada factualmente entre o Estado e a sociedade. Marx percebe que "onde a esfera privada alcançou uma existência independente"[117] precisa se formar uma "república", mesmo na forma de um Estado de direito burguês. Até então, a sociedade tinha "imediatamente um caráter político":

> isto é, os elementos da vida burguesa, como, por exemplo, a posse, a família ou o tipo e o modo de trabalho, foram alçados, na forma da senhoridade feudal, dos estamentos e das corporações, a elementos da vida do Estado. Nessa forma, determinavam a relação dos indivíduos singulares com o todo do Estado, isto é, sua relação política, ou seja, sua relação de separação e de exclusão dos outros componentes da sociedade [...]. A revolução política, que constitui o Estado político como assunto universal, isto é, que o constitui como Estado efetivo, que destruiu necessariamente todos os estamentos, corporações, grêmios e privilégios [...]. A revolução política superou com isso o caráter político da sociedade civil; destruiu a sociedade burguesa em seus componentes simples, por um lado nos indivíduos, por outro nos elementos materiais e espirituais que formam o conteúdo vital, a situação civil desses indivíduos; liberou o espírito político que estava como que fragmentado, desfeito, disperso nos diversos becos sem saída da sociedade feudal; recolheu-o

---

116 Marx, Engels, *Gesammelte Werke*, v.I, p.285.
117 Ibid., v.I, p.233.

e uniu-o fora dessa dispersão, libertou-o de sua mistura com a vida burguesa e constituiu-o como esfera da coletividade, como a esfera dos assuntos universais do povo na independência ideal em relação àqueles elementos particulares da vida burguesa.[118]

Como revela essa última frase, Marx trata de forma irônica a esfera pública politicamente ativa – a "independência ideal" de uma opinião pública dos proprietários privados que discutem mediante razões e que se compreendem simplesmente como seres humanos autônomos. Mas, para apreender seu caráter ideológico, ele toma seriamente a ideia de esfera pública burguesa como havia se formado na autocompreensão das condições políticas avançadas da Inglaterra e da França. Marx critica a constituição neocorporativa da filosofia hegeliana do Estado, tendo como padrão de medida o próprio Estado de direito burguês, apenas a fim de desmascarar a "república" perante a sua própria ideia, mostrando-a como contradição existente, e colocar a ideia retida de esfera pública burguesa, como em um espelho, diante das condições sociais de possibilidade de sua realização completamente não burguesa.

Marx denuncia a opinião pública como falsa consciência: ela oculta de si mesma seu verdadeiro caráter de ser máscara dos interesses de classe burgueses. Sua crítica da economia política atinge, de fato, os pressupostos sobre os quais se apoia a autocompreensão da esfera pública politicamente ativa. Segundo Marx, o sistema capitalista, abandonado a si mesmo, não pode se reproduzir sem crises, como se fosse uma "ordem natural". Além disso, o processo de valorização

---

118 Ibid., v.I, p.368.

do capital se baseia na apropriação da mais-valia a partir do mais-trabalho daqueles proprietários de mercadorias que só dispõem da força de trabalho como única mercadoria – em vez de uma sociedade de estamentos intermediários de pequenos produtores de mercadorias, forma-se por isso uma sociedade de classes, na qual as oportunidades de ascensão social dos trabalhadores assalariados a proprietários tornam-se cada vez menores. Por fim, no processo de acumulação de capital, os mercados deformam-se em mercados oligopolistas, de modo que não se pode mais contar com uma formação de preços independente – a emancipação da sociedade civil em relação à regulamentação autoritária não conduz de modo algum a uma neutralização do poder na interação das pessoas privadas entre si. Em vez disso, nas formas da liberdade contratual burguesa, constituem-se novas relações de poder, sobretudo entre proprietários e trabalhadores assalariados.

Essa crítica destrói todas as ficções às quais se reporta a ideia da esfera pública burguesa. Evidentemente, faltam em primeiro lugar aqueles pressupostos sociais para a igualdade de oportunidades, de modo que cada um, com eficiência e "sorte", possa adquirir o *status* de proprietário e, com isso, as qualificações – propriedade e formação – de um homem privado admitido na esfera pública. A esfera pública com que Marx se defronta contradiz seu próprio princípio de acessibilidade universal – o público não pode mais pretender ser idêntico à Nação, tampouco a sociedade civil ser idêntica à sociedade em geral. Desvanece-se igualmente a equiparação de "proprietários" e "seres humanos", pois, com sua oposição à classe dos trabalhadores assalariados, seu interesse na manutenção da esfera de circulação de mercadorias e do trabalho social como uma esfera privada reduz-se a um interesse particular, que só pode se impor por meio do exercício do poder sobre os outros. Desse ponto de vista, a disposição sobre a propriedade privada não pode ser traduzida incondicionalmente na liberdade de um ser humano autônomo. A autonomia privada burguesa permite "que cada ser humano encontre no outro ser humano não a realização, mas muito mais as limitações de sua liberdade".[119] E os direitos que garantem esse "egoísmo" são "direitos humanos" no sentido do ser humano abstrato que, ao perseguir seus interesses privados, não abandona a não liberdade do proprietário, de um agente do processo de valorização do capital. Por conseguinte, ele nunca se desdobra naquele ser humano "real e verdadeiro", como aquele *bourgeois* que poderia assumir as funções de um *citoyen*. A separação entre o Estado e a sociedade corresponde "à divisão do ser humano em homem público e em homem privado".[120] Mas, como *bourgeois*, o homem privado é tão pouco *homme* por excelência que, para poder perceber verdadeiramente os interesses dos cidadãos, teria de "sair" de sua realidade burguesa, teria de "abstrair-se dela; retirar-se de toda essa organização e recolher-se em sua individualidade".[121] A concepção segundo a qual pessoas privadas reunidas em um público chegam a um acordo por meio de discursos [*Rede*] e contradiscursos não pode, por isso, ser confundida com o correto e o justo: também se rompe a terceira identificação, a identificação central da opinião pública com a razão. Enquanto na reprodução da vida social as relações de poder não forem efetivamente neutralizadas e a própria sociedade

---

119 Ibid., v.I, p.365.
120 Ibid., v.I, p.356.
121 Ibid., v.I, p.324.

civil ainda se apoiar no poder, não será possível, sobre sua base, estabelecer um estado jurídico nem substituir a autoridade política pela autoridade racional. Logo, a dissolução das relações de dominação feudais no *medium* de um público que discute mediante razões não é a pretendida dissolução da dominação política em geral, mas sua perpetuação em outra forma – e o Estado de direito burguês, com a esfera pública como princípio central de sua organização, é mera ideologia. Justamente a separação entre o domínio privado e o domínio público impede, nesse estágio do capitalismo, o que a ideia da esfera pública burguesa promete.

Na polêmica em torno das reformas eleitorais, que naquele tempo, no começo dos anos 1830, tiveram como consequência certa expansão do direito igual de votar na Inglaterra e na França, objetivava-se a luta em torno da realização do Estado de direito burguês. De modo característico, Marx também já percebe nisso um processo que vai além da constitucionalização da esfera pública burguesa. Pois, no mesmo contexto, é dito: "que a sociedade civil se introduza de modo massivo e o mais completamente possível no poder legislativo, que a sociedade civil efetiva queira substituir a sociedade fictícia do poder legislativo, isso nada mais é do que seu esforço para dar-se uma existência política".[122] O jovem Marx, anterior a 1848, dá uma interpretação democrático-radical à tendência de universalização do direito de voto. Já antecipa uma transformação da função da esfera pública burguesa, que, após a Rebelião de Junho dos trabalhadores parisienses, será diagnosticada com muito mais nitidez:

---

122 Ibid., v.I, p.370.

O regime parlamentar vive da discussão, como ele proibiria a discussão? Todo interesse, toda instituição social são aqui transformados em pensamentos universais, tratados como pensamentos, como um interesse qualquer, uma instituição qualquer se afirmaria *acima* do pensar e se imporia como artigo de fé? A luta dos oradores na tribuna provoca a luta dos rapazotes da imprensa, os clubes debatedores do Parlamento completam-se necessariamente com os clubes debatedores dos salões e dos bares; os representantes, que apelam continuamente para a opinião popular, autorizam a opinião popular a dizer sua opinião real em petições. O regime parlamentar deixa tudo para a decisão da maioria, como as grandes maiorias, que estão além do Parlamento, não deveriam querer decidir? Se os senhores tocam os violinos no topo do Estado, o que poderiam esperar senão que dançassem os de lá embaixo?[123]

Dez anos antes, Marx já tinha em vista a perspectiva desse desenvolvimento: na medida em que as camadas não burguesas penetram na esfera pública política e se apoderam de suas instituições, participam da imprensa, dos partidos e do Parlamento, a arma da publicidade, forjada pela classe burguesa, volta-se contra a própria burguesia. Marx concebe que por esse caminho a própria sociedade assumirá uma forma política. As reformas eleitorais parecem já indicar, no interior da esfera pública estabelecida, a tendência a sua dissolução:

Quando a sociedade civil pôs efetivamente sua existência política como sua existência verdadeira, pôs ao mesmo tempo sua existência civil, em sua diferença em relação a sua existência política,

---

[123] Marx, *Der 18. Brumaire des Louis Bonaparte*, p.60.

como algo não essencial. E, com um dos elementos separados, cai o outro, seu contrário. A reforma eleitoral é, portanto, no interior do Estado político abstrato, a exigência de sua dissolução, mas também a dissolução da sociedade civil.[124]

Historicamente, a esfera pública burguesa surgiu vinculada a uma sociedade separada do Estado. O "social" pôde se constituir como uma esfera própria à medida que a reprodução da vida assumia formas privadas, por um lado, mas, por outro, como um domínio privado como um todo, passou a ter relevância pública. Agora, as regras universais do intercâmbio das pessoas privadas se tornam um assunto público. A partir da controvérsia que as pessoas privadas logo passaram a ter com o poder público em torno desse assunto, a esfera pública passou a ter sua função política: as pessoas privadas reunidas em um público transformaram em tema público a ratificação política da sociedade como uma esfera privada. Contudo, agora, por volta de meados do século XIX, era possível prever como essa esfera pública, segundo sua dialética própria, passaria a ser ocupada por grupos que, por não dispor de propriedade e, com isso, não ter uma base de autonomia privada, não poderiam ter nenhum interesse na manutenção da sociedade como esfera privada. Quando *eles*, como um público ampliado, avançam na condição de sujeito da esfera pública no lugar do burguês, a estrutura da esfera pública tem de se modificar em sua base. Tão logo a massa dos não proprietários eleva as regras universais do intercâmbio social a tema de *sua* discussão pública mediante razões, a reprodução da vida social como tal se torna uma ques-

---

124 Id., *Werke*, v.IV, p.325.

tão pública e não mais meramente sua apropriação privada. A esfera pública revolucionada democraticamente, "que quer substituir a sociedade efetiva pela sociedade civil fictícia do poder legislativo", transforma-se, portanto, fundamentalmente em uma esfera de deliberação e decisão públicas sobre a condução e a administração de todos os processos necessários à reprodução da sociedade. O enigma de uma "sociedade política", formulado por Marx em sua crítica à filosofia do direito de Hegel, encontrará sua senha decifradora alguns anos mais tarde, na palavra de ordem sobre a socialização dos meios de produção.

Sob tais pressupostos, a esfera pública deveria, nesse caso, poder realizar seriamente aquilo que sempre prometera – a racionalização da dominação política como uma dominação de seres humanos sobre seres humanos.

> Quando desaparecerem as diferenças de classe no decorrer do desenvolvimento, e toda a produção estiver concentrada nas mãos dos indivíduos associados, então o poder público perde seu caráter político. O poder político no sentido próprio é o poder organizado de uma classe para a opressão de outra.[125]

Em sua análise de Proudhon, *Miséria da filosofia*, Marx já havia concluído com a frase: "só em uma ordem de coisas em que não haja mais classes nem antagonismo de classes é que as evoluções *sociais* deixam de ser *revoluções políticas*".[126] Com a dissolução do poder "político" em um poder "público", a ideia liberal de uma esfera pública politicamente ativa encontra sua fórmula

---

125 Ibid.
126 Ibid., v.IV, p.182.

socialista. Como se sabe, Engels, em um adendo a uma citação de Saint-Simon, interpretou-a de tal modo que no lugar do governo sobre pessoas entraria a administração de coisas e a condução dos processos produtivos.[127] Não desaparece a autoridade como tal, mas a autoridade política. As funções públicas, remanescentes e em parte reconfiguradas, transformam seu caráter político em um caráter administrativo. Mas isso só é possível quando "os produtores associados [...] regulam racionalmente seu metabolismo com a natureza, submetendo-o a seu controle comunitário, em vez de serem dominados por ele como se fosse um poder cego".[128]

Da dialética imanente da esfera pública burguesa, Marx obtém a consequência socialista de um contramodelo, no qual se inverte propriamente a relação clássica entre a esfera pública e a esfera privada. Nele, a crítica e o controle da esfera pública se estendem àquela parte da esfera privada burguesa que, com a disposição sobre os meios de produção, estava destinada às pessoas privadas – ao domínio do trabalho socialmente necessário. Segundo esse novo modelo, a autonomia não mais se baseia na propriedade privada. Na verdade, ela não pode mais se fundamentar na esfera privada, mas deve se fundamentar na própria esfera pública. A autonomia privada é o derivativo da autonomia originária que o público dos cidadãos da sociedade [*Gesellschaftsbürger*] constitui primeiramente no exercício das funções da esfera pública, socialisticamente ampliadas. As pessoas privadas serão antes pessoas privadas de um público, em vez de o público ser um público de pessoas privadas. No

---

[127] Engels, *Anti-Dühring*, p.348.
[128] Marx, *Das Kapital*, v.III, p.873.

lugar da identidade do *bourgeois* e do *homme*, do proprietário privado e do ser humano, entra a identidade do *citoyen* e do *homme*. A liberdade do homem privado se define segundo o papel do ser humano como cidadão da sociedade; o papel de cidadão do Estado [*Staatsbürger*] não mais se define segundo a liberdade do ser humano enquanto proprietário privado, pois a esfera pública não faz mais a mediação entre uma sociedade de proprietários privados e o Estado; ao contrário, mediante a configuração planejada de um Estado que é absorvido pela sociedade, o público autônomo se assegura como pessoas privadas uma esfera de liberdade pessoal, de tempo livre e de livre mobilidade. Com isso, pela primeira vez a convivência informal e íntima dos seres humanos entre si se terá emancipado, como convivência realmente "privada", da coação do trabalho social, que continua a ser, tanto antes como agora, o "reino da necessidade". Os exemplos da nova forma de autonomia privada derivada, que se deve à esfera pública primária de um público de cidadãos da sociedade, podem ser encontrados na esfera da intimidade, liberada de suas funções econômicas. Com a abolição da propriedade privada, como diz Engels em seus "Traços fundamentais do comunismo", antecipando O *Manifesto comunista*, desaparecem também a velha base e a função desempenhada até então pela família; desaparece, ao mesmo tempo, a dependência da mulher em relação ao homem e das crianças em relação aos pais. Por meio disso, "a relação entre ambos os sexos torna-se uma relação puramente privada, que apenas diz respeito às partes interessadas e na qual a sociedade não deve se intrometer".[129] Marx já havia se expressado de modo

---

129 Engels, Grundsätze des Kommunismus, p.361 et seq.

similar na *Gazeta Renana*: "Se o casamento não fosse a base da família, ela seria tão pouco objeto de legislação quanto por ventura é a amizade".[130] Ambos apenas consideram uma relação realizada como "privada" quando ela é desonerada de uma normatização jurídica em geral.

§ 15. A concepção ambivalente da esfera pública na teoria do liberalismo (John Stuart Mill e Alexis de Tocqueville)

A dialética da esfera pública não se completou tal como foi antecipada segundo as primeiras expectativas socialistas. A extensão dos direitos de igualdade política a todas as classes sociais ocorreu no espaço da própria sociedade de classes. A esfera pública "ampliada" não leva fundamentalmente à superação daquela base sobre a qual o público de pessoas privadas havia se esforçado, de início, para estabelecer algo como uma dominação da opinião pública. No entanto, a crítica da ideologia voltada para a ideia de esfera pública burguesa manteve-se tão evidentemente correta que, sob novos pressupostos sociais da "opinião pública" por volta de meados do século, quando o liberalismo econômico havia acabado de atingir seu ponto alto, os representantes deste na Filosofia social são quase forçados a desmentir o princípio da esfera pública burguesa, mesmo onde ainda o celebravam. Essa concepção ambivalente de esfera pública na teoria do liberalismo não confessa certamente o conflito estrutural da sociedade da qual ela mesma resulta. Contudo, a apologia liberal é superior à crítica socialista em

---

130 Marx, *Werke*, v.IV, p.182.

uma outra perspectiva, segundo a qual ela coloca em questão em geral os pressupostos sociais fundamentais que são comuns tanto ao modelo clássico da esfera pública burguesa quanto ao seu contramodelo esboçado dialeticamente.

A ideia de racionalizar a dominação política havia sido esboçada pela consciência burguesa do século XVIII no âmbito da Filosofia da história. Em sua perspectiva, mesmo os pressupostos sociais de uma esfera pública politicamente ativa podiam ser concebidos à maneira de uma "ordem natural". Deveria haver uma base natural da esfera pública que garantisse um curso autônomo e, em princípio, harmonioso da reprodução social. Em correspondência com isso, por um lado, a opinião pública seria aliviada de oposições estruturais; por outro, na medida em que reconhecesse as leis de movimento imanentes da sociedade e as levasse em conta, ela poderia decidir, segundo padrões obrigatórios, quais regras seriam praticamente necessárias no interesse universal. Pressupondo tais circunstâncias, não seria necessária uma formação da vontade em vista de disposições detalhadas, mas apenas a descoberta da verdade em termos de princípios. Esse modelo de uma esfera pública politicamente ativa que busca a convergência da opinião pública com a razão supõe, como objetivamente possível, por meio da ordem natural ou, o que vem a dar no mesmo, de uma organização da sociedade orientada rigorosamente pelo interesse universal, reduzir os conflitos de interesses e as decisões burocráticas a um mínimo e, uma vez que não podem ser completamente evitados, submetê-los a critérios confiáveis de juízo público. Ora, enquanto os socialistas demonstram que a base da ideia de esfera pública burguesa não satisfaz tais pressupostos e, para satisfazê-los, precisaria ser colocada sobre outra base, os liberais tomam a manifestação dessa mesma contradição como ensejo para pôr em dúvida os próprios pressupostos de uma base natural sobre a qual a ideia de uma esfera pública politicamente ativa se apoia de modo geral – para então, contudo, argumentar ainda mais decididamente a favor da conservação de uma figura relativizada de esfera pública *burguesa*. Por isso, com o liberalismo, a autocompreensão burguesa da esfera pública perde a forma de uma Filosofia da história, em proveito de um meliorismo do *common sense*[131] – ela se torna "realista".

A própria aparência externa da esfera pública, da qual sua ideia pretendia sempre extrair certa evidência, modificou-se profundamente com o movimento cartista na Inglaterra e com a Revolução de Fevereiro no continente. Até então, o público podia ser interpretado como indivíduos livres, ainda que estivesse mais ou menos firmemente inserido em uma representação hierarquizada, comunitariamente visível, dos estratos sociais. A convivência realizava-se no *medium* da "sociedade" herdada da nobreza e, ao mesmo tempo, burguesamente diversificada, segundo as regras intactas de igualdade de nascença e sinceridade, segundo o código da autoproteção e do favorecimento. A disposição de aceitar reciprocamente os papéis dados e, ao mesmo tempo, de não realizá-los, fundamentava-se na confiança justificada de que, no interior do público, sob o pressuposto de seu interesse comum de classe, as relações amigo-inimigo estavam efetivamente excluídas. E certa razoabilidade já se expressava a partir das formas razoáveis de discussão pública, bem como da convergência das

---

131 Kesting, *Geschichtsphilosophie und Weltbürgerkrieg*, p.24 et seq., p.219 et seq.

opiniões nos padrões da crítica e na finalidade da polêmica. No entanto, os contemporâneos que refletem sobre a esfera pública burguesa desenvolvida se viram obrigados a observar que esse véu se encontrava rasgado. O público ampliou-se, primeiro de modo informal, por meio da difusão da imprensa e da propaganda. Além de sua exclusividade social, ele também perde o vínculo fornecido pelos institutos do trato sociável e pelo padrão relativamente elevado de formação. Os conflitos, até então contidos na esfera privada, invadem agora a esfera pública. As necessidades dos grupos, que não podem esperar nenhuma satisfação de um mercado que regula a si mesmo, tendem a ser reguladas pelo Estado. A esfera pública, que agora precisa mediar essas exigências, transforma-se em campo de concorrência de interesses nas formas mais brutas de controvérsias violentas. As leis, que surgem sob a "pressão das ruas", dificilmente podem ser compreendidas a partir do consenso razoável de pessoas privadas discutindo publicamente. As leis correspondem, de modo mais ou menos franco, a compromissos entre interesses privados concorrentes.

Nessa situação, Mill observa como a população operária, como mulheres e negros fizeram pressão (nos Estados Unidos) pelo sufrágio universal. Mill aprova expressamente todos os movimentos que se insurgem contra a aristocracia do dinheiro, do sexo e da cor, contra a democracia minoritária dos proprietários de mercadorias, a plutocracia da grande burguesia.[132] Também Tocqueville, poucos dias antes da Revolução de

---

132 No contexto das questões sobre a emancipação das mulheres, diz-se até: "Em todas as coisas, dever-se-ia encontrar o pressuposto a favor da igualdade. Primeiramente, é preciso dar uma razão por

Fevereiro, que ele previu com precisão, exorta o governo, como deputado oposicionista na Assembleia Nacional, a admitir aos poucos o povo no círculo daqueles que tinham direito ao voto:

> Talvez não tenha existido, em lugar algum e em tempo algum, com exceção da Assemblée Nationale, um parlamento que pudesse apresentar talentos tão versáteis e brilhantes como o nosso hoje. Entretanto, em grande parte, a Nação mal observa o que acontece diante dela e não ouve quase nada do que se diz no palco público sobre seus assuntos; e as próprias pessoas ativas que lá aparecem, mais ocupadas com o que escondem do que com o que mostram, parecem não assumir seriamente seu papel. De fato, a vida pública só se desenvolve ainda onde ela não cabe e deixou de existir, onde, conforme a lei, esperava-se encontrá-la. De onde vem isso? Decorre

---

> que uma coisa deveria ser proibida a uma pessoa e não a outra. Mas quando a exclusão se estende a quase tudo o que valorizam ao máximo aqueles que não são atingidos por ela e cuja privação sentem como a maior das injúrias; quando não apenas a liberdade política, mas também a liberdade pessoal de agir é privilégio de uma casta; quando mesmo na atividade profissional quase todas as ocupações, que exigem capacidades superiores em algum setor importante, que levam à distinção, à riqueza ou ainda que só à independência material, são mantidas como uma propriedade exclusiva, cercada por todas as partes, da classe dominante, ao passo que não resta à classe dependente quase nenhuma outra porta aberta a não ser aquela a que todos, embora possam passar por ela em outras situações, viram as costas com desprezo; então, as razões miseráveis de conveniência que são apresentadas como desculpa para uma distribuição parcial tão monstruosa, mesmo que tais razões não fossem completamente insustentáveis, não estão em condições de retirar-lhes o caráter de injustiça gritante" (Mill, *Werke*, v.12, p.5 et seq.).

do fato de que as leis limitaram a uma única classe o exercício de todos os direitos políticos [...].[133]

A ordem baseada na concorrência já não consegue cumprir de forma suficientemente fidedigna a promessa de manter aberto o acesso à esfera pública política por meio da suposta igualdade de oportunidades no que se refere à aquisição da propriedade privada. Ao contrário, seu princípio exige o acesso imediato da classe dos operários, das massas sem propriedades e sem instrução – justamente por meio da extensão dos direitos de igualdade política. A reforma do direito de voto é o tema do século XIX: a ampliação do público e não mais do princípio da publicidade enquanto tal, como no século XVIII. A autotematização da opinião pública desaparece na mesma medida em que a prática arcana dos gabinetes lhe retira a finalidade polêmica firmemente circunscrita, e a própria opinião pública se torna, em certa medida, algo difuso. A unidade da opinião pública e sua univocidade não serão mais garantidas por seu adversário comum. Liberais como Mill e Tocqueville depreciam o processo que, se eles o afirmam em virtude do princípio da publicidade, condenam em seus efeitos em virtude desse mesmo princípio, pois os interesses irreconciliáveis que, com a ampliação do público, afluem para a esfera pública produzem sua representação em uma opinião pública cindida, convertendo a opinião pública, na forma de uma opinião dominante, em um poder coercitivo, ainda que outrora ela devesse dissolver todo tipo de coerção na coerção única do discernimento co-

---

[133] Tocqueville, *Das Zeitalter der Gleichheit*, p.248. Cito segundo a excelente edição de Landshut.

gente. Assim, Mill lamenta francamente o "jugo da opinião pública", "os meios de coerção moral da opinião pública". Em sua grande defesa, *Sobre a liberdade*, orienta-se contra o poder da esfera pública, que até então era tida como a garantia da razão contra o poder. Mostra-se, "em seu conjunto, uma tendência crescente a estender-se o domínio da sociedade por meio do poder da opinião pública até os limites da impertinência". A dominação da opinião pública aparece como a dominação dos muitos e dos medíocres:

> Na vida do Estado, soa como lugar-comum dizer que a opinião pública rege o mundo. O único poder que ainda merece ser chamado de poder é o das massas e o dos governos, na medida em que se convertem em instrumentos para as aspirações e inclinações das massas [...]. E o que é uma novidade ainda mais significativa, a massa cria suas opiniões atuais não por meio dos dignitários da Igreja ou do Estado, líderes ou escritores, que a elevem acima do comum. Da elaboração intelectual dessas opiniões, cuidam homens mais ou menos da mesma toada, que, sob o impulso do momento, falam às massas por meio dos jornais.[134]

Tocqueville também vê a opinião pública mais como uma coação à conformidade do que como uma força da crítica:

> Na medida em que os cidadãos se equiparam e assemelham uns aos outros, diminui em cada um a inclinação a crer cegamente em determinado homem ou em determinada classe. A propensão a acreditar na massa aumenta, e cada vez mais é a opinião pública que

---

[134] Mill, *Über die Freiheit*, p.92 et seq.

rege o mundo [...]. Ou seja, nos povos democráticos, a esfera pública tem um poder único. Ela não convence por suas concepções, ela se impõe e impregna os ânimos por meio de uma poderosa pressão espiritual de todos sobre o entendimento individual. Nos Estados Unidos, a maioria assume a tarefa de oferecer aos indivíduos uma quantidade de opiniões prontas, e, com isso, alivia-os da obrigação de formar uma opinião por si mesmos. Assim, em questões filosóficas, éticas ou políticas, há um grande número de teorias que cada um assume piamente, confiando na esfera pública.[135]

Assim como Mill, também para Tocqueville parece ser a hora de considerar a opinião pública um poder que, no melhor dos casos, pode servir como obstáculo ao poder, mas que sobretudo precisa ela própria ser submetida a uma delimitação mais efetiva:

> Se um homem ou partido nos Estados Unidos sofre uma injustiça, para quem ele deve se voltar? Para a opinião pública? Ela sim é que forma a maioria. Para o corpo legislativo? Ele representa a maioria e lhe obedece cegamente. Para o Executivo? Ele é nomeado pela maioria [...]. Para a ordem pública? Ela não é outra coisa senão a maioria sob armas. Para os membros dos júris? Os júris são a maioria [...].[136]

É o mesmo questionamento do qual parte Mill para expor o velho problema da liberdade de pensamento e de expressão de uma forma diferente daquela em que desde *Areopagitica*, o

---

135 Tocqueville, *Das Zeitalter der Gleichheit*, p.263 s.
136 Ibid., p.44.

famoso discurso de Milton, sempre fora colocado na luta do público com a autoridade. Onde o lugar do poder do príncipe foi tomado pelo poder da esfera pública, aparentemente não menos arbitrário, a censura contra a intolerância atinge agora a opinião pública que se tornou dominante. A exigência de tolerância se volta para a opinião pública, e não para os censores que outrora a reprimiam. E o direito de expressar livremente uma opinião não deve mais proteger a discussão crítica do público perante a intervenção da polícia, mas sim proteger os não conformistas da intervenção do próprio público.

> Em nossa época, o exemplo da não concordância é [...] uma atividade meritória. Exatamente porque a dominação violenta da opinião (pública) cresceu de tal maneira que o que é extraordinário tornou-se motivo de censura, é desejável que, para romper essa dominação violenta, esse extraordinário se torne mais frequente.[137]

Para as opiniões em conflito na esfera pública, Mill desenvolve um conceito de tolerância a partir de uma analogia com as querelas religiosas. O público que discute mediante razões não consegue mais chegar a uma opinião racional, pois "só a diversidade das opiniões, na situação dada do entendimento humano, assegura a todos os lados da verdade uma perspectiva de jogo honesto".[138] A resignação perante o caráter irreconciliável dos interesses concorrentes na esfera pública é acompanhada de uma teoria do conhecimento perspectivista: porque os interesses particulares não podem mais ser medidos pelo

---
137 Mill, *Über die Freiheit*, p.94.
138 Ibid., p.66.

universal, as opiniões, nas quais os interesses se traduzem ideologicamente, mantêm um irredutível cerne de fé. Mill pede tolerância, e não crítica, pois os resíduos dogmáticos, embora reprimidos, não podem ser colocados sob o denominador comum da razão. À unidade da razão e da opinião pública falta a garantia objetiva de uma concordância de interesses socialmente realizada, da demonstrabilidade racional de um interesse universal em geral.

Bentham ainda podia mencionar a maioria como critério para saber se uma decisão havia sido tomada em vista do interesse universal. Em contrapartida, com base em suas experiências com o movimento cartista, Mill pode observar que a maioria do público ampliado não consiste mais de proprietários privados, mas de proletários que:

> assumem todos a mesma posição social e, no principal, pertencem à mesma classe profissional, a saber, são operários comuns. Com isso, não fazemos nenhuma reprovação; tudo o que dissermos de desfavorável sobre uma tal maioria valeria igualmente para uma maioria numérica constituída de homens de negócios ou proprietários de terras. Onde ocorre uma identidade do posicionamento e da atividade profissional, também se produz uma identidade de inclinações, paixões e preconceitos; e dotar uma dessas classes de poder absoluto, sem lhe dar o contrapeso de inclinações, paixões e preconceitos de outro tipo, não significa outra coisa senão seguir o caminho mais seguro para destruir qualquer perspectiva de melhora [...].

A opinião pública torna-se um poder entre outros poderes. Por isso, Mill não pode acreditar que:

Bentham estivesse usando de modo mais proveitoso seus grandes dotes não só quando pretendeu entronizar a maioria por meio do direito de voto universal, sem rei nem Câmara dos Lordes, mas também ao esgotar todos os recursos de sua argúcia para, com todos os meios imagináveis, cingir o jugo da opinião pública cada vez mais estreitamente em torno do pescoço de todos os funcionários públicos [...]. É certo que já se fez muito por um poder quando este se torna o mais forte; daí em diante é preciso ter mais cuidado para que esse poder mais forte não engula todos os outros.[139]

A esfera pública politicamente ativa não se encontra mais sob a ideia de uma dissolução do poder; ela deve servir antes para dividi-lo. A opinião pública torna-se mera limitação de poderes. A origem dessa reinterpretação é revelada pela confissão de Mill: *daí em diante* seria preciso cuidar para que o poder da opinião pública não engula o poder em geral. A interpretação liberal do Estado de direito burguês é reacionária: reage à força que a ideia de autodeterminação de um público que discute mediante razões adquire nas instituições desse Estado, assim que é subvertido pela massa dos despossuídos e sem instrução. Longe de ter conciliado de início o assim chamado momento democrático e o momento originariamente liberal, ou seja, de ter unido motivos heterogêneos,[140] o liberalismo interpreta pela primeira vez o Estado de direito burguês sob esse aspecto dualista. Mill volta-se contra uma ideia de esfera pública segundo a qual seria desejável "que os muitos tragam todas as

---

139 Mill, *Werke*, v.X, p.176.
140 Sobre isso, cf. por fim Fraenkel, Die repräsentative und die plebiszitäre Komponente im demokratischen Verfassungsstaat.

questões políticas diante de seu próprio tribunal e decidam segundo suas próprias medidas, pois, em tais circunstâncias, os filósofos seriam necessários para a esclarecer a multidão e fazer que ela aprenda a estimar sua concepção mais profunda das coisas".[141] Ao contrário, Mill argumenta que:

> as questões políticas não devem ser decididas por meio de um apelo direto ou indireto à visão ou à vontade de uma multidão inculta, mas por meio de opiniões formadas depois de reflexões pertinentes de um número relativamente pequeno de pessoas, especialmente instruídas para essa tarefa.[142]

Tocqueville compartilha a concepção de Mill de "governo representativo": a opinião pública determinada pelas paixões da massa precisa ser purificada por meio de conhecimentos adequados de cidadãos materialmente independentes. A imprensa, embora seja um instrumento importante de esclarecimento, não é suficiente para isso. A representação política precisaria apoiar-se certamente em uma hierarquia social. Tocqueville lembra os *pouvoirs intermédiaires*, os poderes corporativos da sociedade pré-burguesa, dividida em estamentos; as famílias e as pessoas que, por meio do nascimento, da formação e da riqueza, sobretudo da posse da terra e dos privilégios a ela ligados, "distinguiam-se e pareciam estar destinadas a mandar".[143] Ele tem consciência de que não é possível fabricar simplesmente uma nova aristocracia partindo do solo da sociedade burguesa:

---

141 Ibid., p.251.
142 Ibid., p.247.
143 Tocqueville, *Das Zeitalter der Gleichheit*, p.65. Cf. também p.67, 76, 81.

mas parece-me que os cidadãos simples, ao se associar, estão em condições de produzir figuras abastadas, muito influentes, muito fortes, enfim, pessoas aristocráticas [...]. Uma associação política, industrial, comercial e mesmo científica ou literária é um cidadão esclarecido e poderoso, que não se deixa coagir pela vontade nem se oprimir às escondidas.[144]

Cidadãos cultos e poderosos, na ausência de uma aristocracia de nascimento, devem formar um público de elite, cuja discussão mediante razões define a opinião pública.

Contra a opinião pública que, ao que parece, se perverteu como instrumento de libertação para se tornar uma instância de opressão, o liberalismo pode somente, seguindo sua *ratio*, convocar a própria esfera pública da opinião. Contudo, agora ele precisa de uma organização restritiva para assegurar a influência de uma opinião pública que se tornou minoritária diante das opiniões dominantes, já que *per si* aquela opinião não consegue mais obtê-la. Para afirmar ainda o próprio princípio da esfera pública contra a dominação de poder de uma opinião pública obscurecida, a opinião pública deve ser enriquecida com os momentos da esfera pública representativa, de modo que se possa formar um público esotérico de representantes.[*] Em contrapartida, o público, que apenas pode se deixar representar, teria de limitar-se "por via de regra a tomar como objeto de seu juízo mais o caráter e os talentos da pessoa que convoca

---

144 Ibid., p.105 et seq.
  * Habermas usa aqui a palavra *Repräsentanten*, com radical latino, com a referência implícita à discussão sobre a esfera pública representativa, desenvolvida anteriormente no capítulo 2. Não se trata, portanto, de representantes no sentido de uma democracia representativa. (N. T.)

para decidir essas questões do que, ao contrário, as questões elas mesmas".[145] Mill escreve essa frase apenas quatro anos depois daquela convocação eleitoral em que os *whigs* exortaram seus eleitores com a intenção rigorosa de uma esfera pública politicamente ativa: "*Remember that you are now fighting for things, not men!*"* No entanto, os prós e contras de argumentos e contra-argumentos são reprimidos muito ligeiramente por meio do mecanismo de personalização, as condições objetivas transparecem sob os disfarces biográficos. Mill conforma-se com a psicologia social do público de massa e pede uma esfera pública literalmente desclassificada, uma esfera pública representativa matizada.

Tocqueville, que, por sua origem, é antes um frondista contra o absolutismo monárquico do século XVIII do que um liberal do século XIX e, por isso, parece talhado também para o liberalismo, lamenta a extinção dos antigos *pouvoirs intermédiaires* e exige a criação de novos poderes intermediários para incluir efetivamente a opinião pública na divisão e limitação dos poderes. Por isso, Mill chamou-o de "Montesquieu de nossa época". A burguesia, não mais liberal, mas convertendo-se ao liberalismo, recorre às certezas das instituições pré-burguesas: para aqueles direitos protetores das liberdades estamentais, que em sua essência se distinguem das liberdades dos direitos humanos burgueses.[146]

---

145 Mill, *Werke*, v.X, p.249.
  * Trad.: "Lembre-se que agora estão lutando por coisas, não por homens!". (N. T.)
146 Cf. a observação do conservador Julius Stahl, especialista em direito público: "O partido liberal defende a ideia de igualdade contra a nobreza, contra os estamentos em geral, porque, depois da revolu-

ção, não pode mais admitir nenhuma divisão orgânica. No entanto, quando se deve realizar positivamente a igualdade, e as classes dos despossuídos devem receber os mesmos direitos que ele, então o partido liberal abandona essa ideia e faz distinções político-jurídicas a favor das fortunas. Quer o censo para a representação, as cauções para a imprensa, só admite os elegantes no salão, não concede aos pobres a honra e as gentilezas concedidas aos ricos. Essa semirrealização dos princípios da revolução é o que caracteriza a posição partidária dos liberais" (Stahl, *Die gegenwärtigen Parteien in Staat und Kirche*, p.73). Sem dúvida, isso é correto especialmente no que concerne às condições alemãs. É claro que, também na Alemanha do *Vormärz*, uma teoria liberal ousada prefigurou a ideia clássica da esfera pública diante de uma débil práxis constitucional: "A esfera pública plena consiste, portanto, em que", segundo a definição programática de Welcker (*Staatslexikon oder Enzyklopädie der Staatswissenschaften*, artigo "Öffentlichkeit und öffentliche Meinung"), "todos os assuntos de Estado sejam considerados comunitariamente assuntos de todo o Estado e de todos os cidadãos, por conseguinte, devem ser tornados acessíveis por meio da maior admissão possível de expectadores e ouvintes, de sua exposição pública e da liberdade de todos os órgãos da opinião pública". E Niebuhr aposta firmemente na convergência entre opinião pública e razão: "A opinião pública é aquela que surge por si mesma nos ânimos desobstruídos das influências pessoais que levam ao erro os detentores do poder, e em comum acordo, apesar de toda diversidade das individualidades e das relações múltiplas; e quando ela é de fato um juízo expresso universalmente e não repetido, pode valer como uma representação da razão e da verdade universais, como a voz de Deus". Contudo, Bluntschli cita essa frase (*Staatswörterbuch in drei Bänden*, artigo: "Offentliche Meinung") apenas para emitir, em contrapartida, a retórica de um liberalismo nacionalmente adaptado: "É um exagero radical quando a opinião pública é classificada como infalível e justamente por isso lhe é atribuído o direito de dominar. Os homens que têm uma visão profunda também da vida política e de suas necessidades não são, em nenhuma época, muito numerosos, e é muito incerto se conseguem difundir sua opinião como a opinião pública. A minoria dos que conhecem e dos sábios de modo algum coincide com a grande maioria das classes médias. Mesmo o juízo comum das classes cultas será quase sempre superficial. Não é possível que conheçam todas as circunstâncias e possam descobrir todas as razões das quais depende a decisão das coisas importantes. A opinião pública pode ser obscurecida por paixões momentâneas, pode até ser artificialmente levada a erro. Um único indivíduo significativo pode ver corretamente onde todo mundo ao redor vê falsamente" (ibid., v.II, p.745 et seq.). Na medida em que Bluntschli atribui definitivamente a opinião pública a uma classe dentre outras ("ela é sobretudo a opinião da grande classe média"), ele acaba rompendo com o princípio da esfera pública, a saber, a acessibilidade universal àquele domínio em que deve ser encontrado racionalmente aquilo que é praticamente necessário no interesse universal; na medida em que indica sociologicamente o lugar da opinião pública no espaço de uma sociedade de classes dada naturalmente, ele a classifica como ideologia, sem ainda criticá-la como tal. Segundo ele, a classe dos operários deve, de modo apropriado, afastar-se da vida política: "De fato, na oposição entre trabalho mental e trabalho manual, atividade espiritual e atividade corporal, apoia-se a distinção que também é de grande significado para a organização do Estado e para sua vida política [...]. Para as profissões liberais do terceiro estamento, uma formação mais elevada é uma exigência indispensável e, por isso, também costumeiramente apenas essas pessoas têm capacidade e ócio para trabalhar espiritualmente para o Estado. Em contrapartida, em relação às grandes classes mais ocupadas com o cultivo do solo, com o trabalho artesão, o pequeno comércio e o trabalho de fábrica, falta--lhes quase sempre a formação e o ócio necessários para dedicar-se ao Estado" (ibid., v.III, p.879). No entanto, nem mesmo a burguesia exerce as funções políticas de uma esfera pública residual, fechada ao povo. A opinião pública deve muito mais se restringir à crítica e ao controle de uma autoridade, que de antemão cabe ao monarca, apoiada por uma nobreza que possui terras. "A aristocracia está inclinada, por natureza, a dividir o poder com a monarquia; o terceiro

Jürgen Habermas

Contudo, ao contrário de Mill, Tocqueville vai mais além, visto que sua análise da esfera pública não se refere apenas à "tirania da opinião pública", mas também a um fenômeno complementar, a saber, o despotismo de um Estado crescentemente burocratizado. Na perspectiva da oposição estamental exercida contra o Ancien Régime, Tocqueville observa, com grande preocupação, a tendência ao que chama de "centralização do poder governamental". O forte poder estatal, em vão almejado pelo mercantilismo, foi efetivamente produzido no século XIX liberal. Como se sabe, na Inglaterra, somente com o *Civil Service* foi criada uma administração central moderna. Tocqueville mostra a tutela a que são submetidos os cidadãos, usando como exemplo os Estados Unidos:

> Acima de todos, ergue-se um monstruoso poder de tutela que se ocupa unicamente em assegurar suas comodidades e velar por

---

estamento está inclinado, por si só, a exercer a crítica e o controle" (ibid., v.III, p.881). Com base em um compromisso de classe entre a *bourgeoisie* e os poderes feudais, ainda sempre determinantes politicamente na Alemanha, não apenas o acesso à esfera pública torna-se um privilégio, como também ela própria não mais se compreende como uma esfera que faz a mediação entre o Estado e a sociedade em virtude da discussão mediante razões de um público constituído de pessoas privadas, em que a autoridade é dissolvida em sua substância dominadora; "não é verdade que a opinião pública domine, pois não pode e não quer dominar. Ela confia o governo aos órgãos encarregados disso. Não é um poder criador, mas primeiramente um poder que controla" (ibid., v.II, p.474). O vínculo entre essa ideologia liberal deformada com a relação específica do Estado e da sociedade na Alemanha prussiana durante o século XIX é analisada por Schieder, Das Verhältnis von politischer und gesellschaftlicher Verfassung und die Kritik des bürgerlichen Liberalismus, p.49-74.

sua sorte. É um poder absoluto, que penetra nos pormenores, de maneira regular, previdente e suave. Seria comparável ao poder paterno, se tivesse o propósito de educar para a formação de um ser humano adulto. Mas, ao contrário, busca manter os seres humanos inalteravelmente em um estado de infantilidade. Gosta de ver quando os cidadãos vão bem, com o pressuposto de que não pensem em outra coisa. Gosta de trabalhar para seu bem-estar; mas quer agir e julgar sozinho sobre isso. Cuida de sua segurança, prevê suas necessidades e os protege, estimula suas diversões, conduz seus assuntos mais importantes, orienta seu trabalho, regula sua descendência, divide suas heranças; não caberia tirar-lhes completamente o encargo de pensar e o esforço de agir?[147]

O socialismo também parece ser, para Tocqueville, um mero prolongamento dessas tendências que, por fim, acabam liquidando o Estado fiscal a favor de uma economia de Estado, estabelecendo o horror de um mundo administrado. Em 1848, já ministro do Gabinete da Revolução, recusa a exigência de garantir na Constituição o direito ao trabalho, opondo o argumento de que, com isso, o Estado se tornaria com o tempo o único empreendedor industrial:

> Quando se chega a esse ponto, então os impostos não são mais um meio para pôr em movimento a maquinaria do Estado, mas o principal meio para estimular a indústria. Ao acumular desse modo todo capital do cidadão individual, o Estado acaba se tornando,

---

147 Tocqueville, *Das Zeitalter der Gleichheit*, p.98.

por fim, o único proprietário de todas as coisas. Mas isso é o comunismo [...].[148]

Na mesma época, a teoria da revolução do próprio *Manifesto comunista* ainda era pensada com base no poder estatal limitado do liberalismo. Só alguns anos mais tarde, de início no escrito sobre o golpe de Estado de Napoleão III (1852),[149] Marx começou a refletir a respeito de certo fenômeno, ao qual dá o mesmo nome que lhe havia dado Tocqueville: "centralização do poder governamental". No comunicado ao Conselho Geral da Comuna de Paris, Marx já se mostra preocupado com o peso do poder estatal – "com seus órgãos onipresentes, exército permanente, polícia, burocracia, clero, magistratura, órgãos elaborados segundo o plano de uma divisão do trabalho sistemática e hierárquica"[150] –, de modo que não mais considera possível o socialismo, a transposição do poder político em poder público, caso a classe trabalhadora "não tome simplesmente posse da maquinaria pronta do Estado".[151] Antes, a maquinaria burocrática militar deveria ser quebrada – uma frase que Marx escreve a Kugelmann em 1817, e a cuja exegese, como se sabe, Lenin dedica seu livro mais importante, antes de ele próprio se ver obrigado econômica e tecnicamente a substituir o aparato estatal "quebrado" do czar pelo aparato incomparavelmente mais poderoso do Comitê Central. Na *Crítica do Programa de Gotha*, Marx resume mais uma vez a ideia

---

148 Ibid., p.260.
149 Marx, *Der 18. Brumaire des Louis Bonaparte*, p.116 et seq.
150 Marx, Der Bürgerkrieg in Frankreich, p.65.
151 Ibid.

socialista de uma esfera pública ativa, recorrendo à sugestiva metáfora do esmorecimento do Estado. Sua realização deve ser precedida da "destruição da maquinaria burocrática do Estado". A prevenção liberal diante da centralização do poder governamental faz os socialistas prestarem atenção ao pressuposto problemático que sua própria ideia compartilha com a ideia de esfera pública burguesa: uma "ordem natural" de reprodução social. No projeto de Constituição da Comuna, na antecipação da dissolução do parlamentarismo burguês por meio de um sistema de conselhos, subjaz a convicção de que o poder público, despido de seu caráter político, a administração das coisas e a direção dos processos de produção deveriam ser regulados, sem longas controvérsias, pelas leis já determinadas da economia política. Implicitamente, ainda se coloca para Marx, como para os fisiocratas, a opinião pública emancipada socialisticamente como discernimento da *ordre naturel*.

Após o florescimento do liberalismo, durante os cem anos de um capitalismo que se "organiza" gradualmente, dissolve-se de fato a relação original entre a esfera pública e a esfera privada. Desaparecem os contornos da esfera pública burguesa. Contudo, nem o modelo liberal nem o modelo socialista são adequados para fazer um diagnóstico de uma esfera pública que permanece oscilando de modo peculiar *entre* ambas as constelações estilizadas no modelo. Remetendo-se dialeticamente uma à outra, duas tendências caracterizam uma decadência da esfera pública: ela penetra cada vez mais em *esferas* mais amplas da sociedade e, ao mesmo tempo, perde sua *função* política de submeter ao controle de um público crítico os casos que se tornaram públicos. M. L. Goldschmidt registra as mesmas *"two disturbing tendencies: first a consequent disregard of the individuals right of privacy; and second, a tendency toward too little publicity, with a consequent increase of secrecy in areas [...] considering public*".[152] Nesse sentido, a esfera pública parece perder a força de seu *princípio*, a publicidade crítica, na medida em que se dilata como *esfera* e provoca ainda a erosão do domínio privado.

---

[152] Goldschmidt, Publicity, Privacy and Secrecy, p.401. [Trad.: "Duas tendências perturbadoras: primeiro, um consequente desrespeito do direito individual de privacidade; e, segundo, uma tendência a uma publicidade pequena demais, com o consequente aumento de sigilo em áreas [...] consideradas públicas." – N. T.]

V
Mudança da estrutura social da esfera pública

§ 16. A tendência ao entrelaçamento da esfera pública com o âmbito privado

A esfera pública burguesa desdobra-se em um campo de tensão entre o Estado e a sociedade, mas de tal maneira que ela mesma permanece como parte do domínio privado. A separação fundamental dessas duas esferas, na qual ela se baseia, significa inicialmente apenas o desenredar dos momentos da reprodução social e do poder político, mantidos juntos no modelo das formas de dominação da Alta Idade Média. Com a expansão das relações da economia de mercado, surge a esfera do "social", que rompe as limitações da dominação feudal e necessita de formas de administração baseadas na autoridade estatal. Conforme é mediada pelas relações de troca, a produção se liberta da competência da autoridade pública – e, inversamente, a administração se alivia do trabalho produtivo. O poder público, concentrado nos Estados nacionais e territoriais, coloca-se acima de uma sociedade privatizada, ainda que sua circulação seja, a princípio, dirigida pelas intervenções da autoridade estatal. Essa esfera privada só se desenvolve em uma esfera de autonomia privada na medida em que se emancipa das regulamentações mercantilistas. A inversão dessa tendência, o crescente intervencionismo estatal que se manifesta a partir do último quarto do século XIX, não por isso leva *per se* e de imediato a um entrelaçamento da esfera pública com o domínio privado: indo além da separação sustentada entre o Estado e a sociedade, uma política intervencionista, que tem se definido como neomercantilista, poderia limitar a autonomia das pessoas privadas, sem afetar como tal o caráter privado de seu intercâmbio. A sociedade só é colocada em xeque como esfera privada em geral quando os próprios poderes sociais adquirem competências de autoridade pública. Nesse caso, a política "neomercantilista" anda de mãos dadas com uma espécie de "refeudalização" da sociedade.

O novo intervencionismo do fim do século XIX é conduzido por um Estado que, por meio da constitucionalização de uma esfera pública politicamente ativa (certamente ainda muito limitada na Alemanha), tende a uniformizar-se com os interesses da sociedade civil. Consequentemente, as intervenções do poder público no intercâmbio das pessoas privadas fazem a mediação de impulsos que se originam diretamente da esfera da sociedade civil. O intervencionismo nasce de uma tradução política desses conflitos de interesses que não podem mais ser resolvidos unicamente no interior da esfera privada. Assim, em uma perspectiva mais ampla, à intervenção estatal na esfera social corresponde também uma transposição de competências públicas para corporações privadas. E a expansão da autoridade pública sobre o domínio privado está associada também ao processo contrário de uma substituição do poder estatal pelo poder social. Somente essa dialética de socialização do Estado, que se impõe simultaneamente com uma progressiva estatização da sociedade, destrói pouco a pouco a base da esfera pública burguesa – a separação entre Estado e sociedade. Entre ambos, e como que "a partir" de ambos, surge uma esfera social repolitizada que escapa à distinção entre "público" e "privado". Ela também dissolve aquela parte específica do domínio privado na qual as pessoas privadas reunidas em um público regulavam entre si os assuntos gerais de suas relações, a saber, a esfera pública em sua forma liberal. A decadência da esfera pública, que será demonstrada na mudança de suas funções políticas (Capítulo VI), fundamenta-se de modo geral na mudança estrutural das relações entre a esfera pública e a esfera privada (Capítulo V).

Desde a grande depressão que começa em 1873, a era liberal, com uma visível reviravolta também na política comercial, caminha para seu fim. Pouco a pouco, todos os países capitalistas avançados sacrificam, a favor de um novo protecionismo, os sagrados princípios do *free trade*, os quais, de todo modo, só a Inglaterra, que domina o mercado mundial, havia adotado sem ambiguidades. Do mesmo modo, fortalece-se nos mercados internos, sobretudo nas indústrias centrais, a tendência para fusões em oligopólios. A isso corresponde o movimento em direção ao mercado de capitais. As sociedades por ações se mostram na Alemanha, como a *trust company* nos Estados Unidos, como um veículo eficaz de concentração. Em pouco tempo, esse desenvolvimento produz uma legislação antitruste nos Estados Unidos e uma legislação anticartéis na Alemanha. De modo característico, os dois jovens países industriais sobrepujam a França e, sobretudo, a Inglaterra, onde o capitalismo tem uma tradição mais longa e contínua, ou, em todo o caso, mais fortemente enraizado no chamado período manufatureiro. Em contrapartida, na Alemanha recém-unificada, o capitalismo industrial se desenvolve "espontaneamente" apenas com o início do período imperialista, pressionado de imediato a assegurar politicamente para si esferas privilegiadas de comércio exterior e exportação de capital.[1] A adesão ao desenvolvimento europeu-ocidental e norte-americano do Estado de direito parlamentar tornou-se de início impossível para a Alemanha com a troca de funções, sobretudo com o *aumento* de funções da maquinaria do Estado, exigida nessa fase pelo capitalismo.[2]

As restrições da concorrência no mercado de bens, seja por meio da concentração de capital e o consorciamento de grandes empresas que assumem uma posição oligopolista, seja diretamente pela divisão do mercado por meio da combinação de preços e da produção, acabam se impondo internacionalmente no último terço do século XIX. O jogo entre tendências expansivas e restritivas, que já no desenvolvimento do capital comercial e financeiro nunca permitiu que uma liberalização das relações de mercado entrasse em vigor de modo duradouro, também determina o movimento do capital industrial, fazendo que a era liberal não seja mais do que um breve momento, ao contrário da distorção óptica da economia clássica: da perspectiva do desenvolvimento do capitalismo como um todo, o período entre 1775 e 1875 aparece apenas como *vast*

---

[1] Hallgarten, *Vorkriegimperialismus*.
[2] Lukács, Einige Eigentümlichkeiten der geschichtlichen Entwicklung Deutschland, p.37-83. Além disso, Plessner, *Die verspätete Nation*. Cf. minha resenha em *Frankfurter Hefte*, em novembro de 1959. Por fim, Dahrendorf, Demokratie und Sozialstruktur in Deutschland, p.86 et seq.

secular boom [vasta explosão secular].³ *O que Say, com sua famosa lei, atribuía ao capitalismo do laisser-faire* por excelência, a saber, um balanço automaticamente equilibrado do ciclo econômico de produção e consumo como um todo, não dependia de fato do sistema como tal, mas das condições históricas concretas⁴ que ainda se modificam no decorrer do século, não sem a influência do antagonismo fundado no próprio modo de produção capitalista. De resto, a lei de Say também falha diante do fato de

---

3 Dobb, *Studies in the Development of Capitalism*, p.258.
4 Ibid., p.257. "*An age of technical change which rapidly augmented the productivity of labour also witnessed an abnormally rapid natural increase in the ranks of proletariat, together with a series of events which simultaneously widened the field of investment and the market for consumption goods to an unprecedented degree. We have seen how straitly in previous centuries the growth of capitalist industry was cramped by narrowness of the market, and its expansions thwarted by low productivity which the methods of production of the period imposed; these obstacles being reinforced from time to time by scarcity of labour. At the industrial revolution these barriers were simultaneously swept away; and, instead, capital accumulation and investment are faced, from each point of the economic compass, with ever-widening horizons to lure them on.*" [Trad.: "Uma época de mudanças tecnológicas que aumentam rapidamente a produtividade do trabalho também testemunhou um aumento incrivelmente rápido nas fileiras do proletariado, juntamente com uma série de acontecimentos que ao mesmo tempo ampliaram o campo dos investimentos e o mercado de consumo de bens em uma escala sem precedentes. Nos séculos anteriores, vimos quanto o crescimento da indústria capitalista foi limitado em virtude da estreiteza do mercado, e sua expansão foi impedida pela baixa produtividade imposta pelos métodos de produção do período. Esses obstáculos foram reforçados de tempos em tempos pela escassez de trabalho. Na Revolução Industrial, essas barreiras foram simultaneamente eliminadas; e, em vez disso, a acumulação de capital e os investimentos se defrontaram, em cada aspecto do ambiente econômico, com horizontes cada vez mais amplos para atraí-los." – N. T.].

que o equilíbrio do sistema, após superar cada crise, de modo algum se recompõe automaticamente no nível mais altamente acessível das forças produtivas disponíveis.

No decorrer desse desenvolvimento, a sociedade civil precisa dar-se ainda a aparência mais branda de uma esfera neutralizada em relação ao poder. O modelo liberal, na verdade, o modelo de uma economia de pequenos produtores de mercadorias, havia previsto apenas relações de trocas horizontais entre proprietários individuais de mercadorias. Com a livre concorrência e preços independentes, ninguém deveria adquirir tanto poder a ponto de lhe ser permitido dispor do outro. Contudo, contra essa expectativa, com a concorrência imperfeita e com os preços subordinados, o poder social se concentra em mãos privadas.[5] Na rede das relações verticais entre unidades coletivas, formam-se relações que são, em parte, de dependência unilateral e, em parte, de pressão recíproca. Os processos de concentração e crise rasgam o véu da troca de equivalentes que encobria a estrutura antagônica da sociedade. Quanto mais ela se torna visível como mero contexto de coerção, tanto mais urgente se torna a necessidade de um Estado forte. Contra a autocompreensão liberal do "Estado como guarda-noturno",[6] Franz Neumann coloca, com razão, a objeção de que o Estado foi sempre tão forte a favor do interesse burguês quanto assim exigia a situação política e social.[7] Não obstante, enquanto

---

5 Cf. Bunzel, Liberal Theory and the Problem of Power, p. 188-374.
6 A expressão, que deriva de Lassalle, é usada sempre com o famoso ensaio de Wilhelm von Humboldt, Ideen zu einem Versuch, die Grenzen der Wirksamkeit des Staates zu bestimmen, p.56 et seq.
7 Neumann, Der Funktionswandel des Gesetzes im Recht der bürgerlichen Gesellschaft, p.542 et seq., e Ökonomie und Politik., p.1 et seq.

o Estado era liberal, fazia parte justamente desse interesse que, de maneira geral, a esfera da circulação de mercadorias e do trabalho social permanecesse aos cuidados da autonomia privada (a não ser que se veja, como Achinger,[8] o começo da intervenção na esfera privada já na realização do ensino e do serviço militar obrigatórios e universais). Aquela "centralização do poder governamental", que se tornou um problema ao mesmo tempo para Marx e Tocqueville, a rigor não afetava ainda a relação entre o domínio público e o domínio privado, constitutiva para o Estado de direito burguês. Mesmo o interesse que a grande indústria tem em alargar o aparato militar com a finalidade de conquistar e assegurar mercados estrangeiros privilegiados reforça inicialmente apenas uma das funções existentes do poder público. A "barreira" entre o Estado e a sociedade começa a vacilar apenas quando *novas* funções são adicionadas ao Estado.

Por um lado, o acúmulo de poder na esfera privada da circulação de mercadorias e, por outro, a esfera pública, estabelecida como órgão de Estado, com sua promessa institucional de acessibilidade universal, fortalecem a tendência dos economicamente mais fracos de combater, com meios políticos, os que ocupam posições mais elevadas no mercado. Na Inglaterra, ocorreram reformas eleitorais em 1867 e 1883; na França, Napoleão III havia introduzido o sufrágio universal; Bismarck tinha em mente suas consequências plebiscitárias conservadoras ao adotá-lo na Constituição, primeiro na Federação da Alemanha do Norte e depois no recém-fundado Império Alemão. Apoiadas nessa possibilidade formalmente concedida

---

8 Achinger, Sozialpolitik als Gesellschaftspolitik, p.155.

de codeterminação política, as camadas pauperizadas, como também as classes ameaçadas por elas, procuravam adquirir uma influência que deveria compensar politicamente a violação da igualdade de oportunidades no domínio econômico (se é que existiu alguma vez tal igualdade). A desobrigação da esfera pública em relação aos interesses privados fracassou assim que as condições em que deveria ocorrer a privatização dos interesses foram envolvidas no conflito entre interesses organizados. Os sindicatos trabalhistas não formam apenas um contrapeso organizado no mercado de trabalho, mas aspiram influenciar, por meio dos partidos socialistas, a própria legislação. A eles opõem-se os empresários, sobretudo "as forças conservadoras do Estado", como são chamadas desde então, que buscam converter imediatamente seu poder social em poder político. A lei antissocialista de Bismarck é um caso modelar. Mas a seguridade social, que Bismarck organiza ao mesmo tempo, mostra quanto a intervenção estatal na esfera privada teve de ceder à pressão vinda de baixo. As intervenções do Estado na esfera privada, desde o fim do século XIX, permitem reconhecer que as massas amplas, agora admitidas na codeterminação, tiveram sucesso em traduzir os antagonismos econômicos em conflitos políticos: em parte, as intervenções fazem concessões aos interesses dos economicamente mais fracos; em parte, servem também para defendê-los. Não é fácil, em um caso específico, dizer com clareza o que pertence a um ou a outro interesse coletivo privado. Contudo, em geral, as intervenções estatais, mesmo quando são forçadas a ir contra os interesses "dominantes", agem para manter um equilíbrio no sistema, que não pode mais ser assegurado pelo livre mercado. Strachey conclui daí, apenas *prima facie* paradoxal, de que:

foi justamente a luta das forças democráticas contra o capitalismo que tornou possível a continuidade do sistema. Pois não apenas tornou suportáveis as condições de vida do trabalhador, como também manteve abertos aqueles mercados consumidores para os produtos acabados, os quais uma investida suicida do capitalismo em uma distribuição crescentemente desigual da renda do povo destruiria mais e mais.[9]

Esse mecanismo, que Galbraith também analisou sob o aspecto dos *countervailing powers* [poderes compensatórios],[10] explica o vínculo entre a tendência à concentração do capital[11] e um crescente intervencionismo estatal. As ordens de grandeza dos orçamentos estatais fornecem de imediato um índice da crescente atividade do Estado.[12] Mesmo assim, esse critério quantitativo ainda é insuficiente. Somente uma explicação qualitativa das intervenções públicas na esfera privada permite reconhecer que o Estado não apenas ampliou suas atividades

---

9 Strachey, *Kapitalismus heute und morgen*, p.154.
10 Galbraith, *American Capitalism, the Concept of Countervailing Power*. Para uma crítica, cf. o excelente artigo de Schweizer, A Critique of Countervailing Power, p.253 et seq.
11 Nos Estados Unidos, essa tendência está bem documentada em Berle e Means, *The Modern Corporation and Private Property*; *The Structure of the American Economy*; *The Concentration of Productive Facilities*; *A Survey of Contemporary Economics*. Na Alemanha, König, Konzentration und Wachstum, eine empirische Untersuchung der westdeutschen Aktiengesellschaft in der Nachkriegszeit, p.229 et seq.
12 Fabricant, *The Trends of Government Activities in the U.S.A since 1900*; Hicks, *British Public Finances, their Structure and Development, 1880-1952*. Adolf Wagner já fala de uma "lei" da expansão crescente da necessidade de financiamento em *Lehrbuch der politischen Ökonomie*, v.V, p.76 et seq.

no interior das antigas funções, como também ganhou, na verdade, uma série de novas funções. Ao lado das tradicionais funções de manutenção da ordem – que na era liberal o Estado já assumia, no âmbito interno, por meio da polícia e da justiça, além de uma cautelosa política fiscal, e, no âmbito externo, por meio de uma política externa apoiada nas forças armadas – surgem agora as funções de configuração [*Gestaltungsfunktionen*].[13] Evidentemente, a distinção entre ambas se torna mais nítida conforme, no decorrer do século XX, amplia-se a diferenciação das atribuições do Estado de bem-estar social. Acabamos de mencionar as tarefas de proteção, indenização e compensação dos grupos economicamente mais fracos, os trabalhadores e os empregados, os locatários, os consumidores, e assim por diante (a esse âmbito pertencem, por exemplo, as medidas que têm como objetivo uma redistribuição de renda). De outro âmbito, faz parte a tarefa de evitar mudanças em longo prazo na estrutura social, ou ao menos amenizá-las, ou, inversamente, apoiá-las de maneira planejada, e até mesmo dirigi-las (nisso consta, por exemplo, um conjunto complexo de medidas, como a política para a classe média). A influência de graves consequências nas atividades de investimento privado e na regulamentação das atividades de investimento público incide no círculo mais amplo de tarefas voltadas para um controle e equilíbrio do ciclo econômico como um todo. Os processos de concentração não provocaram apenas a reação de uma política de conjuntura; com a tendência para formar grandes unidades, produzem também

---

13 Neumark, *Wirtschafts- und Finanzpolitik des Interventionsstaates*. Do lado jurídico, cf. Scheuner, Die staatliche Intervention im Bereich der Wirtschaft, p.1 et seq.

certos pressupostos que, na verdade, possibilitam essa política em grande escala: ou seja, a economia se torna acessível, na mesma medida, aos métodos econométricos da contabilidade nacional, introduzida na Inglaterra, nos Estados Unidos e no Canadá logo após a eclosão da Segunda Guerra Mundial.[14] Por fim, para além das atividades costumeiras de administração pública, o Estado também assume as atividades de serviços, que até então eram deixadas em mãos privadas, seja confiando tarefas públicas a pessoas privadas, seja coordenando atividades econômicas privadas por meio de um planejamento estrutural,[15] ou mesmo se tornando um produtor e distribuidor ativo. O setor de serviços públicos necessariamente se amplia, "pois com o elevado crescimento econômico, começam a atuar fatores

---

14 Strachey, *Kapitalismus heute und morgen*, p. 35.
15 Aqui, a passagem das funções de ordenação para as funções de configuração é fluida, mas evidente em termos de tendência. Do ponto de vista jurídico, essa passagem se manifesta em uma ampliação e, com isso, modificação do antigo direito de polícia. Sobre isso, cf. Huber, *Recht, Staat und Gesellschaft*, p. 32: "O direito de polícia é o direito que protege o público de ameaças, tendo em vista a manutenção da ordem pública. Tem caráter negativo, de defesa. Até pouco tempo atrás, era um ramo do direito público, que justamente se aninhava no direito privado. Atualmente, aparece cada vez mais a tendência de substituir ou complementar a defesa contra perigos com uma configuração positiva da vida social. Assim, por exemplo, o direito de polícia habitacional tinha a tarefa de proteger dos riscos à saúde, dos perigos de incêndios, dos riscos no trânsito; a proteção da natureza e da terra natal tem a tarefa de impedir a desconfiguração das paisagens locais e nacionais. Hoje, os planejamentos locais, regionais e nacionais não querem mais somente combater o que é negativo, mas também configurar algo de positivo, a saber, a utilização do espaço pelo homem para a urbanização e o trabalho".

que transformam a relação dos custos privados com os custos públicos".[16] Ao lado dos custos públicos da produção privada surgem igualmente, atrelados ao crescente poder de compra das massas amplas, os custos públicos do consumo privado.[17]

A fórmula da "previdência coletiva" encobre a multiplicidade das funções recém-adicionadas ao Estado de bem-estar social,[18] como também os múltiplos interesses privados organizados coletivamente e inter-relacionados, que estão na base desse crescimento. Por meio de leis e medidas, o Estado intervém profundamente na esfera da circulação de mercadorias e do trabalho social, pois os interesses concorrentes das forças sociais se impõem na dinâmica política e, mediados pelo intervencionismo estatal, retroagem sobre a própria esfera privada. Com isso, considerando-se o todo, não se pode negar

---

16 Littmann, *Zunehmende Staatstätigkeit und wirtschaftliche Entwicklung*, p.164. Aqui, não se devem considerar os custos de armamento, uma vez que a proteção militar já pertence às funções clássicas do Estado.

17 Uma vez que o sistema capitalista tende a permitir que se limite o menos possível o setor da produção da economia privada a favor do setor de serviços públicos, surge entre ambos um desequilíbrio, que Galbraith analisou recentemente. Cf. sua pesquisa *Gesellschaft im Überfluß* e também Downs, Why Government Budget is too Small in a Democracy?, p.541-63.

18 Forsthoff, *Die Verfassungsprobleme des Sozialstaats*; Friedmann distingue cinco funções: "*they result from activities of the State: firstly, as protector; secondly, as dispenser of social services; thirdly, as industrial manager; fourthly, as economic controller; fifthly, as arbitrator*". [Trad.: "elas resultam das atividades do Estado: primeiro, como protetor; segundo, como fornecedor de serviços sociais; terceiro, como administrador industrial; quarto, como controlador econômico; quinto, como árbitro". – N. T.] (Friedmann, *Law and Social Change*, p.298).

a "influência democrática" sobre a ordem econômica: por meio das intervenções públicas no domínio privado, que se opõem à tendência de concentração do capital e organização oligopolista, a massa dos não proprietários conseguiu fazer que sua parte na renda nacional não diminuísse a longo prazo. Contudo, ela tampouco parece aumentar essencialmente até meados do século XX.[19]

Pelo fato de o intervencionismo resultar de tais contextos, os domínios sociais protegidos por meio da intervenção devem ser rigorosamente distinguidos das esferas privadas apenas regulamentadas pelo Estado – em boa parte, as próprias instituições privadas assumem um caráter semipúblico. Na verdade, pode-se falar de um *quasi political character of private economics units* [caráter quase político das unidades econômicas privadas].[20] No cerne de uma esfera privada publicamente relevante da sociedade civil, forma-se uma esfera social repolitizada, na qual as instituições estatais e sociais se unificam em um vínculo funcional que não pode mais ser diferenciado segundo os critérios do público e do privado. Do ponto de vista jurídico, essa nova interdependência das esferas, até então separadas, manifesta-se no rompimento do sistema do direito privado clássico.

Na sociedade industrial constituída pelo Estado de bem-estar social, multiplicam-se condições e relações que não podem mais ser classificadas pelos institutos do direito privado nem do direito público. Ao contrário, forçam a introdução das chamadas normas do direito social.

---

19 Cf. Strachey, *Kapitalismus heute und morgen*, p.130-1.
20 Clark, The Interplay of Politics and Economics., p.192 et seq. Berle, *Power without Property*.

A crítica socialista ao mero caráter formal do direito burguês já enfatizava que a autonomia garantida pelo direito privado apenas poderia ser atribuída igualmente a todos os sujeitos de direito à medida que oportunidades iguais de êxito econômico permitissem a realização da igualdade de oportunidades juridicamente autorizada.[21] Em especial porque a separação entre os produtores e os meios de produção, a relação de classes que o capitalismo industrial formou plenamente no século XIX, transformou a relação jurídica formalmente igual entre capitalistas e trabalhadores assalariados em uma relação factual de subordinação. Sua expressão no direito privado ocultava um poder quase público. Karl Renner[22] analisou desse ponto de vista a instituição central do direito privado, a propriedade dos meios de produção, e as garantias a ela associadas, as liberdades de contrato, de empreendimento e de herança, e concluiu que, segundo suas funções de fato, teriam de ser elementos do direito público: o direito privado assegura ao capitalista o exercício de um "poder de comando publicamente delegado". No mais tardar desde o fim da Primeira Guerra Mundial, o desenvolvimento jurídico também segue, até certo ponto, o desenvolvimento social e produz uma complicada mistura de tipos, que, de início, foi registrada com a expressão "publicização do direito privado".[23] Mais tarde, aprendeu-se a observar o mesmo processo do ponto de vista recíproco de uma privatização do direito público: "elementos do direito público e elementos do direito privado

---

21 Cf. Menger, *Das bürgerliche Recht und die besitzlosen Volksklassen*.
22 Renner, *Die Rechtsinstitute des Privatrechts und ihre soziale Funktion*.
23 Hedemann, *Einführung in die Rechtswissenschaft*, p.229.

engrenam-se uns nos outros até ser tornarem irreconhecíveis e inextrincáveis".[24]

Os direitos de propriedade serão limitados não somente pelas já mencionadas intervenções de política econômica, mas também pelas garantias jurídicas que devem reparar materialmente, em situações sociais típicas, a igualdade formal de contrato. Os contratos coletivos, que, de modo exemplar no direito trabalhista, ocupam o lugar dos contratos individuais, protegem o parceiro mais fraco. Medidas cautelares no interesse dos locatários fazem que o contrato de aluguel se torne, para o locador, quase uma relação de uso público do espaço. E assim como os trabalhadores e os locatários, também os consumidores desfrutam de garantias especiais. Desenvolvimentos semelhantes podem ser observados na legislação sobre a organização social das empresas, na legislação sobre habitação e no direito de família. As medidas preventivas sobre a segurança pública vinculam os proprietários de empresas, terrenos, edifícios, e assim por diante, de tal maneira que se falou de uma "propriedade superior publicizada".[25] Teóricos liberais do Estado usam sua retórica contra essa tendência de "esvaziamento" dos direitos de propriedade com o argumento de que, hoje, a propriedade é formalmente deixada ao proprietário e, no entanto, é expropriada dele, até mesmo sem compensação e sem a proteção jurídica de um procedimento regulamentado de expropriação: "Assim, surgem novas formas

---

24 Huber, *Recht, Staat und Gesellschaft*, p.34.
25 Wieacker, *Das Sozialmodell der klassischen Privatrechtsgesetzbücher und die Entwicklung der modernen Gesellschaft.*, p.21 et seq.

de socialização por meio de uma legislação confiscadora, com a qual nem o marxismo doutrinário contava".[26]

Ao mesmo tempo que se atinge a instituição central do direito privado, a propriedade, atinge-se naturalmente as garantias a ela vinculadas, sobretudo a liberdade de contrato. A relação contratual clássica pressupõe a plena independência na determinação das condições contratuais. Entrementes, esse pressuposto foi colocado sob fortes limitações. À medida que as relações jurídicas se adaptam às relações sociais típicas, os próprios contratos são esquematizados. A crescente padronização das relações contratuais reduz normalmente a liberdade do parceiro economicamente mais fraco, ao passo que o já mencionado instrumento do contrato coletivo deve estabelecer justamente a igualdade de posição no mercado. Os acordos coletivos entre associações de empresários e sindicatos perdem seu caráter de direito privado em sentido estrito; assumem francamente um caráter de direito público, pois as regulamentações encontradas em série funcionam como um sucedâneo da lei: "A função das federações, ao firmarem um contrato coletivo de trabalho, parece menos o exercício da autonomia privada do que o exercício de legislar pela força de delegação".[27] A autonomia privada originária é de tal modo degradada a uma autonomia derivada, inclusive do ponto de vista jurídico, que muitas vezes não é mais considerada necessária para a validade dos contratos. O efeito jurídico das relações contratuais fáticas equipara-se às relações jurídicas clássicas.[28]

---

26 Huber, *Recht, Staat und Gesellschaft*, p.33.
27 Ibid., p.37.
28 Simitis, *Die faktischen Vertragsverhältnisse*.

Por fim, o sistema privado é perpassado pelo crescente número de contratos entre o poder público e as pessoas privadas.[29] O Estado pactua com as pessoas privadas com base no *do ut des* [dou para que dês]. A desigualdade dos parceiros, a dependência de um em relação ao outro, também dissolve os fundamentos da relação contratual em sentido estrito. Mensurados pelo modelo clássico, trata-se apenas de pseudocontratos. Atualmente, quando as autoridades, no exercício de suas tarefas concernentes ao Estado de bem-estar social, substituem

---

[29] O direito alemão reconhece a ficção da fazenda pública, que qualifica o Estado como um sujeito de direito privado e, com isso, como um possível parceiro para relações contratuais com pessoas privadas. Outrora, sob o absolutismo, isso tinha o sentido positivo de garantir, em certa medida, uma segurança jurídica aos súditos, mesmo sem a garantia de participarem da legislação. De modo semelhante, o direito francês distingue entre o Estado como sujeito de direito privado das *gestions privées* e o Estado como sujeito público-jurídico das *gestions publiques*. Na era liberal, ambas as funções eram relativamente transparentes e, por isso, fáceis de separar. Contudo, a distinção tornou-se mais difícil na medida em que o próprio Estado assume funções na esfera privada da sociedade e regula suas relações com os sujeitos econômicos privados por meio do contrato: *"predominantly industrial, commercial, and managerial operations, such as the provision of transport, electricity, or gas, or the management of health services, are now normally carried out by incorporated public authorities, which are subject to the rule of private law, although responsible to Ministers and Parliaments for the general conduct of the operation."* [Trad.: "operações predominantemente industriais, comerciais e gerenciais, tais como o fornecimento de transporte, eletricidade, gasolina, ou a administração de serviços de saúde, são agora normalmente realizadas por autoridades públicas incorporadas, que estão subordinadas às regras do direito privado, embora tenham de responder aos ministros e parlamentos pela condução geral da operação." – N. T.] (Friedmann, *Law and Social Change*, p.63).

amplamente a regulamentação jurídica pelo instrumento do contrato, esses contratos têm, a despeito de sua forma de direito privado, um caráter quase público: pois, na verdade, "nosso sistema jurídico se apoia na ideia de que os contratos de direito privado estão, em última instância, sob a lei, e não no mesmo nível da lei, e nosso direito público apenas deixa espaço para contratos onde existem relações de ordem igual".[30]

Com a "fuga" do Estado do direito público, a transferência de tarefas da administração pública para empresas, entidades, corporações, gestores semioficiais de direito privado, mostra-se também o lado inverso de uma publicização do direito privado, a saber, a privatização do direito público. Os critérios do direito público clássico tornam-se nulos, sobretudo quando a própria administração pública se serve de meios do direito privado em suas atividades de distribuição, assistência e fomento.[31] Pois a organização de direito público não impede, por exemplo, que um fornecedor municipal estabeleça uma relação de direito privado com seu "cliente", nem a ampla regulamentação de uma tal relação jurídica exclui sua natureza de direito privado. Uma classificação segundo o direito público não é exigida nem em razão da posição de monopólio e do contrato coativo nem em virtude de a relação jurídica estar fundamentada em um ato administrativo. Nesse sentido, o momento de publicidade do interesse público vincula-se ao momento do direito privado de formulação contratual, na medida em que, com a concentração de capital e com o intervencionismo re-

---

30 Huber, *Recht, Staat und Gesellschaft*, p.40.
31 Sobre o que se segue, cf. Siebert, Privatrecht im Bereich der öffentlichen Verwaltung, especialmente p.223 et seq.

sultante do processo recíproco de socialização do Estado e de uma estatização da sociedade, surge uma nova esfera. Essa esfera não pode ser entendida plenamente nem como uma esfera puramente privada nem como uma esfera genuinamente pública, e não pode ser univocamente classificada no domínio do direito privado ou público.[32]

§ 17. A polarização entre a esfera social e a esfera da intimidade

Conforme o Estado e a sociedade se interpenetram, a instituição da família conjugal se separa do vínculo com os processos de reprodução social: a esfera íntima, outrora o centro da esfera privada em geral, na medida em que esta se desprivatiza, como que recua para a periferia da esfera privada. Os burgueses da era liberal viviam prototipicamente sua vida privada na profissão e na família. O domínio da circulação de mercadorias e do trabalho social fazia parte da esfera privada, do mesmo modo que a "casa", dispensada de funções econômicas imediatas. Essas duas esferas, naquela época estruturadas com o mesmo sentido, desenvolvem-se agora em direções opostas: "e pode-se certamente dizer que a família torna-se cada vez mais privada, e o mundo do trabalho e da organização, cada vez mais 'público'".[33]

---

[32] Uma análise pormenorizada dessas relações em toda a sua complexidade foi fornecida recentemente por Simitis, *Der Sozialstaatsgrundsatz in seinen Auswirkungen auf das Recht von Familie und Unternehmen* (manuscrito).

[33] Schelsky, *Schule und Erziehung in der industriellen Gesellschaft*, p. 33.

A expressão "mundo do trabalho e da organização" já revela algo da tendência à objetivação de um domínio outrora submetido a uma disposição privada, seja a esfera da posse própria, no caso dos proprietários, seja a esfera da posse alheia, no caso dos trabalhadores assalariados. O desenvolvimento da grande empresa industrial depende imediatamente do grau de concentração de capital, e o da burocracia depende indiretamente dele. Em ambos desenvolvem-se formas de trabalho social que diferem especificamente do tipo de trabalho profissional privado. Do ponto de vista da Sociologia do trabalho, o pertencimento formal de uma empresa ao domínio privado, ou de uma instância oficial ao domínio público, perdeu sua linha demarcatória. Seja como for que uma grande empresa ainda esteja em posse de proprietários individuais, grandes acionistas ou diretores administrativos, em relação às disposições privadas ela teve de se objetivar a tal ponto que o "mundo do trabalho" se estabeleceu como uma esfera com uma ordem própria entre os domínios privados e públicos – na consciência tanto dos empregados e dos trabalhadores quanto daqueles que dispõem de competências mais amplas. Esse desenvolvimento se baseia naturalmente também na desprivatização material da autonomia dos proprietários dos meios de produção, que é mantida formalmente. Isso já foi analisado diversas vezes no caso das grandes sociedades de capitais sob o mote da separação entre os títulos de proprietário e as funções de posse, pois nessas sociedades se torna particularmente evidente a restrição ao exercício imediato do direito de propriedade em benefício do alto escalão administrativo e alguns grandes acionistas. Essas empresas adquirem independência em relação ao mercado de capitais graças a um autofinanciamento. Na mesma medida, aumenta sua independência em relação à massa dos acionistas.[34] Qualquer que seja o efeito econômico disso, o efeito sociológico é exemplarmente representativo de um desenvolvimento que retira da grande empresa em geral, mesmo independentemente da forma de empreendimento, aquele caráter relativo a uma esfera de autonomia privada individual que era típico, na era liberal, dos negócios e das oficinas dos autônomos. Esse efeito sociológico foi percebido muito cedo por Rathenau, que o formulou da seguinte maneira: as grandes empresas se desenvolvem como "institutos". O institucionalismo jurídico aproveitou essa sugestão e elaborou uma teoria de observância própria.[35] Embora as doutrinas aparentadas (como de James Burnham e Peter F. Drucker, apresentadas segundo o exemplo das condições norte-americanas), que tiveram grande êxito depois da guerra, apresentem certos traços ideológicos,

---

34 Resta saber se uma posição mais forte da administração em relação ao conselho superior põe em marcha também interesses específicos de gerenciamento (por exemplo, na ampliação da empresa) à custa de um possível aumento nos ganhos e se já começa a esmorecer a forma capitalista privada de acumulação.

35 Sendo assim, ela passou a desempenhar um papel na ideologia reformista dos sindicatos, bem como na prática fascista das chamadas frentes de trabalho: em ambos os casos, ainda que com intenções políticas opostas, o isolamento dos momentos institucionais da grande empresa em relação a suas funções econômicas levou, evidentemente, a uma ilusão a respeito da situação de fato de que uma empresa, na medida em que opera de modo capitalista, segundo princípios de maximização de lucros, precisa também servir aos interesses privados. Por isso, a finalidade da empresa não pode coincidir *eo ipso* com o interesse de seu pessoal ou até da sociedade como um todo.

elas têm um certo valor descritivo: fazem um diagnóstico acertado da "atrofia do privado" na esfera do trabalho social.

De início, a grande empresa assume, em relação a seus empregados e trabalhadores, certas garantias de *status*, seja por meio da divisão de competências, seja por meio da concessão de seguridade social e serviços, seja por meio de esforços – por mais que sejam questionáveis nos pormenores – em torno de uma integração dos empregados no local de trabalho. Contudo, as mudanças subjetivas são mais crassas do que essas mudanças objetivas. A categoria estatística "prestação de serviços" já revela, na própria denominação, uma nova atitude em relação ao trabalho: a diferença subjetiva – outrora claramente estabelecida por meio da propriedade privada – entre aqueles que trabalham na esfera privada própria e dos que precisam trabalhar na esfera privada dos outros apaga-se a favor de uma "relação de serviços", que evidentemente não assumiu os direitos (e deveres) dos funcionários do "serviço público", mas sim os traços de uma relação de trabalho objetivada, que vincula os empregados mais a uma instituição do que a uma pessoa. Com a grande empresa, uma forma social neutra em relação à separação entre esfera privada e esfera pública torna-se o tipo dominante de organização do trabalho social:

> As indústrias constroem habitações ou até ajudam o empregado a adquirir uma casa, criam parques públicos, constroem escolas, igrejas e bibliotecas, organizam concertos e noites no teatro, mantêm cursos de aperfeiçoamento, cuidam dos velhos, das viúvas e dos órfãos. Em outras palavras: uma série de funções, que originalmente eram preenchidas por instituições públicas no sentido não apenas jurídico, mas também sociológico, são assumidas por organiza-

ções cujas atividades não são públicas [...]. O *oikos* de uma grande empresa determina, assim, a vida de uma cidade e produz aquele fenômeno que é definido, com razão, como feudalismo industrial [...]. O mesmo vale, *mutatis mutandis*, para as grandes burocracias administrativas das metrópoles, que também perdem seu caráter público, na medida em que se transformam em grandes empresas.[36]

Por isso, autores norte-americanos podem analisar a psicologia social do chamado *organization man* sem considerar se se trata, em cada caso, de uma sociedade privada, uma corporação semipública ou uma administração pública – *organization* significa simplesmente "grande empresa".

Em comparação com a empresa tipicamente privada do século XIX, a esfera profissional se autonomiza como um domínio quase público em face de uma esfera privada que se reduziu à família. Hoje, o tempo livre ocioso caracteriza justamente o que restou do privado, ao passo que, com o trabalho profissional, começa o "serviço". No entanto, esse processo se apresenta como uma desprivatização da esfera profissional apenas da perspectiva histórica do proprietário privado e, inversamente, manifesta-se como uma privatização para os trabalhadores e empregados, e isso na medida em que não estão mais subordinados de modo exclusivo e desregulamentado a um regime patriarcal, mas, ao contrário, a um arranjo psicológico que toma as medidas necessárias para tornar o clima de trabalho apropriado a um bem-estar aparentemente privado.[37]

---

36 Bahrdt, *Öffentlichkeit und Privatheit als Grundformen städtischer Soziierung*, p.43 et seq.
37 Friedeburg, *Soziologie des Betriebsklimas*.

Na mesma medida em que a esfera da profissão se autonomiza, a esfera da família se retrai em si mesma: o que caracteriza a mudança estrutural da família desde a era liberal é bem menos a perda das funções produtivas a favor das funções consumidoras do que seu progressivo desmembramento do contexto funcional do trabalho social em geral. Também a família conjugal patriarcal do tipo burguês já não era mais, havia muito tempo, uma pequena comunidade de produção. Contudo, ela se fundava essencialmente na propriedade familiar que funcionava de modo capitalista. Sua manutenção, ampliação e transmissão por herança eram as tarefas do homem privado enquanto proprietário de mercadorias e chefe de família em uma só pessoa: as relações de troca da sociedade civil afetaram profundamente as relações pessoais da família burguesa. Com a perda de sua base, com a substituição da propriedade familiar pela renda individual, a família, além de suas funções *na* produção, às quais já havia renunciado, também perde aquelas funções *para* a produção. Típica das condições atuais, a redução da propriedade familiar à renda do assalariado e do empregado individual rouba da família até mesmo a possibilidade de prover a si mesma nos casos emergenciais e de previdência própria para a velhice.

Os riscos clássicos, sobretudo desemprego, acidentes, doenças, velhice e os casos de morte, são cobertos atualmente pelas garantias do Estado de bem-estar social. Correspondem-lhe prestações básicas, em geral na forma de auxílios à renda.[38]

---

38 Na República Federal da Alemanha, mais de três quartos da população são candidatos a pensionistas da Seguridade e Previdência Social. Em cada dois lares, um já conta com um aposentado.

Esses auxílios não são destinados à família, nem se exige da família um rendimento subsidiário de montante considerável. Hoje, o membro individual da família é protegido publicamente contra as chamadas *basics needs* [necessidades básicas], que outrora as famílias burguesas tinham de suportar como risco privado.[39] Na verdade, o catálogo dos "riscos correntes" não apenas se estende para além das situações clássicas de necessidade, chegando às assistências de todo tipo, aos serviços de fornecimento de moradia e emprego, orientação profissional e educacional, vigilância sanitária, e assim por diante. Além disso, as compensações são cada vez mais complementadas por medidas preventivas, em que as "prevenções da política social são, na verdade, idênticas à intervenção em novas esferas, até então privadas".[40] A compensação da política social para a desgastada base da propriedade familiar estende-se às assistências funcionais, para além do auxílio material à renda. Ou seja, juntamente com as funções de formação de capital, a família perde cada vez mais as funções de criar e educar, proteger, acompanhar e orientar, e até mesmo as funções elementares de tradição e orientação. Em geral, ela perde força para moldar comportamentos em domínios que eram considerados, na

---

39 "Apenas em nossa época a questão sobre como um indivíduo lida com sua existência tornou-se objeto de contínua preocupação *pública*. Se queremos verificar as transformações que daí decorrem nas formas de vida do indivíduo ou, mais precisamente, no orçamento doméstico, então devemos considerar todas as formas de atividades fundamentadas socialmente de segurança, previdência e assistência tal como são recebidas no orçamento individual" (Achinger, Sozialpolitik als Gesellschaftspolitik, p.79 et seq.).
40 Ibid.

família burguesa, o espaço mais íntimo do privado. De certo modo, portanto, mesmo a família, esse resíduo do privado, é desprivatizada em virtude da garantia pública de seu *status*. No entanto, a família se desenvolve mais do que nunca como uma consumidora de renda e tempo livre, como cliente das compensações e das assistências publicamente asseguradas. A autonomia privada não se mantém tanto nas funções de posse, mas antes nas de consumo. Atualmente, consiste menos na capacidade de dispor dos proprietários de mercadorias do que no poder de desfrutar daqueles que têm direito aos benefícios assistenciais. Por causa disso, surge a aparência de uma intensificação da privacidade em uma esfera íntima reduzida ao âmbito da comunidade de consumo da família conjugal. Por sua vez, ambos os aspectos afirmam seu direito: uma série de funções da posse privada é substituída por garantias públicas de *status*. Mas, no espaço mais estreito desses direitos e deveres do Estado de bem-estar social, a perda primária do poder privado de dispor se traduz secundariamente em um alívio, pois somente assim o consumo das oportunidades dadas com o rendimento, as assistências e o tempo livre podem se desdobrar de maneira tanto mais "privada". Uma complicada história de desenvolvimento encontra sua expressão na tendência, observada por Schelsky, à polarização entre as grandes organizações enriquecidas de conteúdos publicísticos, por um lado, e os grupos íntimos, que se estreitam de maneira privatista, ou seja, na tendência a "uma crescente cisão entre a vida privada e a vida pública".[41]

---

41 Schelsky, *Wandlungen der deutschen Familie in der Gegenwart*, p.20, especialmente p.253 et seq. Do mesmo autor, Gesellschaftlicher Wandel, p.337 et seq.

Em consonância com a desoneração de suas tarefas econômicas, a família também perdeu complementarmente sua força de interiorização pessoal. À tendência, diagnosticada por Schelsky, a uma objetificação das relações no interior da família corresponde um desenvolvimento em cujo percurso a família é cada vez menos reivindicada como agente primordial da sociedade. Faz parte do mesmo contexto a decantada desconstrução da autoridade paterna, uma tendência, observada em todas as sociedades industriais avançadas, a equilibrar a estrutura da autoridade interna da família.[42] Agora, os membros individuais da família são, em grande medida, socializados imediatamente por instâncias externas à família, isto é, pela sociedade.[43] Aqui basta lembrar aquelas funções pedagógicas explícitas que a família burguesa teve de entregar formalmente à escola e informalmente às forças anônimas externas ao lar.[44] Cada vez mais separada do contexto imediato da reprodução da sociedade, a família mantém apenas a aparência de espaço interno de uma privacidade intensificada: na verdade, ao perder suas tarefas econômicas, a família perde também suas funções de proteção. À incumbência econômica da família conjugal patriarcal correspondia justamente, do exterior, a força

---

42 König, *Materialien zur Soziologie der Familie*; Burgess e Locke, *The Family*; Winch e Ginnis, *Marriage and Family*.
43 Cf. Marcuse, Trieblehre und Freiheit, p.401-24. "O princípio de realidade é ensinado à geração mais nova menos pela família do que fora dela; ela aprende as reações e os modos usuais de comportamento fora da protegida esfera privada da família" (ibid., p. 413).
44 Para mais detalhes, cf. meu ensaio Pädagogischer Optimismus vor Gericht einer pessimistischen Anthropologie, sobretudo p.253 et seq. Por fim, cf. Kob, *Erziehung in Elternhaus und Schule*.

institucional para a formação de um domínio de interioridade que, atualmente, deixado por conta própria e exposto ao ataque direto de instâncias extrafamiliares sobre o indivíduo, começou a se dissolver em uma esfera de privacidade aparente.

Esse esvaziamento dissimulado da esfera familiar íntima se expressa arquitetonicamente na construção das casas e das cidades. O isolamento da casa privada – acentuado claramente na parte externa pelos jardins frontais e pelas cercas e possibilitado na parte interna pela separação e pela divisão múltipla dos espaços – é hoje tão difundido quanto, inversamente, se encontra ameaçada, com o desaparecimento dos salões e dos espaços para recepções em geral, a abertura para o intercâmbio sociável em uma esfera pública. A perda da esfera privada e de um acesso assegurado à esfera pública é hoje algo típico do modo de viver e morar das cidades, seja porque este foi refuncionalizado silenciosamente pelo desenvolvimento técnico-econômico, seja porque, com base nessas experiências, novas formas de moradias suburbanas foram desenvolvidas.

William H. Whyte apresentou o modelo norte-americano desse mundo suburbano. Sob a pressão de conformidade nas relações com a vizinhança, que do ponto de vista arquitetônico já é pré-moldada em função da disposição de pátios comuns para uma série de casas, desenvolve-se, no meio social homogêneo do subúrbio prototípico, "uma versão civil da vida de quartel".[45] Por um lado, a esfera íntima se dissolve diante do olhar do "grupo":

> Assim como as portas no interior da casa [...] desaparecem, também desaparecem as cercas entre os vizinhos. A imagem da-

---

45 Whyte, *Herr und Opfer der Organisation*, p.282.

quilo que aparece na grande janela da sala de estar é a imagem daquilo que acontece no quarto – ou daquilo que acontece no interior da sala de estar de outras pessoas.[46]

As paredes finas garantem, quando muito, uma liberdade de movimento protegida do olhar alheio, mas não da audição: elas também assumem funções de comunicação social que mal se distinguem de um controle social. A privacidade não é o *medium* dado com a moradia, mas algo que precisa ser produzido a cada momento. "Para se ter uma vida privada, é necessário fazer algo. Um morador de condomínio, por exemplo, coloca sua cadeira nos fundos da casa, em vez de colocá-la no lado que dá para o pátio, para mostrar que não quer ser incomodado."[47] Na mesma proporção que a vida privada se torna pública, a própria esfera pública assume formas de intimidade – na "vizinhança", a grande família pré-burguesa reaparece em uma nova forma. Aqui, os momentos da esfera privada e da esfera pública perdem novamente sua linha demarcatória. A discussão mediante razões empreendida pelo público também se torna uma vítima da refeudalização. A forma discursiva da sociabilidade cede ao fetiche de uma comunidade em si. "Não nos satisfazemos mais com a reflexão solitária e egoísta" – a leitura privada sempre foi o pressuposto da discussão mediante razões no círculo do público burguês –, "mas sim quando fazemos coisas com outras pessoas; até mesmo assistir em conjunto a programas de televisão contribui para que alguém se torne um ser humano autêntico".[48]

---

46 Ibid., p.352.
47 Ibid.
48 Ibid., p.353.

Contudo, não só onde a urbanização moderna vai ao encontro desse desenvolvimento, mas também onde a arquitetura existente é igualmente tomada por ele, pode-se observar tendencialmente a mesma destruição das relações entre a esfera privada e esfera pública. Bahrdt demonstrou isso quanto ao arranjo da "construção em bloco", que antes, com a frente da casa voltada para a rua e jardins e pátios separados sempre voltados para os fundos, possibilitava uma distribuição apropriada da moradia na parte interna, como também na ordenação conveniente da cidade como um todo. Hoje, com a mudança da função técnica do trânsito nas ruas e praças, esse tipo de construção foi superado. Nem assegura mais uma esfera privada protegida espacialmente nem produz um espaço livre para as comunicações e os contatos públicos que poderiam reunir as pessoas privadas em um público. Bahrdt resume suas observações deste modo:

> O processo de urbanização pode ser descrito como uma polarização progressiva da vida social sob os aspectos da "esfera pública" e da "privacidade". Com isso, cabe observar que existe uma reciprocidade entre a esfera pública e a privacidade. Sem uma esfera privada que o proteja e sustente, o indivíduo é engolido pela esfera pública, que, todavia, acaba ela mesma sendo desnaturada por meio desse processo. Quando desaparece o momento da distância, constitutivo da esfera pública, quando seus membros ficam ombro com ombro, a esfera pública se transforma em massa [...]. Nesse momento, a problemática social da grande cidade moderna não consiste tanto no fato de que a vida nela esteja muito urbanizada, mas sim no fato de que ela perdeu novamente os traços essenciais da vida das cidades. A reciprocidade entre esfera pública e esfera

privada está destruída. Mas não está destruída porque o ser humano da grande cidade é *per se* um ser humano de massa e, por isso, não tem mais nenhuma sensibilidade para cultivar a esfera privada, mas sim porque não consegue mais ter uma visão abrangente da vida, cada vez mais complicada, do todo da cidade, de modo que ela seja pública para ele. Quanto mais a cidade como um todo se transforma em uma selva difícil de ser penetrada, mais ele se retrai para a esfera privada, que continua a ser ampliada, mas, por fim, começa a perceber a decomposição da esfera pública urbana, também porque o espaço público é pervertido em uma superfície mal ordenada de uma circulação tirânica.[49]

A redução da esfera privada aos círculos internos de uma família conjugal desonerada de suas funções e cuja autoridade se enfraqueceu – a "felicidade no aconchego do lar" – é apenas a aparência de uma perfeição de intimidade, pois, na medida em que as pessoas privadas, saindo de seus papéis obrigatórios como proprietários, se recolhem ao espaço de ação puramente "pessoal" e não obrigatório de seu tempo livre, acabam caindo imediatamente sob a influência de instâncias semipúblicas, sem a proteção de um espaço familiar interior assegurado institucionalmente. O comportamento no tempo livre fornece a chave para compreender a privacidade encenada da nova esfera, a desinteriorização da interioridade declarada. O que hoje se distingue como o domínio do tempo livre em relação a uma esfera autonomizada da profissão ocupa tendencial-

---

[49] Bardt, Von der romantischen Großstadtkritik zum urbanen Städtebau, p.644 et seq.

mente o espaço daquela esfera pública literária que, outrora, estava ligada à subjetividade formada na esfera íntima da família burguesa.[50]

§ 18. De um público que discute a cultura para um público que consome a cultura

A psicologia social daquele tipo de privacidade ligada ao público que se formou no século XVIII, a partir do contexto de experiências da esfera íntima da família conjugal, fornece explicações tanto para o desenvolvimento da esfera pública literária quanto para certas condições de sua decadência: o lugar de uma esfera pública literária é ocupado pelo domínio pseudopúblico ou pseudoprivado do consumo da cultura. Se outrora as pessoas privadas estavam conscientes de seu papel duplo como *bourgeois* e *homme* e identificavam, ao mesmo tempo, o proprietário com o "ser humano" por excelência, essa autoconsciência se devia ao fato de que uma esfera pública se desdobrava do cerne da própria esfera privada. Embora, considerando sua função, fosse apenas uma forma prévia da esfera pública política, essa esfera pública literária também já tinha ela mesma uma espécie de caráter "político", por meio do qual se dispensava da esfera da reprodução social.

---

50 Cf. Plessner, *Das Problem der Öffentlichkeit und die Idee der Entfremdung*, p.9: "Uma vez que os meios cada mais intensos de comunicação de massa estão abertos a toda influência propagandística e produzem na própria casa uma esfera pública que revistas e livros nunca puderam criar, a desestabilização da esfera privada conduz, no mínimo emocionalmente, a uma crise". No mesmo sentido, Goldschmidt, *Publicity, Privacy, Secrecy*, p.404 et seq.

A cultura burguesa não era mera ideologia. Porque a discussão mediante razões empreendida por pessoas privadas nos salões, clubes e sociedades de leitura não estava imediatamente subordinada ao ciclo de produção e consumo, aos ditames da necessidade de sobrevivência, porque afirmava um caráter "político" no sentido grego de uma emancipação das necessidades vitais também em sua forma literária (a autocompreensão sobre as novas experiências da subjetividade), pôde-se formar aqui a ideia que depois foi degradada em mera ideologia – a saber, a ideia de humanidade. Pois a identificação do proprietário com a pessoa natural, com o ser humano por excelência, pressupõe no interior do domínio privado uma separação entre, por um lado, os negócios que as pessoas privadas perseguem, tendo em vista seu interesse na reprodução individual de sua vida, e, por outro, aquele trato que vincula as pessoas privadas como um público. Mas justamente esse limiar é que é nivelado, tão logo a esfera pública literária se expande para dentro do âmbito do consumo. O chamado "comportamento no tempo livre" é apolítico pelo fato de que, ao ser envolvido no ciclo da produção e do consumo, já não pode mais constituir um mundo emancipado em relação às necessidades vitais imediatas. Quando o tempo livre permanece preso ao tempo de trabalho como um complemento,[51] nele só pode prosseguir a realização dos negócios privados de cada um, sem se converter na comunicação pública de pessoas privadas umas com as outras. Certamente, é possível que a satisfação isolada de necessidades se efetue nas condições da esfera pública, ou seja, de maneira maciça, mas

---

51 Cf. minha pesquisa *Zum Verhältnis von Arbeit und Freizeit*, p.219 et seq.

disso ainda não surge a própria esfera pública. Quando as leis do mercado que dominam a esfera da circulação de mercadorias e do trabalho social penetram também na esfera reservada às pessoas privadas como um público, a discussão mediante razões tende a se transformar em consumo, e o contexto da comunicação pública desmorona nos atos, sempre de cunho uniforme, da recepção isolada.

Em virtude disso, aquela privacidade ligada ao público é francamente invertida. Os padrões cujas estampas literárias resultaram outrora do material dela circulam hoje como o segredo revelado da fabricação de uma indústria cultural patenteada, cujos produtos, publicamente difundidos pelas mídias de massa, por sua vez só suscitam, na consciência dos consumidores, a aparência da privacidade burguesa. Essa refuncionalização sociopsicológica da relação originária entre o domínio da intimidade e a esfera pública literária está associada, do ponto de vista sociológico, à mudança estrutural da própria família.

Por um lado, as pessoas privadas podem se libertar da fusão ideológica de seu duplo papel como *bourgeois* e *homme*. Mas esse mesmo desligamento da esfera íntima em relação à base da propriedade que funciona de forma capitalista, o qual parece possibilitar o resgate de sua ideia em uma esfera pública de pessoas privadas emancipadas, também produziu, por outro lado, novas relações de dependência. A autonomia das pessoas privadas, que agora não está mais originariamente fundada na disposição sobre a propriedade privada, só poderia ser realizada como uma autonomia derivada das garantias públicas do *status* de privacidade caso os "seres humanos" (não mais como *bourgeois*, como antes, mas) como *citoyens* colocassem sob suas próprias mãos essas condições de sua existência privada, mediante uma esfera pública politicamente ativa. Nas circunstâncias dadas, não se pode contar com isso. Mas se os cidadãos, em sua existência familiar, não conseguem colher a autonomia nem da disposição sobre a propriedade privada *nem* da participação na esfera pública política, perdem-se duas coisas: por um lado, não é mais dada nenhuma garantia institucional para a individualização da pessoa segundo o padrão da "ética protestante"; por outro, não se podem mais vislumbrar as condições sociais capazes de substituir a via da interiorização clássica pela via da formação de uma "ética política" e, com isso, dar um novo fundamento ao processo de individuação.[52] Segundo o tipo ideal do burguês, previa-se que, da esfera íntima bem fundada da subjetividade ligada ao público, se formaria uma esfera pública literária. Em vez disso, esta se torna hoje a porta de entrada para as forças sociais que se imiscuem no espaço interno da família conjugal mediante a esfera pública de consumo cultural, própria dos meios de comunicação de massa. O âmbito íntimo desprivatizado é esvaziado no sentido do público; uma pseudoesfera pública "desliteralizada" é engolfada na zona de confiança de uma espécie de macrofamília.

Desde meados do século XIX, encontram-se abaladas as instituições que, até então, sustentavam o contexto do público como um público que discute mediante razões. A família perde a função de um "círculo de propaganda literária". O jornal mensal *Die Gartenlaube* já é uma forma de exaltação idílica, na qual a família conjugal da classe média urbana recebe e praticamente se limita a imitar a tradição viva de formação cultural

---

52 Cf. Marcuse, *Eros und Civilization*.

própria da grande família burguesa das gerações anteriores, adeptas da leitura. Os "almanaques das musas", revistas de poesia cuja tradição se inicia na Alemanha em 1770 com os almanaques de Leipzig e Göttinger e que no século seguinte foram levados adiante por Schiller, Chamisso e Schwab, seriam substituídos, por volta de 1850, por um tipo de revista literária familiar que, com iniciativas editoriais bem-sucedidas como os *Westermanns Monatsheften* ou justamente o *Gartenlaube*, estabiliza comercialmente uma cultura de leitura que quase se tornou ideologia, mas que ao menos ainda pressupõe a família como superfície de ressonância. Nesse meio-tempo, esta foi destruída. As revistas de literatura programáticas, que desde o fim do século XIX foram as plataformas polêmicas de uma vanguarda que muda com a moda, nunca tiveram ou nem mesmo procuraram ter alguma ligação com a camada de uma burguesia culturalmente interessada. Com a mudança estrutural da família burguesa, as próprias revistas literárias familiares tornaram-se obsoletas. Seu lugar hoje é ocupado pelos amplamente difundidos folhetos ilustrados dos clubes de leitores [*Leseringe*] — apesar de seu propósito declarado de aumentar a tiragem de livros, eles mesmos já são testemunhos de uma cultura que não confia mais na força das letras.

Assim que a família perde seu contexto literário, também sai de moda o "salão" burguês, que no século XVIII complementara e, em parte, também substituíra as sociedades de leitura.

O desaparecimento do álcool desempenhou muitas vezes ali o papel inverso que teve a introdução dos cafés formadores de sociedade na Europa do fim do século XVII. As sociedades e as associações masculinas acabaram morrendo, as mesas cativas se dissolveram, e os clubes ficaram desertos; o conceito de obrigação social, que havia desempenhado um papel tão grande, tornou-se banal.[53]

No decorrer do século XX, as formas burguesas de sociabilidade encontraram seus sucedâneos, que, apesar de toda a sua multiplicidade nacional e regional, têm tendencialmente um elemento em comum: a abstinência da discussão literária e política mediante razões. Nesse modelo, a discussão sociável entre os indivíduos cede lugar a atividades de grupos mais ou menos sem vinculação. Também estas encontram formas rígidas de convivência informal; contudo, falta-lhes aquela força específica da instituição, que outrora sustentava o contexto dos contatos sociáveis na qualidade de um substrato da comunicação pública – em torno das *groups activities* não se forma público algum. Mesmo na ida em conjunto ao cinema, ou na audiência em comum de programas de rádio e televisão, dissolveu-se a relação típica da privacidade ligada ao público: a comunicação do público que discute a cultura mediante razões permanece dependente da leitura que é feita no recolhimento da esfera privada doméstica. As ocupações do público que consome cultura no tempo livre, ao contrário, ocorrem elas mesmas em um clima social, sem que precisem encontrar uma continuação em uma discussão:[54] com a forma privada de

---

53 Schücking, *Die Soziologie der literarischen Geschmacksbildung*.
54 Fine (*Television and Family Life. A Survey of two New England Communities*) define a família que vê televisão como uma *unity without conversation* [unidade sem diálogo]. Nos casos que estudou, Maccoby (Television, its Impact on School Children, p.421) chegou à conclusão de que não havia "diálogo" em nove de cada dez famílias: *"It appears that the increased family contact brought about by television is not social except in the*

apropriação, desaparece também a comunicação pública sobre o que é apropriado. Sua relação dialética mútua é nivelada sem tensão no espaço social da atividade de grupo.[55]

Por outro lado, também prossegue a tendência à discussão pública mediante razões. Os chamados "diálogos" passam a ser organizados formalmente e são, ao mesmo tempo, especificados como elementos da pedagogia adulta. Os seminários religiosos, os fóruns políticos e as organizações literárias vivem da recensão de uma cultura apta à discussão e carente de comentário.[56] Emissoras de rádio, editoras e associações pagam os custos da atividade lateral com as discussões de auditório. Com isso, parece estar assegurado um tratamento cuidadoso para a discussão, sem nenhum obstáculo ao campo de sua expansão. Sub-repticiamente, no entanto, ela se modificou: assume a forma de um bem de consumo. Sem dúvida, a comercialização dos bens culturais foi outrora um *pressuposto* para a discussão mediante razões. Mas

---

most limited sense: that of being in the same room with other people. Wether the shared experience of television programs gives family members a similar perceptual framework with which to view the world, so that there are fewer differences in point of view among family members and fewer grounds for conflicts is a matter which cannot be appraised with the data on hand." [Trad.: "Parece que o aumento do contato familiar proporcionado pela televisão não é social, a não ser no sentido mais limitado: o de estar no mesmo espaço com outras pessoas. Com os dados disponíveis, não há como julgar se a experiência compartilhada dos programas de televisão dá aos membros da família uma estrutura perceptiva similar para ver o mundo, de tal modo que haja poucas diferenças de ponto de vista entre os membros da família e poucas razões para conflitos." – N. T.].

55 Riesman, The Tradition, the Written Word and the Screen Image.
56 Sobre a carência de comentários sobre arte moderna, cf. Gehlen, *Zeitbilder*.

ela própria ficou, em princípio, excluída das relações de troca, permanecendo justamente como centro daquela esfera na qual os proprietários privados pretendiam se encontrar uns com os outros como "seres humanos", e apenas como tais. *Grosso modo*: para a leitura, o teatro, o concerto e o museu era preciso pagar, mas não ainda para o diálogo sobre o que se leu, ouviu ou viu e menos ainda para o que se pôde assimilar no diálogo. Hoje, o diálogo como tal é administrado: debates profissionais de cátedra, discussões de auditório, *round table shows* [mesas redondas] — a discussão mediante razões conduzida por pessoas privadas torna-se quadro de programas de estrelas no rádio e na televisão, passa a ter caixa suficiente para a distribuição de ingressos, obtém forma de mercadoria mesmo nas sessões em que qualquer um pode "participar". Absorvida nos "negócios", a discussão acaba se formalizando. Posições e contraposições estão de antemão comprometidas com determinadas regras do programa. O consenso sobre o assunto já não é mais necessário, uma vez que há um consenso amplo sobre como tratá-lo. Formulações de problemas são definidas como questões de etiqueta. Os conflitos, outrora resolvidos na polêmica pública, são derivados para o plano dos atritos pessoais. A discussão mediante razões, arranjada dessa forma, certamente preenche funções sociopsicológicas importantes, a começar por aquela de ser um substituto tranquilizante para a ação. No entanto, sua função publicística se perde cada vez mais.[57] O mercado de bens culturais assume

---

57 Uma pesquisa sobre os aspectos sociológicos do funcionamento das sessões diárias nos seminários evangélicos ainda está para ser feita. Schelsky (Ist die Dauerreflexion institutionalisierbar?, p.153 et seq.) nos dá algumas indicações.

novas funções na forma ampliada do mercado do tempo livre. É certo que, outrora, a forma de mercadoria também não permaneceu alheia às obras de Literatura e Arte, de Filosofia e Ciência, embora não fosse habituada a elas, uma vez que essas obras só pela via do mercado conseguiram constituir-se em construtos autônomos de uma cultura que parecia desvinculada da práxis. Pois o público a que eram acessíveis as tratava como objetos de juízo e gosto, de livre escolha e inclinação. Precisamente graças à mediação comercial, surgiram as referências críticas e estéticas que se querem independentes do mero consumo. É justamente por isso, porém, que o mercado se restringe à função de distribuir os bens culturais, retirando-os do uso exclusivo dos mecenas e dos conhecedores aristocráticos. Os valores de troca ainda não têm nenhuma influência sobre a qualidade dos próprios bens: até hoje, o negócio com bens culturais exibe algo da incompatibilidade desse tipo de produto com sua forma de mercadoria. Contudo, não é por acaso que a consciência específica dessa realidade de outrora só se mantém agora em certas reservas. Pois as leis do mercado já penetraram na substância das obras, tornaram-se imanentes a elas como leis estruturais. Não mais apenas mediação e escolha, apresentação e encenação das obras, mas também sua criação como tal se orienta, nos amplos setores da cultura de consumo, segundo os pontos de vista da estratégia de vendas. A cultura de massa adquire seu nome duvidoso justamente pelo fato de o aumento em suas vendas adaptar-se às necessidades de diversão e entretenimento de grupos de consumidores que foram educados com padrões de formação relativamente baixos, em vez de, inversamente, formar um público mais amplo para uma cultura intacta em sua substância.

Dessa maneira, fora de moda, no fim do século XVIII, o público dos estamentos cultos se expandiu nas camadas da pequena burguesia do comércio e da indústria. Nesse período, em muitos lugares, os pequenos comerciantes, excluídos em sua maioria dos clubes burgueses que reunia donos de estabelecimentos de acesso livre, fundaram suas próprias associações. As associações de pequenas empresas,[58] que tinham inteiramente a forma de sociedades de leitura, eram ainda mais difundidas. Eram com frequência ramificações das associações burguesas de leitura: a direção, bem como a escolha do material de leitura, era deixada ao encargo dos dignitários que, ao estilo do Esclarecimento, pretendiam levar formação aos chamados estamentos mais baixos. Uma pessoa culta é aquela que possui uma enciclopédia. Esse critério é cada vez mais assumido pelos merceeiros e artesãos. O "povo" é educado para a cultura, não é a própria cultura que é rebaixada a uma cultura de massa.

Em correspondência com isso, é preciso diferenciar rigorosamente as funções do mercado: ele somente possibilita a um público o acesso aos bens culturais e, nesse caso, na medida em que os produtos se tornam mais baratos, *facilita economicamente* o acesso a um público cada vez maior; ou ele adapta o conteúdo dos bens culturais a suas próprias necessidades, de tal modo que também *facilita psicologicamente* o acesso às camadas mais amplas. Nesse contexto, Meyersohn fala de uma redução dos *entrance requirements into leasure* [dos requisitos de entrada no lazer].[59] Na medida em que a cultura se torna uma mercadoria não ape-

---

58 Segundo uma fonte da época, em 1800 havia na Alemanha cerca de duzentas associações desse tipo. Weiß, *Über das Zunftwesen*, p.229.
59 Meyersohn, Commercialism and Complexity in Popular Culture.

nas na forma, mas também no conteúdo, ela renuncia àqueles momentos cuja recepção pressupõe certo estudo – no qual a apropriação "magistral" eleva, por sua vez, a capacidade de maestria. Não é de imediato a estandardização como tal que coloca a comercialização dos bens culturais em uma relação inversa com sua complexidade, mas sim aquela pré-formação especial dos produtos que confere a eles a prontidão para o consumo, ou seja, a garantia de que eles podem ser recebidos sem pressupostos rigorosos, portanto, desprovidos de consequências tangíveis. O trato com a cultura exercita, ao passo que o consumo da cultura de massa não deixa nenhum rastro. Ele possibilita um tipo de experiência que não acumula,[60] mas regride.[61]

As duas funções do mercado de bens culturais – a facilitação do acesso de tipo meramente econômico e a de tipo psicológico – não caminham necessariamente lado a lado. Isso pode ser visto até hoje em um setor que é essencial para a discussão literária mediante razões, o do mercado de livros, que é dominado por dois fenômenos complementares. Por meio das séries de livros de bolso,[62] distribuídas em grandes

---

60 Ibid., p.5. "*The average American has by now watched television for perhaps eighteen hours a week for ten years, but this enormous build up of time has had no apparent consequences for his performance in front of a television set.*" [Trad.: "O norte-americano médio tem assistido televisão talvez oito horas por semana nos últimos dez anos, mas aparentemente esse enorme acúmulo de tempo não tem tido consequências para sua atuação em frente ao aparelho de televisão." – N. T.].

61 Sobre isso, cf. Adorno, Über den Fetischcharakter in der Musik und die Regression des Hörens, p.9 et seq.

62 Enzensberger, Bildung als Konsumgut, Analyse der Taschenbuchproduktion, p.110 et seq.

tiragens, uma literatura altamente qualificada se torna acessível a uma camada relativamente pequena de leitores cultos e dispostos a se cultivar (preponderantemente alunos e estudantes universitários), mas cujo poder de compra seria insuficiente para a aquisição das edições habituais. Ainda que o aspecto engenhoso do ponto de vista da técnica de propaganda e a organização bem planejada da distribuição desse gênero de livros lhe tenham emprestado, como a nenhum outro, a aparência e o caráter de uma mercadoria de consumo fácil e desgaste rápido, o mercado, nesse caso, comprova a função emancipatória de facilitar o acesso do ponto de vista exclusivamente econômico: o conteúdo dos livros de bolso permanece, em geral, intocado pelas leis das transações em massa, às quais deve sua difusão. Ou seja, com os livros de bolso – um paradoxo apontado por Wolfgang Kayser[63] –, o duradouro aparece vestido com roupas de transitório, enquanto, nos livros dos clubes de leitores, o transitório aparece vestido de duradouro: capas de couro folheadas a ouro.

Mesmo os clubes do livro – estes surgiram nos países anglo-saxões, depois da Primeira Guerra Mundial, e hoje já controlam grande parte do mercado[64] – diminuem o risco comercial e barateiam o preço por unidade. Contudo, as estratégias de venda e a organização da distribuição, que tratam do sortimento e diminuem a possibilidade de escolha dos consumidores na

---

63 Kayser, Das literarische Leben der Gegenwart, p.22.
64 Kayser (ibid., p.17 et seq.) calcula que os clubes do livro na Alemanha têm cerca de 3 milhões de membros. Estes recebem cerca de trinta milhões de livros por ano, o que é muito mais do que a metade do conjunto da produção anual de literatura.

mesma proporção em que intensificam o contato direto dos leitores com as expectativas relacionadas ao gosto das massas, não apenas facilitam economicamente o acesso à Literatura desses consumidores – que, em sua grande maioria, pertencem às camadas sociais mais baixas –, como também atenuam as "condições de entrada" do ponto de vista psicológico, a ponto de a própria Literatura ter de ser talhada para a comodidade e o conforto dessa recepção de exigências escassas e consequências débeis. De resto, torna-se claro nesse exemplo como o critério sociopsicológico da cultura de consumo, a experiência não cumulativa, coincide com o critério sociológico de uma destruição da esfera pública: os clubes do livro privam a grande massa não apenas do sortimento da Literatura beletrística, mas também de sua crítica. O instrumento interno de propaganda dos círculos de leitores, o folheto ilustrado, único vínculo entre editores e leitores, gera um curto-circuito na comunicação. Os clubes do livro administram sua clientela sem mediação editorial – e aquém da esfera pública literária. Em contrapartida, a isso pode estar vinculada também a posição enfraquecida da própria crítica, na qual outrora – quando resenhistas do calibre de um Schiller ou de um Schlegel não se julgavam bons demais para exercer essa atividade secundária de grande dimensão – era institucionalizado o juízo leigo de pessoas privadas interessadas em Literatura.

No entanto, a tendência de declínio da esfera pública literária somente é perceptível em toda sua extensão quando a ampliação do público leitor em quase todas as camadas da população é relacionada com a difusão efetiva da leitura de livros: na Alemanha, mais de um terço dos possíveis leitores não lê nenhum livro, na verdade, e mais de dois quintos não compram livros;[65] nos países anglo-saxões e na França, os números são relativamente semelhantes. Por isso, a substituição de um público leitor que discute a cultura mediante razões por um público da massa de consumidores da cultura pode se refletir apenas de modo insuficiente no raio de ação do mercado de livros. Esse processo se serve de outros transformadores além do meio burguês de formação *par excellence* – o livro.[66]

O primeiro jornal com tiragem de massa, com mais de 50 mil exemplares, foi tipicamente o órgão do movimento cartista, o *Cobbet's Political Register*, que aparece desde 1816. A mesma situação econômica que forçou as massas a participar da esfera pública política nega-lhes, no entanto, o padrão formativo que lhes teria possibilitado a participação no gênero e no nível dos leitores burgueses de jornais. Por isso, uma imprensa de tabloides baratos, que no começo dos anos 1830 alcançou uma tiragem de 100 mil a 200 mil exemplares, e, por volta de meados do século uma imprensa de fim de semana, ainda mais difundida, propiciam aquelas "facilitações psicológicas" que marcam desde então a imprensa comercial de massa. Desenvolvimentos paralelos se delineiam depois da Revolução de Julho, com a entrada em cena de Émile de Girardin em Paris e do *New York Sun*, de Benjamin Day, nos Estados Unidos. Sem dúvida, ainda demora meio século até que Joseph Pulitzer adquira o *New York World* e, como o *Lloyd's Weekly Newspaper* de Londres

---

65 Em 1955, não havia livros em mais de um terço das casas na Alemanha; 58% possuíam ao menos um livro próprio. Cf. *Jahrbuch der öffentlichen Meinung*, 1957, p.102.

66 Sobre a sociologia do consumo de livros, cf. Escarpit, *Das Buch und der Leser*, especialmente p.120 et seq. Uma análise econômica é fornecida por Meyer-Dohm, *Der westdeutscher Büchermarkt*.

na mesma época, penetre realmente nas amplas massas com tiragens que muito rapidamente se aproximam de um milhão de exemplares e com métodos de certa "imprensa marrom". A imprensa sensacionalista dos anos 1880 empresta o nome *yellow journalism* [literalmente, "jornalismo amarelo"] da cor das revistas em quadrinhos (do representativo personagem Yellow Kid). As técnicas do *cartoon*, do *news picture*, da *human interest story* descendem, na verdade, do repertório da imprensa de fim de semana, que já havia apresentado suas *news* e *fiction stories* de modo opticamente tão eficaz quanto literariamente despretensioso.[67] Por volta do fim século, a forma "norte-americana" de imprensa de massa também se impôs no continente

---

67 Park, The Natural History of the Newspaper, p.21. "*It was in the Sunday World that the first seven column cut was printed. Then followed the comic section and all the other devices with which we are familiar for compelling a dullminded and reluctant public to read. After these methods had been worked out, they were introduced into the daily. The final triumph of the Yellow journal was Brisbanes Heart to Heart Editorial – a column of predigested platitudes and moralizing, with half page diagrams and illustrations to reinforce the text. Nowhere has Herbert Spencers maxime that the art of printing is economy of attention been so completely realized.*" [Trad.: "Foi no *Sunday World* que o primeiro formato de sete colunas de texto foi impresso. Em seguida, surgiu a seção de quadrinhos e todos os outros recursos com que estamos familiarizados para forçar a leitura de um público obtuso e relutante. Uma vez elaborados esses métodos, eles foram introduzidos nos jornais diários. O triunfo final do *yellow journal* foi o editorial *Heart to Heart*, do *Brisbanes* – uma coluna de lugares-comuns pré-digeridos e moralizantes, com meia página de diagramas e ilustrações para reforçar o texto. Em nenhuma outra parte cumpriu-se tão completamente a máxima de Herbert Spencer de que a arte de imprimir é economia de atenção." – N. T.]. Sobre as revistas de massa alemãs no século XIX, cf. o relatório de Kirchner, Redaktion und Publikum, p.463 et seq.

europeu. Aqui, a imprensa de fim de semana e as revistas ilustradas são precursoras também dos verdadeiros jornais de rua.

A imprensa de massa apoia-se na refuncionalização comercial daquela participação de amplas camadas na esfera pública, a qual propicia, sobretudo às massas de modo geral, acesso à esfera pública. Contudo, essa esfera pública ampliada perde seu caráter político na medida em que os meios de "facilitação psicológica" se tornaram o fim em si mesmo de um comportamento de consumo comercialmente fixado. Já naquela primeira imprensa de tabloides baratos pode-se observar como a maximização das vendas é paga com a despolitização do conteúdo – "*by eliminating political news and political editorials on such moral topics as intemperance and gambling*".[68]

Os princípios jornalísticos da imprensa ilustrada têm uma tradição respeitável. Por isso, em proporção com a ampliação do público de jornais, a imprensa que discute a política mediante razões perde influência a longo prazo. O público consumidor de cultura, que impugna sua herança oriunda da esfera pública literária muito mais do que a oriunda da esfera pública política, adquire uma dominação notável.[69]

---

68 Bleyer, *History of the American Journalism*, p.184. [Trad.: "Ao eliminar notícias e editoriais políticos sobre tópicos morais como intemperança e jogo". – N. T.]

69 Segundo uma pesquisa realizada há alguns anos na Alemanha, dos adultos cujo jornal diário contem uma contribuição adequada, 86% leem os relatos de acidentes, crimes e "tragédias humanas"; 85% leem a seção local, mas apenas 40% leem artigos de fundo; 52% leem as notícias políticas das páginas internas do jornal e 59% o artigo político principal. No fim de 1957, da população adulta da Alemanha, mais de 70% comprava ao menos um jornal; 17% lia regularmente um jornal sensacionalista, 63% um jornal local e 2,4% um grande

Evidentemente, o consumo de cultura se desonerou em grande medida da mediação literária. Comunicações não verbais ou as que, quando não são traduzidas de modo geral em imagens e sons, são facilitadas com apoios ópticos ou acústicos, reprimem em menor ou maior medida as formas clássicas de produção literária. Também na imprensa diária pode-se observar essa tendência, ainda que esta esteja mais próxima das formas clássicas. Uma diagramação descontraída e ilustrações variadas apoiam a leitura, cujo espaço de espontaneidade em geral é restringido por uma pré-formação do material (*patterning* [padronização], *predigesting* [pré-digestão]). As tomadas de posição da redação cedem lugar às notícias das agências e às reportagens dos correspondentes. A discussão mediante razões desaparece por trás do véu das decisões tomadas internamente sobre a seleção e a apresentação do material. Assim, modifica-se a parte destinada às notícias políticas ou politicamente relevantes: *public affairs* [negócios públicos], *social problems* [problemas sociais], *economic matters* [assuntos econômicos], *education* [educação], *health* [saúde] — segundo a classificação de autores norte-americanos,[70] até mesmo as *delayed reward news* [notícias atrasadas de premiações] — não apenas são reprimidas pelas *immediate reward news* [notícias urgentes de premiações]: *comic* [quadrinhos], *corruption* [corrupção], *accidence* [acidente],

---

jornal distribuído em todo o território nacional. Cerca de 50% dos adultos leem regularmente revistas semanais ilustradas e 25% leem preponderantemente revistas de entretenimento, de fim de semana e para mulheres, revistas de rádio e televisão (*Divo, Der westdeutsche Markt in Zahlen*, p.145 et seq.).

70 Schramm, White, Age, Education and Economic Status as Factors in Newspaper Reading, p.402 et seq.

desaster [desastre], *sports* [esportes], *recreation* [recreação], *social events* [eventos sociais], *human interest* [interesse humano], como também são de fato cada vez menos e mais raramente lidas – como já se depreende pela nomenclatura característica. Por fim, as notícias em geral assumem a forma de uma vestimenta: do formato aos detalhes estilísticos, elas são ajustadas às narrativas (*new stories*). A separação rigorosa entre *fact* e *fiction* é superada cada vez mais frequentemente.[71] As notícias e as informações, as próprias tomadas de posição são dotadas do inventário da Literatura de entretenimento, ao passo que, no entanto, as contribuições das belas-letras, rigorosamente "realistas", destinam-se à duplicação do que existe, de qualquer modo já subsumido a clichês, superando, por sua vez, o limite entre o romance e a reportagem.[72]

O que dessa maneira apenas se insinua na imprensa diária já avançou nas mídias mais recentes: a integração dos domínios outrora separados do publicismo e da Literatura, ou seja, a informação e a discussão mediante razões de um lado, a beletrística de outro, produz um peculiar deslocamento da realidade, mais precisamente uma convolução de diferentes níveis da realidade. Sob o denominador comum do chamado *human interest*, surge o *mixtum compositum* de um material de entretenimento ao mesmo tempo agradável e confortável, que tende a substituir a justiça da realidade por aquilo que está pronto para ser consumido, mais incitando ao consumo impessoal de estímulos relaxantes do que instruindo para o uso público da razão. Rádio, cinema e televisão fazem desapa-

---

71 Seldes, *The Great Audience*.
72 Hughes, Human Interest Stories and Democracy. p.317 et seq.

recer gradativamente a distância que o leitor precisa observar em relação à letra impressa – uma distância que a privacidade da apropriação tanto requeria como possibilitava ela mesma a esfera pública da troca de razões. Com as novas mídias, a forma da comunicação como tal se modifica. Por isso, elas atuam de modo mais penetrante, no sentido mais estrito da palavra, do que a imprensa jamais poderia fazê-lo.[73] Pressionado pelo *don't talk back* [não há réplica], o comportamento do público assume outra forma. Em comparação com as comunicações impressas, os programas que as novas mídias difundem acabam cerceando de maneira peculiar as reações do receptor. Cativam o público ouvinte e espectador, mas ao mesmo tempo privam-no da

---

73 *"Television and radio, because they appear, among all of the media, to have most direct line of communication to individuals, are perhaps the most influential. At its best the newspaper exerts a tremendously powerful influence. But it is less personalized than the broadcast (and the pictures) media, and certainly less intimate in concept. The press however allows for privacy of thought, for only one person can read a speech in the newspaper, but several may watch and listen to it [...]. A televised speech is directed eletronically 'to you', the listener. The same speech reprinted in the morning paper is one step removed from immediacy and directness."* [Trad.: "A televisão e o rádio, porque são, entre todas as mídias, as que parecem ter a linha mais direta de comunicação com os indivíduos, são talvez as mais influentes. Em sua melhor forma, o jornal tem uma influência tremendamente poderosa, mas é menos personalizado do que a mídia radiofônica (e a por imagens) e certamente menos íntimo em concepção. No entanto, a imprensa permite a privacidade do pensamento, pois somente uma única pessoa pode ler um discurso no jornal, mas várias podem assistir ou ouvir esse mesmo discurso [...]. Um discurso televisionado é dirigido eletronicamente 'para você', o ouvinte. O mesmo discurso reimpresso no jornal matinal perde em imediaticidade e impacto direto." – N. T.] (Steinberg, *The Mass Communicators*, p.122).

distância da "maioridade", ou seja, da oportunidade de poder falar e contradizer.[74] A discussão mediante razões empreendida por um público leitor cede tendencialmente ao "intercâmbio de gostos e inclinações"[75] dos consumidores – o próprio discurso sobre o que é consumido, "a prova dos conhecimentos sobre o gosto", torna-se parte do consumo.

O mundo criado pelos meios de comunicação de massa é esfera pública apenas na aparência. Mas mesmo a integridade da esfera privada, assegurada aos consumidores, é ilusória. No decorrer do século XVIII, o público leitor burguês pôde cultivar uma subjetividade apta à Literatura e ligada à publicidade, tanto por meio da correspondência íntima quanto pela leitura de romances e novelas psicológicas que se originaram dela. Dessa forma, as pessoas privadas interpretavam sua nova forma de existência, fundada na relação liberal entre a esfera pública e a esfera privada. A experiência da privacidade possibilitava o experimento literário com a psicologia do meramente humano, com a individualidade abstrata da pessoa natural. Na medida em que hoje os meios de comunicação de massa eliminam os invólucros literários daquela autocompreensão dos burgueses e utilizam suas formas como formas correntes de prestação de serviços públicos da cultura de consumo, o sentido originário se inverte. Por um lado, os padrões socializados da Literatura psicológica do século XVIII, sob as quais são preparadas as circunstâncias do século XX a favor do *human interest* e da

---

74 Sobre isso, cf. Anders, *Die Antiquiertheit des Menschen*. Também Bogart, *The Age of Television*.

75 Riesman, *Die einsame Masse*, p.446. Sobre isso, cf. também as contribuições presentes na coletânea de White, Rosenberg, *Mass Culture*; Larabee, Meyersohn, *Mass Leisure*.

nota biográfica,[76] transferem a ilusão de uma esfera privada integrada e de uma autonomia privada intacta às condições que há muito tempo tiraram a base de ambas. Por outro lado, esses padrões engolfam a tal ponto os fatos políticos que a própria esfera pública se privatiza na consciência do público consumidor. A esfera pública torna-se, na verdade, a esfera da publicização de histórias de vida privadas, seja para que alcancem publicidade os destinos contingentes do assim chamado pequeno homem ou os do *star* planejadamente construído, seja para que os desenvolvimentos e as decisões publicamente relevantes se travistam na roupagem privada e, por meio da personalização, se desfigurem a ponto de se tornar irreconhecíveis. A sentimentalidade em relação às pessoas e o cinismo correspondente em relação às instituições, que resultam daí com uma coercitividade sociopsicológica, acabam naturalmente por limitar subjetivamente, onde ele fosse ainda objetivamente possível, a capacidade para a discussão crítica mediante razões sobre o poder público.

O espaço da esfera familiar íntima, outrora protetor, está tão rompido, mesmo naquelas camadas que antes estariam entre as "cultas", que as ocupações privadas da leitura de romances e da troca de cartas são invalidadas como pressuposto para participar da esfera pública mediada pela Literatura. Em relação ao comportamento do público leitor, pode-se considerar ponto pacífico que a difusão da leitura de livros tem diminuído rapidamente no público mais amplo dos meios de comunicação de massa. O hábito de corresponder-se por meio de cartas

---

76 Löwenthal, Die Biographische Mode, p.363 et seq.; *Literatur und Gesellschaft*.

desapareceu ao menos na mesma medida. Ele foi substituído com frequência pela troca epistolar que redações de revistas e jornais, e também estações de rádio e televisão, mantêm com sua comunidade de leitores. Em geral, os meios de comunicação de massa se apresentam como destinatários de notas e dificuldades pessoais, como autoridades em autoajuda: oferecem assuntos em profusão para identificações – uma espécie de regeneração do domínio privado a partir dos fundos disponíveis de serviços públicos de estímulo e aconselhamento.[77] A relação original da esfera íntima com a esfera pública literária se inverte: a interioridade ligada à publicidade cede tendencialmente a uma reificação ligada à intimidade. Em certa medida, a problemática da existência privada é sugada pela esfera pública, e se não é resolvida sob a inspeção geral de instâncias publicísticas, é por elas propagadas. No entanto, esvazia-se a consciência da privacidade justamente graças a essa publicização, com a qual a esfera produzida pelos meios de comunicação de massa assumiu os traços de uma intimidade secundária.[78]

---

[77] Com base em estudos empíricos, Elisabeth Noelle (Die Wirkung der Massenmedien, p.532 et seq.) descreve a impressionante efetividade das "autoajudas" jornalísticas: "Quando um número da revista *Constanze* trazia um conselho sobre como renovar um colarinho defeituoso, logo um milhão de leitores desse número procuravam fazê-lo [...]. Quase 2,5 milhões de leitoras de outro número colocavam as pernas para o alto durante cinco minutos por hora ao longo de dias ou semanas porque era recomendado na *Constanze*" (ibid., p.538 et seq.).

[78] A mesma complementaridade das tendências a uma "desinteriorização", por um lado, e a uma diferenciação e individualização, por outro, que de modo reativo produzem a aparência da privacidade,

Ao contrário do que quer um preconceito muito difundido, a esse achado da Psicologia social não corresponde, do ponto de vista sociológico, um público que, por assim dizer, apenas na periferia teria sido inundado e invadido por uma massa de consumidores semiletrados, mas que no centro, sobretudo nos estratos mais elevados da nova classe média, teria certa continuidade com a tradição daquelas pessoas privadas do século XVIII e dos primórdios do século XIX que discutiam a Literatura mediante razões. Pois, do contrário, seria de esperar que as instituições e os modos de comportamento da nova cultura de consumo se difundissem antes e mais amplamente nas camadas sociais baixas do que nas mais altas. Mas as atuais condições não correspondem a essa suposição. A leitura regular de magazines de fim de semana, de revistas ilustradas e tabloides de rua, a audiência regular de rádio e televisão e também a frequência regular de cinema são costumes que podem ser encontrados relativamente com muito mais força nos grupos de *status* mais elevado e na população urbana do que nos grupos de *status* mais baixo e na população rural. Esse tipo de consumo de cultura aumenta quase diretamente com o *status*, medindo-se segundo os critérios de posição profissional, renda e formação escolar, bem como com o grau de urbanização, do vilarejo à cidade grande, passando pela pequena e média cidade.[79] Por um lado, as linhas de expansão

---

é analisada por Knebel, *Soziologische Strukturwandlungen im modernen Tourismus*, p.124 et seq., a partir do exemplo do turismo social.
79 Divo, *Der westdeutsche Markt in Zahlen*, p.145 et seq., e *Jahrbuch der öffentlichen Meinung*, p.51 et seq. As idas ao cinema dependem em primeiro lugar, é claro, da faixa etária. Para uma visão de conjunto, cf. também Kieslich, *Freizeitgestaltung in einer Industriestadt*.

do público não devem ser simplesmente projetadas para trás a partir de sua composição social atual, como se novas camadas marginais fossem sempre incorporadas ao círculo do público leitor burguês urbano daqueles "estamentos cultos", por assim dizer. Por outro lado, a situação de fato exclui a versão oposta de que o público dos meios de comunicação de massa explodiu e suprimiu o antigo público por "baixo", a partir da classe trabalhadora, e por "fora", a partir da população rural. Ao contrário, as observações sócio-históricas sugerem que é possível generalizar até certo ponto aquele caso de ampliação do público quando da introdução da televisão nos Estados Unidos, o qual pôde ser observado sob o controle de uma pesquisa social empiricamente desenvolvida, extraindo consequências para os primeiros estágios de ampliação e ao mesmo tempo a transformação do público que discute a cultura mediante razões em um público consumidor de cultura. Nos Estados Unidos, verificou-se que entre os grupos que primeiramente decidiram adquirir um aparelho de televisão preponderavam compradores cujo grau de formação escolar não correspondia ao montante de sua renda.[80] Caso se possa fazer uma generalização, as camadas consumidoras, nas quais as novas formas de cultura de massa penetram primeiro, não pertencem nem à camada culta estabelecida nem às camadas sociais baixas, mas, de maneira relativamente frequente, àqueles grupos sociais em ascensão cujo *status* carece ainda de legitimação cultural.[81]

---

80 Swanson, Jones, Television Owning and its Correlates, p.352 et seq.
81 Essa interpretação é fornecida por Meyersohn, Social Research in Television, p.347.

Contudo, mediado por tais grupos iniciais, a nova mídia se expande, de início no interior do estrato social mais elevado, para a partir daí abarcar aos poucos os grupos de *status* inferior.

Com essas correlações, talvez se explique também a derivação de uma "intelectualidade" a partir das camadas cultas burguesas. Pois estas, apesar de sua autocompreensão ideologicamente conservadora, afirmaram seu papel de liderança, agora certamente menos louvável, mesmo no interior do novo público consumidor de cultura. Da *Pamela* de Richardson, poder-se-ia dizer que ela foi lida por todo o público, isto é, por "todos" aqueles que liam de modo geral. Essa relação íntima do artista e do literato com seu público se afrouxa mais ou menos desde o Naturalismo. Ao mesmo tempo, o público "retardatário" perde o poder crítico sobre os produtores. Desde então, a arte moderna vive sob um véu de propaganda: o reconhecimento publicístico de artistas e obras encontra-se tão somente em uma relação acidental com seu reconhecimento no público mais amplo. Só agora surge uma "intelectualidade" que compreende seu isolamento progressivo, primeiro em relação ao público de pessoas burguesas cultas, como uma emancipação – ilusória – em relação às posições sociais em geral, interpretando-se como uma "intelectualidade livremente suspensa". Hauser também data sua origem por volta de meados do século XIX:

> Só depois de sua vitória sobre a revolução e da derrubada do cartismo, a burguesia sentiu-se tão segura de seu poder que não teve mais nenhum conflito de consciência e remorso e acreditou não precisar mais de nenhuma crítica. Mas, com isso, para a camada culta, em especial para sua parcela literariamente produtiva, perdeu-se aquele sentimento de que deveria cumprir uma missão

na sociedade. A camada culta via-se separada da classe social, da qual tinha sido até então porta-voz, e sentiu-se plenamente isolada, entre as camadas incultas e a burguesia, que não mais precisava dela. Com esse sentimento surgiu – em primeiro lugar da antiga camada culta, com raízes burguesas – a configuração social que definimos como "intelectualidade".[82]

Contudo, um século mais tarde, essa intelectualidade será completamente integrada na sociedade.[83] Da boemia do lumpemproletariado, o grupo dos empregados bem pagos da cultura ascendeu rumo à respeitabilidade das camadas dirigentes administrativas e burocráticas. Permaneceu a vanguarda como instituição. A ela corresponde o crescente estranhamento entre as minorias de especialistas produtivos e críticos e os amadores especializados, atinados com os processos de abstração de alto grau na Arte, na Literatura e na Filosofia, com o envelhecimento específico no âmbito da modernidade,[84] bem como com as meras trocas de cortina e encenações da moda, por um lado, e o grande público dos meios de comunicação de massa, por outro.

A decadência da esfera pública literária se resume mais uma vez a este fenômeno: rompeu-se o solo de ressonância de uma camada culta educada para o uso público do entendimento; o público se cindiu em minorias formadas por especialistas que não discutem publicamente e na grande massa

---

82 Hauser, *Sozialgeschichte der Kunst und Literatur*, v.II, p. p.379.
83 König (Wandlungen in der Stellung der sozialwissenschaftlichen Intelligenz, p.53 et seq.) mostra isso com base no exemplo dos sociólogos. No geral, cf. Geiger, *Aufgaben und Stellung der Intelligenz in der Gesellschaft*.
84 Adorno, Das Altern der neuen Musik, p.102 et seq.

de consumidores que recepciona publicamente.[85] Com isso, perdeu-se em geral a forma específica de comunicação de um público.

§ 19. O traço fundamental obscurecido: linhas de desenvolvimento da decadência da esfera pública burguesa

Na passagem do público que discute a cultura mediante razões para o público que consome a cultura, perdeu-se a característica específica que permitia distinguir a esfera pública literária da esfera pública política. Ou seja, a "cultura" difundida pelos meios de comunicação de massa é uma cultura da integração: ela não apenas integra informação e discussão mediante razões, as formas publicísticas com as formas literárias da beletrística psicológica, voltando-se para um entretenimento e uma "autoajuda" determinados pelo *human interest*, como ao mesmo tempo é elástica o suficiente para assimilar também os elementos de propaganda, até mesmo para servir como uma espécie de *superslogan* que, se ainda não existia, poderia ter sido inventado para os fins de *public relations* do *status quo* por excelência.[86] A esfera pública assume funções de propaganda. Quanto mais puder ser implementada como *medium* de influência política e econômica, tanto mais se torna apolítica no todo e se privatiza em seu aspecto.[87]

---

85 Cf. Gehlen, Bemerkungen zum Thema "Kulturkonsum und Konsumkultur", p.6 et seq.

86 Enzensberger, Bewußtsein-Industrie, p.7 et seq.

87 Cf. Thomssen, *Zum Problem der Scheinöffentlichkeit, inhaltsanalytisch dargestellt an der Bildzeitung*. A pesquisa se baseia em 69 exemplares do jornal

Hamburger Bundesausgabe, que foram distribuídos regularmente por 23 edições no segundo semestre de 1953, no primeiro de 1956 e no segundo de 1958. Essa pesquisa permite ilustrar, com um exemplo extremo, a ordem de grandeza das tendências mencionadas: o jornal diário escolhido para isso, o ilustrado, é bem apropriado em termos de diagnóstico, pois, no interior da imprensa cotidiana – portanto, do gênero clássico do jornalismo –, simboliza um estágio de desenvolvimento em que o jornal diário já assume as formas de uma revista diária. A sedução da diagramação progrediu de tal maneira que, de toda a superfície do jornal, 40% em média são reservados para o próprio texto, enquanto cerca de um quarto é reservado para manchetes e imagens; o espaço restante é ocupado por anúncios. Cerca de metade da superfície total do texto é ocupada por notícias e informações, um quarto com entretenimento. Para as notícias esportivas, cabe uma participação de 12%, e para as comunicações da redação, 7%; estes não servem de modo algum para a discussão mediante razões, mas para o contato imediato com os leitores por meio de conselhos por cartas, concursos, questionários etc. Pouco mais de um quarto das notícias e informações se estende a âmbitos objetivos que, em um sentido amplo, poderiam ser considerados politicamente relevantes: 19% à política (inclusive os "artigos de fundo") e 8% às informações esclarecedoras. A superfície restante é dividida entre crimes, acidentes e informações do cotidiano (32%), processos (13%), "sociedade", filmes, moda, concursos de beleza etc. (21%), autoajuda e educação (7%). Com isso, esses artigos são arranjados de modo que, em uma metade, predomine o texto e, em outra, as ilustrações. Apenas um terço da superfície total das notícias é ocupada por contribuições que dão orientações "objetivas"; dois terços dos quais são destinadas, de forma disfarçada e preponderante, ao *human interest*. Abaixo do artigo principal da primeira página, aumentam para 72% as contribuições elaboradas como *human interest stories*. Assim, também não surpreende a conclusão final da pesquisa, segundo a qual as notícias e as informações de todos os tipos que poderiam ser classificadas como "publicamente relevantes" (comunicação de ou tomada de posição diante de acontecimentos que, por sua posição central no processo vital da sociedade, possuem um significado que transcende

O modelo da esfera pública burguesa contava com a separação estrita entre os domínios públicos e privados, no que a própria esfera pública das pessoas privadas reunidas em um público, a qual fazia a mediação entre o Estado e as necessidades da sociedade, era considerada parte do domínio privado. Na medida em que o domínio público se entrelaça com o domínio privado, esse modelo se torna impraticável. Pois surge uma esfera social repolitizada que não pode ser subsumida, nem do ponto de vista sociológico nem do jurídico, às categorias de "público" ou "privado". Nesse domínio intermediário, os domínios estatizados da sociedade e os domínios socializados do Estado interpenetram-se sem a mediação das pessoas privadas que discutem a política mediante razões. Outras instituições desoneram o público dessa tarefa: por um lado, por meio de federações nas quais os interesses privados organizados coletivamente procuram dar-se imediatamente uma forma política; por outro, por meio de partidos que, desenvolvendo-se com os órgãos do poder público, como que se estabelecem *acima* da esfera pública, da qual outrora foram instrumentos. O processo politicamente relevante do exercício e do equilíbrio de poder ocorre diretamente entre as administrações privadas, as federações, os partidos e a administração pública. O

---

o caso individual) não ocupam mais do que um quarto de toda a superfície destinada às notícias. Isso corresponde a uma participação de cerca de um terço da soma de todas as notícias e informações. Sob o artigo principal da primeira página, cresce novamente para 73% a parte das contribuições classificadas como "não relevantes publicamente"; apenas 18% poderiam ser consideradas "publicamente relevantes", porque não afastam o leitor do conteúdo objetivo por meio do arranjo de *human interest story*. Uma visão global é dada na tabela 6, ibid., p.50.

público como tal é incluído esporadicamente nessa circulação do poder, e apenas com a finalidade de aclamação. As pessoas privadas, na medida em que são assalariadas ou consumidoras, e beneficiárias de serviços, precisam viabilizar publicamente a representação coletiva de suas reivindicações. Mas as decisões que lhes restam individualmente como consumidoras e eleitoras acabam caindo, na medida em que lhes cabe relevância pública, sob a influência de instâncias econômicas e políticas. Enquanto a reprodução social ainda depender das decisões de consumo, e o exercício do poder político das decisões eleitorais de pessoas privadas, haverá interesse em ter influência sobre elas — aqui para aumentar as vendas, ali para aumentar formalmente a porcentagem de votos deste ou daquele partido ou dar informalmente mais peso à pressão de determinadas organizações. O espaço social das decisões privadas é certamente prejudicado por fatores objetivos como o poder de compra e o pertencimento a grupos, sobretudo pelo *status* socioeconômico. Mas, no interior desse espaço de ação, as decisões podem ser tanto mais influenciadas quanto mais a relação originária da esfera íntima com a esfera pública literária tiver se invertido e possibilitado um esvaziamento publicístico da esfera privada. Desse modo, o consumo da cultura se coloca também a serviço da propaganda econômica e política. Enquanto outrora a relação da esfera pública literária com a esfera pública política era constitutiva para aquela identificação central do proprietário com o "ser humano" por excelência, sem que um se dissolvesse no outro, existe hoje a tendência à absorção de uma esfera pública "política" plebiscitária por parte de uma esfera pública de consumo da cultura despolitizada. Marx ainda partilhava a perspectiva das massas despossuídas e sem formação que, sem preencher as condições de acesso à esfera pública burguesa, não obstante penetravam nela para converter os conflitos econômicos na única forma de conflito político com a promessa de êxito. Segundo ele, elas não utilizariam a plataforma da esfera pública institucionalizada no Estado de direito para destruí--la, mas para fazer dela o que a ilusão liberal sempre prometeu. Todavia, na realidade, a ocupação da esfera pública política pela massa dos não proprietários levou àquele entrelaçamento de Estado e sociedade que tirou da esfera pública sua antiga base, sem lhe dar uma nova. Pois à integração dos domínios públicos e privados corresponde uma desorganização da esfera pública, que outrora fazia a mediação entre Estado e sociedade. Essa função de mediação passa do público para aquelas instituições que, como as federações, se formaram a partir da esfera privada, ou como os partidos, que se formaram a partir da esfera pública, conduzem agora internamente o exercício e o equilíbrio do poder em cooperação com o aparato estatal. Nesse contexto, elas se esforçam para obter o consentimento ou ao menos a tolerância do público midiatizado, recorrendo aos meios de comunicação de massa, que de sua parte se autonomizaram. A publicidade é como que desdobrada do alto para conferir uma aura de *good will* [boa vontade] a determinadas posições. Originalmente, a publicidade assegurava o vínculo da discussão pública mediante razões tanto com a fundamentação legislativa da dominação como com o ponto de vista crítico sobre seu exercício. Entrementes, ela possibilitou a peculiar ambivalência de uma dominação exercida por meio da dominação da opinião não pública: ela serve à manipulação *do* público tanto quanto à legitimação *perante* ele. A publicidade crítica é suprimida pela publicidade manipuladora.

O modo como, juntamente com o princípio da publicidade, mudam a ideia de uma esfera pública politicamente ativa e sua função efetiva torna-se patente no fato de que o vínculo – ainda pretendido pelo liberalismo – entre a discussão pública e a norma legal se dissolve e não é mais reivindicado. O conceito liberal de norma legal, ao qual o Executivo e o Judiciário estão ambos igualmente vinculados, ainda que de modos diferentes, implica os momentos da universalidade e da verdade (justiça = correção). Sua estrutura reflete a da esfera pública burguesa, pois, por um lado, a universalidade das leis em sentido estrito somente é garantida se a autonomia intacta da sociedade como esfera privada permite que complexos de interesses especiais não sejam incluídos como matéria de legislação e a normatização se limite às condições gerais de equilíbrio de interesses; por outro lado, a "verdade" das leis somente é garantida se uma esfera pública elevada a órgão estatal no Parlamento permite que, por meio da discussão pública, seja definido o que é praticamente necessário no interesse universal. Que nesse contexto justamente a formalidade daquela universalidade da lei assegurasse a "verdade" como correção no sentido material do interesse de classe burguês fazia parte da dialética logo desvelada desse conceito de lei: apoiava-se na dialética da própria esfera pública burguesa.

Uma vez que a separação entre Estado e sociedade é superada, e o Estado intervém na ordem social para prevenir, distribuir e administrar, a generalidade da norma como princípio não pode mais ser mantida por inteiro.[88] As situações de fato

---

[88] A "generalidade" da norma, no sentido rigoroso do conceito burguês de lei, já não é satisfeita pelo critério *formal* da universalidade. Esse

que precisavam ser normatizadas são agora também situações sociais de fatos no sentido estrito e, por isso, estão vinculadas concretamente a determinados grupos de pessoas e condições variáveis. As leis, mesmo onde não possam se dar a entender expressamente como leis de medida (precisamente na qualidade de normas não gerais),[89] já assumem com frequência, nesse contexto, o caráter de disposições administrativas pormenorizadas. A diferença entre lei e medida é pouco nítida. Em parte, a legislação se vê forçada a tomar medidas concretas que interferem profundamente nas competências da administração.

---

sentido somente é satisfeito quando a formulação universal exclui dispensas e privilégios e não se destina factualmente, em condições sociais dadas, a determinados grupos no interior da sociedade. A efetividade jurídica da lei universal, segundo critérios materiais, não deve ser seletiva; deve ser "elementar" ou "em princípio", de modo que se refira aos fundamentos da ordem social como um todo e, nesse sentido, ao círculo potencial de pessoas formado por *todos* os membros da sociedade. Princípios jurídicos que não regulamentam apenas os princípios das relações sociais como um todo, mas também as situações factuais concretas no quadro da ordem como um todo, são, diferentemente dos princípios gerais, chamados de "específicos", mesmo que sejam concebidos como gerais segundo sua formulação. Somente na fase liberal do capitalismo é que a sociedade burguesa estava "separada" do Estado a ponto de ser uma esfera da autonomia privada, de modo tal que a legislação se limitava tendencialmente a um sistema de normas gerais. E somente nessa fase a universalidade da formulação também tinha de implicar a generalidade da efetividade jurídica de fato. Cf. Neumann, *Der Funktionswandel des Gesetzes im Recht der bürgerlichen Gesellschaft*, e meu ensaio sobre o direito natural e a revolução em *Theorie und Praxis*, p.53 et seq.

89 Sobre a distinção conceitual, cf. Schneider, Über Einzelfallgesetze, p.197 et seq.

Muitas vezes, as competências da administração se alargam de tal maneira que sua atividade mal pode ser considerada mera execução da lei. Forsthoff resume os três processos típicos que tendem a dissolver a clássica separação e ao mesmo tempo o entrelaçamento desses dois poderes. Isso acontece quando o próprio legislador começa a agir e toma certas medidas. Ele interfere nas competências da administração (caso da lei de medida). Ou quando o legislador transfere suas funções à administração. Esta é habilitada para estabelecer normas complementares por meio de decretos (caso da lei de habilitação). Ou, por fim, quando o legislador, diante de certas matérias carentes de regulamentação, acaba abdicando em geral da normatização, deixando o caminho aberto para a administração.[90]

Do mesmo modo que aquela interpenetração recíproca de Estado e sociedade dissolve a esfera privada, cuja independência possibilitava a generalidade das leis, também foi abalado o solo do público relativamente homogêneo de pessoas privadas

---

90 Forsthoff, *Lehrbuch des Verwaltungsrechts*, p.9 et seq. Sobre isso, cf. Neumann, *Der Funktionswandel des Rechtsgesetzes*, p.577. Neumann também analisa a função política dos esforços de Carl Schmitt para restaurar a validade exclusiva do conceito clássico de lei para a legislação da República de Weimar. Funções *análogas* apresentam hoje os esforços da escola de Carl Schmitt para restaurar a validade exclusiva do conceito de Estado de direito no plano do direito constitucional. Cf., por exemplo, Forsthoff, Begriff und Wesen des sozialen Rechtsstaats, tese XV: "O Estado de bem-estar social e o Estado de direito não podem ser confundidos no plano constitucional. O espaço de desdobramento do Estado de bem-estar social é a legislação e a administração. O Estado social de direito é a caracterização tipicamente definida de um Estado que abrange a constituição, a legislação e a administração. Não é um conceito do direito".

que discutem mediante razões. A concorrência entre interesses privados organizados penetra na esfera pública. Se outrora os interesses individuais, neutralizados, visto que eram privatizados sob o denominador comum do interesse de classe, puderam atribuir uma certa racionalidade e também uma efetividade à discussão pública, hoje aparece em seu lugar a demonstração de interesses concorrentes. O consenso produzido na discussão pública mediante razões cede ao compromisso não público conquistado ou simplesmente imposto. As leis produzidas por essa via, mesmo quando o momento da generalidade é preservado em muitos casos, não podem mais reivindicar o momento da "verdade", pois também foi despedaçada a esfera pública parlamentar, o lugar onde ela teria de se comprovar:

> Como foi descrito com frequência na literatura, a discussão perde seu caráter criativo. Os discursos que são proferidos no plenário do Parlamento não visam mais convencer os deputados de outro pensamento, mas voltam-se diretamente para os cidadãos ativos – ao menos nas questões fundamentais, que determinam a vida política [...]. A esfera pública, que já foi vivida pelos antepassados no interior da assembleia parlamentar e que lhe conferiu um brilho especial, adquire assim um caráter plebiscitário.[91]

Corresponde a essas modificações efetivas que o próprio conceito de norma legal venha a abandonar de maneira positivista as características de universalidade e verdade. Desde os anos 1860 impôs-se na Alemanha a doutrina do duplo conceito de lei. Desde então, denomina-se lei no sentido material

---

91 Leibholz, Strukturwandel der modernen Demokratie, p.94 et seq.

todo enunciado jurídico decretado com caráter obrigatório, independentemente de se tratar de uma regra universal ou de uma medida isolada; em contrapartida, leis formais são todas as leis que, qualquer que seja seu conteúdo, tenham sido produzidas por meio de um procedimento parlamentar.[92] O vínculo originário, tão bem destacado por Kant, entre a esfera pública politicamente ativa e a dominação das leis, desmorona entre esses dois conceitos de lei. Nessa nova estrutura da lei, deve-se notar que não se pode mais atribuir ao princípio da publicidade a tarefa de racionalizar a dominação política. Sem dúvida, o público mediatizado no interior de uma esfera pública imensamente ampliada é incomparavelmente mais solicitado, de múltiplas maneiras e com mais frequência, para os fins de aclamação pública, mas, ao mesmo tempo, está tão distante dos processos de exercício e arranjos do poder que sua racionalização mal pode ainda ser exigida por meio do princípio da esfera pública, para não falar garantida.

---

92 Cf. Böckenförde, *Gesetz und gesetzgebende Gewalt*, parte III, p.210 et seq.

VI
Mudança da função política da esfera pública

§ 20. Do jornalismo de pessoas privadas escritoras aos serviços públicos dos meios de comunicação de massa – propaganda como função da esfera pública

A refuncionalização do princípio da esfera pública baseia-se em uma reestruturação da esfera pública enquanto esfera que deve ser ligada à mudança de sua instituição mais proeminente: a imprensa. Por um lado, à medida que a imprensa se comercializa, nivela-se o limiar entre a circulação de mercadorias e a interação do público; no interior do domínio privado, apaga-se a clara delimitação entre esfera pública e esfera privada. Por outro lado, na medida em que a independência de suas instituições só pode ser assegurada ainda mediante certas garantias políticas, a esfera pública deixa de ser exclusivamente uma parte do domínio privado.[1]

---

1 Cf. o esquema da p.140.

Oriundo do sistema de correspondências privadas e dominado por ele ainda durante um longo tempo, o comércio de jornais foi organizado inicialmente na forma de pequenos empreendimentos artesanais. Nessa primeira fase, os cálculos se orientavam por princípios de maximização modesta dos lucros, mantida nos limites tradicionalistas do capitalismo inicial. O interesse do editor por seu empreendimento era puramente comercial. Sua atividade se limitava essencialmente à organização da circulação de notícias e à colação das próprias notícias. No entanto, assim que a imprensa de notícias se desenvolveu em uma imprensa de convicções, e a redação de avisos passou a concorrer com o jornalismo de escritores, àquele momento econômico se acrescenta um novo momento, um momento político no sentido mais amplo. O traço determinante desse desenvolvimento foi descrito por Bücher da seguinte maneira:

> Os jornais passaram de meros dispositivos que publicam notícias para ser também portadores e condutores da opinião pública, instrumentos de luta da política partidária. Para a organização interna da empresa jornalística, isso teve como consequência que entre a coleta de notícias e a publicação das notícias fosse introduzido um novo elemento: a redação. Para o editor de jornal isso significou que ele passou de vendedor de novas notícias a mercador da opinião pública.[2]

No entanto, a mudança propriamente dita não se realizou apenas com a autonomização da redação. No continente eu-

---

2 Bücher, Die Anfänge des Zeitungswesens, p.257.

ropeu, ela começou com os "jornais eruditos" e, na Inglaterra, com os semanários morais e as revistas políticas, assim que diversos escritores começaram a usar o novo instrumento da imprensa periódica para obter eficácia publicística em sua discussão mediante razões, conduzida com intenção pedagógica. Já se falou dessa segunda fase como a de um "jornalismo de escritores".[3] Agora, a finalidade de obter ganho econômico com esse empreendimento passa quase completamente a segundo plano, indo contra todas as regras da rentabilidade e sendo muitas vezes um negócio deficitário de início. O impulso pedagógico, que mais tarde se tornou cada vez mais político, deixava-se financiar, por assim dizer, pelas bancarrotas. Na Inglaterra, jornais e revistas desse tipo eram amiúde "os cavalos de madeira da aristocracia do dinheiro";[4] no continente europeu, provinham mais frequentemente da iniciativa individual de eruditos e escritores.

A princípio, esses eruditos e escritores sustentavam sozinhos o risco econômico. Forneciam o material segundo seus próprios critérios, pagavam honorários a seus colaboradores e eram proprietários das revistas, cujos números representavam para o dono do jornal uma série contínua de objetos diversos. Só pouco a pouco os editores foram cedendo suas funções empresariais ao dono do jornal. A partir desse desenvolvimento, torna-se compreensível a posição destacada do redator, que continuava a considerar-se "editor" e "autor". Nessa época, mais ou menos na virada do século XIX, a relação entre o dono do jornal e o redator não se reduzia a uma relação empregatícia.

---

[3] Baumert, *Die Entstehung des deutschen Journalismus*.
[4] Volder, *Soziologie der Zeitung*, p.22.

Muitas vezes, o redator participava dos ganhos. É claro que o tipo tradicional de empreendimento jornalístico também continuou a existir até o século XIX, sobretudo nos jornais diários ao velho estilo, que se mantiveram livres da discussão literária e política mediante razões: em 1805, ao assumir o *Kölnische Zeitung*, Markus Dumont era, em uma só pessoa, autor, editor, dono do jornal e impressor. Contudo, a competitiva imprensa de periódicos mantidos por escritores que atuavam no publicismo fez que, no lugar onde tais empreendimentos se consolidaram, houvesse uma institucionalização das redações profissionais e independentes. Na Alemanha, Cotta deu o exemplo: convidou Posselt para ser o redator responsável da *Neuesten Weltkunde*; agora, entre o editor e o dono do jornal, as funções de publicismo e as econômicas estavam separadas. A essa autonomia da redação está associado o fato de que, durante a primeira metade do século XIX, o artigo de fundo também se impôs na imprensa diária. No entanto, o exemplo de Cotta – cujo *Allgemeine Zeitung*, a despeito de sua significativa influência, foi por décadas um empreendimento subsidiado – mostra, com a nova forma de jornalismo de redação, quão pouco a rentabilidade do empreendimento podia sobrepor-se à intenção publicística, quão pouco o negócio podia preponderar sobre as convicções. Na fase em que a esfera pública se impôs como esfera pública politicamente ativa, as empresas jornalísticas consolidadas editorialmente asseguravam a suas redações aquele tipo de liberdade que era em geral característico da comunicação das pessoas privadas como um público.

O dono do jornal garantia a base comercial da imprensa, sem, contudo, comercializá-la como tal. Uma imprensa que se desenvolvia a partir da discussão mediante razões empreendida pelo público, a qual ela apenas prolongava, continuou a ser inteiramente uma instituição desse próprio público: agia como uma espécie de mediador e amplificador, e não mais apenas como mero órgão de transporte de informações, tampouco como um *medium* da cultura de consumo. Esse tipo de imprensa pode ser observado de modo exemplar nas épocas revolucionárias, quando os jornais das menores ligas e associações políticas só podiam se erguer dessa maneira – na Paris de 1789, qualquer político regularmente importante formava seu clube, um em cada dois criava seu jornal: entre fevereiro e maio, surgiram 450 clubes e mais de 200 jornais![5] Enquanto a simples existência de uma imprensa que discute a política mediante razões permanece problemática, ela é forçada a tematizar continuamente a si mesma: até a legalização sólida de uma esfera pública politicamente ativa, o surgimento de um jornal político e sua afirmação, era sinônimo de engajamento na luta em torno do espaço de liberdade da opinião pública, em torno de uma esfera pública como princípio. É claro que os jornais ao velho estilo também foram rigorosamente submetidos à censura. Mas enquanto o jornal se limitava exclusivamente a transmitir notícias, a oposição a tais obstáculos jamais poderia ser manifestada em suas próprias colunas. As regulamentações das autoridades reduziram a imprensa a uma mera empresa que, como todas as demais empresas, estava submetida a supervisões e proibições. Em contraposição, a imprensa de opinião, como uma instituição do público que discute, está ocupada primeiramente em afirmar essa função crítica. Assim, o capital da empresa torna-se secundário, se é que se investe para obter uma valorização lucrativa.

---

5 Groth, *Die Zeitung*, v.IV, p.8 et seq.

Somente com o estabelecimento do Estado de direito burguês e a legalização de uma esfera pública politicamente ativa é que a imprensa que discute mediante razões consegue se livrar da pressão das convicções. Agora, essa imprensa pode sair de sua posição polêmica e aproveitar as oportunidades de ganho de uma empresa comercial. Na Inglaterra, França e Estados Unidos, esse desenvolvimento de uma imprensa de convicções para uma imprensa comercial ocorre mais ou menos no mesmo período dos anos 1830. O negócio de anúncios permite uma nova base de cálculos: com preços muito mais baixos e com um número muito mais diversificado de compradores, o dono do jornal podia esperar vender uma parte proporcionalmente crescente do espaço do jornal para anúncios. A essa terceira fase de desenvolvimento aplica-se a conhecida definição de Bücher "de que o jornal assume o caráter de uma empresa, cujo espaço de anúncios é produzido como uma mercadoria que é permutável por uma parcela do que é redigido". Essas primeiras tentativas de uma imprensa comercial moderna devolveram ao jornal seu caráter unívoco de empresa de economia privada voltada para o lucro. No entanto, em comparação com o empreendimento artesanal do antigo "publicador" [*Verleger*], o jornal funciona agora baseado no novo estágio da grande empresa do alto capitalismo [*Hochkapitalismus*]. Já em meados do século XIX, havia uma série de empresas jornalísticas organizadas como sociedades por ações.[6]

Se de início, no contexto de uma imprensa diária motivada primariamente pela política, a reorganização da empresa par-

---

6 Na Alemanha, em 1848, tratava-se dos seguintes jornais: *Nationalzeitung*, *Kreuzzeitung* e *Neue Rheinische Zeitung*. Sobre isso, cf. Lenz, *Werden und Wesen der öffentlichen Meinung*, p.157.

ticular em uma base exclusivamente comercial representava a mera possibilidade de um investimento capaz de gerar lucros, logo acabou se tornando uma necessidade para todos os editores. O aumento e o aperfeiçoamento do aparato técnico e organizacional exigiam uma ampliação da base de capital, uma elevação dos riscos comerciais e necessariamente a subordinação da política da empresa aos pontos de vista da economia dos negócios. Em 1814, o *Times* já é impresso em novas prensas rotativas, que, depois de quatro séculos e meio substituíram a prensa de madeira de Gutenberg. Uma geração mais tarde, a descoberta do telégrafo revoluciona a organização da rede de notícias como um todo.[7] Mas não só os interesses econômicos

---

7 O interesse pelas transações realizadas na bolsa, especialmente no contexto de um capital industrial acionário em rápido crescimento, já haviam estimulado o parisiense Charles Havas – que entre 1830 e 1840 reuniu sob seu controle as antigas empresas de correspondência – a criar um serviço de correio por pombos: ele divulgava sobretudo notícias das bolsas de Londres para bancos, firmas e jornais. Em 1849, pôde usar as primeiras linhas de telégrafo. Ao mesmo tempo, o diretor comercial do *Berliner Nationalzeitung*, Bernhard Wolff, procurava diminuir as despesas com telegramas de seu jornal de modo que podia revender as informações em um sistema de bônus. Assim, depois da agência Havas, surgiu o escritório telegráfico de Wolff. Sucedeu a ambos, em Londres, a renomada Reuters Ltda. Essas três empresas, organizadas inicialmente segundo a economia privada, dominaram o mercado europeu por mais de meio século. Fornecem primeiro notícias exclusivamente econômicas, mas em seguida também notícias políticas (cf. Dovifat, *Zeitungslehre*, v.I, p.62 et seq.). O estímulo que essas agências oferecem aos interessados na bolsa, não só para sua grande necessidade de capital, leva logo ao entrelaçamento dos escritórios de telégrafos com as mais significativas instituições bancárias. Wolff associa-se a Bleichröder e Delbrück, Schickler & Cia.; Havas se associa ao Crédit Lyonnais

privados da própria empresa passaram a ter um peso maior. À medida que se desenvolve como um empreendimento capitalista, o jornal acaba se enredando em um campo de interesses estranhos à empresa que tentar ganhar influência sobre ele. A história dos grandes jornais diários na segunda metade do século XIX mostra que a imprensa se torna manipulável à medida que se comercializa. A partir do momento que a venda da parte do que é redigido interage com a venda da parte dos anúncios, a imprensa, até então uma instituição de pessoas privadas como público, torna-se uma instituição de determinados participantes do público como pessoas privadas – ou seja, torna-se porta de entrada de interesses privados privilegiados na esfera pública.

Com isso, a relação entre a editora e a redação se modifica. Pressionada pela transmissão tecnicamente mais avançada das notícias, a atividade da redação já havia se especializado de todo modo, passando de uma atividade literária para uma atividade jornalística:[8] a escolha do material torna-se mais importante do que o artigo de fundo; a elaboração e a avaliação das notícias, a revisão e o ajustamento tornam-se mais prioritários do que a busca literariamente eficaz de uma "linha". Desde os anos 1870, destaca-se sobretudo a tendência de que o que dá nível

---

e a Reuters com o Union Bank of Scotland. Assim, os *insiders* que conseguiam acesso com antecedência às notícias mais importantes, ou que, por sua vez, deixam vazar notícias na esfera pública, podiam em certas circunstâncias obter vantagens especulativas. O enredamento informal das agências com seus governos mostrou-se algo igualmente importante. Dependendo do caso, as agências podiam ser criadas com fins de propaganda.

8 Cf. Groth, *Die Zeitung*, v.IV, p.14 et seq.

e renome ao jornal não são, em primeiro lugar, os publicistas mais destacados, mas os talentosos donos de jornal. A editora convoca os redatores com a expectativa de que trabalhem orientados pelos interesses privados de um empreendimento lucrativo.[9]

De resto, a autonomia publicística do redator é sensivelmente restringida mesmo *no* tipo de imprensa que não se dobra às leis do mercado, mas serve prioritariamente a fins políticos – mais próxima nisso do jornalismo de escritores dos periódicos que discutiam mediante razões. É claro que a imprensa política ainda mantém, por um longo tempo, seu estilo individualista, mesmo depois que se constituíram facções parlamentares e partidos, primeiramente na Inglaterra e na França. Por volta de meados do século, ainda predomina um tipo de imprensa de partido, tal como aquela que havia pisado a arena com a *Deutsche Tribune* de Wirth, na Alemanha, depois da Revolução de Julho. Esses publicistas não dependiam de nenhum partido ou facção, mas eram eles próprios políticos e reuniam um grupo de parlamentares em torno de seu jornal. Não obstante, os primórdios

---

[9] Dessa época, há relatos do mercado jornalístico de Berlim que indicam claramente o enfraquecimento da posição do redator comparada à do dono do jornal. "Não é mais o redator que determina o caráter do jornal, não mais o outrora denominado chefe de redação, que antigamente estava em conexão diária e íntima com o dono do jornal e trocava pontos de vista com ele. Em seu lugar apareceu o diretor da editora ou o superintendente da editora, que consideram toda gestão do ponto de vista comercial, seja em vista das vendas, seja para fins gerais de propaganda, seja até mesmo em vista do negócio de anúncios. O representante da editora preside as conferências, critica os números anteriores, dá as diretrizes para os vindouros" (Mischke, Der Berliner Zeitungsmarkt, p.129).

da imprensa vinculada a partidos, controlada por organizações políticas, remontam à primeira metade do século, ao menos na Inglaterra e na França. Na Alemanha, ela se desenvolve nos anos 1860, primeiro do lado conservador e depois do lado social-democrata.[10] Em vez do diretor da editora, o redator é subordinado a uma comissão fiscalizadora – tanto em um caso como em outro, é um empregado submetido a diretrizes.

No entanto, estudados pela Sociologia industrial, os aspectos da mudança estrutural da imprensa não podem ser separados da tendência geral à concentração e à centralização, que também se impõe aqui. No último quarto do século, formam-se os primeiros grandes conglomerados jornalísticos: Hearst nos Estados Unidos; Northcliffe na Inglaterra, Ullstein e Mosse na Alemanha. No século XX, esse movimento progrediu, embora de modo não regular.[11] O desenvolvimento técnico nos meios de circulação de notícias (depois do telégrafo e do telefone, a telegrafia e o telefone sem fio, as ondas curtas e o rádio) em parte acelerou e em parte, na verdade, apenas possibilitou a homogeneização organizacional e o entrelaçamento econômico da imprensa. À uniformização do serviço de infor-

---

10 Groth, *Die Zeitung*, v.II, p.335 et seq.
11 Sobre a situação atual nos Estados Unidos e na Grã-Bretanha, cf. as pesquisas da Comission on the Freedom of the Press (A Free and Responsible Press; cf. também Nixon, Concentration and Absenteeism in Daily Newspaper Ownership, p.193 et seq.) e da Rocal Commission on the Press (o denominado *Ross-Report*, 1949); não há análises comparáveis para a França e a Alemanha; mas, no geral, as relações não deveriam se desviar essencialmente das anglo-saxãs (em 1932, existiam 2.483 jornais diários no território do Reich; em 1956, havia 1.479 no território da Federação. Cf. o manual *Die deutsche Presse 1956*, p.30).

mações por meio das agências organizadas em monopólios[12] adicionou-se logo em seguida a uniformização da redação dos jornais menores, por meio de correspondências padronizadas e fábricas de suplementos. Em primeiro lugar, foram empregadas matrizes nos países anglo-saxões entre 1870 e 1880. Por volta da virada do século, a prensa matricial também se estabeleceu no continente europeu. Na maioria das vezes, essa unificação tecnológica é acompanhada de uma unificação organizacional dos grupos e das cadeias de jornais. Por essa via, muitas vezes jornais locais de regiões predominantemente rurais tornam-se dependentes dos jornais urbanos circunvizinhos e são anexados a estes como redações distritais e afiliadas.[13]

Todavia, na indústria da imprensa, o grau de concentração econômica e sua coordenação tecnológica e organizacional parece baixo em comparação com os novos meios de comunicação do século XX – o rádio a longa distância, o cinema falado e a televisão. Sem dúvida, a necessidade de capital pareceu tão significativa, e o poder publicístico tão ameaçador, que em certos países, como é sabido, a orientação desses meios de comu-

---

12 Havas, Reuters, Wolff e Associated Press logo formaram um cartel internacional que dividiu o mundo em quatro áreas de interesse e, no interior das fronteiras nacionais, sempre reservava a uma agência a difusão de notícias também de outras agências.

13 Em 1956, havia 1.479 jornais diários no território nacional, dos quais quase a metade, com 28% da edição total, estava organizada em 62 redes. As edições locais ou adjacentes dos 693 jornais de base representavam 53% das edições totais. Nisso, 2,3% dos jornais centrais, cada um com mais de dez edições locais, alcançavam uma participação de quase 16% da edição total. Em 1954, apenas 225 jornais não estavam filiados a um jornal principal ou a uma cadeia de jornais. Cf. o manual *Die deutsche Presse 1956*, p.30 et seq.

nicação foi colocada, desde o começo, no interior da regência estatal ou sob controle estatal. Nada caracteriza de modo mais evidente o desenvolvimento da imprensa e dos novos meios de comunicação do que essas medidas: elas transformam as instituições de um público de pessoas privadas em institutos públicos. Essa reação do Estado ao apoderamento de uma esfera pública que caiu sob a influência dos poderes sociais pode ser estudada já na história das primeiras agências de telégrafos. De início, os governos põem indiretamente as agências em uma relação de dependência e lhes atribuem um *status* oficial, não retirando seu caráter comercial, mas sim explorando-o. Entrementes, a Reuters Ltda. tornou-se propriedade da imprensa britânica unificada. Mas o fato de que uma mudança nos estatutos exija a concordância do Supremo Tribunal lhe empresta certo caráter público. A agência France-Presse, que nasceu da agência Havas depois da Segunda Guerra Mundial, é uma empresa estatal, cujo diretor-geral é nomeado pelo governo. A agência Deutsche Presse é uma sociedade de responsabilidade limitada, mantida pelos donos dos jornais, com participação de no máximo 1% de cada jornal no capital básico. As estações de rádio dispõem de 10%, mas, por sua vez, estão sob o controle público.[14] Certamente, a indústria de jornais e a de cinema foram deixadas à disposição privada.[15] Mesmo assim, porém, as experiências com uma imprensa que tende a concentrar-se deram motivos suficientes para que se

---

14 Dovifat, *Zeitungslehre*, p.69 et seq.
15 As diferentes organizações de autocontrole não alcançaram, além da censura em questões de gosto, uma competência central em vista do interesse público.

impedisse que "monopólios naturais" de rádio e televisão se desenvolvessem na forma de empresas de economia privada – como, contudo, ocorreu nos Estados Unidos. Na Inglaterra, França e Alemanha, esses novos meios de comunicação foram organizados como corporações públicas e semipúblicas, pois, de outro modo, sua função jornalística não poderia ter sido suficientemente protegida da função capitalista privada.[16]

Com isso, inverte-se justamente a base original das instituições publicísticas, ao menos em seus setores mais avançados: segundo o modelo liberal da esfera pública, as instituições do público que discute mediante razões estavam asseguradas em face das interferências do poder público pelo fato de se encontrarem nas mãos de pessoas privadas. Em proporção com sua comercialização e concentração econômica, tecnológica e organizacional, elas se coagularam, nos últimos cem anos, em complexos de poder social, de modo que é justamente sua permanência em mãos privadas que ameaça a função crítica do publicismo. Em comparação com a imprensa da era liberal, os meios de comunicação de massa alcançaram, por um lado, uma enorme abrangência e uma eficácia incomparável – com eles, a própria esfera pública se expandiu – e, por outro, foram cada vez mais deslocados dessa esfera e reassumidos pela antiga esfera privada da circulação de mercadorias. Quanto maior é sua eficácia do ponto de vista publicístico, tanto mais susceptíveis se tornam à pressão de determinados interesses privados, sejam individuais, sejam coletivos. Enquanto anteriormente a im-

---

16 Para a República Federal, esse desenvolvimento foi recentemente confirmado pelo chamado "julgamento da televisão" do Tribunal Constitucional.

prensa podia apenas mediar e amplificar a discussão mediante razões empreendida pelas pessoas privadas reunidas em um público, agora, ao contrário, o público passa a ser formado sobretudo pelos meios de comunicação de massa. No percurso que vai do jornalismo de pessoas privadas que escrevem aos serviços públicos dos meios de comunicação de massa, a esfera pública modifica-se por meio do influxo de interesses privados, que nela conseguem se representar de modo privilegiado – embora não sejam mais *eo ipso* representativos dos interesses de pessoas privadas *como* público. A separação entre esfera pública e esfera privada implicava que a concorrência de interesses privados tinha de ser fundamentalmente regulada pelo mercado e mantida fora da disputa pública de opiniões. Mas, na medida em que a esfera pública é monopolizada pela propaganda comercial, as pessoas privadas como proprietários privados passam a atuar imediatamente sobre as pessoas privadas como público. Com isso, certamente, a comercialização da imprensa vai ao encontro da transformação da esfera pública em um *medium* da propaganda, mas, inversamente, a comercialização é impulsionada também pelas necessidades de propaganda comercial que fluem de modo autóctone dos contextos econômicos.

A inundação da esfera pública com publicações de propaganda não se explica pela liberalização das relações de mercado, ainda que a propaganda comercial ao velho estilo tenha surgido mais ou menos ao mesmo tempo que ela. Os esforços incomparavelmente maiores de um *marketing* conduzido cientificamente só se tornaram necessários no contexto das restrições oligopólicas do mercado. Ocorre sobretudo um conflito nas grandes empresas industriais entre o *optimum* técnico e o financeiro, o que fortalece a tendência para a chamada concorrência monopolista. Nessa relação, em que os agregados técnicos são adaptados para a produção de massa, o processo de produção também perde em elasticidade – *"output can no longer be varied [...]; output is dictated by the capacity of the unified machine-process"* ["o produto não pode mais ser diversificado [...]; o produto é definido pela capacidade de um processo mecânico unificado"].[17] Por isso, é necessária uma estratégia duradoura de vendas, que assegure o máximo possível mercados estáveis e porcentagens de mercado. A concorrência imediata por meio dos preços desloca-se cada vez mais para uma concorrência mediada pela produção de mercados com clientela específica da firma. O progressivo desvanecimento da transparência do mercado, que costuma ser considerado um motivo para a ampliação da propaganda,[18] é, ao contrário, em grande parte consequência dessa propaganda: uma concorrência por meio da propaganda, substituindo a concorrência de preços, produz com maior razão uma multiplicidade inabarcável de mercados próprios das empresas com artigos de marca, os quais são tanto mais difíceis de ser comparados entre si segundo critérios de racionalidade econômica, quanto mais seu valor de troca for determinado por meio da manipulação publicitária e psicológica. Existe um vínculo nítido entre a tendência à grande empresa capitalista e a uma limitação oligopolista do mercado, de um lado, e as proverbiais *soap operas*, de outro, justamente uma propaganda

---

17 Dobb, *Studies in the Development of Capitalism*, p.360.
18 A partir de certas posições mais recentes, pode-se certamente deduzir que até a economia da propaganda começa a distanciar-se da ideologia doméstica de que a propaganda promove a transparência do mercado. Cf. *Jahresbericht 1962, Zentralausschuß der Werbewirtschaft*, p.13.

que atravessa toda a cultura de integração dos meios de comunicação de massa.[19]

A propaganda comercial, que em 1820 foi chamada na França de "reclame",[20] é um fenômeno que aparece primeiro no alto capitalismo, por mais que hoje tenha se tornado a olhos vistos um ingrediente da economia de mercado. Sem dúvida, ela só adquire uma proporção digna de nota com o processo de concentração do capitalismo industrial na segunda metade do século XIX: "havia, nas casas mais prestigiadas, até mesmo uma aversão aos singelos anúncios comerciais. Os reclames comerciais são considerados indecentes".[21] No século XVIII, nas folhas de anúncios e informações, os anúncios comerciais ocupavam apenas uma vigésima parte do espaço. Além do mais, estes se referiam quase exclusivamente a curiosidades, a mercadorias que se encontravam fora da circulação costumeira dos negócios. Esta ainda se regulava amplamente pelo *face to face*. A concorrência se fiava muito na propaganda boca a boca.

Por volta de meados do século XIX, surgem agências de anúncios com base nos reclames comerciais. Na Alemanha, a primeira foi fundada por Ferdinand Hansenstein em 1815. Uma estreita cooperação com a imprensa levou muitas vezes as grandes agências de propaganda a comprar em consignação espaços para anúncios e, assim, assumir o controle de uma parte importante da imprensa em geral. Hoje, na República Federal da Alemanha, mais de duas mil firmas trabalham para

---

19 Galbraith, *American Capitalism*, p.46 et seq.
20 Wurke, Die Reklame, p.18 et seq.
21 Sombart, *Der Bourgeois*, p.204.

uma propaganda cujos métodos têm se aperfeiçoado cientificamente, desde a crise econômica mundial, com o nível respectivo de pesquisa de mercado econômica, sociológica e psicológica.[22] Nesse contexto, os gastos de propaganda realizados com essas agências chegam apenas a cerca de um terço das despesas econômicas totais desse tipo. Os outros dois terços são investidos diretamente pelos empresários, em grande parte na propaganda externa. Para esse fim, toda grande empresa criou seu próprio departamento de propaganda. Na Alemanha, estima-se que, em 1956, os gastos totais com a propaganda tenham sido em torno de 3 milhões de marcos, constituindo mais ou menos 3% de todos os gastos privados.[23] Já no ano anterior haviam alcançado uma participação de 1,3% do Produto Interno Bruto, enquanto nos Estados Unidos as porcentagens comparáveis chegaram a 1,9% e 2,3%.[24] A atividade das agências de propaganda continua a limitar-se à prática ampliada de anúncios por meio dos novos meios de comunicação, sobretudo em jornais e revistas ilustradas. Naturalmente, a publicidade televisiva, em proporção com a expansão desse meio de comunicação em geral e com o tipo de estrutura organizacional, acaba adquirindo uma influência dominante. Em 1957, na República Federal da Alemanha, ao menos 50% dos leitores regulares de jornais liam também os anúncios econômicos; 65% dos ouvintes de rádio escutavam estações comerciais, e destes quase um terço afirmou ouvi-las

---

22 Töpfer, *Mittler der Werbung*, p.40 et seq.
23 Greiser, *Die Kosten der Werbung*, p.82.
24 Nos Estados Unidos, de 1880 a 1948, os gastos de publicidade por habitante se multiplicaram por sete. Cf. Schramm, White, *Age, Education and Economic Status as Factors in Newspaper Reading*, p.548.

diariamente.[25] Embora os meios de comunicação de massa tendam em geral a atingir mais predominantemente as camadas sociais superiores do que as inferiores, aqui a relação se inverte: os anúncios e os programas publicitários atingem os grupos de *status* mais baixo com um volume maior e com muito mais frequência do que aqueles mais altos. A socialização dos bens das camadas superiores de outrora estimula uma maior atenção nessas camadas, que, por seu estilo de consumo, procuram, ao menos simbolicamente, igualar-se àquelas.

Entretanto, a economia da propaganda não apenas assume o controle dos órgãos de publicismo já existentes, como também produz seus próprios jornais, revistas e cadernos. Em 1955, um em cada cinco lares da República Federal da Alemanha tinha ao menos um exemplar desses costumeiros catálogos de firmas apresentados com luxuosos folhetos ilustrados.[26] Ao lado disso, surgiu um tipo próprio de gênero publicístico; o número de revistas de empresa destinadas aos clientes chegava a constituir, na mesma época, quase a metade de todas as revistas publicadas no mercado da Alemanha Ocidental. Elas superavam em tiragem um quarto da edição total de revistas do país, uma propagação que atinge mais do que o dobro da soma de todas as revistas de entretenimento.[27] Acresce que esse próprio entretenimento – e não só aquele mediado pelas revistas –, que os próprios programas dos meios de comunicação de massa, mesmo em sua parte não comercial, estimulam o comportamento consumista

---

25 Divo, *Der westdeutsche Markt in Zahlen*, p.156.
26 *Jahrbuch der öffentliche Meinung*, p.53.
27 Manual: *Die deutsche Presse 1956*, p.47. Sobre esse tipo de revistas, cf. a análise de Kropf, Synthese von Journalismus, industrieller Publizität und Public Relations, p.491 et seq.

e o fixam em determinados modelos. David Riesman considera justamente que a essência dos meios de entretenimento de massa consiste na educação do consumidor, que começa já na infância e acompanha continuamente os adultos: "hoje, a futura profissão de cada criança é a de um consumidor ensinado".[28] A cultura de integração, difundida maciçamente, leva seu público *per se* a uma troca de opiniões sobre artigos de consumo, submetendo-o à suave coerção do permanente treino para o consumo.

Ora, tornando-se necessária economicamente, a invasão das publicações propagandísticas na esfera pública não precisaria ter como consequência uma mudança da esfera pública como tal. Do mesmo modo que, por exemplo, desde o segundo terço do século XIX, os jornais diários começaram a afastar da parcela da redação uma parte destinada aos anúncios, uma divisão das funções publicísticas em um âmbito voltado para a discussão pública mediante razões conduzida por pessoas privadas como público e em um outro âmbito dirigido para a representação pública de interesses privados, individuais ou coletivos, poderia ter deixado a esfera pública intocada em sua essência. No entanto, não chegou a se formar uma tal esfera pública econômica, por assim dizer politicamente apartada – uma esfera pública publicitária de proveniência própria. Ao contrário, desde o início, a representação publicística de interesses privados privilegiados estava associada aos interesses políticos. Pois, na mesma época que, por meio da propaganda, a concorrência horizontal dos interesses dos proprietários de mercadorias penetrou na esfera pública, os fundamentos do capitalismo concorrencial como tais já haviam sido inseridos

---

28 Riesman, *Die einsame Masse*, p.136.

na disputa entre os partidos, bem como a concorrência vertical entre os interesses de classe já havia ultrapassado as fronteiras da esfera pública. Em uma fase de antagonismo de classe mais ou menos escancarado, por volta de meados do século XIX, a própria esfera pública se cindiu pela dicotomia das *two nations* [duas nações] – pois assim a representação pública dos interesses privados ganha *eo ipso* uma importância política. Nessa esfera pública, a propaganda comercial de grande estilo quase sempre assume também o aspecto de uma propaganda que é algo mais do que apenas uma propaganda comercial, visto que representa *per se* o fator mais importante nos cálculos econômicos empresariais dos jornais e revistas, bem como dos meios de comunicação mais recentes, na medida em que trabalham sobre bases comerciais. Contudo, é somente com a *prática* das *public relations* que se toma consciência do caráter político dos anúncios econômicos.

Essa prática se origina, assim como o próprio termo,[29] nos Estados Unidos. Seu início se deve a Ivy Lee, que desenvolveu as *"publicity techniques on a policy-making level"* ["técnicas de publicidade no âmbito da ação política"] para justificar o *big business*, sobretudo a Standard Oil Company e a Pennsylvania Railroad, que na época foram atacadas por certos reformadores sociais.[30] Entre as duas guerras mundiais, algumas das maiores empresas começaram a afinar suas estratégias do ponto de vista das *public relations*. Nos Estados Unidos, isso se mostrou proveitoso, especialmente no clima de consenso nacional após a entrada

---

29 Bernays, *Crystallising Public Opinion*. Cf. também Kelley, *Professional Public Relations and Political Power*.

30 Steinberg, *The Mass Communicators*, p.16 et seq.

na guerra, em 1940. Na Europa, depois do término da guerra, as novas técnicas tiveram uma difusão geral. Nas décadas mais recentes, começaram a dominar a esfera pública dos países mais desenvolvidos do Ocidente. Tornaram-se um fenômeno-chave para o diagnóstico da esfera pública.[31] O "cultivo da opinião"[32] distingue-se da propaganda pelo fato de se valer da esfera pública expressamente como esfera pública política. Os "reclames privados" voltam-se então para outras pessoas privadas, na medida em que interessam como consumidoras; o destinatário das *public relations* é a "opinião pública", são as pessoas privadas como público e não como consumidores imediatos. O emissor esconde suas intenções comerciais no papel de alguém interessado no bem público. A influência dos consumidores adota as conotações da figura clássica de um público de pessoas privadas que discutem mediante razões, aproveitando-se de sua legitimação: as funções tradicionais da esfera pública são integradas à concorrência de interesses privados organizados.

Em termos gerais, a propaganda limitava-se ao expediente dos anúncios. Em contrapartida, o cultivo da opinião, com a *promotion* e a *exploitation*, vai além do mero reclame: ele interfere no processo da "opinião pública", produzindo novidades de

---

31 *"Industry business and labour realised that they cannot survive in a healthy state and meet their competitive problems without some means of achieving and maintaining the good will of the public"* [Trad.: "O empresariado industrial e o trabalho entenderam que não podem sobreviver em um Estado saudável e enfrentar seus problemas competitivos sem alguns meios para alcançar e manter a boa vontade do público"] (Steinberg, *The Mass Communicators*, p.92; cf. também *Kapital III*, p.115 et seq.).

32 Gross, *Moderne Meinungspflege*; resumido em Hundhausen, *Industrielle Publizität als Public Relations*.

modo planejado ou aproveitando ocasiões que despertam a atenção. Para isso, apega-se fortemente à Psicologia e à técnica da *feature* e *pictorial publicity* [reportagem publicitária e publicidade gráfica], ligadas aos meios de comunicação de massa, com seus *topoi* variadamente experimentados de *human interest*: *romance, religion, money, children, health, animals*. Por meio da representação dramática de fatos e estereótipos calculados, ele promove uma *"reorientation of public opinion by the formation of new authorities or symbols which will have acceptance"*.[33] Ou os administradores das *public relations* conseguem inserir o respectivo material diretamente nos canais de comunicação ou arrumam ensejos específicos na esfera pública que mobilizem de modo previsível os aparatos da comunicação. Para esse tipo de *making or creating news* [produção ou criação de notícias], um manual recomenda vinte métodos.[34]

Se levarmos em conta a multiplicidade de informações e instruções que são apresentadas pelas agências de *public relations* com um caráter sério, como "documentos" para as mais importantes "instâncias de divulgação", certas afirmações presas à ideologia profissional da antiga separação entre notícia e anún-

---

33 Steinberg, *The Mass Communicators*, p.92. Cf. também *Kapital. III*, p.115 et seq. [Trad.: "Reorientação da opinião pública por meio da formação de novas autoridades ou símbolos que terão aceitação." – N. T.]

34 Começando com os eventos habituais (reportagens, discursos, seminários, formação de um comitê, congresso), passando pela hábil exploração de "ganchos" (como férias ou feriados com que podem ser associadas campanhas especiais), fundações com atuação pública, concursos, doações, bolsas, até chegar a arranjos planejados de curiosidades (desfiles, corridas de bicicleta, acampamentos de férias, concursos de jardinagem, escolha de rainhas de beleza etc.). Cf. Steinberg, *The Mass Communicators*, p.237 et seq.

cio soarão francamente antiquadas.³⁵ As *public relations* acabam se fundindo: a propaganda já não deve mais ser reconhecida como autorrepresentação de um interesse privado. Ela atribui a seu objeto a autoridade de um objeto de interesse público, sobre o qual, como deve parecer ser, o público de pessoas privadas que discutem mediante razões forma livremente sua opinião. A tarefa principal é *engineering of consent* [construir o consentimento],³⁶ pois somente no clima de tal consenso tem sucesso *"promotion to the public, suggesting or urging acceptance of a person, product, organisation or idea"*.³⁷ A disposição despertada nos consumidores é mediada pela falsa consciência com a qual, como pessoas privadas que discutem mediante razões, eles colaboram responsavelmente na produção da opinião pública.

No entanto, o consenso sobre um comportamento, ao que parece, necessário no interesse público tem efetivamente algo de uma "opinião pública" encenada. Embora as *public relations* de-

---

35 *"The press* [mas não apenas ela] *has two major sources of news: its own reports and the public relation man. The press also has two related audience potentials: the number of readers in the receiving audience who form opinions based on the content in the newspaper and the number of persons in the receiving audience who are motivated to buy the products advertised in the newspaper."* [Trad.: "A imprensa tem duas fontes principais de notícias: seus próprios repórteres e o relações públicas. A imprensa tem também duas potenciais audiências relacionadas: o número de leitores na audiência receptora que formam opiniões baseando-se no conteúdo do jornal e o número de pessoas na audiência receptora que são motivadas a comprar os produtos anunciados no jornal." – N. T.] (Steinberg, *The Mass Communicators*, p.137).

36 Bernays (org.), *The Engineering of Consent*.

37 Steinberg, *The Mass Communicators*, p.74. [Trad.: "Promover junto ao público, sugerir ou exigir a aceitação de uma pessoa, produto, organização ou ideia". – N. T.]

vam promover, por exemplo, a venda de determinados bens, seu efeito é sempre mais do que isso. Pelo fato de que a publicidade para produtos específicos é desenvolvida pelo desvio de um fingido interesse universal, ela não apenas produz e assegura o perfil da marca e uma clientela de consumidores, como também mobiliza, ao mesmo tempo, para a firma, para um ramo da economia e até para todo um sistema de crédito quase político, um respeito do tipo que se manifesta pelas autoridades públicas.

Naturalmente, o consenso produzido não tem, a rigor, muito em comum com a opinião pública, com a unanimidade alcançada ao fim de um demorado processo de esclarecimento mútuo. Pois é precisamente o "interesse universal", sobre cuja base unicamente poderia se exercer sem coerção uma concordância racional de opiniões publicamente concorrentes, que desaparece quando é usado para a autorrepresentação publicística de interesses privados privilegiados. Com o duplo pressuposto de uma restrição do público a pessoas privadas burguesas e a restrição de sua discussão mediante razões aos fundamentos da sociedade civil como uma esfera de domínio privado, dissolveu-se também, evidentemente, a antiga base para uma convergência de opiniões. E o fato de os interesses privados que afluem à esfera pública aderirem a essa ficção não é suficiente para produzir uma nova base. De modo geral, faltam os critérios do razoável ao consenso sob o signo de um *public interest* fingido e produzido por meio de refinados *opinion-molding services* [serviços de modelagem de opinião]. A crítica razoável sobre estados de coisa discutidos publicamente cede lugar à conformidade animada com pessoas ou personificações publicamente apresentadas. O *consent* [consentimento] coincide com a *good will* [boa vontade] produzida pela publicidade. Outrora, a publicidade significava o desnudamento da dominação política perante a discussão pública mediante razões. A *publicity* acumula as reações de uma benevolência sem compromisso. À medida que se configura por meio das *public relations*, a esfera pública burguesa assume novamente traços feudais: os "portadores de ofertas" desdobram um luxo representativo perante clientes dispostos a segui-los. A publicidade aspira àquela aura de prestígio pessoal e autoridade supranatural que era conferida outrora pela esfera pública representativa.

Ainda se pode falar de um outro sentido, mais preciso, de refeudalização da esfera pública. Aquela integração do entretenimento de massa com a propaganda, que na forma de *public relations* já assume um caráter "político", submete o próprio Estado a seu código.[38] Pelo fato de as empresas privadas sugerirem a seus clientes a consciência de que são cidadãos do Estado por meio de suas decisões de consumo, o Estado precisa "dirigir-se" ao seus cidadãos como consumidores. Assim, também o poder público recorre à *publicity*.

§ 21. A refuncionalização do princípio da publicidade

No fim dos anos 1920, um congresso de sociólogos alemães tratou do tema da opinião pública.[39] Nessa ocasião, pela primei-

---

38 Um relatório de 1953 menciona que, na República Federal da Alemanha, nos mais de cem institutos que atuam nas relações públicas, é muitas vezes difícil distinguir entre educação da cidadania e propaganda (Jahn, *Verantwortung und Mitarbeit*).

39 *Verhandlungen des 7. Deutschen Soziologentages, Schriften der deutsche Gesellschaft für Soziologie*. Alguns anos antes, Tönnies havia resumido as pesquisas da Sociologia alemã sobre esse tema em *Kritik der öffentlichen Meinung*.

ra vez, foi registrado de modo qualificado um fenômeno que é sintomático da mudança de função política da esfera pública – o "ativismo jornalístico" de repartições públicas, partidos e organizações. Sem dúvida, Brinkmann construiu uma antítese enviesada entre a "imprensa livre" e o "publicismo oficial" das administrações públicas e privadas ("com aquela inclusão ininterrupta de todos os domínios da vida em sua 'publicidade', o próprio jornal moderno produziu seu opositor e talvez o dominador de sua insaciável compulsão por informações: nos departamentos de relações públicas e nas assessorias de imprensa, que de agora em diante todo ponto central da vida que está exposta à esfera pública ou que a busca se vê obrigado a instituir").[40] Essa contraposição era equívoca, porque a política de *public relations* das administrações, que vai muito além das publicações de formato clássico, servia-se dos meios de comunicação de massa existentes e assegurava sua posição. Contudo, a constatação como tal é acertada: ao lado das grandes instituições publicísticas, e vinculadas a elas ("um aparato que certamente apresenta o máximo de publicidade, mas muito pouca opinião"), estabeleceu-se um outro aparato, que vai ao encontro da nova necessidade de publicidade do Estado e das federações ("ali temos uma outra 'opinião pública' que, sem dúvida, 'opina' muito e sobre algo bem determinado, mas no essencial procura formar-se e impor-se na sociedade de modo bem diferente do 'público'").[41] As formas de orientação específica da opinião, às quais nos referimos aqui, estão de tal forma

---

40 Brinkmann, *Presse und öffentliche Meinung*, p.27 et seq.
41 Ibid., p.30.

constituídas que "se afastam conscientemente do ideal liberal de esfera pública". A burocracia estatal as toma emprestadas de uma prática que as grandes empresas privadas e as organizações associativas já haviam posto em andamento. De modo geral, a administração pública somente adquire seu "caráter publicístico" com a cooperação daquelas formas.

O aumento de poder da administração no Estado de bem-estar social – não apenas diante do Legislativo, mas em relação à própria cúpula do governo[42] – faz saltar aos olhos aquele momento de sua "autonomização" – embora mesmo na era liberal nunca tenha funcionado como execução pura da lei.[43] O outro momento, o processo contrário de uma transferência do poder do Estado para grupos sociais, permanece discreto; no espaço recém-adquirido das "medidas configuradoras", no qual a administração se torna ela mesma produtora, comerciante e distribuidora, o Executivo se vê obrigado a um comportamento em que a autoridade oficial é complementada – e às vezes já é substituída – por um arranjo com a "esfera pública". Isso leva, em parte, a uma colaboração não oficial com as federações e, em parte, a uma transferência regular das tarefas administrativas para a competência delas. Werner Weber observa que amplos domínios da administração do Estado em geral são transformados em "componentes de um sistema paraestatal de

---

42 A ação administrativa furta-se crescentemente da programação política geral. Sob o manto da sagrada adequação às situações cambiantes, o governo é substituído pela administração, de modo que os conservadores lamentam precisamente "a diluição dos elementos de dominação".

43 Forsthoff, *Lehrbuch des Verwaltungsrechts*, v.I, p.65.

estamentos administrativos".[44] Mesmo onde o Estado afirma e expande sua soberania administrativa, ele deve "acomodar-se" no campo de tensão dos interesses organizados. Embora aqui sejam buscados e afirmados arranjos extraparlamentares (isto é, com a exclusão da esfera pública institucionalizada pelo Estado), tais combinações são sonoramente preparadas e visivelmente acompanhadas de ambos os lados pelas chamadas relações públicas. Na medida em que há uma penetração recíproca entre Estado e sociedade, a esfera pública perde certas funções de mediação, e com ela também o parlamento como a esfera pública estabelecida como órgão do Estado. Um processo contínuo de integração é assegurado de outro modo: ao enfraquecimento da posição do Parlamento corresponde um fortalecimento dos transformadores do Estado em sociedade (a administração) e, inversamente, da sociedade em Estado (as federações e os partidos). No entanto, o investimento em publicidade, um desdobramento das *public relations* conduzido de modo gerencial, mostra que agora a esfera pública, amplamente destituída de suas funções originárias e sob o patronato das administrações, das federações e dos partidos, está atrelada de outro modo ao processo de integração entre Estado e sociedade.

No interior da esfera pública politicamente ativa, os conflitos podiam ser resolvidos sobre uma base de interesses

---

44 Weber, *Spannungen und Kräfte im westdeutschen Verfassungssystem*, p.38 e p.53. Sobre a abrangente literatura a respeito das associações de interesses, cf. Stammer, Interessenverbände und Parteien, p.587 et seq. Sobre isso, mas do ponto de vista histórico, cf. Schulz, Über Entstehung und Formen von Interessengruppen in Deutschland seit Beginn der Industrialisierung, p.124 et seq.

relativamente homogêneos, de acordo com formas relativamente razoáveis de deliberação, e os conflitos podiam ser levados à decisão parlamentar com a pretensão de racionalidade e continuidade no interior de um sistema de leis abstratas e gerais somente porque a grande massa de decisões materiais era mediada pelo mecanismo de mercado no interior de uma sociedade de trocas neutralizada como esfera privada e parecia apolítica em princípio. Ainda que apenas no quadro do interesse comum às pessoas privadas como proprietários privados, a esfera pública política era aliviada da concorrência de interesses privados individuais, ao menos a tal ponto que as decisões reservadas ao compromisso político podiam ser tratadas com os procedimentos da discussão política mediante razões. Em contrapartida, assim que os interesses privados, organizados coletivamente, são obrigados a assumir uma forma política, na esfera pública precisaram ser resolvidos também os conflitos que mudaram a fundo a estrutura do compromisso político.[45] A esfera pública passa a ser sobrecarregada com as tarefas de ajuste de interesses que escapam das formas clássicas de obtenção de acordo e combinação parlamentares; nesse ajuste, vê-se ainda, por assim dizer, sua origem na esfera do mercado – ele tem de ser literalmente "negociado", gerado por demanda mediante pressão e contrapressão, apoiado imediatamente apenas por conta do equilíbrio precário de uma constelação de poder entre o aparato do Estado e os grupos de interesse. As decisões políticas incidem sob novas formas de *bargaining*, que se formaram ao lado das antigas formas de exercício do poder:

---

[45] Kirchheimer, Changes in the Structure of Political Compromise, p.456.

hierarchy e *democracy*.⁴⁶ Por um lado, é certo que o domínio de competência da esfera pública se ampliou. Mas, dado que, por outro lado, o ajuste de interesses ainda continua subordinado à pretensão liberal dessa esfera pública, consistindo em legitimar-se no bem comum, sem, contudo, satisfazê-la, mas também sem poder lhe escapar completamente, a negociação dos compromissos desloca-se para os âmbitos extraparlamentares, seja formalmente, por meio da delegação de competências dos órgãos do Estado para as organizações sociais, seja informalmente, por meio da transferência factual de competências isenta de normas (ou contra as normas).

Onde, como no caso do conflito central da sociedade do alto capitalismo, não se pode esperar um ajuste de interesses relativamente sólido entre empregadores e empregados ou nem mesmo uma "satisfação", em lugar de compromissos que produzam ondas de normas, pode ser concedido, dada a supressão da arbitragem coercitiva do Estado, um espaço autônomo para o exercício quase político do poder de grupos sociais conflitantes entre si. Por um lado, os parceiros da negociação salarial não agem mais no exercício de sua autonomia privada: eles agem no quadro da esfera pública política e, por isso, estão oficialmente subordinados ao imperativo de uma esfera pública democrática.⁴⁷ Mas, por outro lado, a criação de normas de negociação salarial excede a tal ponto as formas razoáveis da esfera pública ao velho estilo, e o antagonismo de

---

46 Dahl, Hierarchy, Democracy and Bargaining in Politics and Economics, p.47 et seq.
47 Ridder, Zur verfassungsrechtlichen Stellung der Gewerkschaften im Sozialstaat nach dem Grundgesetz für die Bundesrepublik Deutschland.

interesses subjacente oferece tão minimamente a possibilidade objetiva de uma positivação jurídica segundo critérios liberais, que esses compromissos são apartados dos procedimentos do legislativo parlamentar e, com isso, do âmbito de competências da esfera pública institucionalizada pelo Estado. A esse tipo de deslocamento oficial corresponde, em uma proporção muito maior, um processo factual em que as competências para a formação de compromissos políticos são deslocadas do legislador para o círculo de relações entre as administrações, as federações e os partidos. A crescente integração do Estado com uma sociedade que não é de imediato, como tal, uma sociedade política exige decisões na forma de compromissos temporários entre os grupos, ou seja, a troca direta de favorecimentos e compensações particulares, sem o trajeto indireto pelos procedimentos institucionalizados da esfera pública política. Por isso, as federações e os partidos permanecem, em princípio, organizações privadas. Alguns nem sequer estão organizados na forma de federações com competências legais e, contudo, participam da ocupação de posições públicas, pois elas também exercem funções da esfera pública política e se encontram sob sua pretensão: legitimar a pressão social exercida sobre o poder do Estado, para além de uma mera relação de poder. Assim, as federações romperam de fato os limites do direito de associação civil. Seu objetivo declarado é a transformação dos interesses privados de muitos indivíduos em um interesse público comum, a representação e a demonstração do interesse da federação como um interesse universal.[48] Com isso, no entanto, as associações passam a dispor de um poder político am-

---

48 Cf. Kaiser, *Die Repräsentation organisierter Interessen*.

plo, não apesar e sim graças a seu caráter privado. Sobretudo, elas podem manipular a "opinião pública", sem ter de se deixar controlar por ela. Pois este é o resultado da dupla coerção de exercer o poder social, por um lado, e justificar-se perante os padrões tradicionais de uma esfera pública factualmente em decadência, por outro: as organizações procuram a aclamação voluntária do público mediatizado para uma formação de compromissos conduzida em grande parte internamente, mas dependente do crédito público, ou ao menos procuram assegurar-se da passividade benevolente do público – seja para transformar tal consentimento em pressão política, seja para neutralizar contrapressões políticas com base na tolerância conquistada.[49]

---

49 Essa mobilização acessória da opinião "pública" com a finalidade de apoiar ou assegurar compromissos negociados não publicamente retroage também sobre a estrutura do próprio compromisso. No caso do compromisso "autêntico", é naturalmente típico que ambas as partes mantenham uma reserva diante daqueles objetivos fixados que refletem situações e orientações de interesse irreconciliáveis, próprias de uma oposição de interesses fundamentalmente duradoura. Uma renúncia a esse tipo de reserva deve ideologizar o compromisso: ela o rebaixa a um contrato de *status* no interior do quadro simulado de uma ordem que, em princípio, é isenta de conflito. Essas tendências foram analisadas por Abendroth, Ramm, Rider e outros no exemplo do julgamento de 31 de outubro de 1958, proferido pelo Tribunal Federal do Trabalho (I Aktenzeichen Recht 623/57). Cf., por exemplo, Abendroth, Innergewerkschaftliche Willensbildung, Urabstimmung und "Kampfmaßnahme", p.261 et seq. Tão digna de nota quanto a crítica jurídica é a situação sociológica documentada pelo julgamento criticado: comprometida com a integração, a cooperação entre as burocracias das federações no âmbito de uma ordem fixada materialmente se encontra sob renúncia à consciência de compromisso de um ajuste temporário

de orientações de interesses divergentes em situações de interesses antagônicos e permanentes. (A isso correspondem os fenômenos, registrados por Kirchheimer, de "desaparecimento da oposição", até mesmo no interior do Parlamento. Cf. Kirchheimer, The Waning of Opposition in Parliamentary Regimes, p.127-56.) Essa situação é sintomática não apenas da ambivalência política do desenvolvimento do Estado de bem-estar social em geral, desconsiderada em nosso contexto (sobre isso, cf. meu capítulo introdutório de *Student und Politik*, p.34 et seq.), mas também é específica da mudança estrutural da esfera pública. Aquele tipo de cooperação, comprometida com a integração, entre as burocracias das federações, que tendem a se autonomizar em relação ao público formado por seus membros, só consegue se impor à medida que as formas da esfera pública que discute a política mediante razões – nesse caso, a esfera pública interna à organização das federações – são suprimidas pela esfera pública despolitizada de um público mediatizado, cuja aclamação expressa ou tolerância tácita são alcançadas por meio de uma publicidade demonstrativa ou manipuladora desenvolvida "de cima". Nesse contexto, são importantes as tendências que analisamos no processo de concentração da imprensa (cf. p.304): de início, a centralização da imprensa política com uma crescente dependência dos jornais em relação às burocracias partidárias; depois, o enfraquecimento da posição da imprensa de partido como tal; e, finalmente, a despolitização da imprensa como um todo. Sobre a imprensa social-democrata, Abendroth (em um adendo a uma observação de Hermann Heller, *Staatslehre*, p.137) constata: "Quando Heller indica que, apenas por meio de seus próprios jornais, o operariado se mantém capaz de resistir espiritualmente, não se deve esquecer que na República Federal o momento característico da imprensa partidária formada pelos partidos democráticos, que tinha um grande significado para a Alemanha no período anterior a 1933, não existe mais, e provavelmente não poderá mais surgir nos antigos moldes, por razões tanto econômicas quanto técnicas" (Sultan e Abendroth, *Bürokratischer Verwaltungsstaat und soziale Demokratie*, nota 45, p.92). Em 1933, mais ou menos 50% dos jornais diários alemães

As relações públicas são recomendadas para fortalecer o prestígio da própria pessoa, sem transformar a matéria do compromisso em tema de *discussão pública*: as organizações e os funcionários desenvolvem uma *representação*.

As associações públicas não querem aparecer como pessoas jurídicas, mas como organizações coletivas, pois não estão muito interessadas em sua delegação formal externa, dada a autonomização dessa delegação em relação à vida interna da federação, mas *estão interessadas sobretudo na representatividade de seus membros na esfera pública*.[50]

A representação é menos um elemento da estrutura interna da federação do que, sobretudo, a "expressão de sua pretensão de publicidade [*Öffentlichkeitsanspruch*]".[51] Naturalmente, em virtude disso, a esfera pública representativa do tipo antigo não se restabelece, mas empresta a uma esfera pública burguesa refeudalizada certos traços que, segundo Schelsky, se caracterizam pelo fato de que as grandes organizações estatais e não estatais "administram as manifestações de suas posições".[52] A aura da autoridade representada pessoalmente reaparece como um momento da publicidade; nesse aspecto, a moderna *publicity* se assemelha à *publicness* feudal. As *public relations* não se referem

---

estavam comprometidos politicamente. Até 1956, sua participação na República Federal cai para cerca de um quarto: 65% dos jornais se declaram suprapartidários, 10% são indefinidos. Ambas as categorias respondem por 82% da edição total (cf. o manual *Die Deutsche Presse 1956*, p.35 et seq.).

50 Altmann, Zur Rechtsstellung der öffentlichen Verbände, p.214.
51 Ibid., p.226.
52 Schelsky, *Familie*, p.357.

propriamente à *public opinion*, mas sim à *opinion* no sentido de *reputation*. A esfera pública se converte em uma corte e *diante* do público o prestígio se expressa – em vez de *nele* a crítica se formar.

Outrora, a publicidade teve de se impor contra a política arcana dos monarcas: procurava submeter pessoas ou causa à discussão pública mediante razões e fazia que as decisões políticas pudessem ser revistas sob a instância da opinião pública. Hoje, ao contrário, a publicidade é imposta com base na política arcana dos interesses: ela propicia prestígio público a uma pessoa ou causa e a torna apta à aclamação em uma atmosfera de opinião não pública. A própria expressão "trabalhar a esfera pública" [*Öffentlichkeitsarbeit*] já mostra que a esfera pública precisa ser produzida circunstancialmente e caso a caso, quando outrora era dada pela posição dos representantes e sua continuidade era assegurada por meio de um simbolismo protegido pela tradição. Hoje, é preciso produzir ensejos para essa identificação – a esfera pública deve ser "fabricada", ela não mais "existe". Altmann denominou isso certeiramente de ato de "comunificação".[53] O efeito imediato da publicidade não se esgota naquele efeito de propaganda descomercializada de uma aura de *good will* que produz uma disposição para o consentimento. Agora, essa publicidade serve, para além de uma influência sobre a decisão dos consumidores, a uma pressão política, pois mobiliza um potencial de disposição inarticulada ao consentimento que, caso necessário, pode ser traduzida em uma aclamação definida plebiscitariamente. A

---

53 Altmann, *Das Problem der Öffentlichkeit und seine Bedeutung für die Demokratie*, p.72.

nova esfera pública permanece ainda referida à esfera pública burguesa, enquanto as formas institucionais de legitimação desta continuam em vigor. A publicidade demonstrativa também desenvolve uma eficácia política, mas apenas na medida em que torna crível, ou pode realizar efetivamente, um capital de decisões eleitorais. Contudo, essa "realização" é tarefa dos partidos.

A mudança de função atinge a esfera pública politicamente ativa como um todo: a relação central entre público, partidos e parlamento também é submetida a ela. O partido de notáveis, como o descreveu Max Weber,[54] deu à esfera pública política da era liberal a sua marca. Os círculos de formação e posse, sob a liderança de religiosos e professores, advogados, médicos, mestres-escolas e farmacêuticos, fabricantes e proprietários de terras, fundaram clubes políticos locais, inicialmente associações ocasionais, uniões de eleitores que eram mantidas juntas unicamente pelos deputados. O número de políticos profissionais permaneceu restrito. De início, suas funções eram subordinadas; a política era uma profissão honorífica complementar. A imprensa era a única instituição permanente ligada à atividade informal, que se resumia, não somente nas grandes cidades, a reuniões periódicas nas associações locais, com o objetivo de obter prestações de contas dos deputados. Existia uma comunicação geral entre os centros de discussão comunitários e as sessões do Parlamento.[55] Justamente a fraca

---

54 Weber, Parteiwesen und Parteiorganisation, p.50 et seq.
55 Weber fala do número de participantes diretos, bem delimitado pelos mecanismos de seleção dos notáveis, mas confessa: "O número dos indiretamente interessados, sobretudo materialmente, no empreendimento político era muito grande. Pois todas as regula-

ligação organizacional do "partido de facção" – que só existia praticamente no Parlamento – com os eleitores de sua região por meio do círculo de notáveis correspondia ao fluxo de comunicação isenta de violência no interior de um único público. A paridade dos letrados ainda não era questionada, em seus fundamentos, pela divisão de competências. No quadro da esfera pública burguesa, os próprios partidos se entendiam como "formadores de opinião": como escreve Rudolf Haym em seu relatório sobre a Assembleia Nacional Alemã, eles mantinham as opiniões políticas fortemente vinculadas a sua base. E August Ludwig von Rochau reivindica para o "espírito de partido" uma objetividade de juízo que pretende se opor ao mero interesse.[56] Contudo, Treitschke já descarta a tese do partido de opinião: "Na verdade, os interesses das classes sociais estão muito mais fortemente interligados com as doutrinas dos partidos do que os próprios partidos admitem".[57] Finalmente, no fim do século XIX, podemos encontrar indícios

---

    mentações de um ministério, sobretudo os encaminhamentos das questões pessoais, aconteciam sob a cooperação da busca de sua influência sobre as chances de eleição. E buscava-se impor toda e qualquer espécie de desejo por mediação do deputado local, a quem o ministro [...] era obrigado a obedecer, querendo ou não. O deputado individual detinha o patronato do cargo, de modo geral o patronato em todos os assuntos de seu círculo de eleitores e, para se reeleger, mantinha os vínculos com os notáveis locais" (Weber, *Parteiwesen und Parteiorganisation*, p.58).

56 Rochau, *Grundsätze der Realpolitik*, p.91 et seq. Sobre o todo, cf. Schieder, *Die Theorie der Partei im älteren deutschen Liberalismus*, p.183 et seq.

57 Treitschke, *Parteien und Fraktionen*, apud Schieder, *Die Theorie der Partei im älteren deutschen Liberalismus*, p.194.

que desmentem a ilusão da neutralidade de interesses, mesmo tendo em vista os partidos burgueses. Pessoas como Friedrich Naumann exigem francamente um partido de classe para o campo liberal, pois "apenas um liberalismo com consciência de classe tem a firmeza de sustentar seu homem na luta de classes universal, como é hoje o caso".[58]

Nesse ínterim, a mudança estrutural da esfera pública já havia começado. As instituições do intercâmbio social e sociável, que garante o contexto do público que discute mediante razões, perderam sua força ou ruíram completamente. O desenvolvimento de uma imprensa comercial de massa é acompanhado de uma conversão dos partidos de notáveis em partidos de massa. A socialização dos direitos de igualdade civil modificou a estrutura dos partidos. A partir de meados do século XIX, as frouxas ligas eleitorais cederam cada vez mais o espaço para partidos em sentido próprio, organizados para além do âmbito local, com aparatos burocráticos voltados para uma integração ideológica e com mobilização política de amplas massas de eleitores: na Inglaterra, Gladstone introduz o sistema de *caucus*. Os comitês locais perderam importância com a construção de um aparato de políticos profissionais, organizado de modo mais ou menos empresarial e com direção centralizada. Os partidos estavam diante da tarefa de "integrar", com a ajuda de novos métodos, a massa dos cidadãos – que já não eram mais propriamente "burgueses" – para fins de votação. As assembleias de eleitores para prestação de contas dos deputados locais tiveram de dar lugar à propaganda sistemática. Só então aparece algo como

---

58 *Die Hilfe*, ano 10, n.2.

a propaganda moderna, desde o início com a face de Jano do esclarecimento e da condução, da informação e da propaganda, da pedagogia e da manipulação.[59]

A interdependência dos acontecimentos políticos mais relevantes havia aumentado: juntamente com sua base comunitária, a esfera pública perdeu sua localização: perdeu sua clara delimitação em relação à esfera privada, por um lado, e em relação à "esfera pública universal", por outro. Perdeu sua transparência e compreensibilidade.[60] Como alternativa ao partido de classe,[61] surgiu o "partido da integração", cuja forma, em grande parte, não se diferencia nitidamente daquele primeiro. O partido da integração "prende" os eleitores temporariamente e os induz à aclamação, sem tocar em sua menoridade política.[62] Hoje, esse partido de massas da integração superficial, que surgiu naquela época, tornou-se o tipo dominante. Para esse tipo de partido, é decisivo quem dispõe dos meios de

---

59 Hilger (Die demokratischen Parteien und Parteiendemokratie, p.176 et seq.), a partir do texto apresentado por Mommsen (*Deutsche Parteiprogramme vom Vormärz bis zur Gegenwart*), chama a atenção para a mudança na formulação: as considerações dirigidas às pequenas classes cultas, às vezes muito esvaziadas, evitam cada vez mais os tópicos políticos.

60 Plessner, *Das Problem der Öffentlichkeit*, p.8.

61 Não consideramos aqui esse tipo de partido, representativo da social-democracia da era guilhermina. Ele não é mais característico do sistema partidário atual. De resto, sobre a tipologia dos partidos modernos, cf. Duverger, *Les partis politiques*, e Neumann, Towards a Comparative Study of Political Parties, p.395 et seq.

62 "De toda atividade é dispensado o eleitor simples, não pertencente à organização, cortejado pelos partidos, do qual se tem pessoalmente notícia nas eleições ou por reclames públicos cunhados para ele" (Weber, Staatssoziologie, p.68).

coerção e educação para influenciar de modo demonstrativo ou manipulador o comportamento eleitoral da população. Os partidos são instrumentos de formação da vontade, mas não estão na mão do público, e sim daqueles que determinam o aparato partidário. Essa nova relação dos partidos com o público, por um lado, e dos partidos com o Parlamento, por outro, pode ser observada sintomaticamente na mudança de *status* dos deputados.

Desde o início, fazia parte da ideia de parlamentarismo negar o mandato imperativo, que fora típico de todos gêneros de representação estamental. Já em 1745, um deputado da Casa dos Comuns declarava: *"By our constitution, after a gentleman is chosen, he is the representative, or, if you please, the attorney of the people of England"*,* uma tese que, uma geração depois, Burke e Blackstone[63] elaboraram na clássica doutrina do mandato livre. Ela foi introduzida em todas as constituições burguesas,[64] na fórmula da orientação independente do deputado, que apenas é responsável perante sua consciência e perante o povo como um todo. No Estado de direito liberal, essa ideologia correspondia ao menos a um processo de formação política da vontade mediado pela formação da opinião de um público que discutia mediante razões. Segundo seu sentido sociológico, o mandato livre, nessa fase, não significava tanto a independência do representante como tal; de fato, o deputado estava em contato muito estreito com seu círculo de eleitores, como tem

---

* Trad.: "Segundo nossa constituição, depois que um cavalheiro é eleito, ele é o representante, ou, como queira, o advogado do povo da Inglaterra". (N. T.)

63 Blackstone, *Commentaries of the Laws of England*.

64 Cf. *Grundgesetz*, art. 38.

acontecido desde então. Tratava-se muito mais de uma garantia para a posição paritária de *todas* as pessoas privadas no interior do público que discute mediante razões. Para que o próprio Parlamento continuasse a ser parte desse público e a liberdade de discussão fosse assegurada tanto *intramuros* como *extramuros*, as cautelas quanto à independência do deputado não deveriam produzir de modo algum um *status* privilegiado em relação ao restante do público – uma representação no sentido da esfera pública pré-burguesa. Elas deveriam simplesmente evitar que o *status* de deputado se tornasse subprivilegiado por causa da delegação.[65]

No entanto, esse contexto do público se rompe na medida em que os partidos, transformados em expoentes de um sistema de federações públicas, tem de intermediar e representar os interesses de mais e mais dessas organizações que, oriundas da esfera privada, progrediram, por assim dizer, na esfera pública adentro. Por via de regra, hoje elas não são nem um partido de classe (como a antiga social-democracia) nem uma associação de interesses (do gênero da BHE).* Antes, é justamente a

---

[65] As duas cautelas, direito à imunidade e renúncia às compensações financeiras, simplesmente reforçam as determinações que qualificam em geral a participação na esfera pública burguesa. Esta era compreendida como esfera emancipada em relação ao poder público e protegida contra o poder privado. As cautelas devem assegurar ao deputado, também no nível parlamentar, o *status* de pessoas privadas que pertencem ao público, e não lhe conceder de modo algum as qualidades adicionais de um senhor convocado a representar a autoridade – a esfera pública parlamentar é justamente o contrário da esfera pública "representativa".

* Bund der Heimatvertriebene und Entrechtete (União dos Exilados e Destituídos de Direitos).

conjunção dos interesses organizados e sua tradução oficial na maquinaria política do partido que lhes atribui aquela posição predominante, diante da qual o Parlamento é reduzido a uma comissão de facções – e o próprio parlamentar é reduzido "a um membro técnico-organizativo intermediário no interior do partido, ao qual tem de se curvar em caso de conflito".[66] Segundo uma observação de Kirchheimer, está associada a isso a diminuta influência parlamentar dos juristas:[67] o tipo do advogado cede lugar ao do funcionário. A par dos pequenos grupos de "ministráveis", que acumulam os cargos públicos de direção, acaba entrando no Parlamento um grande número de funcionários próprios do partido (membros do aparato, especialistas em propaganda etc.) e, por fim, um grande número de representantes diretos e indiretos das federações (assessores jurídicos, pessoas de contato, especialistas etc.). O deputado individual, embora convocado para contribuir para a formação das resoluções majoritárias no interior de seu partido, é que acaba decidindo, em função da facção a que está vinculado. Acima da facção, o partido converte a pressão para formar compromissos sempre renovados entre interesses organizados em uma pressão que assegure a unidade de sua representação para o exterior. O deputado recebe, de fato, um mandato imperativo de seu partido.[68] Por conta disso, o Parlamento tende a se

---

66 Leibholz, Strukturwandel der modernen Demokratie, p.97.
67 Kirchheimer, Majoritäten und Minoritäten in westeuropäischen Regierung, p.256 et seq.; Parteistruktur und Massendemokratie in Europa, p.307 et seq.; *The Party in Mass Society*.
68 É para essa condição que os partidos apelam ao reivindicar (sem fundamento jurídico) a revogação do mandato de um deputado, caso ele abandone a facção.

tornar o lugar em que os delegados vinculados às orientações do partido se encontram para registrar as decisões já tomadas. Carl Schmitt já havia observado algo semelhante na República de Weimar.[69] O novo *status* dos deputados não é mais caracterizado por sua participação em um público universal que discute mediante razões.

Em conformidade com isso, o próprio Parlamento passou de uma corporação de disputas a uma corporação de demonstrações, pois a ratificação parlamentar de resoluções debatidas a portas fechadas não satisfaz apenas um requisito formal: ela serve para demonstrar a vontade do partido para o exterior. De uma "assembleia de homens sábios, escolhidos como personalidades individuais das camadas privilegiadas, que procuravam se convencer na discussão pública por meio de argumentos, com a suposição de que, então, a decisão tomada pela maioria seria o verdadeiro e o correto para o bem do povo", o Parlamento passou a ser "a tribuna pública na qual, perante todo o povo – que, por meio do rádio e da televisão, participa de modo especial dessa esfera pública –, o governo e os partidos que o apoiam apresentam e defendem sua política, e na qual a oposição, porém, ataca essa política com a mesma abertura e desenvolve sua política alternativa".[70] A descrição de Friesenhahn apreende só um lado do processo, a saber, a ampliação da publicidade como tal, mas não a mudança de sua função. Enquanto outrora a esfera pública das negociações devia assegurar (e, por muito tempo, assegurou de fato) a continuidade da discussão pré-parlamentar com a discussão parlamentar,

---

69 Schmitt, *Die geistesgeschichtliche Lage des Parlamentarismus*.
70 Friesenhahn, Parlament und Regierung im modernen Staat, p.31.

a unidade da esfera pública e da opinião pública que nela se forma – em uma palavra, assegurar o parlamento deliberativo como centro, mas também como parte do público como um todo –, hoje ela não opera nada de semelhante. E tampouco pode fazê-lo, pois a própria esfera pública, tanto dentro como fora do Parlamento, sofreu uma mudança estrutural:

> Caso se veja o sentido das transmissões do Bundestag [Parlamento Federal Alemão] como tendo a finalidade de dar ao ouvinte (e ao espectador) do aparelho receptor a possibilidade de participar do trabalho do representante do povo por ele escolhido, então seria preciso concluir que o rádio e a televisão não são capazes de cumprir essa finalidade, mas, ao contrário, que, em razão de deturpações e desfigurações, representam uma perturbação do trabalho parlamentar. Assim como a verdadeira deliberação se deslocou do plenário para as comissões e facções, a deliberação no Parlamento se torna secundária em relação à documentação.[71]

---

[71] Haftendorn (*Das Problem von Parlament und Öffentlichkeit, dargestellt am Beispiel der Parlamentsberichterstattung*, p.146 et seq.) analisa quanto enfraqueceu o vínculo da discussão parlamentar com a discussão política mediante razões empreendida por pessoas privadas, baseando-se nas tendências da prestação de contas do Parlamento. O próprio trabalho do parlamento transferiu-se, como é sabido, para as facções e agremiações partidárias, bem como para as comissões parlamentares específicas. Elas não devem ser consideradas substitutas do Parlamento que discute publicamente mediante razões, pois elas não compensam essa perda da esfera pública. Mesmo onde as comissões dos regulamentos são declaradas instituições que debatem publicamente, elas não se estabelecem como órgãos que substituem a esfera pública parlamentar. É sintomático que precisamente o "crescente interesse da esfera pública em seus debates é que torna necessário encontrar possibilidades para uma troca confiável de im-

Diante da esfera pública ampliada, as próprias negociações são estilizadas em um *show*. A publicidade perde sua função crítica em favor da função demonstrativa. Até mesmo os argumentos são convertidos em símbolos, aos quais não se pode mais responder com argumentos, mas apenas com identificações.

Na mudança de função do Parlamento, torna-se evidente o caráter questionável da esfera pública como princípio de organização da ordem estatal: de um princípio de crítica (exercida por parte do público), a publicidade teve sua função transformada em um princípio de integração controlada (por parte das instâncias demonstrativas – a administração e as federações, sobretudo os partidos). A desfiguração plebiscitária da esfera pública parlamentar é acompanhada de uma desfiguração da esfera pública jurídica operada pela cultura de consumo, pois os processos penais, que são suficientemente interessantes para serem documentados e divulgados pelos meios de comunicação de massa, invertem de modo análogo o princípio da publicidade crítica. Em vez de um controle da jurisprudência por parte dos cidadãos reunidos, a publicidade serve cada vez mais à preparação dos processos tratados juridicamente para a cultura de massa dos consumidores reunidos.

A força de tais tendências pode ser medida pelos esforços revisionistas que elas acabam provocando. Enquanto a esfera

---

pressões. A esfera pública só penetra nos debates das comissões para ver o objeto de seu interesse sendo transferido sempre para novos níveis de não publicidade" (ibid., p.89). Cf. também Deschamps, *Macht und Arbeit der Ausschüsse*. Sobre isso, mas do ponto de vista histórico, cf. Steffani, Funktion und Kompetenz parlamentarischer Untersuchungsausschüsse, p.153 et seq.

pública como princípio de organização do Estado de direito liberal encontrou seus primeiros defensores convictos na Alemanha pós-napoleônica; enquanto, naquela época, Carl Theodor Welcker e Anselm Feuerbach,[72] associados a uma imprensa diária que discutia a política mediante razões e se desenvolvia livremente, faziam discursos a favor da publicidade no Parlamento e no Judiciário, hoje se procura proteger os debates parlamentares e os processos judiciais de uma esfera pública plebiscitária. O conselho mais antigo do Bundestag recomendou que as reuniões da casa não fossem mais transmitidas diretamente; advogados e juízes criminais requerem com urgência crescente que se esgotem todos os recursos jurídicos ou, onde isso não é suficiente, que se modifique o ordenamento dos procedimentos do tribunal com a finalidade de impedir reportagens radiofônicas e imagens da sala de audiência: em ambos os casos, o princípio da publicidade deve ser reduzido a uma garantia de "esfera pública imediata". Certamente, deve-se assegurar o livre acesso às negociações; mas deve-se impedir que, da documentação parlamentar das resoluções negociadas internamente, se faça uma grande manifestação político-partidária; que de um processo penal se faça um processo oportunista para a diversão de consumidores não implicados. A argumentação se volta contra os desvios plebiscitários do modelo liberal. É típica disso a distinção entre esfera pública e *publicity*, que Eberhard Schmidt gostaria de ver mantida, mes-

---

72 Welcker, *Die vollkommene und ganze Pressefreiheit, nach ihrer sittlichen, rechtlichen und politischen Notwendigkeit, und ihre Übereinstimmung mit dem deutschen Fürstenwort, und nach ihrer völligen Zeitgemäßheit*; Feuerbach, *Betrachtungen über die Öffentlichkeit und Mündlichkeit der Gerechtigkeitspflege*.

mo em processo penal envolvendo "personalidades da história contemporânea":

> O que se perde quando não se consegue ver na imprensa imagens dos acusados ou testemunhas? Pode haver um interesse justificado da esfera pública em saber os delitos de que são acusadas personalidades contemporâneas, o que é declarado nesse aspecto durante o debate e em que consiste o veredicto. *Esses* são momentos significativos para formar a opinião dos cidadãos interessados na vida pública e que, por meio de uma reportagem confiável do tribunal, também podem ser levados ao conhecimento daqueles que não participaram do processo. Mas que caras os acusados e as testemunhas fazem durante a audiência principal, ao serem interrogadas ou no veredicto, isso é algo completamente indiferente para todo interesse justificado na informação. Aqui, somente quem se prende à tendência funesta à *publicity*, pela qual se atropela hoje em dia tudo aquilo a que o pensamento humano se sente obrigado a prestar a mais elementar consideração, ainda pode falar de uma carência justificada de informação na esfera pública.[73]

É evidente que tais medidas reativas não podem contribuir para restabelecer a esfera pública em suas antigas funções. A tentativa de uma restauração da esfera pública liberal por meio da redução de sua difundida forma plebiscitária acaba, em todo caso, enfraquecendo ainda mais a esfera pública naquelas funções genuínas que ainda lhe restam.

Mesmo hoje, a constituição do Estado de bem-estar social como uma democracia de massa estabelece deveres da atividade

---

73 Schmidt, Öffentlichkeit oder Publicity, p.351 et seq.

dos órgãos estatais para com a esfera pública, a fim de que o processo permanente de formação da opinião e da vontade possa se tornar eficaz ao menos como um corretivo ao exercício do poder e da dominação, visando garantir a liberdade:

> como necessidades vitais para uma democracia livre, as manifestações desse processo, que consistem em produzir uma "opinião pública" orientada para a atividade estatal em todas as suas ramificações, podem consistir legítima e inteiramente de um "poder" não sancionado juridicamente [...], pressupondo-se que também elas sejam "públicas" em toda a sua abrangência, confrontando-se publicamente com o poder estatal que, por sua vez, está comprometido, em princípio, com a publicidade [*Öffentlichkeit*] de sua atividade.[74]

Confiscada pelas organizações sociais e apoderada sob pressão de interesses privados coletivos, a esfera pública só pode exercer funções de crítica e controle políticos, para além de uma contribuição para os compromissos políticos, na medida em que ela mesma é submetida, sem reservas, às condições de publicidade, ou seja, se ela volta a ser esfera pública em sentido estrito. Nas novas condições, a intenção das exigências clássicas de publicidade pode ser protegida de uma guinada restauradora, se essa publicidade, complementada por exigências não ortodoxas de publicidade, também se estender a instituições que até agora mais viviam da esfera pública de outras instituições do que se colocavam sob sua supervisão: em primeiro lugar, os partidos, mas também os meios de comunicação de

---

74 Ridder, *Stellung der Gewerkschaften*, p.27.

massa politicamente ativos e as federações públicas. Todas elas são instituições dos poderes sociais que agem em vínculo com o Estado – organizações privadas da sociedade que exercem funções públicas no interior da ordem política.

Para poder satisfazer essas funções no sentido de uma formação democrática da opinião e da vontade, sua estrutura interna deve ser organizada primeiramente segundo o princípio da esfera pública e possibilitar institucionalmente uma democracia interna aos partidos ou às federações – ou seja, permitir uma comunicação desimpedida e uma discussão pública mediante razões.[75] Desse modo, o vínculo dessa esfera pública das organizações com a esfera pública do público como um todo deve ser assegurado por meio da publicidade do que acontece internamente nos partidos e nas associações.[76] Por fim, a atividade da própria organização, sua pressão sobre o aparato do Estado, mas também seu exercício de poder em contraposição mútua, carecem de uma publicidade abrangente, tanto quanto as múltiplas relações de dependência e entrelaçamento econômico. Faz parte disso, por exemplo, que as organizações da esfera pública possibilitem ver a procedência e a aplicação

---

[75] Stammer, Schelsky, Über die 'Organisationswirklichkeit', eine Diskussion, cadernos 3, 4 e 6. Indicações correspondentes em Stammer, Politische Soziologie- und Demokratie-Froschung, p.380 et seq.

[76] Ramm, *Die Freiheit der Willensbildung*, p.108. "A ameaçadora desagregação da sociedade em inúmeras ordens particulares, que na prática são quase incontroláveis, pode ser contrabalançada de modo relativamente fácil se a opinião pública toma conhecimento do que acontece internamente nas associações e intervém por meio da crítica."

de seus recursos financeiros.[77] Na Alemanha, a Constituição fornece pretexto para estender as exigências de publicidade feita aos partidos também às federações públicas,[78] pois também elas estão legitimadas a cooperar, sob a proteção constitucional da "liberdade institucional de opinião pública do Estado de partidos [*Parteienstaat*]",[79] para a formação política da opinião e da vontade. Como todas as instituições que exercem manipulativa ou demonstrativamente uma influência privilegiada na esfera pública, até mesmo o publicismo político deve estar subordinado ao imperativo democrático da esfera pública. Seja como for que isso se dê juridicamente, sob o aspecto sociológico, tais exigências põem em discussão a importante dimensão de uma democratização das organizações sociais que agem em vínculo com o Estado. Não mais apenas os órgãos do Estado, mas todas as instituições publicisticamente efetivas na esfera pública política estão atreladas à publicidade, visto que o processo de transformação do poder [*Macht*] social em poder político precisa da crítica e do controle, tanto quanto o exercício legítimo do poder [*Gewalt*] político sobre a sociedade. Institucionalizada na democracia de massas do Estado de bem--estar social não diferentemente do que no Estado de direito

---

77 Sobre o financiamento dos partidos na Alemanha, cf. Eschenburg, *Probleme der modernen Parteienfinanzierung*; Kitzinger, *Wahlkampf in Westdeutschland*, p.156; e, por último, mas muito informativo, Dübber, *Parteifinanzierung in Deutschland*. Sobre os Estados Unidos, Heard, *The Costs of Democracy*. O aspecto jurídico é tratado por Grundmann, Die Finanzierung der politischen Parteien, p.113-30.

78 Altmann, Rechtsstellung der öffentlichen Verbände, p.225.

79 Ridder, Meinungsfreiheit, p.257. Cf. também Löffler, Der Verfassungsauftrag der Publizistik, p.517 et seq.; Copic, Berufsverbot und Pressefreiheit, p.494 et seq.

burguês, a ideia da esfera pública – outrora a racionalização da dominação no *medium* da discussão pública mediante razões empreendida por pessoas privadas – só é realizável agora como uma racionalização – certamente limitada no contexto do pluralismo de interesses privados organizados – que se volta para o exercício social e político do poder sob o controle recíproco de organizações rivais atreladas à própria esfera pública em sua estrutura interna, bem como no intercâmbio com o Estado e entre si.[80]

Como à sua época na forma do público burguês constituído de pessoas privadas, somente em proporção com o progresso dessa racionalização pode se formar novamente uma esfera pública política – ou seja, uma "sociedade presente em um processo coerente e permanente de integração, [...] indo além das eleições e dos plebiscitos periódicos ou esporádicos definidos pelos órgãos do Estado".[81] Certamente, quanto a esfera pública política da democracia de massas caracterizada pelo Estado de bem-estar social permaneceu atrasada nessa dimensão, ou melhor, quão pouco ela evoluiu nessa dimensão em geral, pode-se analisar justamente pela preparação pública das eleições e pelo processo eleitoral. A esfera pública produzida e mobilizada apenas temporariamente para essa finalidade acaba produzindo o domínio daquela outra publicidade, a das *public relations*, que consegue se desenvolver com tanto mais êxito por cima das cabeças de um público não organizado de organizações, quanto

---

80 Lohmar, *Innerparteiliche Demokratie*. Sobre isso, Abendroth, Innerparteiliche und innerverbandliche Demokratie als Voraussetzung der politischen Demokratie, p.307 et seq.
81 Ridder, *Stellung der Gewerkschaften*, p.26 et seq.

mais essas mesmas organizações se esquivam do imperativo democrático da esfera pública. As pesquisas eleitorais mais recentes mostram "como é vantajoso para um partido não ter membros, mas apenas ressuscitar em épocas de eleição, com uma capacidade centralizada de manobra própria de uma agência de propaganda, que só existe para um único fim: realizar uma campanha publicitária".[82] Um processo de comunicação desenvolvido no *medium* dos partidos e das organizações encontra-se em relação inversa com a eficácia demonstrativa e manipulativa de uma publicidade que tem em vista a disposição para a aclamação virulenta de uma vasta população, a começar por sua parcela mais politicamente indiferente.

§ 22. Esfera pública produzida e opinião não pública: o comportamento eleitoral da população

A relação que as pessoas que recebem benefícios mantêm com o Estado não é, em primeira linha, a de participação política, mas de uma atitude geral de demanda que espera assistência sem propriamente querer impor decisões.[83] O contato com o Estado realiza-se essencialmente na sala e antessala da administração; é apolítico e de uma "indiferença exigente". No Estado de bem-estar social, que sobretudo administra, distribui e assiste, os interesses "políticos" dos cidadãos, subsumidos constantemente aos atos da administração, reduzem-se prioritariamente a reivindicações ligadas aos ramos

---

82 Kitzinger, *Wahlkampf in Westdeutschland*, p.67 et seq.
83 Cf. meu texto sobre o conceito de participação política, em Habermas, Friedeburg et al., *Student und Politik*, p.13 et seq.

profissionais. No entanto, eles têm de transferir a defesa efetiva dessas reivindicações às grandes organizações. Além disso, o que resta à iniciativa do voto aparentemente próprio é regido pelos partidos para uma eleição organizada como plebiscito. Pode-se medir quanto a esfera pública política decaiu, como esfera de participação contínua na discussão mediante razões voltada para o poder público, pelo grau em que se tornou tarefa publicística própria dos partidos produzir periodicamente algo como uma esfera pública em geral. As disputas eleitorais não ocorrem mais no quadro de uma esfera pública assegurada institucionalmente a partir de uma prolongada disputa de opiniões.

Contudo, o arranjo democrático das eleições parlamentares continua, tanto hoje como ontem, a contar com as ficções liberais da esfera pública burguesa. As expectativas de comportamento que ainda hoje determinam normativamente o papel dos eleitores como cidadãos do Estado são uma imagem de espelho, em termos sociopsicológicos, daquelas condições em que, outrora, um público de pessoas privadas que discutiam mediante razões havia assumido funções críticas e legislativas. Exige-se do eleitor que ele, com certo grau de conhecimento e capacidade de julgar, participe com interesse das discussões públicas para, de forma racional e orientado pelo interesse universal, ajudar a encontrar o certo e o correto como um padrão obrigatório para a ação política. Em um ensaio sobre a teoria democrática e a opinião pública, Berelson enumera os momentos da "estrutura da personalidade" do eleitor: *"interest in public affairs; possession of information and knowledge; of stable political principles or moral standards; ability of accurate observation; engagement in communication and discussion; rational behavior; consideration of commu-*

nity interest."⁸⁴ Os componentes sociológicos da esfera pública politicamente ativa se condensaram em caracteres psicológicos. No entanto, se a massa da população com direito a voto – mesmo que isso seja medido por critérios tão externos quanto seu grau de interesse político, informação, iniciativa e atividade política, participação nas discussões – preenche atualmente tão pouco o padrão de comportamento democrático, como tem sido comprovado por muitas pesquisas empíricas,⁸⁵ então tal desvio só pode ser entendido sociologicamente no contexto da mudança estrutural e funcional da própria esfera pública.

Parece que, à primeira vista, se manteve um vínculo longínquo entre o público de eleitores nas democracias de massa do Estado de bem-estar social, por um lado, e o público de

---

84 Berelson, Democratic Theory and Public Opinion, p.329. [Trad.: "Interesse em questões públicas; posse de informação e conhecimento; ter princípios políticos ou padrões morais; habilidade de observação acurada; engajamento em comunicações e discussões; comportamento racional, consideração pelos interesses da comunidade." – N. T.]

85 Cf. a coletânea de Burdick, Brodbeck, *American Voting Behaviour*; Eulau, Eldersveld, Janowitz, *Political Behaviour*; além disso, as pesquisas de Lazarsfeld, Berelson, McPhee, *Voting*; Campell, Gurie, Miller, *The Voters Decide*; Lazarsfeld, Berelson, Goudet, *The People's Choice*. Como mostram as pesquisas comparadas, o comportamento eleitoral da população de Inglaterra, França e Alemanha é muito semelhante ao dos norte-americanos. Cf. McCallum, Readman, *The British General Election of 1945*; Nicholas, *The British General Election of 1950*; Butler, *The British General Election of 1955*; Nicholas, Williams, The French Election of 1956; Harrison, Kitzinger, The French Election of 1958, p.147 et seq.; Duverger, *La participation des femmes à la vie politique*; Hirsch-Weber, *Wähler und Gewählte*. Muitos desses materiais são discutidos Lipset, *Political Man*, especialmente Parte II: Voting in Western Democracies, p.139 et seq.

pessoas privadas no Estado de direito burguês do século XIX, por outro. Segundo a ideia de esfera pública, a declaração do voto era apenas o ato conclusivo de uma disputa permanente de argumentos e contra-argumentos, realizada publicamente. Estava autorizado a participar dessa disputa todo aquele que tivesse acesso à esfera pública: as pessoas privadas, mais exatamente os chefes de famílias oriundos das camadas burguesas urbanas, que dispunham de propriedade e formação escolar elevada. Essa composição social do público autorizado a votar na época ecoa hoje na composição daquela parcela mais ativa que faz uso de seu direito de votar, no interior de uma população universalmente autorizada a votar: os homens votam, em regra, com mais frequência do que as mulheres, os casados com mais frequência do que os solteiros, os membros dos grupos com *status* mais elevado, que dispõem de renda e nível de formação maiores, com mais frequência do que os membros das camadas sociais mais baixas. Nesse contexto, é digno de nota, além disso, que os homens de negócios, os membros da classe média ligados ao comércio e à pequena indústria, votam em proporção relativamente maior. O fato de que a participação eleitoral é maior nos grupos com idade entre 35 e 55 anos permite supor a forte influência não apenas do tipo de atividade profissional (como nas camadas sociais que sucederam às pessoas privadas burguesas), mas fundamentalmente do entrelaçamento profissional com as relações do trabalho social. Mesmo a participação na discussão pública mediante razões, que, na época, era o pressuposto informal para participar das eleições, parece encontrar ainda hoje uma correspondência no fato de que os membros de associações privadas exercem seu direito de votar em uma dimensão maior do que os cidadãos não organizados.[86] Traços de uma esfera pública liberal que foram conservados no comportamento eleitoral da população podem ser demonstrados também no fluxo da comunicação política, pesquisado por Katz e Lazarsfeld. Ao contrário da difusão mais horizontal de modas e hábitos de consumo em geral, específica de certas classes sociais, a corrente da opinião política flui mais verticalmente, indo dos grupos de *status* mais elevado para aqueles de *status* mais baixo – os *opinion leader in public affairs* [formadores de opinião em assuntos públicos] costumam ter mais riqueza e formação, dispõem de uma posição social melhor do que os grupos que são influenciados por eles.[87] No entanto, pode-se afirmar que essas mesmas camadas centrais do público, politicamente interessadas, informadas e ativas, são as menos inclinadas a pôr seriamente suas concepções em discussão. É justamente entre os portadores do processo de comunicação de duplo nível, mediado precisamente por esses *opinion leaders*, que uma opinião, uma vez assumida, acaba muitas vezes se fixando em um hábito rígido.[88] Mesmo as opiniões capazes de publicidade não evoluem naturalmente até

---

86 Linz, *The Social Basis of German Politics*, p.208, apud Lipset, *Political Man*, p.196.

87 Katz, Lazarsfeld, *Personal Influence*.

88 Berelson, Democratic Theory and Public Opinion, p.319: "*In most campaigns, whether political or informational, the people best informed on the issue are the ones least likely to change their minds. Much of this represent attitudinal stability; some of it may represent rigidity.*" [Trad.: "Na maioria das campanhas, sejam políticas, sejam informativas, as pessoas mais bem informadas sobre a questão são aquelas que estão menos dispostas a mudar sua opinião. Grande parte disso representa uma estabilidade de atitude; parte pode representar rigidez". – N. T.]

se tornar opinião pública se não houver o fluxo de comunicação de um público que discute mediante razões.

Também o fato bem documentado de que aqueles que são relativamente mais bem informados e participam relativamente com mais frequência das discussões tendem de todo modo a simplesmente ratificar entre si suas concepções e influenciar, quando muito, os indecisos e menos participativos, esse fato mostra quão pouco eles contribuem para um processo de opinião *pública*. Além disso, as discussões políticas limitam-se, na maioria dos casos, aos *in-groups*, à família, ao círculo de amizades e vizinhos, que de todo modo tendem a produzir antes de tudo um clima de opinião homogêneo. No entanto, os eleitores que flutuam de um partido a outro são recrutados predominantemente em um amplo reservatório de cidadãos pouco interessados, pouco informados e apáticos – isso quando não se comportam com indiferença total e não ignoram a eleição.[89] Portanto, aqueles que, com base em sua disposição, se afastam mais decididamente de uma opinião pública formada na discussão são normalmente os primeiros a permitir que sua concepção seja influenciada – mas por meio de uma esfera pública produzida demonstrativa e manipulativamente pelos organizadores da eleição.

A destruição do contexto do público eleitor como público se revela na imobilização peculiar da parcela predominante do eleitorado. Certamente, grupos muito diferentes compõem o eleitorado de um ou outro partido. De um lado, encontra-se a pequena minoria dos cidadãos que, de certa forma, ainda pode ser denominada "ativa", seja os membros de partidos

---

89 Janowitz, Marvick, *Competition Pressure and Democratic Consent*.

ou de outras organizações sociais, seja os eleitores influentes não organizados, mas bem informados e fortemente participativos, na maioria como *opinion leaders*. Opondo-se a eles, de outro lado, encontra-se a maioria dos cidadãos, decerto igualmente fixados em suas decisões, sobre os quais a poeira das controvérsias políticas cotidianas passa aparentemente sem deixar rastros. Essa fixação surge, em parte, da percepção justificada, mas acentuadamente estereotipada, dos grupos de interesse; em parte, de uma camada de autoevidências culturais, de atitudes e preconceitos profundamente enraizados em experiências históricas, a maioria delas muito remotas e transmitidas por gerações.[90] Grupos com idades diferentes deixam-se conduzir por grupos específicos de algumas gerações, grupos confessionais e étnicos distintos são guiados por suas próprias experiências, de modo que, em decisões eleitorais formalmente iguais, entram impulsos volitivos materialmente bem heterogêneos e, muitas vezes, concorrentes, que acabam se condensando em um consenso fictício tanto mais rapidamente quanto mais seus pressupostos não discutidos permanecem fora da comunicação pública. Entre os blocos imobilizados estão ou oscilam grupos de eleitores não definidos, que se compõem, segundo a classificação de Janowitz, em parte por comprometentes e em parte por eleitores neutros, ambivalentes ou apáticos. Dependendo da acuidade com que se formulam os critérios, esse grupo varia entre um quarto e quase a metade dos que têm direito a voto. A ele pertencem os não eleitores e os assim chamados "eleitores das camadas

---

[90] Lipset, *Political Man*, p.207 et seq., sobre *the historical background of voting patterns* ["o pano de fundo histórico dos padrões de votação"].

marginais", que podem ser mobilizados ora para um, ora para outro partido, e às vezes nem sequer podem ser mobilizados: *non-voters* e *changers*. A característica dos não eleitores como o grupo relativamente mais mal informado e democraticamente menos confiável[91] vale também, com certas ressalvas, para os portadores do *floating vote* [voto flutuante]:[92] *"independent voters tend to be those who know and care the least."*[93] Não obstante, esses eleitores pouco qualificados para participar do processo da opinião pública são o grupo alvo dos administradores das campanhas eleitorais: cada partido procura esgotar, tanto quanto possível, o reservatório dos "indecisos", não pelo esclarecimento, mas pela adequação à posição do consumidor apolítico, muito difundida nessa camada. Janowitz coloca, com razão, a questão: *"whether these efforts which rely heavily on massmedia and other promotional devices, do not represent a misuse of limited resources."*[94] Contudo, a propaganda eleitoral tem efeitos retroativos sobre os demais grupos de eleitores. Assim, o vínculo entre a participação eleitoral e sua orientação por objetivos programáticos é muito mais fraco do que a *imago*, oferecida de modo eficaz pela propaganda, dos candidatos que lideram.[95]

---

91 Stouffer, *Communism, Conformity and Civil Liberties*, p.83 et seq.; Field, The Non-voter, p.175 et seq.; Stanford, *Authoritarianism and Liberty*.
92 Janowitz, *Political Behaviour*, p.279.
93 Harris, Election, Polling and Research, p.109. [Trad.: "Eleitores independentes tendem a ser aqueles que sabem menos e se importam menos". – N. T.]
94 Janowitz, *Political Behaviour*, p.280. [Trad.: "Se esses esforços, que se apoiam pesadamente nos meios de comunicação de massa e outros artifícios promocionais, não representam um mau uso de recursos limitados." – N. T.]
95 Ibid.

A reencenação de uma esfera pública política nos períodos eleitorais se ajusta à configuração em que se encontra a esfera pública burguesa como forma decadente. De início, a cultura de integração difundida e preparada pelos meios de comunicação de massa, embora pretenda ter um sentido apolítico, representa ela própria uma ideologia política. Os programas políticos, cada declaração demonstrativa em geral, não podem concorrer com ela, mas esforçar-se para entrar em acordo com ela. A decadência das ideologias políticas, já diagnosticada há décadas, parece apresentar apenas um lado desse processo, em vista do qual Raymond Aron fala justamente de *fin de l'âge idéologique* [fim da era ideológica].[96] No entanto, a ideologia organiza-se na forma da assim chamada cultura do consumo e realiza, ao mesmo tempo, sua antiga função nos níveis mais profundos da consciência, a saber, a pressão para conformar-se às relações existentes. Essa falsa consciência não forma mais um nexo harmonizado de representações, como nas ideologias políticas do século XIX, mas um nexo de modos de comportamento. Assume uma forma prática como um sistema de hábitos de consumo controlados de fora. O que nisso permanece como consciência é a cópia pseudorrealista da superfície do existente:

> Se quiséssemos resumir em uma frase em que consiste a ideologia da cultura de massa, teríamos de apresentá-la como paródia da expressão "torna-te o que és": como duplicação e justificação glorificante do estado que de todo modo já existe, com a exclusão de toda transcendência e crítica. Na medida em que o espírito

---

[96] Aron, Fin de l'âge idéologique? Cf. também Brunner, Das Zeitalter der Ideologien, especialmente p.200 et seq.

socialmente efetivo se limita a pôr diante dos olhos dos homens tão somente aquilo que constitui a condição de sua existência, mas ao mesmo tempo proclama essa existência como sua própria norma, eles passam a se prender à crença descrente na pura existência.[97]

A propaganda é a outra função que assumiu uma esfera pública dominada pelos meios de comunicação de massa. Por isso, os partidos e suas organizações auxiliares se veem obrigados a influenciar de modo publicitário as decisões eleitorais, em analogia com a pressão dos anúncios comerciais sobre as decisões dos consumidores[98] – surge a indústria do *marketing* político. Os agitadores partidários e os propagandistas ao velho estilo são substituídos pelos especialistas em propaganda, neutros em relação à política partidária, que são empregados para vender política de modo apolítico. Essa tendência, embora já viesse se destacando havia muito tempo, só se impôs depois da Segunda Guerra Mundial, paralelamente ao desenvolvimento científico das técnicas empíricas de pesquisa de mercado e opinião. As resistências, que em alguns partidos só foram rompidas depois de diversas derrotas eleitorais,[99] revelam que os que conduzem as eleições não só tomam conhecimento do desaparecimento da esfera pública política autêntica, como também precisam

---

97 Adorno, Ideologie, p.158. Cf. também Horkheimer, Adorno, Kulturindustrie.
98 Flöter, Der manipulierte Mensch und seine Freiheit, p.272.
99 É característica disso a discussão no interior do Partido Social-Democrata após a derrota eleitoral de 1957. Cf. a controvérsia no *Die Neue Gesellschaft*, Eichler, Wählermanipulierung oder sozialistische Politik, p.27 et seq., e Feddersen, Politik muß verkauft werden, p.21 et seq.

eles mesmos impulsioná-la com plena consciência. A esfera pública política produzida temporariamente reproduz, embora com outras finalidades, a esfera cuja lei é prescrita por aquela cultura de integração. O âmbito político também é integrado psicológica e socialmente ao âmbito do consumo.

O destinatário dessa esfera pública é o tipo de consumidor político que Riesman chamou de "o novo indiferente":

> Ele não é mais o eleitor independente [...], não reconhece mais nenhum vínculo entre suas opiniões políticas e sua função política. Segue-se que suas opiniões lhe servem de meio de pagamento não monetário em seu papel como membro de uma comunidade de consumo de notícias políticas cotidianas. Sua tolerância diante das opiniões dos outros não deriva apenas de uma predisposição de caráter, mas também do fato de que pode vê-las como "meras opiniões", que talvez sejam divertidas ou interessantes, mas não possuem mais o peso de uma dedicação parcial ou integral a uma ação política.[100]

A desintegração do eleitorado como público torna-se clara no fato de que a imprensa e o rádio, "manipulados de modo usual",[101] permanecem praticamente sem efeito. No quadro de uma esfera pública produzida, os meios de comunicação de massa servem apenas como portadores da propaganda. Os partidos voltam-se de imediato para o "povo", na verdade àquela minoria cujo nível de consciência foi averiguado pelos pesquisadores de opinião como possuindo um vocabulário

---

100 Riesman, *Die einsame Masse*, p.354 et seq.
101 Schmidtchen, *Die befragte Nation*, p.139.

médio de quinhentas palavras.[102] Juntamente com a imprensa, o segundo instrumento clássico de formação da opinião também perde seu significado: a assembleia partidária. Entrementes, sabe-se que ela, "manipulada de modo usual", pode servir, no melhor dos casos, à tarefa de transmitir palavras de ordem a um pequeno grupo de partidários fiéis. Mas as assembleias também servem apenas como eventos publicitários, em que os presentes, se for o caso, podem contribuir como figurantes gratuitos para as transmissões televisivas.

Em vez de uma opinião pública, ocorre na esfera pública manipulada uma disposição para a aclamação, um clima de opinião. Manipulador é, sobretudo, o cálculo sociopsicológico de ofertas que são destinadas a inclinações inconscientes e provocam reações previsíveis, sem, no entanto, poder comprometer de algum modo aqueles que assim asseguram o consentimento plebiscitário: os apelos – comprovados experimentalmente e orientados segundo "parâmetros psicológicos" cuidadosamente elaborados –, para funcionar melhor como símbolos de identificação, devem perder seu vínculo com os princípios políticos programáticos ou até mesmo com os argumentos objetivos. Seu sentido se esgota no resgate daquele tipo de popularidade "que

---

[102] Não é por acaso que Schmidtchen (*Die befragte Nation*, p.173) apresenta, apoiado em dados empíricos, o seguinte caso como exemplo do comportamento do governo: "A reação da imprensa a determinados esforços ou decisões do governo pode não cair bem. Ao mesmo tempo, uma pesquisa mostra que a população formou uma concepção essencialmente mais positiva sobre os acontecimentos. Se, em tais casos, o governo fosse apoiar-se, em suas relações públicas, nas vozes da imprensa, uma campanha informativa poderia gerar mais confusão do que esclarecimento, pois para a população os argumentos teriam de aparecer, em grande parte, como incompreensíveis".

nas sociedades de massa atuais substitui a ligação imediata do indivíduo com a política".[103] Por isso, a apresentação do líder ou da equipe de liderança desempenha um papel central. Ela também precisa de um aspecto e de uma embalagem adequados ao mercado. Para um governo, o índice de popularidade é um padrão para saber até que ponto ele controla a opinião não pública da população, ou até que ponto precisa produzir uma publicidade traduzível em popularidade para a equipe dirigente. A popularidade como tal não é idêntica à publicidade, mas, sem esta, ela não consegue se manter por muito tempo: a concordância que define a popularidade é uma variável que depende da esfera pública produzida temporariamente, embora não seja de modo algum exclusivamente dependente dela. Não é sem razão que os partidos do governo, para se afirmar na luta eleitoral, tratam de produzir situações objetivas, pretextos para publicidade na forma de concessões autênticas às expectativas da população – por exemplo, baixando os impostos sobre os meios de diversão de massa, uma medida especialmente lucrativa do ponto de vista publicitário. Para penetrar – como sempre manipulativamente – nos motivos dos eleitores, analisados cientificamente, às vezes são necessárias medidas que, como pontos de cristalização da almejada publicidade, satisfaçam carecimentos reais. Nesse sentido, mesmo para a mais inventiva gerência eleitoral, a manipulação tem seus limites naturais. Mas isso não permite que se tire a conclusão contrária de que, "quanto mais conhecidos forem os motivos dos eleitores, tanto mais firmemente o governo será manipulado pelo povo".[104]

---

103 Kirchheimer, Majoritäten und Minoritäten, p.265.
104 Schmidtchen, *Die befragte Nation*, p.166; Die Bedeutung repräsentativer Bevölkerungsumfragen für die offene Gesellschaft, p.168 et seq.

Certamente, uma "exploração" publicitária dos motivos dados deve também ter alguma relação com eles. Assim, conforme as circunstâncias, pode ser necessário produzir ensejos publicitários na forma de compromissos que satisfaçam necessidades reais dos eleitores. Quanto mais estreitos forem os limites "naturais" da manipulação, tanto mais forte será a coerção para não apenas utilizar os motivos analisados cientificamente, mas também para satisfazê-los. Não se pode ainda dizer algo unívoco sobre isso. Contudo, mesmo se supusermos o caso em que, quando os limites de manipulação são traçados de modo muito estreito, o procedimento de aclamação no âmbito da esfera pública periodicamente promovida garante, em grande medida, uma disposição do governo para seguir a opinião não pública,[105] ainda assim não seriam preenchidas as condições de formação democrática da opinião e da vontade. As ofertas para fins de psicologia publicitária, por mais que sejam adequadas objetivamente, nem por isso são mediadas pela vontade e pela consciência dos sujeitos (mas sim por seu subconsciente). Esse tipo de formação da vontade insere-se muito mais no absolutismo esclarecido de um regime autoritário de Estado de bem-estar social do que em um Estado de direito democrático e social: "Tudo para o povo, nada por meio do povo" – não por acaso, uma frase do prussiano Frederico II. A rigor, nem sequer

---

105 Essa suposição, aliás refutada empiricamente, está na base da maioria das críticas à função das pesquisas de opinião no interior das democracias: afirma-se que ela levaria a uma diminuição da disposição para liderar. Cf. Ramney, Do the Polls serve Democracy?, p.132 et seq.; também Fröhner, Trägt die Meinungsforschung zur Entdemokratisierung bei?, p.323 et seq. Confira a controvérsia recente entre Sontheimer e Schmidtchen, Meinungsforschung und Politik.

o "bem-estar" é garantido por meio desse procedimento, pois falta à opinião não pública determinada indiretamente, além da característica da autonomia, a racionalidade como tal. A satisfação dos motivos das camadas mais amplas, ainda que bem averiguados, ainda não fornece a garantia de que correspondem a interesses objetivos. Segundo sua própria ideia, a esfera pública era um princípio da democracia não apenas porque, segundo seus princípios, cada um podia apresentar, com iguais oportunidades, suas inclinações, desejos e sentimentos pessoais – suas *opinions*; ela só podia se realizar na medida em que essas opiniões pessoais podiam se transformar em uma opinião pública na discussão mediante razões empreendida por um público – em *opinion publique*. A garantia de acesso universal era entendida apenas como o pressuposto da garantia da verdade para os discursos e contradiscursos, sempre comprometidos com as leis da lógica no mínimo.

A relação entre a esfera pública produzida e a opinião não pública pode ser elucidada pelo exemplo de algumas medidas que influenciaram a eleição de 1957 para o Bundestag a favor dos partidos governistas. (Recorremos a esse exemplo de aplicação manipuladora dos resultados empíricos obtidos por uma pesquisa de opinião que determinado partido realizou em razão unicamente da documentação confiável, que é escassa quando se consideram os outros partidos.)[106] *Grosso modo*, quatro medi-

---

106 Predominantemente, as pesquisas de Schmidtchen e Kitzineger, por certo insuspeitas, sobre as filiações partidárias. Friedeburg (Zum politischen Potential der Umfrageforschung, p.201-16) fornece uma interpretação do conteúdo manipulador da disputa eleitoral parlamentar de 1957, orientada cientificamente. Uma análise sociológica dos diversos grupos de eleitores é dada em Hartenstein,

das estratégicas foram determinantes nas relações públicas do partido mais vitorioso da disputa eleitoral. A *imago* do líder do partido, bem-sucedida na campanha eleitoral parlamentar em 1953, teve de ser reestilizada para combater sobretudo os temores relativos a sua idade: ele foi apresentado em meio a "sua equipe".* Em segundo lugar, a propaganda concentrou-se predominantemente no sentimento de angústia e na necessidade de segurança, na medida em que, por um lado, associava o adversário ao perigo bolchevique e, por outro, o partido que estava no poder, e era identificado ao máximo com o Estado como tal, era transformado no único fiador confiável para a segurança militar e social: "nada de experimentos"; "o que você tem, você tem", e assim por diante. Em terceiro lugar, para se contrapor ao medo de um aumento de preços desfavorável em termos de política eleitoral, o governo fez um "acordo tácito" com a indústria pelo qual os empresários deixavam os aumentos de preços para depois do término das eleições. Além disso, uma série de firmas de artigos de marca responsabilizou-se, por meio de anúncios na imprensa diária, pela estabilidade do nível de preços, o que foi precedido de uma campanha publicitária de uma associação de varejistas. Por fim, como medida mais efetiva, foi votada a reforma da Previdência: a partir de maio de 1957, cerca de 6 milhões de aposentados receberam benefícios e pagamentos retroativos mais altos. Evidentemente, o efeito

---

Liepelt, Schubert, Die Septemberdemokratie; Faul (org.), *Wahlen und Wähler in Westdeutschland*; Blücher (org.), *Der Prozeß der Meinungsbildung, dargestellt am Beispiel der Bundestagswahl 1961*.

* O partido e o líder partidário aos quais se refere Habermas são o CDU (União Democrática Cristã) e o chanceler Konrad Adenauer. (N. T.)

material e psicológico não se restringiu aos aposentados. Todas as quatro medidas foram antes cuidadosamente testadas, implementadas ("a onda suave") ou estudadas ("bem-estar para todos") com técnicas de propaganda calculadas. Cada medida estratégica não foi controlada em relação ao êxito, o grau de aclamação alcançado. É difícil avaliar o peso de cada medida na relação uma com a outra. Podem ser interpretadas mais claramente segundo seu conteúdo político do que segundo seu efeito propagandístico: o único compromisso obrigatório acordado entre os partidos do governo (firmado antes da disputa eleitoral) foi com a reforma da Previdência. O partido da oposição também participou da elaboração da lei, mas (dado que muitos eleitores identificam o Parlamento com o governo) isso foi explorado pelos partidos do governo como um oportuno mote publicitário.

Portanto, por um lado, até esse método de formação política da vontade garante um tipo de pressão da opinião não pública sobre o governo para satisfazer as necessidades reais da população, a fim de evitar a perda arriscada de popularidade. Por outro lado, esse método impede a formação de uma opinião pública em sentido estrito. Pois, ao se tomar decisões políticas importantes com propósitos de manipulação – sem serem por isso menos prejudiciais em suas consequências factuais – e introduzi-las de modo eficiente como motes publicitários na esfera pública produzida demonstrativamente, elas permanecem, *qua* decisões *políticas*, tanto retiradas da discussão pública mediante razões como privadas da possibilidade de um voto plebiscitário de desconfiança, com a consciência de alternativas definidas e precisas. A reforma da Previdência, para continuarmos com nosso exemplo, nem foi sistematicamente elevada a tema de um processo de formação da opinião pública durante sua fase preparatória, embora tenha sido amplamente tratada na grande imprensa (pesquisas de opinião pública mostraram que a massa da população não tinha concepções corretas sobre a denominação "aposentadoria dinâmica"); nem depois, como problema político social central, ela pôde se tornar um tema expresso da disputa eleitoral (apenas as consequências psicológicas indiretas puderam ser usadas como base para uma propaganda orientada pelo grosseiro estereótipo da elevação do padrão de vida). Mesmo nesse caso, a esfera pública desenvolvida de modo demonstrativo e manipulador, e organizada diretamente para aquela forte minoria dos "indecisos" que normalmente define o resultado de uma eleição, servia a um processo de comunicação entre símbolos estabelecidos e motivos dados que é calculado em termos de Psicologia social e arranjado segundo técnicas de propaganda. Os votos que resultam disso, mesmo somados, não derivam em uma opinião pública, pois não satisfazem as duas condições: as opiniões informais não se formam nem de maneira racional, ou seja, em uma controvérsia consciente sobre estados de coisas cognoscíveis (os símbolos apresentados publicamente correspondem muito mais a múltiplos processos inconscientes, cuja mecânica permanece oculta ao indivíduo), nem por meio de debate, ou seja, nos prós e contras de um diálogo conduzido publicamente (as reações, apesar de mediadas de várias maneiras pelas opiniões de grupos, continuam a ser, nesse sentido, privadas, pois não estão expostas à correção no âmbito de um público que discute mediante razões). Assim, um público de cidadãos, desintegrado *como* público, é de tal maneira mediatizado com os meios publicitários que, por um lado, ele pode ser reivindicado para legitimar os compromissos políticos, sem, por outro, participar das decisões efetivas ou mesmo ser capaz de participar delas.

O exemplo da reforma da Previdência também é instrutivo de outro ponto de vista: ela pertence ao complexo daquelas garantias do Estado de bem-estar social voltadas para os riscos de vida pessoais, que outrora eram deixadas a critério da autonomia privada. A contradição é palpável: por um lado, aumentam as condições sociais da existência privada que são sustentadas e asseguradas pelo poder público e, por isso, também teriam de ser esclarecidas no processo de comunicação de um público de cidadãos politicamente autônomo e alçadas a tema da opinião pública; por outro lado, essa instância, objetivamente reivindicada em medida crescente, tanto menos pode se exercer como uma opinião *pública* e racionalizar o exercício do poder social e político, quanto mais é meramente criada de modo manipulador ou demonstrativo no âmbito de uma esfera pública estabelecida temporariamente, com a finalidade de aclamar a votação abstrata.

§ 23. A esfera pública política no processo de transformação do Estado de direito liberal em Estado de bem-estar social

A desproporção característica entre as funções que a esfera pública política efetivamente exerce hoje e aquelas que lhe são atribuídas segundo as necessidades objetivas de uma sociedade organizada democraticamente, na constelação modificada entre esfera pública e domínio privado, torna-se tangível onde a transformação do Estado de direito liberal,[107] no assim chamado Estado de bem-estar social, é regulamentada explicitamente de modo normativo e muitas vezes é antecipada tanto pela letra como pelo espírito das instituições do direito constitucional.

Nas primeiras constituições modernas, as seções dedicadas ao catálogo de direitos fundamentais são uma cópia do modelo liberal de esfera pública burguesa: tais direitos garantem a sociedade como uma esfera da autonomia privada; em contraposição a ela, um poder público limitado a poucas funções; e, como que entre ambos, o domínio das pessoas privadas reunidas em um público, que, como cidadãs, fazem a mediação entre as necessidades da sociedade civil e o Estado, a fim de racionalizar, conforme a ideia, a dominação como tal no *medium* dessa esfera pública que discute mediante razões. Um discurso público, no qual a dominação política deveria se legitimar, parecia estar garantido com os pressupostos de uma sociedade de livre circulação de mercadorias (com sua justiça, inerente ao mecanismo de mercado e troca de equivalentes, chances iguais de adquirir propriedade, isto é, independência privada e codeterminação política), caso o intercâmbio de pessoas privadas no mercado e na esfera pública estivesse emancipado da dominação. Todas as relações de poder automaticamente se neutralizariam no interior de uma sociedade de pequenos proprietários, como esfera livre da dominação.

A essas concepções correspondem o caráter negativo dos direitos fundamentais liberais: eles impedem as intervenções e intromissões estatais nos domínios que devem, em princípio, permanecer reservados às pessoas privadas, vinculadas entre

---

107 Cf. § 11 [p.221].

si pelas regras universais das relações jurídicas. No entanto, segundo a função social que, naquela época, os constituintes tinham em vista, os direitos fundamentais de modo algum atuariam apenas de maneira demarcatória. Pois, sobre a base para a qual essa ordem política fora concebida, eles teriam de ser efetivos como garantias positivas de uma participação em igualdade de oportunidades no processo de produção tanto da riqueza social quanto da opinião pública. Em cooperação com uma sociedade de trocas, tal como foi pressuposta,[108] só era possível conceder oportunidades iguais de participar nas recompensas sociais (por intermédio do mercado) e nas instituições políticas (na esfera pública) de modo indireto, por meio da garantia de liberdades e seguranças em relação ao poder concentrado no Estado; os efeitos positivos só podiam ser assegurados por meio da eficácia negativa própria dos direitos fundamentais. Em oposição à concepção dominante entre os juristas, resulta daí, sob o aspecto sociológico, que a constituição do Estado de direito liberal pretendia de início ordenar não apenas o Estado como tal e sua relação com a sociedade, mas também o contexto da vida social como um todo. Por isso, a ordem pública fixada pelos direitos fundamentais abrangia em si a ordenação do direito privado.[109] Em virtude disso, a distinção corrente entre as garantias liberais da liberdade e as garantias democráticas de participação aparece sob nova luz. É certo que o *status negativus* e o *status activus* estavam nitidamente

---

108 Cf. § 11 [p.221].
109 Nesse sentido, Ramm (*Die Freiheit der Willensbildung*, p.54) enfatiza "que o direito civil, mesmo em sua formação concreta, era um resultado dos direitos do homem e do cidadão".

separados como as posições e as funções do *bourgeois* e do *citoyen*, do homem privado e do cidadão em geral. No entanto, quando se compreendem sociologicamente os dois tipos de direitos fundamentais a partir da relação originária entre esfera pública e esfera privada, seu nexo inseparável se revela: o *status* passa a ser garantido de forma negativa na esfera pública e na esfera privada (na sociedade civil e na família), confiando-se que a esfera pública e o mercado funcionam no sentido esperado somente se a autonomia das pessoas privadas é assegurada tanto aqui como ali. A própria esfera pública constitucionalizada no Parlamento como órgão do Estado permanece consciente de sua procedência do intercâmbio privadamente autônomo do público. Também o direito de votar, formulado diretamente como um direito de participação, é uma consequência automática do intercâmbio privado na esfera pública, assegurado por meio da demarcação. Os direitos humanos liberais e os direitos democráticos dos cidadãos só se separam – assim como a ordem do direito privado e a ordem pública em geral fixada constitucionalmente – na teoria e na prática do Estado de direito burguês, quando se toma consciência do caráter fictício da ordem social hipoteticamente subjacente, e quando a dominação da burguesia, realizada paulatinamente, torna manifesta sua ambivalência para ela mesma.

A transformação do Estado de direito liberal em Estado de bem-estar social deve ser entendida a partir dessa situação de partida. Pois ela se caracteriza pela continuidade, e de modo algum pela ruptura com a tradição liberal. O Estado social de direito não pode ser diferenciado do Estado liberal de direito pelo fato "de que a constituição *estatal* se distingue pela pretensão jurídica vinculante de fixar também a constituição das organizações *sociais* a partir de determinados princípios fundamentais".[110] Ao contrário, trata-se inversamente de entender que o Estado de bem-estar social, justamente como continuação da tradição jurídica do Estado liberal, é levado a configurar as condições sociais, pois também o Estado liberal pretendia assegurar uma ordem jurídica integral de Estado e sociedade. Assim que o Estado avança progressivamente para se tornar ele próprio o portador da ordem social, ele precisa, para além das determinações negativas dadas com os direitos liberais fundamentais, assegurar uma instrução positiva de como se deve realizar a "justiça" com a intervenção do Estado de bem-estar social. Como vimos, o conceito de lei no Estado de direito – em seus dois momentos, o da igualdade garantida pela universalidade e o da correção, isto é, da justiça garantida pela verdade – encontra-se tão esvaziado que preencher seus critérios formais não é mais suficiente para uma normatização apropriada das novas matérias.[111] As garantias formais devem ser substituídas por garantias materiais que indiquem regras programáticas de *justitia distributiva* para os compromissos de interesses: assim, por exemplo, a distribuição do crescimento do produto social

---

110 Ridder, *Stellung der Gewerkschaften*, p.16 et seq.
111 Cf. Forsthoff, *Begriff und Wesen des sozialen Rechtsstaats*, p.27 et seq.: "Com a queda do dualismo Estado e sociedade, que, no domínio da administração, correspondia à administração intervencionista, aumentaram as tarefas de configuração social da legislação e da administração, cuja realização não podia mais ser medida com critérios meramente jurídico-formais. Para essas funções de configuração social não é mais suficiente que permaneçam restritas à constituição e às leis. Elas precisam, em sentido objetivo, ser regulamentadas e exercidas de modo justo". Cf. também Forsthoff, *Verwaltungsrecht*, v.I, p.57 et seq.

recai cada vez mais na competência de instâncias políticas. As federações públicas disputam com o Legislativo e o Executivo em torno do padrão de distribuição a ser adotado. Por isso, o Estado "com obrigações sociais" deve estar atento para que o equilíbrio de interesses produzido se mantenha no âmbito do interesse universal. Nesse sentido, H. P. Ipsen definiu a cláusula do bem-estar social presente na lei fundamental como uma determinação das metas do Estado.[112] Com ela, institui-se mais do que o reconhecimento constitucional de alguns institutos jurídicos sociais existentes:

> [permanece] como efeito normativo do imperativo do Estado de bem-estar social, determinado pelo direito constitucional [...], a obrigação vigente de todos os órgãos estatais de providenciar, por meio da legislação, da administração e da jurisprudência, a adaptação desses institutos do direito social às exigências de cada caso.[113]

Nas demais democracias ocidentais, princípios programáticos similares valem parcialmente; e, onde não são fixados pelo direito constitucional, passaram a ser considerados nesse meio-tempo um tipo de convenção política. Em alguns casos, os catálogos de direitos fundamentais tradicionais também foram ampliados em termos de programas sociais, de modo protótipico na Constituição de Weimar.[114] Hoje, os direitos

---

112 Ipsen, *Das Grundgesetz*. Uma avaliação da literatura a respeito da discussão do Estado de direito é feita por Gerber, Die Sozialstaatsklausel des Grundgesetzes.
113 Ridder, *Stellung der Gewerkschaften*, p.10.
114 Art. 10 (ordenação da vida econômica segundo os princípios da justiça com o objetivo de assegurar uma existência humana dig-

sociais fundamentais encontram-se, além do preâmbulo da liquidada Constituição francesa de 1946, na Declaração dos Direitos Humanos da ONU, de dezembro de 1948.[115] Eles asseguram a participação no produto social e nas instituições políticas:

> A liberdade assegurada por meio da demarcação refere-se a um Estado que estabelece limites para si mesmo, que deixa a situação social, tal como ela é, a cargo do indivíduo [...]. A participação, como um direito e uma pretensão, refere-se a um Estado produtor que atribui, distribui e reparte, que não deixa sua situação social a cargo do indivíduo, mas vem em seu auxílio com concessões. Esse é o Estado de bem-estar social.[116]

Naturalmente, essa contraposição faz abstração do contexto histórico no qual, a julgar por sua função social, se encontram

---

na para todos); art. 155 (distribuição e utilização do solo com prevenção contra o mau uso); art. 156 (socialização de empresas privadas, estímulo às comunidades cooperativas); art. 157 (garantia do direito ao trabalho); art. 163 (obrigação de trabalho e direito ao trabalho); art. 164 (direito de cogestão dos trabalhadores).

115 Art. 22-7: direito à seguridade social, ao trabalho, ao devido tempo livre, às condições mínimas de existência e assistência de saúde, à educação e à formação, à participação dos bens culturais em geral. É claro que os artigos voltados para o problema social se encontram também nas constituições dos Estados da República Federal da Alemanha: Constituição de Hessen, art. 27-47; Constituição da Bavária, art. 151 et seq.; Constituição da Renânia e do Palatinato, art. 23 et seq.; Constituição de Bremen, art. 37 et seq.; Constituição da Renânia e Westfália do Norte, art. 5 et seq., art. 24 et seq.

116 Forsthoff, *Sozialer Rechtsstaat*, p.19.

os direitos liberais fundamentais, com os direitos sociais fundamentais.

Certamente, as garantias jurídicas fundamentais, em correspondência com o conceito de lei do Estado de direito, apoiam-se na demarcação da esfera privada e de uma esfera pública politicamente ativa, apartando-as da intervenção imediata do poder público. As garantias institucionais da propriedade e da família também serviam a isso. Mas somente são complementadas pelos direitos sociais fundamentais porque a satisfação positiva do efeito negativo não mais ocorre de "modo automático"; porque a demarcação de domínios livres do Estado pelo "ajuste" de mecanismos sociais imanentes não é mais compensada por uma participação em igualdade de oportunidades, ainda que de maneira meramente aproximada, nas compensações sociais e nas instituições políticas; essas participações são agora salvaguardadas expressamente pelo Estado. Só assim a ordem política pode ainda hoje permanecer comprometida, nas condições de uma mudança estrutural da esfera pública, com aquela ideia de esfera pública politicamente ativa, outrora investida nas instituições do Estado de direito burguês. Essa dialética pode ser mostrada de modo particularmente nítido nos direitos liberais fundamentais, que, mesmo que tenham conservado seu teor original até no interior das constituições vigentes, tiveram de deslocar seu sentido normativo para poder permanecer fiéis a sua própria intenção. A própria realidade constitucional, modificada com o Estado de bem-estar social, persiste na reflexão:

> até que ponto esses direitos liberais fundamentais, inicialmente formulados e pensados como direitos de separação em relação ao

poder do Estado, precisam agora ser repensados como direitos de participação, pois se trata de um Estado de direito democrático e social [...]. [A lei fundamental] destina-se a *estender* a ideia material do Estado de direito à democracia, sobretudo o princípio da igualdade e seu vínculo com o pensamento da participação no interior da ideia de autodeterminação, à ordem econômica e social e, em virtude disso, atribuir um conteúdo real às ideias do Estado de bem-estar social.[117]

Primeiramente, em relação àquele grupo de direitos fundamentais que (tais como a liberdade de discurso e opinião, a liberdade de associação e reunião, a liberdade de imprensa, e assim por diante) garantem uma esfera pública politicamente ativa, é preciso demonstrar que eles, na aplicação à forma factual da esfera pública transformada estruturalmente, devem ser interpretados não de maneira negativa, mas de maneira positiva, como garantias de participação, caso devam poder preencher com todo sentido suas funções originárias em geral. A partir do momento em que as próprias instituições publicísticas se tornaram um poder social, apropriadas para privilegiar e boicotar os interesses privados que afluem na esfera pública e mediatizar todas as opiniões meramente individuais, a formação de uma opinião pública no sentido estrito não é efetivamente protegida pelo fato de que qualquer um poderia expressar livremente sua opinião e fundar um jornal. O público não é mais um público de pessoas com direitos iguais formal e materialmente. Interpretando de forma consequente a fun-

---

[117] Abendroth, in: Veröffentlichung der Verein für deutsches Staatsrechtslehrer, p.87 et seq.

ção social da liberdade privada de opinião, Ridder[118] chega à formulação de uma "liberdade pública de opinião" sem a qual não se poderia possibilitar aos cidadãos uma participação em igualdade de oportunidades no processo de comunicação pública; consequentemente, ele complementa a clássica liberdade de imprensa das pessoas privadas com um compromisso institucional dos órgãos publicísticos em relação à ordem fundamental do Estado de direito democrático e social.

> É evidente que não se pode definir a liberdade de imprensa como uma liberdade negativa individual ou coletiva em relação às intervenções do Estado. Em primeiro plano, encontra-se a tarefa pública da imprensa política, em função da qual são garantidas as liberdades que se seguem.[119]

A livre expressão da opinião por meio da imprensa não pode ser mais considerada uma parte da tradicional expressão de opinião de pessoas privadas,[120] pois somente pela garantia estrutural do Estado é que se assegura a todas as demais pessoas privadas um acesso à esfera pública em igualdade de oportunidades. Para isso, uma garantia de moderação do Estado não é suficiente.[121]

---

118 Ridder, Meinungsfreiheit, p.342 et seq.
119 Ibid., p.258.
120 Ibid., p.259. No entanto, Ridder deixa coexistir a "liberdade pública de opinião", relacionada às instituições jornalísticas, e a clássica liberdade de expressão da opinião, relacionada aos indivíduos privados, sem afirmar expressamente que esta depende daquela e que, com isso, ela própria perde o caráter de um direito liberal fundamental.
121 No mesmo sentido pode ser interpretada a respectiva jurisprudência do Tribunal Constitucional Federal, especialmente o julgamento

As liberdades de reunião e associação alteram seu caráter de modo análogo. Como grandes organizações burocráticas, os partidos e as federações públicas mantêm um oligopólio na formação de assembleias e associações politicamente relevantes e efetivas em termos de publicidade. Portanto, aqui também a liberdade de assembleia e associação precisa de uma garantia de configuração, assegurando aos cidadãos a participação na organização política para a realização de uma determinada tarefa e para uma correspondente ordenação interna de sua estrutura. A esse comprometimento corresponde a garantia de determinadas reivindicações, que encontram sua expressão nas assim chamadas prerrogativas partidárias.[122]

Os outros conjuntos de direitos fundamentais, que têm como cerne a garantia institucional da propriedade privada e afirmam as liberdades fundamentais do direito privado, bem como asseguram a livre escolha de profissão, local de trabalho e instrução, não podem mais ser entendidos como garantias de uma esfera privada baseada no capitalismo concorrencial. Em parte, eles assumem o caráter de direitos de participação, na medida em que, em vínculo com o princípio da igualdade interpretado materialmente, já precisam ser interpretados como garantias de reivindicações sociais, como o direito a um

---

Lüth/Harlan (1958), o julgamento sobre a imprensa na Renânia do Norte e Westfália (1959), o julgamento Schmid/Spiegel (1961) e o julgamento sobre a televisão (1961). Cf. a síntese de Arndt, Begriff und Wesen der öffentlichen Meinung, p.1 et seq., especialmente p.11 et seq.; Lenz, Rundfunkorganisation und öffentliche Meinungsbildungsfreiheit, p.338 et seq.

122 Sobre a liberdade dos partidos segundo as determinações da Lei Fundamental, cf. Von der Heydte, in: *Grunderechte*, v.II, p.547 et seq.

posto de trabalho adequado ao desempenho ou a institutos de ensino adequados às capacidades etc. Em parte, são limitados por outras garantias do Estado de bem-estar social e, com isso, perdem o caráter de uma demarcação fundamental. Assim, por exemplo, o direito de dispor livremente da propriedade privada encontra seu limite não apenas na reserva social de uma compatibilidade com os interesses da sociedade como um todo ou na reserva socializante de uma possível transferência para a propriedade comunal em nome do interesse comum. As garantias sociais, sobretudo no direito trabalhista, de locação e de habitação, estabelecem limites imediatos à garantia liberal de propriedade. Até mesmo os direitos fundamentais que garantem a integridade do domínio familiar íntimo e o *status* da liberdade pessoal (vida, liberdade e moradia) perdem, no vínculo com o direito interpretado materialmente, aquele caráter meramente negativo sobre o livre desenvolvimento da personalidade,[123] do qual foram o protótipo na passagem dos antigos direitos de liberdade estamentais para os direitos de liberdade burgueses. Pois a proteção desses bens jurídicos nas condições de uma sociedade industrial constituída na forma do Estado de bem-estar social não pode ser alcançada por meio da defesa e da demarcação; ao contrário, essa proteção só ocorre se esses bens podem se apoiar, por sua vez, em direitos à participação e a benefícios garantidos. O desdobramento da liberdade pessoal em uma esfera privada factualmente reduzida ao círculo da família e do tempo livre precisa ela mesma de um *status* garantido publicamente por meio da participação

---

123 Nipperdey, *Das Recht auf die freie Entfaltung der Persönlichkeit*, p.1 et seq.

democrática – em vez da base de uma propriedade privada suficientemente protegida pela demarcação liberal.

Assim, é claro que a autonomia privada só é possível como uma autonomia privada derivada. Os direitos sociais à segurança, à compensação e ao livre desenvolvimento, refuncionalizados de acordo com o Estado de bem-estar social, não se fundam mais no caráter de Estado de direito [*Rechtsstaatlichkeit*], estabilizado *per se* pelos interesses do intercâmbio burguês de mercadorias; ao contrário, apoiam-se na integração dos interesses de todas as organizações que atuam em vínculo com Estado, a qual deve se efetuar democraticamente segundo os critérios do imperativo do Estado de bem-estar social. "Apenas desse ponto de vista é possível reconciliar, uma com a outra, a segurança dos direitos individuais, protegidos por decisões judiciais imparciais, e a ideia de igualdade perante a lei, entendida materialmente". Nesse contexto, Abendroth[124] nos leva a pensar que a alternativa real *não* consiste em saber:

> se se quer estabelecer a plena liberdade de decisão econômica e social de cada indivíduo ou sua submissão ao poder planejador do Estado que representa democraticamente a sociedade, mas sim se se quer submeter a grande massa dos membros da sociedade ao poder formalmente privado (e, portanto, orientado para os interesses particulares e não para o bem comum) daqueles membros da sociedade que podem dispor das posições de poder economicamente decisivas na sociedade, ou se se quer retirar o planejamento inevitável e necessário na produção social e na vida social da arbitrariedade do

---

124 Abendroth, Zum Begriff des demokratischen und sozialen Rechtsstaats im Grundgesetz der Bundesrepublik Deutschland, p.97 et seq.

domínio privado de pequenos grupos, colocando-o sob o controle comum de todos os membros da sociedade que participam do processo comunitário de produção, cuja unidade decisória superior é o Estado. Em ambos os casos, a previsibilidade das decisões judiciais será limitada pelas consequências dos domínios privados dos membros da sociedade. Mas, enquanto essa previsibilidade é mantida no que se refere às medidas planejadas de um Estado de bem-estar social e democrático, decerto não nas particularidades, mas nas linhas gerais, e pode ser estruturada de modo sustentável por meio de procedimentos regulamentados e, em certos casos, por garantias de indenizações, no caso da organização insustentável da sociedade imposta por oligopólios e monopólios [...], ela é exposta, aos olhos dos indivíduos, a mudanças de cena completamente contingentes, em razão de decisões privadas [...]. Por isso, aqui os membros economicamente mais fracos da sociedade estão sempre expostos a mudanças em sua posição social, para as quais não há nenhuma indenização. Na realidade, a influência do direito não é, portanto, enfraquecida, mas sim fortalecida quando o domínio da esfera controlada publicamente é ampliado em relação àquele antigo domínio do direito meramente privado.

Ora, Forsthoff aponta, com razão, que também o Estado de bem-estar social, como constituição de uma sociedade *burguesa*, permanece fundamentalmente um Estado fiscal e não coloca normativamente sua transformação em uma sociedade de Estado [*Staatsgesellschaft*]: o Estado de bem-estar social apoia-se, tal como o liberal, no fundamento específico de uma demarcação da autoridade tributária diante da proteção da propriedade constitucionalmente concedida: "em virtude disso, é possível, mediante a autoridade tributária, interferir na renda e na riqueza, intervenção que, se for feita com intensidade igual contra a propriedade [...], seria qualificada como desapropriação e desencadearia uma série de reivindicações indenizatórias".[125] No curso do desenvolvimento do Estado de bem-estar social, é certo que a diferença qualitativa entre as interferências na renda e na riqueza, por um lado, e o domínio sobre a propriedade, por outro, reduz-se a uma diferença de grau, de modo que justamente a tributação pode se tornar um instrumento de controle da propriedade privada. Mas o Estado fiscal só se transformaria definitivamente em uma sociedade de Estado se todo o poder social, com um grau de efetividade politicamente relevante, também estivesse submetido ao controle democrático. Por isso, o modelo usado por Abendroth para estabelecer um contraste com a esfera pública burguesa, segundo o qual a realização e a administração de todos os processos de reprodução social se subordinam a uma formação pública da opinião e da vontade dos cidadãos, apenas encena o objetivo de uma orientação de desenvolvimento – no qual, inicialmente, o que é característico da transformação do Estado de direito burguês em Estado de bem-estar social não é o objetivo, mas a dimensão do próprio desenvolvimento.

Na medida em que o Estado e a sociedade se interpenetram (produzindo uma esfera intermediária de relações semiprivadas e semipúblicas, ordenada por um direito social que acaba de emergir), a fixação constitucional de uma esfera privada pré-estatal e de uma esfera pública politicamente ativa, que faz a mediação da sociedade com o Estado, é reavaliada por uma normatização concorrente do direito fundamental que atinge

---

125 Forsthoff, *Sozialer Rechsstaat*, p.32.

seu sentido sociológico e sua função de realizar a constituição. Pois o que não pode mais ser garantido indiretamente pela demarcação precisa agora de garantias positivas: a participação no produto social e a participação nas instituições de uma esfera pública política. Ao mesmo tempo, o âmbito de competência dessa participação tem de se ampliar na mesma proporção em que essa participação deve ser efetiva. Por isso, na esfera pública política atuam organizações sociais vinculadas ao Estado, seja mediatamente por meio dos partidos, seja imediatamente em cooperação com a administração pública. Em parte, trata-se de associações econômicas, no sentido estrito de que agora elas organizam coletivamente aqueles interesses individuais dos proprietários que outrora agiam a partir da autonomia privada originária. Em parte, trata-se de organizações de massa que precisam adquirir e afirmar um *status* privado assegurado pelo direito social por meio da representação coletiva de seus interesses na esfera pública, ou seja, precisam adquirir e afirmar sua autonomia privada por meio da autonomia política. Junto aos representantes politicamente efetivos das forças culturais e religiosas, essa concorrência dos interesses privados organizados leva, diante de um "neomercantilismo" de uma administração intervencionista, a uma "refeudalização" da sociedade, visto que, com a interpenetração dos domínios públicos e privados, não apenas as instâncias políticas assumem certas funções na esfera da circulação de mercadorias e do trabalho social, como também, ao contrário, os poderes sociais assumem funções políticas. Por isso, essa "refeudalização" se estende também à própria esfera pública política: nela, as organizações buscam formar compromissos políticos com o Estado e entre si, excluindo o máximo possível a esfera pública; mas, apesar disso, elas têm de se assegurar do consentimento plebiscitário junto ao público mediatizado, recorrendo ao desdobramento de uma publicidade demonstrativa ou manipuladora. A essa tendência efetiva de enfraquecimento da esfera pública como princípio contrapõe-se a refuncionalização dos direitos fundamentais em termos de Estado de bem-estar social; em geral, a transformação do Estado liberal de direito em Estado social de direito: o imperativo de publicidade [*Öffentlichkeit*] passa a ser estendido dos órgãos do Estado a todas as organizações que agem vinculadas ao Estado. Em proporção com sua realização, o público (não mais intacto) de pessoas privadas que estabelecem intercâmbios individuais é substituído por um público de pessoas privadas organizadas. *Nas condições atuais, somente elas poderiam participar efetivamente de um processo de comunicação pública, por meio dos canais da esfera pública intrapartidária e interna às federações e com base em uma publicidade que vigora no intercâmbio das organizações com o Estado e entre si.* A formação de compromissos políticos teria de se legitimar nesse processo de comunicação pública.

A esfera pública política do Estado de bem-estar social é marcada por duas tendências concorrentes. Como forma decadente da esfera pública burguesa, ela abre espaço para uma publicidade *demonstrativa* e *manipulativa*, desenvolvida por organizações por cima das cabeças do público mediatizado. No entanto, o Estado de bem-estar social, na medida em que mantém a continuidade com o Estado de direito liberal, agarra-se ao imperativo de uma esfera pública politicamente ativa, segundo o qual o público, mediatizado pelas organizações, deve pôr em movimento, por meio delas mesmas, um processo *crítico* de comunicação pública. Na realidade constitucional do Estado de bem-estar social, essa forma de publicidade crítica está em conflito com aquela publicidade organizada apenas para fins manipuladores.[126] A extensão em que ela se impõe define o grau de democratização de uma sociedade industrial constituída pelo Estado de bem-estar social – a saber, *a racionalização do exercício do poder social e político*. O Estado de bem-estar social desmentiu a ficção do Estado de direito liberal: como se a esfera pública politicamente ativa estivesse realizada com seu estabelecimento como órgão do Estado. Desde o início, o Parlamento esteve preso à contradição de ser uma instituição orientada contra o poder político em geral, mas ser ele mesmo fundamentado como "poder". Em contraposição a isso, a esfera pública que funciona nas condições do Estado de bem-estar social tem de se compreender como um processo de autoprodução: ela precisa primeiro instituir-se de maneira paulatina, competindo com aquela outra tendência que, no âmbito da esfera pública imensamente ampliado, aplica o princípio da publicidade [*Öffentlichkeit*] contra si mesmo, reduzindo-o em sua efetividade crítica.

---

126 O conflito da publicidade crítica com a publicidade manipulativa não se estende apenas ao processo politicamente relevante de exercício do poder e equilíbrio do poder; mais do que isso, na esfera pública interna à organização das associações de consumidores, há princípios de um controle público do mercado de bens de consumo cuja transparência é camuflada pela publicidade manipulativa da competição monopolística (cf. § 20 [p.395]). O nivelamento do limiar entre a esfera pública e a esfera privada, inicialmente no interior do próprio domínio privado, leva não apenas ao uso da esfera pública para fins de propaganda, como, ao contrário, possibilita em princípio uma penetração crítico-pública na esfera do mercado. Essas tentativas tiveram mais êxito, ainda que em geral bastante fraco, nos Estados Unidos, onde a Consumer Union possui mais de um milhão de membros e publica mensalmente *Consumer Reports* excelentes e informativos. Mais detalhes no caderno especial do aniversário de 25 anos de existência da organização: *Consumer Reports*, maio 1961, p.258 et seq.

Certamente, saber até que ponto os poderes que agem na esfera pública política podem ser efetivamente submetidos ao imperativo democrático da esfera pública, ou seja, até que ponto é possível a racionalização da dominação política e do poder social em geral, pretendida em termos de Estado de bem-estar social, essa questão acaba recolocando a problemática que, tal como se evidenciou na concepção ambivalente do liberalismo, já era desde o início imanente à ideia de esfera pública burguesa. Esta considerava objetivamente possível reduzir a um mínimo os conflitos estruturais de interesses e as decisões burocráticas.[127] Um dos problemas é técnico; o outro pode ser reduzido a um problema econômico. A resposta à questão de saber até que ponto a esfera pública politicamente ativa pode ser realizada segundo sua intenção crítica depende hoje ainda mais da possibilidade de solução desses dois problemas. Neste ponto, gostaria de me limitar a duas observações provisórias.

Com a crescente burocratização das administrações do Estado e da sociedade, parece que as competências de profissionais altamente especializados, em virtude da natureza das coisas, devem se subtrair cada vez mais à supervisão por parte de corporações que discutem mediante razões. Como se sabe, Max Weber analisou essa tendência na relação, certamente precária desde o início, entre o Parlamento e o Executivo.[128] Quanto a isso, no entanto, é preciso observar que, nesse

---

127 Cf. p.38-9.
128 Cf. especialmente Weber, *Parlament und Regierung im neugeordneten Deutschland*, p.294 et seq. Hoje, em vida de uma política econômica orientada cientificamente, o problema se complicou ainda mais. Contudo, as antinomias – tornadas mais agudas por meio disso – entre decisão e discussão, burocracia e controle de-

meio-tempo, se desenvolveu na própria administração um parceiro que se encontra no mesmo nível das administrações: "O controle da burocracia político-estatal só é possível, hoje, por meio da burocracia político-social nos partidos e nas associações de interesses".[129] Certamente, estes precisariam ser submetidos a um controle no quadro de sua esfera pública interna à organização. No interior de uma única e mesma organização, na medida em que se trata de um aspecto técnico, não deveria ser impossível estabelecer, por razões estruturais, uma relação adequada entre as decisões burocráticas e uma deliberação quase parlamentar, recorrendo-se a um processo de comunicação pública.[130]

Certamente, hoje esse problema não se coloca em primeira linha como um problema técnico. O desaparecimento da publicidade no interior das grandes organizações, tanto estatais quanto sociais, e, mais ainda, a renúncia à publicidade na interação entre elas, decorre do insuperado pluralismo de interesses concorrentes, que de todo modo torna duvidoso que dele possa surgir algum tipo de interesse universal, de modo que a opinião pública pudesse encontrar nele seu padrão. Um

---

mocrático, não são insolúveis. Sobre isso, cf. Neumark, *Antinomien interventionistischer Wirtschaftspolitik*, p.576-93.

129 Sultan, *Bürokratie und politische Machtbildung*, p.32; cf. também Friedrich, *Der Verfassungsstaat der Neuzeit*, p.57 et seq.

130 O modelo de um Estado administrativo, desenvolvido outrora por C. Schmitt e cujas condições técnicas de funcionamento se contrapõem a uma possível democratização, foi recentemente retomado em uma análise sociológica de Schelsky, *Der Mensch in der wissenschaftlichen Zivilisation*, especialmente p.20-32. Sobre isso, de um ponto de vista crítico, cf. Bahrdt, *Helmut Schelsky technischer Staat*, p.195 et seq.

antagonismo de interesses estruturalmente insuperável colocaria limites muito estreitos a uma esfera pública reorganizada em suas funções críticas no Estado de bem-estar social. Para neutralizar o poder social e racionalizar a dominação política no âmbito de uma discussão pública, pressupõe-se, hoje como ontem, um consenso possível, uma concordância objetiva de interesses conflitantes, possível segundo critérios universais e vinculantes.[131] Caso contrário, no melhor dos casos, e por mais que seja exercida publicamente, a relação de poder entre pressão e contrapressão cria um equilíbrio de interesses lábil, que se apoia em constelações de poder temporárias e carece da racionalidade segundo o critério de um interesse universal.

Hoje, desenham-se nitidamente duas tendências que permitem formular o problema de outra maneira. As sociedades industrialmente avançadas alcançaram, em um grau alto e cada vez mais elevado de forças produtivas, uma expansão da riqueza social, em vista da qual não é irrealista cogitar que um pluralismo de interesses subsistente, se não multiplicado, pode perder o agudo antagonismo de necessidades conflitantes, na medida em que há possibilidades previsíveis de sua satisfação. Portanto, o interesse universal consiste em produzir aceleradamente as condições de uma "sociedade da abundância", que dispensaria um ajuste de interesses ditado pela escassez de recursos.[132] Com os meios técnicos para satisfazer as necessidades, crescem

---

131 Cf. Renner, *Wandlungen der modernen Gesellschaft*, especialmente p.223 et seq.; e Mannheim, *Freedom, Power and Democratic Planning*, p.41-76.

132 É claro que esse problema se coloca hoje ainda no âmbito internacional de uma concorrência de sistemas de desenvolvimento industrial, os quais determinam as sociedades por inteiro. Cf. Perroux, *Feindliche Koexistenz*.

também, por outro lado, os meios de destruição. Um potencial de autoaniquilamento de proporções globais, colocado militarmente à disposição, provocou o surgimento de riscos em cuja totalidade os interesses divergentes podem ser facilmente relativizados: o estado de natureza entre os povos, ainda não superado, assumiu uma tal proporção de ameaça universal que, em uma negação determinada, o interesse universal se mostra bem preciso. Segundo Kant, a "paz perpétua" já deveria estar fundada em uma "ordem cosmopolita".[133]

---

133 As funções da esfera pública seriam as mesmas tanto para um estado jurídico entre Estados quanto para uma ordem jurídica intraestatal. Desde que Wilson vinculou esperanças elevadas na opinião pública internacional como um instrumento de sanção da liga dos povos, os governos foram de fato obrigados, cada vez mais, a considerar, ao menos do ponto de vista da propaganda, a esfera pública mundial: a "paz", seja lá como for definida, parece ter se tornado o *tópos* central de uma opinião pública internacional, tal como, na época, foram as palavras de ordem da Revolução Francesa no plano nacional. Sobre isso, cf. Fraenkel, *Öffentliche Meinung und internationale Politik*. Em outra perspectiva, a esfera pública tornou-se relevante como princípio para as relações internacionais, ou seja, para a questão de um controle efetivo do armamento. Há alguns anos, em uma carta às Nações Unidas, Niels Bohr proclamou o princípio de um "mundo aberto"; Oskar Morgenstern mostra o vínculo da publicidade dos progressos da técnica militar com as exigências de estratégia na era atômica (cf. Morgenstern, *Strategie heute*, especialmente p.292 et seq.). Hanno Kesting (*Der eschatologische Zwang zur Rationalität*, p.71 et seq.) tem o mérito de ter percebido o vínculo que se manteve em termos de filosofia da história, de Kant a Morgenstern: hoje, como outrora, a ideia de paz está vinculada ao princípio da esfera pública; outrora, na expectativa de uma juridificação moralmente responsável; hoje, com a pacificação estrategicamente forçada das relações internacionais. No entanto, o objetivo permaneceu o mesmo – a liquidação do estado de natureza entre os povos, que se tornou

Seja como for, não é mais possível atribuir um caráter simplesmente utópico a ambos os pressupostos de uma esfera pública politicamente ativa — a minimalização objetivamente possível das decisões burocráticas e uma relativização dos conflitos estruturais de interesses segundo o padrão de um interesse universal reconhecível. A dimensão de uma democratização das sociedades industriais, constituídas segundo o Estado de bem-estar social, não é limitada de antemão por uma impermeabilidade e por uma insolubilidade, seja ela teoricamente discernível ou empiricamente comprovada, das relações irracionais do poder social e da dominação política. O conflito entre uma publicidade crítica e uma publicidade promovida apenas para fins manipuladores está em aberto. A imposição da esfera pública sobre o exercício político e o ajuste de poder, demandada no contexto do Estado de bem-estar social, não é de modo algum certa em face daquela esfera pública meramente produzida para fins de aclamação.[134] Contudo, ela não pode ser denunciada como uma ideologia, como é o caso da ideia da esfera pública burguesa na época de seu desenvolvimento liberal: em todo caso, ela leva até o fim a dialética daquela ideia que foi reduzida a ideologia.

---

cada vez mais precário. Sobre isso, cf. Aron, *Frieden und Krieg. Eine Theorie der Staatenwelt*.

134 Nessa passagem, não considero as novas formas de comunicação entre a política e a ciência. Nesse contexto, acentua-se a tarefa de uma esfera pública democrática para controlar o progresso técnico. Cf. Krauch, Technische Information und öffentliches Bewußtsein, p.235 et seq.; além disso, Habermas, Verwissenschaftlichte Politik und öffentliche Meinung, p.54 et seq.; Wissenschaft und Politik, p.413 et seq.

VII
Sobre o conceito de opinião pública

§ 24. Opinião pública como ficção do Estado de direito – e a dissolução do conceito em termos de psicologia social

A "opinião pública" assume significados diferentes, dependendo de ser reivindicada como uma instância crítica em relação com a publicidade do exercício do poder político e social, exigida normativamente, ou ser colocada a serviço de pessoas e instituições, bens de consumo e programas, como instância receptiva na relação com a publicidade difundida de modo demonstrativo e manipulador. Ambas as formas de publicidade competem na esfera pública, porém "a" opinião pública é seu destinatário comum – o que significa essa grandeza?

Nenhum dos dois aspectos da publicidade e da opinião pública estão em uma relação de norma e fato – como se se tratasse de um mesmo princípio, cuja eficácia efetiva ficaria simplesmente aquém do que ele pode oferecer (e, consequentemente, o comportamento efetivo do público ficaria aquém do que se espera dele). Desse modo, o padrão ideal da opinião pública deveria se reconciliar com sua forma real. Contudo, evidentemente não se trata disso. Ao contrário, trata-se de diferenciar claramente as funções das publicidades crítica e manipuladora. Elas estão situadas em contextos sociais cujos efeitos são opostos. Com cada figura, coloca-se uma expectativa de comportamento em relação ao público: para se reportar à distinção já introduzida, uma está relacionada com a opinião pública, a outra com a opinião não pública. Mesmo a publicidade crítica, juntamente com seu destinatário, não é simplesmente uma norma. Como uma norma institucionalizada constitucionalmente, ela determina de algum modo – por mais que sua base social tenha se modificado estruturalmente desde a situação inicial do Estado de direito burguês – uma parcela importante dos procedimentos aos quais o exercício político do poder e o ajuste do poder estão factualmente vinculados. "Existe" essa publicidade, assim como o destinatário que preenche as expectativas de comportamento instituídas por ela – certamente não a totalidade do público, mas um substituto capaz de desempenhar a função. Outra questão, que deve ser respondida empiricamente, é saber em quais domínios essas funções da publicidade vigoram, em qual proporção e em que condições se encontra o público que a ela pertence. No entanto, a forma concorrente de publicidade, juntamente com *seu* destinatário, não é de modo algum um simples *faktum*. Ela é acompanhada de uma autocompreensão específica, cuja obrigatoriedade normativa pode aparecer, até certo ponto, também em oposição aos interesses imediatos das "relações públicas". É significativo que essa autocompreensão empreste elementos essenciais justamente da publicidade adversária sua.

Desenvolvida no âmbito do direito público e da ciência política, a análise das normas constitucionais na relação com a realidade constitucional das democracias de massa do Estado de bem-estar social precisa se ater à ficção institucionalizada da opinião pública, sem poder identificá-la imediatamente no comportamento do público de cidadãos, nem como uma grandeza real. Landshut apontou a dificuldade que decorre disso. Por um lado, observa o fato de que "no lugar da opinião pública [surge] uma inclinação sentimental, em si mesma indeterminada. Ela é, a toda hora, guiada para esta ou aquela direção por determinadas medidas e acontecimentos. Essa inclinação sentimental funciona como uma carga móvel em um navio em alto mar".[1] Por outro lado, lembra que as instituições estabelecidas conforme a constituição das democracias de massa do Estado de bem-estar social contam com uma opinião pública intacta, pois esta continua a ser a única base reconhecida de legitimação do poder político.

> O Estado moderno pressupõe a soberania popular como o princípio de sua própria verdade, e essa, por sua vez, deve ser a opinião pública. Sem essa atribuição, sem o elemento da opinião pública como origem de toda a autoridade para as decisões obrigatórias voltadas para a totalidade, falta à democracia moderna a substância de sua própria verdade.[2]

---

[1] Landshut, Volkssouveränität und öffentliche Meinung, p.583; também Huber, Offentliche Meinung und Demokratie, p.34 et seq.; Lohmann, Parlamentarismus und Publizistik, p.198 et seq.
[2] Ibid., p.586.

Se não se pode simplesmente abandonar o imperativo[3] de uma esfera pública politicamente ativa, implícita nas normas constitucionais, perante a facticidade da decadência da esfera pública burguesa, mas ao mesmo tempo sem se agarrar ingenuamente à ideia de uma racionalização da dominação,[4] então dois caminhos se oferecem, em princípio, para definirmos o conceito de opinião pública.

Um nos reconduz às posições do liberalismo que, em meio a uma esfera pública desintegrada, gostaria de salvar a comunicação de um círculo interno de representantes aptos à esfera pública e formadores de opinião, isto é, gostaria de salvar um público que discute mediante razões em meio a um público meramente aclamativo.

É compreensível que, a partir da profusão de sentimentos, opiniões obscuras e pontos de vista populistas, como os que se difundem nos meios de comunicação de massa, seja muito mais

---

3 Naturalmente, a "opinião pública" não é ela mesma uma norma estabelecida e, nesse sentido, não é um conceito jurídico. Contudo, o sistema de normas a supõe implicitamente como uma grandeza social, que funciona no sentido de determinadas garantias de direitos fundamentais e conforme a expectativa de certas prescrições de publicidade específicas.

4 Segundo Sauvy, Vom Einfluß der Meinung auf die Macht, p.253: "Parece que a coerção menos desagradável da verdade seria a coerção da luz, isto é, o controle (por meio) de uma opinião pública completamente esclarecida". Mantém-se a ideia de uma racionalização da dominação política. O sistema que prevê uma publicidade mais completa "vai mais longe do que a clássica divisão de poderes, pois divide, dispersa o próprio poder". Mas esse conceito racionalista permanece ingênuo diante dos pressupostos materiais de um público que discute mediante razões.

difícil formar uma opinião *pública* do que a partir do debate racional das diferentes grandes correntes de opinião que entram em conflito entre si na sociedade civil. Nesse sentido, deve-se admitir que é mais difícil do que nunca que uma opinião pública possa se impor.[5]

Sem dúvida, Hennis constata esse fato apenas para colocar a urgência de organizações específicas que devem gerar atenção e obediência "ao ponto de vista representado pelos cidadãos relativamente mais bem informados, mais inteligentes e mais virtuosos moralmente",[6] como portadores da opinião pública, em contraposição à opinião comum. O momento da esfera pública que garante razoabilidade deve ser salvo à custa do outro momento, o da universalidade, que garante acesso universal. Com isso, as qualificações que as pessoas privadas podiam adquirir outrora, no interior da esfera da circulação de mercadorias e do trabalho social, como critérios sociais para pertencer ao público, autonomizam-se e convertem-se em qualidades hierárquicas de representação, visto que não se pode mais contar com aquela base: dadas as relações existentes, esse tipo de representação não pode mais ser determinado sociologicamente de modo satisfatório.[7]

O outro caminho leva a um conceito de opinião pública que prescinde completamente de critérios materiais como racionalidade e representação, limitando-se a critérios institucionais. Assim, Fraenkel equipara a opinião pública à concepção que

---

5 Hennis, Meinungsforschung und repräsentative Demokratie, p.56 et seq.
6 Ibid., p.25.
7 Wilson, Public Opinion and the Middle Class, p.486-510.

predomina no Parlamento e é vinculante para o governo: "Com a ajuda da discussão parlamentar, a opinião pública coloca suas aspirações ao governo e este apresenta sua política à opinião pública"[8] – a opinião pública domina, mas não governa. Leibholz considera inadequada essa oposição entre o governo e o Parlamento como o porta-voz da opinião pública; as partes contratantes politicamente ativas são sempre os partidos em seu papel como governo e oposição. A vontade dos partidos é idêntica à dos cidadãos ativos, de modo que o partido majoritário representa em cada caso a opinião pública:

> Assim como na democracia plebiscitária a vontade da maioria dos cidadãos ativos é idêntica à respectiva vontade conjunta do povo, no funcionamento da democracia no Estado de partidos a vontade do respectivo partido majoritário no governo e no Parlamento se identifica com a *volonté générale*.[9]

A opinião não pública só ganha existência como opinião "pública" ao ser elaborada pelos partidos. Ambas as versões levam em conta o fato de que o processo de formação da opinião e da vontade na democracia de massas mal consegue manter uma função politicamente relevante para a opinião popular, independentemente das organizações nas quais ela é mobilizada e integrada. Contudo, ao mesmo tempo, reside aí também a fraqueza dessa teoria. Ao substituir o público, como o sujeito da opinião pública, pelas instâncias por meio das quais unicamente ainda é capaz de agir politicamente, esse con-

---
[8] Fraenkel, Parlament und öffentliche Meinung, p.182.
[9] Leibholz, Strukturwandel der modernen Demokratie, p.94.

ceito de opinião pública torna-se peculiarmente neutro. Nessa "opinião pública", não se pode perceber se ela é produzida pela via da comunicação pública ou pela via da mediatização; pelo que fica novamente em aberto saber se com a expressão "opinião pública" deve-se entender apenas a intermediação de uma inclinação da massa incapaz de articular-se por si mesma ou a redução de uma opinião plenamente capaz de ser esclarecida, mas integrada à força em um eco plebiscitário.

A ficção da opinião pública, própria do Estado de direito, não pode mais ser identificada no comportamento real do próprio público. Mas tampouco a atribuição a determinadas instituições políticas lhe tira o caráter fictício, se ela abstrai o nível do comportamento do público em geral. Com um *páthos* positivista, a pesquisa social empírica retorna a esse nível para averiguar a "opinião pública". É claro que, inversamente, ela também abstrai os aspectos institucionais e chega logo à dissolução sociopsicológica do conceito de opinião pública como tal.

Um problema já para o liberalismo da metade do século XIX, toma-se consciência da opinião pública completamente como uma grandeza problemática no último quarto desse mesmo século. Em um tratado de 1879 sobre a essência e o valor da opinião pública, afirma-se em um tom de tardia resignação liberal:

> Assim, o novo nos fatos e a necessidade de mudança tornaram-se tão decisivos para a atualidade que a opinião popular [...] dispensa tanto o apoio fixo na tradição histórica quanto aquela preparação particularmente enérgica na oficina de ideias dos grandes homens, que acreditavam em princípios e tudo sacrificavam por eles. O que há cem anos, segundo a crença dos contemporâneos, era um princípio obrigatório dos indivíduos na sociedade (a saber, a opinião

pública), tornou-se, no decorrer do tempo, um tópico por meio do qual à multidão acomodada e carente de espírito é oferecido o pretexto para se furtar à elaboração própria de ideias.[10]

Meia década antes, Schäffle considerava a opinião pública uma "reação informe da massa" e a definia como "expressão de perspectivas, avaliações ou inclinações da vontade do público em geral ou de um público específico".[11] Com isso, está quebrado o encanto normativo que a teoria do Estado havia lançado sobre o conceito – a opinião pública tornar-se objeto de pesquisa da Psicologia social. Analisada pela primeira vez com profundidade por Gabriel Tarde[12] como "opinião das massas", ela é retirada do contexto funcional das instituições políticas e logo despida de seu caráter de "opinião pública". É considerada produto de um processo de comunicação no interior das massas, que não está nem vinculado aos princípios da discussão pública nem associado à dominação política.

Enquanto teóricos do Estado como Dicey na Inglaterra e Bryce nos Estados Unidos,[13] sob a impressão do funcionamento de um *popular government*, seguem mantendo um conceito de opinião pública segundo esse contexto – mas certamente já refletido em termos de Psicologia social –, eles se expõem à

---

10 Holtzendorff, *Wesen und Wert der öffentlichen Meinung*, p.91. Cf Hölzen, *Wandel und Begriff der öffentlichen Meinung im 19. Jahrhundert*.
11 Schäffle, *Bau und Leben des sozialen Körpers*, p.191.
12 Tarde, *L'opinion et la foule*.
13 Dicey, *Law and Public Opinion in England*; Bryce, *The American Commonwealth*. Na tradição de Bryce, encontra-se a famosa pesquisa de Lowell, *Public Opinion and Popular government*, de 1913. Ele também enfatiza: "*Public opinion to be worthy of the name, to be the proper motive*

objeção de uma ausência de confiabilidade empírica. É exemplar nesse sentido a antiga crítica de A. F. Bentley, que sente a falta de *"a quantitative analysis of public opinion in terms of the different elements of the population"*, a saber, *"an investigation of the exact things really wanted under the cover of the opinion by each group of the people, with time and place and circumstances all taken up into the center of the statement"*.* Por isso, a tese de Bentley era: *"There is no public opinion [...] not activity reflecting or representing the activity of a group or set of groups"*.[14]

Public opinion acabou se tornando o título de uma análise de processos de grupos em termos de Psicologia social que definia seu objeto da seguinte maneira: *"public opinion refers to peoples attitudes on an issue when they are members of the same social group"*.[15] Essa definição revela claramente o que o desenvolvimento de décadas do progresso

---

    force in a democracy, must be really public; and popular government is based upon the assumption of a public opinion of that kind." [Trad.: "A opinião pública, para ser digna desse nome, para ser a própria força motriz da democracia, precisa ser realmente pública; e o governo popular está fundamentado na pressuposição de uma opinião pública desse tipo." – N. T.] (Lowell, *Public Opinion and Popular Government*, p.5).

* Trad.: "Uma análise quantitativa da opinião pública em termos dos diferentes elementos da população, uma investigação das coisas realmente desejadas sob o rótulo da opinião de cada grupo da população, com tempo e espaço e todas as circunstâncias consideradas no cerne da afirmação". (N. T.)

14 Apud Palmer, The Concept of Public Opinion in Political Theory, p.11. [Trad.: "Não há opinião pública [...] nem atividade refletindo ou representando a atividade de um grupo ou de um conjunto de grupos". – N. T.]

15 Doob, *Public Opinion and Propaganda*, p.35; de modo semelhante, Powell, *Anatomy of Public Opinion*, p.1 et seq. [Trad.: "A opinião pública refere-se a atitudes de pessoas sobre uma questão quando são membros de um mesmo grupo social". – N. T.]

teórico e sobretudo empírico-metodológico teve de eliminar de maneira positivista do conceito histórico de opinião pública. Public, como sujeito da opinião pública, foi igualado primeiro a *mass*, e depois a *group*, como o substrato sociopsicológico de um processo de comunicação e interação de dois ou mais indivíduos. O "grupo" faz abstração da variedade de pressupostos sociais e históricos, bem como dos meios institucionais e, sobretudo, do emaranhado de funções sociais, que outrora foram determinantes para a associação das pessoas privadas em um público que discute a política mediante razões. A própria "opinião" é entendida de modo abstrato. Inicialmente, a *opinion* é identificada ainda com *expression on a controversial topic* [manifestação sobre um tópico controverso],[16] mais tarde com *expression of an attitude* [expressão de uma atitude][17] e, depois, com a própria *attitude*.[18] Por fim, uma opinião nem sequer precisa ser capaz de verbalização. Ela não apenas abrange aqueles hábitos ou costumes que se expressam nas concepções e nas opiniões impregnadas pela religião, por usos e costumes, e por "preconceitos" de classe, que eram combatidas criticamente pela opinião pública no século XVIII, mas também expressa simplesmente modos de comportamento. Essa opinião adquire a qualidade de ser da esfera pública unicamente por meio de seu vínculo com os processos de grupos. A tentativa de determinar a opinião pública como "*collection*

---

16 Albig, *Public Opinion*, p.3.
17 Ogle, Public Opinion and Political Dynamics, p.48.
18 Doob, *Public Opinion and Propaganda*, p.35: "*In this sense it might appear as though public opinion exists whenever people have attitudes*" [Trad.: "Nesse sentido, pode parecer que se a opinião pública sempre existe, onde quer que as pessoas tenham atitudes" – N. T.].

of individual opinions" ["coleção de opiniões individuais"][19] é logo corrigida pela análise de relações de grupo: *"we need concepts of what is both fundamental or deep and also common to a group."*[20] A opinião de um grupo vale como opinião "pública" quando ela se impôs subjetivamente como a opinião dominante: o membro individual do grupo tem uma representação (provavelmente errada) do peso de sua opinião e de seu comportamento, ou seja, de quantos membros, e quais deles, partilham ou rejeitam o hábito ou o ponto de vista defendido por ele.[21]

Ora, nesse meio-tempo, Lazarsfeld chamou energicamente a atenção para o fato de que o conceito de opinião pública desenvolvido em termos de Psicologia social tem sido por um preço muito alto, à custa da eliminação de todos os momentos essencialmente sociológicos e políticos. Em alguns exemplos, confronta-o com o conceito de tradição dos teóricos do Estado,[22] para, então, dar-se por satisfeito com o mero postulado de uma *classical-empirical synthesis*.[23] De qualquer modo, um primeiro passo nessa direção teve o significado de expandir o campo de investigação para além da dinâmica de grupo em direção às instituições da opinião pública, ou seja, às relações dos meios de comunicação de massa e dos processos de opinião. Quando essas pesquisas sobre a estrutura da comunicação

---

19 Child apud Powell, *Anatomy of Public Opinion*, p.4.
20 Hyman, Towards a Theory of Public Opinion, p.58. [Trad.: "Precisamos de conceitos daquilo que é tanto fundamental ou profundo quanto comum ao grupo." – N. T.]
21 Hofstätter, *Psychologie der öffentlichen Meinung*, p.53 et seq.
22 Sobre isso, cf. Minor, Public Opinion in the Perspective of Political Theory, p.31-44.
23 Lazarsfeld, Public Opinion and Classical Tradition, p.39 et seq.

acabam se apegando mais às relações psicológicas do que às relações institucionais, mostra-se tipicamente no interessante teorema do *two-step-flow of communication* [fluxo de comunicação em dois passos].[24] Um passo importante no caminho para a síntese necessária entre o conceito clássico de opinião pública e seu sucedâneo em termos de Psicologia social somente ocorre se for lembrada a relação, até agora recalcada, da opinião pública com as instâncias da dominação política. "A opinião pública é o correlato da dominação [...], algo que existe apenas em determinadas relações entre a dominação e o povo".[25]

No entanto, assim como o conceito de opinião pública que se fixa nas instituições do exercício político do poder não alcança a dimensão dos processos informais de comunicação, o conceito de opinião pública que é dissolvido nas relações de grupos pela Psicologia social também não consegue inserir-se novamente naquela dimensão em que, outrora, a categoria havia desenvolvido seu significado estratégico e ainda hoje, justamente como ficção do Estado de direito, continua a ter sua existência marginal, não sendo levada muito a sério pelos sociólogos.[26] Quando o sujeito da opinião pública – aqui, expressão de uma mudança estrutural, e não só de seu conceito – é reduzido a uma instância neutra em relação à diferença entre público e privado – a saber, o grupo –, e quando a própria opinião pública é dissolvida em uma relação neutra de grupos –

---

24 Cf. o ensaio com o mesmo título em Katz, *Public Opinion Quarterly*, p.61 et seq. Cf. também Katz, Lazarsfeld, *Personal Influence*.
25 Schmidtchen, *Die befragte Nation*, p.255.
26 Cf. Schelsky, Gedanken zur Rolle der Publizistik in der modernen Gesellschaft, p.310 et seq.

neutra diante da diferença entre comunicação razoável e conformidade irracional –, então a relação das opiniões de grupos com o poder público somente pode ser articulada no âmbito de uma ciência auxiliar da administração pública: "De acordo com isso", é a essa definição que nos conduz o ensaio de Schmidtchen, "todos aqueles modos de comportamento de quaisquer grupos populacionais, que estão preparados para modificar ou conservar as estruturas, as práticas e os objetivos da dominação, deveriam ser definidos como opinião pública".[27] A intenção da esfera pública politicamente ativa, à qual se refere o imperativo da esfera pública democrática do Estado de bem-estar social, é tão completamente ignorada por tal conceito que, com ele, nem sequer se poderia comprovar, com procedimentos empíricos, a inexistência daquela esfera pública politicamente ativa. Schmidtchen qualifica a opinião pública como uma possível resistência de atrito à prática do governo e da administração pública que pode ser diagnosticada e, com instrumentos adequados, manipulada segundo o padrão dos resultados e das recomendações das pesquisas de opinião: estas, por sua vez,

> possibilitam ao governo e a seus órgãos agir em vista de uma realidade constituída pela reação daqueles que são especialmente afetados pela política. A pesquisa de opinião cumpre a tarefa de levar essa realidade, no sentido de provas confiáveis de *feed back*, a agremiações e instituições, a quem cabe a função [...] de fazer o comportamento da população coincidir com a imposição de objetivos políticos.[28]

---

27 Ibid., p.257.
28 Ibid., p.149.

O autor não fica devendo provas para sua afirmação.[29] A opinião pública é definida, de antemão, em vista de sua manipulação, com cuja ajuda os dominadores políticos precisam, a cada momento, tentar "conciliar as disposições da população com a doutrina e a estrutura políticas, com o tipo e os resultados dos contínuos processos de tomada de decisão".[30] A opinião pública continua a ser um objeto da dominação, mesmo onde a dominação política se vê forçada a reorientar-se ou fazer concessões à opinião pública. A opinião pública não está vinculada nem às regras da discussão pública nem em geral às formas de verbalização, tampouco precisa estar envolvida com problemas políticos ou estar voltada para as instâncias políticas.[31] A relação da opinião pública com o poder aumenta pelas costas, por assim dizer: o desejo "privado" de automóveis e geladeiras pertence à categoria "opinião pública", assim como todos os demais modos de comportamento de qualquer grupo, quando relevantes para o exercício das funções de dominação e administração pública do Estado de bem-estar social.[32]

§ 25. Uma tentativa sociológica de esclarecimento

O material da pesquisa de opinião – qualquer opinião de qualquer grupo da população – não pode ser caracterizado

---

29 Ibid., p.149 et seq.
30 Ibid., p.265.
31 Nesse sentido, Noelle, Die Träger der öffentliche Meinung, p.25 et seq.; cf. especialmente o exemplo da p.29.
32 Para uma concepção crítica, cf. Zweig, A Note on Public Opinion Research, p.147 et seq.

imediatamente como opinião pública pelo simples fato de ter se convertido em matéria de ponderações, decisões e medidas politicamente relevantes. A ligação retroativa das opiniões de grupo, definidas segundo os critérios das pesquisas realizadas, seja com os processos do governo e da administração pública, seja com uma formação política da vontade influenciada pela publicidade que se desdobra de modo demonstrativo ou manipulador, não consegue cobrir o abismo entre a ficção da opinião pública no Estado de direito e a dissolução de seu conceito em termos de Psicologia social. Um conceito de opinião pública com um sentido histórico pleno, normativamente satisfatório em relação às pretensões da constituição do Estado de bem-estar social, teoricamente claro e empiricamente aplicável, somente pode ser obtido a partir da mudança estrutural da própria esfera pública e da dimensão de seu desenvolvimento. O conflito entre ambas as configurações da publicidade, que hoje impregna a esfera pública política, precisa ser levado a sério como termômetro de um processo de democratização na sociedade industrial constituída segundo o Estado de bem-estar social.[33] As opiniões não públicas atuam em grande número e "a" opinião pública é, de fato, uma ficção. Contudo, é preciso ater-se ao conceito de opinião pública em um sentido comparativo, visto que a realidade constitucional do Estado de bem-estar social precisa ser compreendida como um processo em cujo transcurso se realiza uma esfera pública politicamente ativa, ou seja, o exercício do poder social e da dominação política é colocado sob o imperativo democrático da esfera pública. A partir dessa dimensão do desenvolvimento

---

33 Cf. p.50.

do Estado de bem-estar social, devem ser desdobrados os critérios segundo os quais as opiniões podem ser medidas empiricamente conforme o nível de sua esfera pública. Essa verificação empírica da opinião pública no sentido comparativo é hoje o instrumento mais confiável para chegar a afirmações seguras e comparáveis sobre o valor de integração democrática de um Estado constitucional efetivo.

De modo esquemático, confrontam-se dois domínios de comunicação politicamente relevantes: por um lado, o sistema de opiniões informais, pessoais e não públicas; por outro, o sistema de opiniões formais, autorizadas institucionalmente. As opiniões informais diferenciam-se por seu grau de capacidade de vinculação: no nível mais baixo desse domínio de comunicação, são verbalizadas as autoevidências culturais não discutidas, os tenazes resultados dos processos de aculturação que são normalmente subtraídos da reflexão própria – por exemplo, a atitude diante da pena de morte, da moral sexual etc. No segundo nível, são verbalizadas as experiências fundamentais, mas pouco discutidas da própria história de vida, os resultados densos daquele choque de socialização que também escapam à reflexão – por exemplo, a atitude diante da guerra e da paz, determinados anseios de segurança etc. No terceiro nível, encontram-se as autoevidências frequentemente discutidas da indústria cultural, os resultados fugazes daquela irrigação publicitária duradoura ou da elaboração propagandística a que ficam expostos os consumidores, sobretudo em seu tempo livre.[34]

---

34 Outra diferenciação sobre as "qualidades das opiniões" é dada por Riezler, What is Public Opinion?

Em comparação com aquelas autoevidências culturais, que, como uma espécie de resíduo da história, podem ser atribuídas a um tipo de *opinion* natural, de "pré-juízo", bem pouco alterado em sua estrutura sociopsicológica, as autoevidências produzidas pela indústria cultural têm um caráter ao mesmo tempo efêmero e artificial. Essas opiniões se formam no *medium* de uma "troca de gostos e inclinações" definida por grupos. Em geral, a família, os grupos de mesma faixa etária, os colegas de trabalho e a vizinhança – com suas estruturas específicas de direcionar a informação e conferir prestígio à opinião, assegurando o caráter vinculante das opiniões do grupo[35] – são o foco para essa camada de opiniões controladas de fora. Certamente, as autoevidências culturais também são verbalizadas na troca de opiniões de tais grupos, mas são de um tipo diferente daquelas concepções apoiadas em convicções, as quais, antecipando sua própria inconsequência, circulam a contrapelo, por assim dizer. Assim como as *opinions*, elas constituem também sistemas de normas que exigem adequação, mas na forma de um controle social por meio de "modas", cujas regras cambiantes só exigem temporariamente a disposição para obedecer. Se aquelas autoevidências culturais, mediadas por tradições profundas, podiam ser denominadas subliterárias, as autoevidências da indústria cultural alcançaram um estágio de certo modo pós-literário. Os conteúdos de opinião controlados pela indústria cultural tematizam o amplo campo das relações intrapsíquicas e inter-humanas, o qual a subjetividade ligada ao público e capacitada para a literatura desvendou psicologicamente no quadro de uma esfera íntima burguesa e intacta,

---

35 Mangold, *Gegenstand und Methode des Gruppendiskussionsverfahrens*.

durante o século XVIII. Naquele período, os domínios da vida privada ainda estavam protegidos em seu vínculo expresso com a esfera pública, pois o debate público mediante razões permanecia mediado pela literatura. A cultura de integração, ao contrário, fornece em conservas uma literatura psicológica degradada, como um serviço público para consumo privado – e para comentário de consumo na troca de opiniões dos grupos. Esses grupos não chegam a ser um "público", assim como não o eram aquelas formações da sociedade pré-burguesa, na qual as antigas *opinions* se formavam seguras da tradição e circulavam com a eficácia de uma *law of opinion*. Não por acaso, as pesquisas de grupo e as pesquisas de opinião se desenvolveram ao mesmo tempo: o tipo "opinião", que resulta dessas relações de grupos, aceita com formulações prévias, flexível para ser copiada, difícil de interiorizar e não muito vinculante, essa "mera" opinião, de todo modo componente de um *small talk*, é *per se* pronta para o exame. Os processos de comunicação dos grupos estão sob a influência dos meios de comunicação de massa, seja imediatamente, seja, o que é mais frequente, mediatamente pelos *opinion leaders*. Entre estes são encontradas com mais frequência aquelas pessoas que possuem opiniões refletidas, formadas em controvérsias literárias e discussões mediante razões. Mas se tais opiniões permanecem fora do contexto comunicativo de um público intacto, elas pertencem igualmente às opiniões não públicas, embora se destaquem nitidamente das três demais categorias de opiniões não públicas.

Em oposição ao domínio da comunicação de opiniões não públicas, há a esfera de circulação de uma opinião quase pública. Essas opiniões formais podem ser atribuídas a instituições defíniveis; são autorizadas, oficial ou oficiosamente, como divulgações, anúncios, explicações, discursos etc. Trata-se, em primeira linha, de opiniões que circulam em um âmbito relativamente estreito, o qual abrange, para além da massa da população, a grande imprensa política, o publicismo que discute mediante razões em geral e os órgãos deliberativos, influentes e decisórios, com competências políticas ou politicamente relevantes (gabinetes, comissões do governo, agremiações administrativas, comissões parlamentares, direções partidárias, comitês de federações, administrações de conglomerados, secretariados de sindicatos etc.). Embora possam se endereçar a um público amplo, essas opiniões quase públicas não preenchem as condições de uma discussão pública mediante razões segundo o modelo liberal. Como opiniões autorizadas institucionalmente, são sempre privilegiadas e não chegam a nenhuma correspondência recíproca com a massa não organizada do "público".

Naturalmente, entre ambos os domínios existe um vínculo, sempre conduzido pelos meios de comunicação de massa, mais exatamente por meio daquela publicidade desenvolvida de modo demonstrativo e manipulador, com a qual os grupos que participam do exercício político do poder e do ajuste de poder procuram obter uma adesão plebiscitária do público dos meios de comunicação de massa. Esse veículo de influência publicitária controlada também é considerado parte das opiniões formais; mas, como "opiniões publicamente manifestas", elas devem ser diferenciadas das opiniões "quase públicas".

Além desse contato maciço entre os domínios de comunicação formais e informais, ainda existe a parca relação entre o publicismo que discute mediante razões e aquelas pessoas isoladas que procuram ainda formar sua opinião de modo literário – uma opinião capaz de ser parte da esfera pública, mas efetivamente é não pública. O contexto de comunicação de um público de pessoas privadas que discute mediante razões está rompido; a opinião pública que provinha desse público encontra-se decomposta, em parte, em opiniões informais de pessoas privadas sem público e, em parte, concentra-se nas opiniões formais de instituições ativas do ponto de vista publicístico. O público das pessoas privadas não organizadas é demandado não por meio da comunicação pública, mas sim por meio da comunicação de opiniões manifestadas publicamente, na esteira da *publicidade desenvolvida de modo demonstrativo ou manipulador*.

Em contrapartida, uma opinião pública no sentido rigoroso apenas pode ser produzida quando ambos os domínios da comunicação são mediados por aquela outra publicidade, a *publicidade crítica*. É claro que, hoje, essa mediação só é possível, em uma magnitude sociologicamente relevante, por meio da participação das pessoas privadas no processo de comunicação formal conduzido através da esfera pública interna das organizações. Uma minoria de pessoas privadas já faz parte, como membros, de partidos e federações públicas. Enquanto tais organizações permitirem uma esfera pública interna não só no âmbito dos funcionários e dos administradores, mas em todos os âmbitos, haverá a possibilidade de uma correspondência recíproca entre as opiniões políticas das pessoas privadas e aquela opinião quase pública. Essa situação pode significar uma tendência que, como um todo, pode parecer irrelevante de início; é necessário uma pesquisa empírica para saber quais são a dimensão e a consequência efetiva dessa tendência, e se se trata de uma tendência progressista ou, talvez, uma tendência retrógrada. Para uma teoria sociológica da opinião pública, no entanto, ela tem importância decisiva, pois fornece os critérios para uma dimensão que é a única em que a opinião pública pode se constituir nas condições da democracia de massa do Estado de bem-estar social.

Na mesma proporção em que as opiniões informais são inseridas na circulação das opiniões quase públicas, agarradas e transformadas por elas, também essa própria circulação adquire a característica de uma esfera pública, com sua ampliação por meio do público dos cidadãos. Certamente, uma vez que não "há" de modo algum uma opinião pública como tal, e no máximo podem ser isoladas as tendências que se dirigem, nas condições dadas, à formação de uma opinião pública, esta só pode se definir comparativamente. O grau de qualidade própria da esfera pública de uma opinião é determinado pela medida em que esta provém da esfera pública de um público de membros, interna às organizações, e pela amplitude com que a esfera pública interna às organizações se comunica com uma esfera pública externa, que se forma nas relações publicísticas, através dos meios de comunicação de massa, entre as organizações sociais e as instituições estatais.

Da contraposição entre "público" e "massa", C. W. Mills chega a critérios empiricamente utilizáveis para definir a opinião pública:

> *In a public, as we may understand the term, (1) virtually as many people express opinions as receive them. (2) Public communications are so organized that there is a chance immediately and effectively to answer back any opinion expressed in public. Opinion formed by such discussion (3) readily finds an outlet in effective action, even against — if necessary — the prevailing system of*

*authority. And (4) authoritative institutions do not penetrate the public, which is thus more or less autonomous in its operation.*³⁶

Em contrapartida, as opiniões perdem a característica de ser opiniões da esfera pública na medida em que são capturadas pelo contexto comunicativo de uma "massa":³⁷

> *In a mass, (1) far fewer people express opinions than receive them; for the community of publics become an abstract collection of individuals who receive impressions from the mass media. (2) The communications that prevail are so organized that it is difficult or impossible for the individual to answer back immediately or with any effect. (3) The realization of opinion in action is controlled by authorities who organized and control the channels of such action. (4) The mass has no autonomy from institutions; on the contrary, agents of authorized institutions penetrate this mass, reducing any autonomy it may have in the formation of opinion by discussion.*³⁸

---

36 Mills, *The Power Elite*, p.303 et seq. [Trad.: "Em um público, como podemos entender o termo, (1) virtualmente tantas pessoas expressam opiniões quantas as recebem. (2) As comunicações públicas são organizadas de tal modo que existe uma oportunidade imediata e efetiva para responder a qualquer opinião expressa em público. As opiniões formadas em tal discussão (3) rapidamente encontram uma saída na ação efetiva, mesmo contra – se necessário – o sistema vigente de autoridade. E (4) as instituições da autoridade não invadem o público, que, portanto, é mais ou menos autônomo em seu funcionamento." – N. T.]

37 Sobre a sociologia política da "massa", cf. a pesquisa de Kornhauser, *The Politics of Mass-Society*.

38 Ibid., p.304; *Kritik der soziologischen Denkweise*, p.93 et seq. [Trad.: "Em uma massa, (1) muito menos pessoas expressam opiniões do que aquelas que as recebem, pois a comunidade do público se torna uma coletividade abstrata de indivíduos que recebem impressões dos

Essas definições abstratas de um processo de opinião que se realiza nas condições da decadência da esfera pública podem ser facilmente incorporadas à estrutura de nosso modelo de desenvolvimento histórico:[39] os quatro critérios da comunicação *em massa* são preenchidos na medida em que o domínio da comunicação informal se vincula ao da comunicação formal meramente por meio dos canais da publicidade desenvolvida de modo demonstrativo e manipulador. Por meio das "autoevidências da indústria cultural", as opiniões não públicas são, então, integradas por meio das opiniões "expressas publicamente" de um sistema existente, sem ter, diante deste, qualquer autonomia na *formation of opinion by discussion* [formação da opinião pela discussão]. Em contrapartida, nas condições da democracia de massa do Estado de bem-estar social, o contexto comunicativo de um *público* somente pode se estabelecer se a publicidade crítica, atiçada pelas esferas públicas internas às organizações, faz a mediação entre a circulação formalmente fechada da opinião "quase pública" e o domínio informal das opiniões até então não públicas.

Na mesma medida, modificam-se também as formas determinadas de consenso e conflito no exercício político do

---

meios de comunicação de massa. (2) As comunicações que predominam são organizadas de tal modo que é difícil ou impossível ao indivíduo responder imediatamente ou com alguma efetividade. (3) A transformação da opinião em ação é controlada por autoridades que organizam e controlam os canais de tais ações. (4) A massa não tem autonomia diante das instituições; ao contrário, agentes de instituições autorizadas invadem essa massa, reduzindo qualquer autonomia que possa haver na formação da opinião pela discussão." – N. T.]
[39] Cf. Blumer, The Mass, the Public and Public Opinion, p.34 et seq.

poder e do ajuste de poder: um método de controvérsia pública, implementado dessa forma, tornaria flexíveis as formas coercitivas de um consenso gerado sob pressão, tanto quanto poderia amenizar as formas coercitivas dos conflitos, subtraídos até agora da esfera pública. Conflito e consenso, assim como a própria dominação e o poder, cujo grau de estabilidade eles designam analiticamente, não são categorias pelas quais o desenvolvimento histórico da sociedade possa passar sem deixar rastros. Na mudança estrutural da esfera pública burguesa pode-se estudar como depende do grau e do tipo de *sua* capacidade funcional que o exercício da dominação e do poder persista como uma constante negativa da história, por assim dizer – ou que, sendo uma categoria histórica, esteja aberto à transformação substantiva.

Referências bibliográficas

Não mencionando os textos originais, as fontes, os dicionários, os compêndios, as estatísticas etc., estas referências bibliográficas se limitam aos títulos mais importantes da literatura secundária utilizada. Dado que esta, com exceção da bibliografia sobre a história e o conceito de "opinião pública", quase nunca se refere especificamente ao complexo "esfera pública", ela será citada separadamente, conforme aspectos temáticos.

I. Sobre a história da esfera pública (e da esfera privada)

1. Sob o aspecto sócio-histórico

ASHLEY, W. *The Economic Organization of England*. London, 1923.
BARBER, E. G. *The Bourgeosie in the 18th Century France*. New York, 1959.
BRENTANO, L. *Geschichte der wirtschaftlichen Entwicklung Englands*. Bd. 3. Jena, 1928.
BRUNNER, O. *Neue Wege zur Sozialgeschichte*. Göttingen, 1956.
CONZE, W. (Org.). *Staat und Gesellschaft im deutschen Vormärz*. Stuttgart, 1963.

CUNNINGHAM, W. *The Progress of Capitalism in England.* Cambridge, 1929.
DAHRENDORF, R. Demokratie und Sozialstruktur in Deutschland. *Europäisches Archiv für Soziologie,* Bd. 1, 1960.
DOBB, M. *Studies in the Development of Capitalism.* London, 1954.
GALBRAITH, J. K. *American Capitalism.* Boston, 1952.
HECHSCHER, E. F. *Merkantilismus.* 2 Bde. Jena, 1932.
HILFERDING, R. *Das Finanzkapital.* Berlin, 1955.
HORKHEIMER, M. *Autorität und Famile.* Paris, 1936.
KUSKE, B. Der Einfluß des Staates auf die Geschichte der sozialen Gruppen in Deutschland. *Kölner Zeitschrift für Soziologie und Sozialpsychologie,* Bd. 2, 1949-50.
LUKÁCS, G. Einige Eigentümlichkeitn der geschichtlichen Entwicklung Deutschlands. In: _____. *Die Zerstörung der Vernunft.* Neuwied, 1962.
MEREDITH, H. O. *Economic History of England.* London, 1949.
PLESSNER, H. *Die verspätete Nation.* Stuttgart, 1959.
RIEHL, H. *Die Familie.* Stuttgart, 1897.
SCHELSKY, H. *Wandlungen der deutschen Familie.* Stuttgart, 1955.
SCHMOLLER, G. *Umrisse und Untersuchungen.* Leipzig, 1898.
SCHRAMM, P. E. *Hamburg, Deutschland und die Welt.* München, 1943.
SCHUMPETER, J. *Die Krise des Steuerstaats.* Leipzig, 1918.
SEÉ, H. *Die Ursprünge des modernen Kapitalismus.* Wien, 1948.
TREUE, W. Das Verhältnis von Fürst, Staat, Unternehmer in der Zeit des Merkantilismus. *Vierteljahreshefte für Sozial- und Wirtschaftgeschichte,* Bd. 44, 1957.
VON WALTERHAUSEN, A. Sartorius, *Deutsche Wirtschaftsgeschichte, 1815 bis 1914.* Jena, 1923.
WEBER. M. *Wirtschaft und Gesellschaft.* Tübingen, 1956.
_____. *Wirtschaftsgeschichte.* Berlin, 1958.

2. Sob o aspecto da história cultural

ALEWYN, R. *Das grosse Welttheater, die Epoche der höfischen Feste.* Hamburg, 1959.

ALTICK, R. D. *The English Common Reader, a Social History of the Mass Reading Public*. Chicago, 1959.

ARENDT. H. *The Human Condition*. Chicago, 1958.

_____.*Vita activa*. Stuttgart, 1960.

AUERBACH, E. *Das französische Publikum des 17. Jahrhunderts*. München, 1933.

BALET, L. *Die Verbürgerlichung der deutschen Kunst, Literatur und Musik im 18. Jahrhundert*. Leyden, 1938.

BÖHM, M. V. *Rokoko, Frankreich im 18. Jahrhundert*. Berlin, 1921.

BRUNNER, O. *Adeliges Landleben*. Salzburg, 1949.

DRESDNER, A. *Die Entstehung der Kunstkritik im Zusammenhang des europäischen Kunstlebens*. München, 1915.

FAY, B. *La franc-maçonnerie et la révolution intellectuelle du XVIIIe siècle*. Paris, 1935.

HAUSER, A. *Sozialgeschichte der Kunst und Literatur*. 2 Bde. München, 1953.

HEILBORN, L. *Zwischen zwei Revolutionen*. 2 Bde. Berlin, 1929.

HUIZINGA, J. *Herbst des Mittelalters*. München, 1928.

KAYSER, W. *Entstehung und Krise des modernen Romans*. Göttingen, 1954.

KOSELEK, R. *Kritik und Krise*. Freiburg/München, 1959.

LEAVIS. G. D. *Fiction and the Reading Public*. London, 1932.

REINHOLD, H. Zur Sozialgeschichte des Kaffees und des Kaffeehauses. *Kölner Zeitschrift für Soziologie und Sozialpsychologie*, Köln, 1958.

SCHMITT, C. *Römischer Katholizismus und politische Form*. München, 1925.

SCHÖFFLER, H. *Protestantismus und Literatur*. Göttingen, 1958.

SCHÜCKING, L. L. *Die Soziologie der literarischen Geschmacksbildung*. München, 1923.

STADELMANN, R.; FISCHER, W. *Die Bildungswelt des deutschen Handwerks um 1800*. Berlin, 1955.

STEINHAUSEN, G. *Geschichte des deutschen Briefes*. Berlin, 1889.

STEPHEN, L. *English Literature and Society in the 18th Century*. London, 1903.

TREVELYAN, G. M. *Kultur- und Sozialgeschichte Englands*. Hamburg, 1948.

WATT, J. The Reading Public. In: _____. *The Rise of the Novel*. London, 1957.

WESTERFRÖLKE, H. *Englische Kaffeehäuser als Sammelpunkte der literarischen Welt*. Jena, 1924.

WILLIAMS, R. *Culture and Society, 1780-1950*. New York, 1960.

WITTICH, W. Der soziale Gehalt von Goethes Roman "Wilhelm Meister". In: PALYI, M. (Org.). *Erinnerungsgabe für Max Weber*. Bd. 2. München/Leipzig, 1923.

3. Sob o aspecto da história da imprensa

BAUMERT, O. P. *Die Entstehung des deutschen Journalismus*. München/Leipzig, 1921.

BLEYER, W. G. *History of the American Journalism*. Boston, 1927.

BODE, H. *Anfänge der wirtschaftlichen Berichterstattung*. München, 1936.

BRAUBACH, M. Ein publizistischer Plan dee Bonner Lesegesellschaft aus dem Jahre 1789. In: *Festschrift für Ludwig Bergsträßer*. Düsseldorf, 1954.

BÜCHER, K. Die Entstehung des Zeitungswesens. In: _____. *Die Entstehung der Volkswirtschaft*. Bd. 1. Tübingen, 1917.

_____. *Gesammelte Aufsätze zur Zeitungskunde*. Tübingen, 1926.

DOVIFAT, E. *Zeitungslehre*. 2 Bde. Berlin, 1955.

FISCHER, H. *Die ältesten Zeitungen und ihre Verleger*. Augsburg, 1936.

GOITSCH, H. *Entwicklung und Strukturwandlung des Wirtschaftsteils der deutschen Tageszeitungen*. Tese de doutorado em Ciência Política. Frankfurt, 1939.

GROTH, O. *Die Zeitung*. 4 Bde. Berlin/Leipzig, 1928.

HANSON, L. *Government and the Press (1695-1763)*. London, 1936.

JENTSCH, I. *Zur Geschichte des Zeitungswesen in Deutschland um 1800*. Tese de doutorado em Filosofia. Leipzig, 1937.

KEMPTERS, K. *Die wirtschaftliche Berichterstattung in den sogenannten Fuggerzeitungen*. München, 1936.

KIRCHNER, J. Redaktion und Publikum, Deutsche Massenzeitschriften im 19. Jahrhundert. *Publizistik*, Bd. 5, 1960.

MORRISON, St. *English Newspaper.* Cambridge, 1932.
PARK, R. E. The Natural History of the Newspapers. In: Schramm, W. (Org.). *Mass Communication.* Urbana, 1944.
VOLDER, U. de. *Soziologie der Zeitung.* Stuttgart, 1959.

4. Sob o aspecto da História do Direito e da Ciência Política

BÖCKENFÖRDE, E. W. *Gesetz und gesetzgebende Gewalt.* Berlin, 1958.
BRUNNER, L. *Land und Herrschaft.* Brünn, 1943.
COING, H. *Der Rechtsbegriff der menschlichen Person und die Theorie der Menschenrechte.* Berlin/Tübingen, 1950.
CONRAD, H. Individuum und Gemeinschaft in der Privatrechtsordnung. *Juristischen Studiengesellschaft Karlsruhe*, H.18, 1956.
EMDEN, C. S. *The People and the Constitution.* Oxford, 1956.
EVERTH, E. *Die öffentlichkeit in der Außenpolitik.* Jena, 1931.
FORSTHOFF, E. *Lehrbuch des Verwaltungsrechts. Allgemeiner Teil.* München, 1955. (Introdução.)
FRAENKEL, E. *Das amerikanische Regierungssystem.* Köln/Opladen, 1960.
HASBACH, W. *Die parlamentarische Kabinettsregierung.* Aachen, 1956.
HARTUNG, F. *Die Entwicklung der Menschen – und Bürgerrechte.* Göttingen, 1954.
JELLINEK, G. *Die Erklärung der Menschen – und Bürgerrechte.* Leipzig, 1909.
KIRCHNER. *Beiträge zur Geschichte des Begriffs "öffentlich" und "öffentliches Recht".* Tese de doutorado em Direito. Göttingen, 1949.
KLUXEN, K. *Das Problem der politischen Opposition.* Freiburg/München, 1956.
LÖWENSTEIN, K. Zur Soziologie der parlamentarischen Repräsentation in England. In: PALYI, M. (Org.). *Erinnerungsgabe für Max Weber.* Bd. 2. München/Leipzig, 1923.
NAEF, W. Frühformen des modernen Staates im Spätmittelalter. *Historische Zeitschrift*, Bd. 171, 1951.
REDSLOB, R. *Staatstheorien der französischen Nationalversammlung.* Leipzig, 1912.

SCHIEDER, Th. Das Verhältnis von politischer und gesellschaftlicher Verfassung und die Krise des bürgerlichen Liberalismus. *Historische Zeitschrift*, Bd. 177, 1954.

_____. *Die Theorie der Partei im älteren deutschen Liberalismus*. In: *Festschrift für Ludwig Bergsträßer*. Düsseldorf, 1954.

SCHLENKE, M. *England und das Friderizianische Preußen 1740 bis 1763*. Freiburg/München, 1963.

SCHMITT, C. *Die Diktatur*. München/Leipzig, 1928.

VALJAVEC, F. *Die Entstehung der politischen Strömungen in Deutschland, 1770-1815*. München, 1951.

WEBER, M. *Staatssoziologie*. Berlin, 1956.

_____. *Rechtssoziologie*. Neuwied, 1960.

WIEACKER, F. *Privatrechtsgeschichte der Neuzeit*. Göttingen, 1952.

_____. Das Sozialmodell der Klassischen Privatrechtsgesetzbücher und die Entwicklung der modernen Gesellschaft. *Juristische Studiengesellschaft Karlsruhe*, H. 3, 1953.

II. Sobre a esfera pública (e a esfera privada) na sociedade atual

1. Sob o aspecto específico da esfera pública

ALTMANN, R. *Das Problem der Öffentlichkeit und seine Bedeutung für die Demokratie*. Tese de doutorado em Filosofia. Marburg, 1954.

ARNDT, H. J. Öffentlichkeit als Staatsersatz. *Archiv für Rechts- und Sozialphilosophie*, Bd. 42, 1956.

BAHRDT, H. P. Öffentlichkeit und Privatheit. In: _____. *Die moderne Großstadt*. Hamburg, 1961.

GOLDSCHMIDT, M. L. Publicity, Privacy, Secrecy. *The Western Political Quarterly*, v.7, 1957.

HABERMAS, J. Öffentlichkeit. In: FRAENKEL, E.; BRACHER, K. D. (Org.). *Staat und Politik, Fischerlexikon*. 3. Aufl.

HAFTENDORN, H. *Das Problem von Parlament und öffentlichkeit.* Tese de doutorado em Ciência Política. Frankfurt/Main, 1960.

PLESSNER, H. *Das Problem der öffentlichkeit und die Idee der Entfremdung.* Göttinger, 1960.

SCHMIDT, E. Öffentlichkeit oder Publizität. In: *Festschrift für W. Schmidt.* Berlin, 1959.

SIEBURG, F. Haben wir noch ein privates Leben? *Universitas*, Bd. 8, 1953.

SMEND, R. Zum Problem des Öffentlichen und der öffentlichkeit. In: *Festschrift für G. Jellinek.* München, 1954.

WEBER, M. Verwaltungsöffentlichkeit und Auslese der Führer. *Gesammelte Politische Schriften.* Tübingen, 1958.

2. *Sob o aspecto da sociedade industrializada e do Estado social*

ACHINGER, H. *Sozialpolitik als Gesellschaftspolitik.* Hamburg, 1958.

ALTMANN, R. Zur Rechtsstellung der öffentlichen Verbände. *Zeitschrift für Politik,* Bd. 2, 1955.

BERLE, A.; MEANS, G. *The Modern Corporation and Private Property.* New York, 1932.

BEUTLER, W.; STEIN, G.; WAGNER, H. (Org.). *Staat und Verbände.* Mit Referaten von U. Scheuner und W. Weber. Heidelberg, 1957.

CLARK, J. M. The Interplay of Politics and Economics. In: BERGER, M. (Org.). *Freedom and Control in Modern Society.* New York, 1954.

DOWNS, A. Why Government Budget is too small in Democracy? *World Politics,* Bd. 12, 1960.

ESCHENBURG, Th. *Herrschaft der Verbände.* Stuttgart, 1955.

FORSTHOFF, E. *Verfassungsprobleme des Sozialstaats.* Münster, 1954.

_____. Begriff und Wesen des sozialen Rechtsstaats. *Veröffentlichungen des Vereins Deutscher Staatsrechtlehrer,* H. 12, Berlin, 1954.

FRIEDMANN, W. *Law and Social Change.* London, 1951.

GALBRAITH, J. K. *Gesellschaft im Überfluß.* Stuttgart, 1959.
GERBER, H. Die Sozialstaatsklausel des Grundgesetzes. *AöR*, Bd. 81, 1956.
HUBER, H. *Recht, Staat, Gesellschaft.* Bern, 1954.
IPSEN, H. P. *Die Repräsentation der organisierten Interessen.* Berlin, 1956.
KIRCHHEIMER, O. Changes in the Structure of Political Compromise. *Studies in Philosophy and Social Science*, Bd. 9, 1941.
KÖNIG, H. Konzentration und Wachstum, eine empirische Untersuchung der westdeutschen Aktiengesellschaft in der Nachkriegzeit. *Zeitschrift für die gesamte Staatswissenschaft*, Bd. 115, 1959.
KORNHAUSER, W. *The Politics of Mass Society.* Glencoe, 1959.
LITTMANN, K. *Zunehmende Staatstätigkeit und wirtschaftliche Entwicklung.* Köln, 1947.
MAIWALD, S. Das Recht als Funktion gesellschaftlicher Prozesse. *Archiv für Recht- und Sozialphilosophie*, Bd. 40, 1952-53.
MILLS, C. W. *Power Elite.* New York, 1956.
NEUMANN, F. Der Funktionswandel des Gesetzes im Recht der bürgerlichen Gesellschaft. *Zeitschrift für Sozialforschung*, Bd. 6, 1938.
_____. Ökonomie und Politik. *Zeitschrift für Politik*, Bd. 2, 1955.
NEUMARK, F. *Wirtschafts- und Finanzpolitik des Interventionsstaats.* Tübingen, 1961.
RENNER, K. *Die Rechtsinstitute des Privatrechts.* Tübingen, 1929.
_____. *Wandlungen der modernen Gesellschaft.* Wien, 1953.
RIDDER, H. *Zur verfassungsrechtlichen Stellung der Gewerkschaften im Sozialstaat.* Stuttgart, 1960.
SCHEUNER, U. Grundfragen des modernen Staates. In: WANDERSLEB, H. (Org.). *Recht, Staat und Wirtschaft.* Bd. 3. Düsseldorf, 1951.
_____. Die staatliche Intervention im Bereich der Wirtschaft. *Vereins der Deutsche Staatsrechtslehrer II.* Berlin, 1954.
SCHNEIDER, H. Über Einzelfallgesetze. In: *Festschrift für Carl Schmitt.* Berlin, 1959.
SCHULZ, G. Über Entstehung und Formen von Interessengruppen in Deutschland seit Beginn der Industrialisierung. *Politische Vierteljahresschrift*, Bd. 2, 1961.
SCHUMPETER, J. *Kapitalismus, Sozialismus und Demokratie.* Bern, 1950.

SIEBERT, W. Privatrecht im Bereich der öffentlichen Verwaltung. In: *Festschrift für H. Niedermeyer*. Göttingen, 1953.
STRACHEY, J. *Kapitalismus heute und morgen*. Düsseldorf, 1957.
WEBER, W. *Spannungen und Kräfte im westdeutschen Verfassungssystem*. Stuttgart, 1951.
_____. Das politische Kräftesystem in der wohlfahrtsstaatlichen Massendemokratie. *Schriften der Deutsche Industrie- und Handelstages*, H. 39, Köln, 1956.
WHYTE, W. H. *Herr und Opfer der Organisation*. Düsseldorf, 1958.
YOUNG, K. Society and the State. *American Society Review*, v.2, 1946.

3. Sob o aspecto da democracia de massas

ABENDROHT, W. Innerparteiliche und innerverbandliche Demokratie als Voraussetzung der politischen Demokratie. *Politische Vierteljahresschrift*, Bd. 5. Jg. 1964.
ARON, R. Fin de l'âge ideologique? *Sociologica*, Bd. 1, Frankfurt, 1955.
BUNZEL, J. H. Liberal Theory and the Problem of Power. *The Western Political Quarterly*, v.13, 1960.
BURDICK, E.; BRODBECK, A. J. *American Voting Behavior*. Glencoe, 1956.
BUTLER, D. E. *The British General Election of 1955*. London, 1957.
MCCALLUM, R. B.; READMAN, A. *The British General Election of 1945*. London, 1947.
CAMPBELL, A.; GURIE, G.; MILLER, W. *The Voter decides*. Evanston, 1954.
DAHL, R. A. Hierarchy, Democracy and Bargaining. *Research Frontiers in Politic and Government*. Washington, 1955.
DECHAMPS, B. *Macht und Arbeit der Ausschüsse*. Meisenheim, 1954.
DUVERGER, M. *Les partis politiques*. Paris, 1951.
ESCHENBURG, Th. *Probleme der Parteifinanzierung*. Tübingen, 1916.
EULAU, H.; ELDERSFIELD, S. J.; JANOWITZ, M. *Political Behavior*. Glencoe, 1956.
FAUL, E. *Wahlen und Wähler in Westdeutschland*. Hamburg, 1961.

FIELD, H. H. The Non-Voter. *Public Opinion Quarterly*, v.8, 1944.

FRAENKEL, E. Die repräsentative und die plebiszitäre Komponente im demokratischen Verfassungsstaat. *Recht und Staat*, H. 219-20, Tübingen, 1958.

FRIEDEBURG, L. von. Zum politischen Potential der Umfrageforschung. *Kölner Zeitschrift für Soziologie und Sozialpsychologie*, Bd. 13, 1961.

FRIESENHAHN, E. Parlament und Regierung im modernen Staat. *Vereinigung der Deutschen Staatsrechtslehrer*, H. 16, Berlin, 1958.

FRÖHNER, R. Trägt die Meinungsforschung zur Entdemokratisierung bei? *Publizistik*, Bd. 3, 1958.

HABERMAS, J. et al. *Student und Politik*. Neuwied, 1961.

HARTENSTEIN, W.; LIEPELT, K.; SCHUBERT, G. Die Septemberdemokratie. *Die Neue Gesellschaft*, 1958.

HARRIS, R. Election Polling and Research. *Public Opinion Quarterly*, v.21, 1957.

HIRSCH-WEBER, W. *Wähler und Gewählte*. Berlin, 1957.

JANOWITZ, M.; MARVICK, D. *Competition, Pressure and Democratic Consent*. Michigan, 1956.

KIRCHHEIMER, O. Parteistruktur und Massendemokratie in Europa. *AöR*, Bd. 79, 1954.

———. *Politik und Verfassung*. Frankfurt am Main, 1964.

KITZINGER, U. W. *Wahlkampf in Westdeutschland*. Göttingen, 1960.

LAZARSFELD, P. F.; BERELSON, B.; GOUDET, H. *The Peoples Choice*. New York, 1944.

———; ———; MCPHEE, W. N. *Voting*. Chicago, 1954.

LEIBHOLZ, G. *Strukturprobleme der Demokratie*. Karlsruhe, 1958.

LIPSET, S. M. *The Political Man*. New York, 1960; deutsch: Neuwied, 1962.

LÖFFLER, M. Der Verfassungsauftrag der Publizistik. *Publizistik*, Bd. 5, 1960.

LOHMANN, K. Parlamentarismus und Publizistik. In: *Tymbos für Ahlmann*, Berlin, 1962.

MANNHEIM, K. *Freedom, Power and Democratic Planning*. New York, 1950.

NEUMANN, F. L.; NIPPERDEY, H. C.; SCHEUNER, U. (Org.). *Die Grundrechte*. Bd. 2. Berlin, 1954; Bd. 3, n. 1 e 2. Berlin, 1958; Bd. 4. Berlin, 1960.
NEUMANN, S. *Modern Political Parties*. Chicago, 1956.
NICHOLAS, H. C. *The British General Election of 1950*. London, 1951.
RAMM, Th. *Die Freiheit der Willensbildung*. Stuttgart, 1960.
RIESMAN, D.; GLAZER, N. Changing Meaning of Politics. In: GOULDNER, A. W. (Org.). *Studies in Leadership*. New York, 1950.
RUMNEY, J. C. Do the Polls serve Democracy? In: BERELSON, M.; JANOWITZ, M. (Org.). *Public Opinion and Communication*. Glencoe, 1950.
SCHMIDTCHEN, G. *Die befragte Nation*. Freiburg, 1959.
SCHMITT, C. *Die geistesgeschichtliche Lage des Parlamentarismus*. München/Leipzig, 1923.
STAMMER, O. Politische Soziologie- und Demokratieforschung. *Kölner Zeitschrift für Soziologie und Sozialpsychologie*, Bd. 8, 1956.
_____. Interessenverbände und Parteien. *Kölner Zeitschrift für Soziologie und Sozialpsychologie*, Bd. 9, 1957.
STEFFANI, W. Funktion und Kompetenz parlamentarischer Unterausschüsse. *Politische Vierteljahresschrift*, Bd. 1, 1960.
SULTAN, H.; ABENDROTH, W. *Bürokratischer Verwaltungsstaat und soziale Demokratie*. Hannover/Frankfurt, 1955.

4. Sob o aspecto da comunicação de massas

ADORNO, Th. W. Democratic Leadership and Mass Manipulation. In: GOULDNER, A. W. (Org.). *Studies in Leadership*. New York, 1950.
_____. Ideologie. In: _____; Horkheimer, M. (Org.). *Soziologische Exkurse*. Frankfurt, 1956.
_____. Über den Fetischcharakter der Musik und die Regression des Hörens. In: _____. *Dissonanzen*. Göttingen, 1956.
ANDERS, G. *Die Antiquiertheit des Menschen*. München, 1957.
BERELSON, B.; JANOWITZ, M. (Org.). *Public Opinion and Communication*. Glencoe, 1950.

BERNAYS, E. L. The *Engineering of Consent*. Oklahoma, 1955.
BIRD, G. L. *Press and Society*. New York, 1957.
BOGART, L. *The Age of Television*. New York, 1958.
DIVO. *Der westdeutsche Markt in Zahlen*. Frankfurt, 1958.
ELLUL, I. *Propagandes*. Paris, 1962.
ENZENSBERGER, H. M. *Einzelheiten*. Frankfurt am Main, 1962.
ESCARPIT, R. *Das Buch und der Leser*. Köln/Opladen, 1961.
FELDMAN, E. *Theorie der Massenmedien*. München, 1962.
FINE, B. J. *Television and Family Life*. Boston, 1952.
GEHLEN, A. *Bemerkungen zum Thema Kulturkonsum und Konsumkultur*. Tagungsbericht des "Bundes". Wuppertal, 1955. (Manuscrito).
_____. *Zeitbilder*. Bonn, 1960.
HORKHEIMER, M.; ADORNO, Th. W. Kulturindustrie. In: _____; _____. *Dialektik der Aufklärung*. Amsterdam, 1947.
HUNDHAUSEN, C. *Industrielle Publizität als Public Relations*. Essen, 1957.
INSTITUT FÜR DEMOSKOPIE. *Jahrbuch der öffentlichen Meinung*, Bd. 1. Allensbach, 1953; Bd. 2. Allensbach, 1957.
INSTITUT FÜR PUBLIZISTIK DER FREI UNIVERSITÄT BERLIN. *Handbuch der deutschen Presse 1956*. Berlin, 1956.
KAYSER, W. Das literarische Leben der Gegenwart. In: _____ (Org.). *Deutsche Literatur in unserer Zeit*. Göttingen, 1959.
KELLEY, St. *Professional Public Relations and Political Power*. Baltimore, 1956.
KIESLICH, G. *Freizeitgestaltung in einer Industriestadt*. Dortmund, 1956.
KIRCHNER, H. M. Der Markt der Illustrierten gestern und heute. *Publizistik*, Bd. 3, 1958.
KNEBEL, H. J. *Soziologische Strukturen im modernen Tourismus*. Stuttgart, 1960.
KROPFF, H. J. F. Synthese von Journalismus, industrieller Publizität und Public Relations. *Publizistik*, Bd. 5, 1960.
LARABEE, E.; MEYERSOHN, R. *Mass Leisure*. New York, 1959.
LAZARSFELD, P.; KATZ, E. *Personal Influence*. Glencoe, 1955; deutsch: München, 1962.

LÖWENTHAL, L. Die biographische Mode. *Sociologica*, Bd. 1, Frankfurt, 1955.

MANGOLD, W. *Gegenstand und Methode des Gruppendiskussionsverfahrens*. Frankfurt, 1960.

MEYERSOHN, R. Commercialism and Complexity in Popular Culture. 55. *Meeting of American Sociological Association*. New York, 1960. (Manuscrito.)

NOELLE, E. Die Wirkung der Massenmedien. *Publizistik*, Bd. 5, 1960.

_____. *Umfragen in der Massengesellschaft*. Hamburg, 1903.

PETERSON, Th. *Magazines in the 20th Century*. Urbana, 1956.

RIESMAN, D. *Die einsame Masse*. Berlin/Darmstadt, 1956.

_____. *The Oral Tradition, the Written Word and the Screen Image*. Yellow Springs/Ohio, 1955.

SAUVY, A. Vom Einfluß der Meinung auf die Macht. *Diogenes*, H. 14-5, 1957.

SCHELSKY, H. Gedanken zur Rolle der Publizistik in der modernen Gesellschaft. In: _____. *Auf der Suche nach Wirklichkeit*. Düsseldorf, 1965.

SCHRAMM, W. *Mass Communication*. Urbana, 1944.

SELDES, G. *The Great Audience*. New York, 1951.

STEINBERG, Ch. S. *The Mass Communicators*. New York, 1958.

SWANSON, C. E. Television Owning and its Correlates. *Journal of Applied Psychology*, 1951.

THOMSEN, W. Zum Problem der Scheinöffentlichkeit, inhaltsanalytisch dargestellt an der Bildzeitung. *Institut für Sozialforschung*. Frankfurt, 1960. (Manuscrito.)

WHITE, D. M.; ROSENBERG, B. *Mass Culture*. New York, 1955.

III. Sobre o conceito e a história da "opinião pública"

ALBIG, W. *Public Opinion*. New York, 1938.

BAUER, W. *Die öffentliche Meinung und ihre geschichtlichen Grundlagen*. Tübingen, 1914.

BAUER, W. *Die öffentliche Meinung in der Weltgeschichte*. Berlin/Leipzig, 1930.

BERELSON, B. Communication and Public Opinion. In: BERELSON, B.; JANOWITZ, M. (Org.). *Public Opinion and Communication*. Glencoe, 1950.

_____. Democratic Theory and Public Opinion. *Public Opinion Quarterly*, v.16, 1952.

BLUMER, H. The Mass, the Public and Public Opinion. In: BERELSON, B.; JANOWITZ, M. (Org.). *Public Opinion and Communication*. Glencoe, 1950.

BRINCKMANN, C. Presse und öffentliche Meinung. In: *Verhandlungen des 7. deutsches Sociologentages*. Tübingen, 1931.

_____. *Centre de Sciences Politiques de L'Institut d'Études Juridiques de Nice, L'opinion publique*. Paris, 1957.

DICEY, A. V. *Law and Public Opinion in England*. London, 1905.

DOOB, L. W. *Public Opinion and Propaganda*. New York, 1951.

FLAD, R. *Der Begriff der öffentlichen Meinung bei Stein, Arndt, Humboldt*. Berlin/Leipzig, 1929.

FRAENKEL, E. Parlament und öffentliche Meinung. In: *Festschrift für Herzfeld*. Berlin, 1957.

_____. Öffentliche Meinung und internationale Politik. *Recht und Staat*, H. 255-6, Tübingen, 1962.

GLICKMAN, H. Viewing Public Opinion in Politics. *Public Opinion Quarterly*, v.23, 1959.

HABERMAS, J. Verwissenschaftliche Politik und öffentliche Meinung. In: REICH, R. (Org.). *Festschrift für H. Barth*. Zürich, 1964.

HENNIS, W. Der Begriff der öffentlichen Meinung bei Rousseau. *Archiv für Rechts- und Sozialphilosophie*, Bd. 43, 1957.

_____. Meinungsforschung und repräsentative Demokratie. *Recht und Staat*, H. 200-1, Tübingen, 1957.

HENTIG, H. Gedanken zur öffentlichen Meinung. *Zeitschrift Merkur*, H. 180, Febr. 1963.

HOFSTÄTTER, P. R. *Psychologie der öffentlichen Meinung*. Wien, 1949.

HÖLZEN, E. *Wandel und Begriff der öffentlichen Meinung im 19. Jahrhundert*. Tese de doutorado. Hamburg, 1958.

HOLTZENDORFF, F. *Wesen und Wert der öffentlichen Meinung.* München, 1879.

HUBER, H. Öffentliche Meinung und Demokratie. In: *Festschrift für K. Weber.* Zürich, 1950.

HYMAN, H. H. Toward a Theory of Public Opinion. *Public Opinion Quarterly,* v.21, 1957.

KATZ, D.; CARTWRIGHT, D.; MCLUNG LEE, A. *Public Opinion and Propaganda.* New York, 1954.

LANDSHUT, S. Über einige Grundbegriffe der Politik. *Archiv für Sozialwissenschaft und Sozialpolitik,* Bd. 54, 1925; bes. Abschn. II, S. 59 ff.: Der circulus vitiosus der öffentlichen Meinung als entscheidender Instanz.

_____. Volkssouveränität und öffentliche Meinung. In: *Festschrift für Laun.* Hamburg, 1953.

LASSWELL, H. D. Democracy by Public Opinion. In: BERELSON, B.; JANOWITZ, M. (Org.). *Public Opinion and Communication.* Glencoe, 1950.

_____. The Impact of Public Opinion Research on our Society. *Public Opinion Quarterly,* v.21, 1957.

LAZARSFELD, P. Public Opinion and Classical Tradition. *Public Opinion Quarterly,* v.21, 1957.

LEE, A. M. Sociological Theory in Public Opinion and Attitude Studies. *American Society Review,* v.12, 1947.

LENZ, F. *Werden und Wesen der öffentlichen Meinung.* München, 1956.

_____. Die politischen Faktoren der Meinungsbildung. *Publizistik,* Bd. 5, 1960.

LIPPMANN, W. *Public Opinion.* New York, 1961.

LÖFFLER, M. (Org.). *Die öffentliche Meinung.* Mit Beiträgen von A. Arndt, E. Noelle-Neumann, W. Haacke u. a. München/Berlin, 1962.

LOWELL, A. *Public Opinion and Popular Government.* New York, 1913.

MANHEIM, E. *Die Träger der öffentlichen Meinung.* München, 1923.

MINOR, D. W. Public Opinion in the Perspective of Political Theory. *Western Political Quarterly,* v.13, 1960.

MISCHKE, R. *Die Entstehung der öffentlichen Meinung im 18. Jahrhundert*. Tese de doutorado em Ciência Política. Hamburg, 1958.

OGLE, M. B. *Public Opinion and Political Dynamics*. Boston, 1950.

ONCKEN, H. Politik, Geschitsschreibung und öffentlichen Meinung. *Historisch-Politische Aufsätze und Reden*, Bd. 1, Berlin/München, 1914.

PALMER, P. A. The Concept of Public Opinion in Political Theory. In: BERELSON, B.; JANOWITZ, M. (Org.). *Public Opinion and Communication*. Glencoe, 1950.

POWELL, N. J. *Anatomy of Public Opinion*. New York, 1951.

RIETZLER; K. What is Public Opinion? *Social Research*, v.2, 1944.

SCHMIDTCHEN. G. *Eine Revision des Begriffs der öffentlichen Meinung*. In: _____. *Die befragte Nation*. Freiburg, 1959.

SEIDEL, H. *Vom Mythos der öffentlichen Meinung*. Aschaffenburg, 1961.

SPEIER, H. The Historical Development of Public Opinion. In: _____. *Social Order and the Risks of War*. New York, 1952.

TARDE, G. *L'opinion et la foule*. Paris, 1901.

TÖNNIES, F. *Kritik der öffentlichen Meinung*. Berlin, 1922.

TRUMAN, D. B. *The Governmental Process, Political Interests and Public Opinion*. New York, 1951.

WEIPPERT, G. Öffentliche Meinung. In: BECKERATH, E. von et al. (Org.). *Handwörterbuch der Sozialwissenschaften*. Göttingen, 1961.

WILSON, F. G. Public Opinion and the Middle Class. *The Review of Politics*, v.17, 1955.

WUTTKE, H. *Die deutschen Zeitschriften und die Entstehung der öffentlichen Meinung*. Leipzig, 1875.

ZWEIG, F. A Note on Public Opinion Research. *Kyklos*, v.10, 1957.

Bibliografia do Prefácio à nova edição de 1990

ABENDROTH, W. Zum Begriff des demokratischen und sozialen Rechtsstaates. In: FORSTHOFF, E. (Org.), *Rechtsstaatlichkeit und Sozialstaatlichkeit*. Darmstadt, 1968.

ALMOND, G.; VERBA, S. *The Civic Culture:* Political Attitudes and Democracy in Five Nations. Princeton, 1963.

_____; _____ (Org.). *The Civic Culture Revisited.* Boston, 1980.

APEL, K. O. *Diskurs und Verantwortung.* Frankfurt am Main, 1988.

ARATO, A.; COHEN, J. Civil Society and Social Theory. *Thesis Eleven,* n. 21, 1988.

_____. Politics and the Reconstruction of the Concept of Civil Society. In: HONNETH, A. et al. (Org.). *Zwischenbetrachtungen.* Frankfurt am Main, 1989.

BARNES, S. H.; KAASE, M. (Org.). *Political Action:* Mass Participation in Western Democracies. Beverly Hills, 1979.

BELLAH, R. B. et al. *Habits of the Heart.* Berkeley, 1985.

BENHABIB, S. *Norm, Critique, Utopia.* New York, 1987.

BOBBIO, N. *The Future of Democracy.* Oxford, 1987.

BÖCKENFÖRDE, E. W. Die Bedeutung der Unterscheidung von Staat und Gesellschaft im demokratischen Sozialstaat der Gegenwart. In: _____. *Staat, Gesellschaft, Freiheit.* Frankfurt am Main, 1976.

CALHOUN, C. Populist Politics, Communications Media and Large Scale Societal Integration. *Social Theory,* v.6, 1988.

COHEN, J. Deliberation and Democratic Legitimacy. In: HAMLIN, A.; PETTIT, P. (Org.). *The Good Polity.* Oxford, 1989.

DAVIS, N. Z. *Humanismus, Narrenherrschaft und die Riten der Gewalt.* Frankfurt am Main, 1987.

DÜLMEN, R. von. *Die Gesellschaft der Aufklärer.* Frankfurt am Main, 1986.

EDER, K. *Geschichte als Lernprozeß.* Frankfurt am Main, 1985.

ELEY, G. *Nations, Publics, and Political Cultures:* Placing Habermas in the Nineteenth Century. Ms. 1989.

FORSTHOFF, E. (Org.). *Rechtsstaatlichkeit und Sozialstaatlichkeit.* Darmstadt, 1968.

_____. Begriff und Wesen des sozialen Rechtsstaates. In: _____ (Org.). *Rechtsstaatlichkeit und Sozialstaatlichkeit.* Darmstadt, 1968.

GANS, H. *Deciding what's News.* New York, 1979.

GITLIN, T. Media Sociology: The Dominant Paradigm. *Theory and Society*, v.6, 1978.

―――. *The Whole World is Watching*. Berkeley, 1983.

GOODING, R. E. Laundering Preferences. In: ELSTER, J.; HYLLAND, A. (Org.). *Foundations of Social Choice Theory*. Cambridge, 1986.

GOULDNER, A. W. *The Dialectic of Ideology and Technology*. New York, 1976.

GÖRTZEN, R. *J. Habermas:* Eine Bibliographie seiner Schriften und der Sekundärliteratur 1952-1981. Frankfurt am Main, 1981.

GRIMM, D. *Recht und Staat der bürgerlichen Gesellschaft*. Frankfurt am Main, 1987.

GÜNTHER, K. *Der Sinn für Angemessenheit*. Frankfurt am Main, 1987.

HABERMAS, J. *Legitimationsprobleme im Spätkapitalismus*. Frankfurt am Main, 1973.

―――. Historischer Materialismus und die Entwicklung normativer Strukturen. In: ―――. *Zur Rekonstruktion des Historischen Materialismus*. Frankfurt am Main, 1976.

―――. *Theorie des kommunikativen Handels*. Bd. 2. Frankfurt am Main, 1981.

―――. *Moralbewußtsein und kommunikativens Handeln*. Frankfurt am Main, 1983.

―――. Entgegnung. In: HONNETH, A.; JOAS, H. (Org.). *Kommunikatives Handel*. Frankfurt am Main, 1986.

―――. Law and Morality. *The Tanner Lectures*. Cambridge/Massachusetts, v.VIII, 1988.

―――. *The Structural Transformation of the Public Sphere*. Boston, 1989.

―――. Towards a Communication Concept of Rational Collective Will-Formation. *Ratio Juris*, v.2, July 1989.

―――. Volkssouveränität als Verfahren. Ein normativer Begriff der Öffentlichkeit? In: Forum für Philosophie Bad Homburg. *Die Ideen von 1789 in der deutschen Rezeption*. Frankfurt am Main, 1989.

―――. *Die nachholende Revolution:* Kleine politische Schriften VII. Frankfurt am Main, 1990.

HABERMAS, J. Die klassische Lehre von der Politik in ihrem Verhältnis zur Sozialphilosophie. In: _____, *Theorie und Praxis*. Neuwied, 1963.

_____ et al. *Student und Politik*. Neuwied, 1961.

HALL, C. Private Persons versus Public Someones: Class, Gender and Politics in England, 1780-1850. In: STEEDMAN, C.; URWIN, C.; WALKERDINE, V. (Org.). *Language, Gender and Childhood*. London, 1985.

HALL, St. Encoding and Decoding in the TV Discourse. In: _____ (Org.). *Culture, Media, Language*. London, 1980.

HEERS, J. *Vom Mummenschanz zum Machttheater*. Frankfurt am Main, 1986.

HOHENDAHL, P. U. *Literarische Kultur im Zeitalter des Liberalismus, 1830-1870*. München, 1985.

HOLLIS, P. (Org.). *Pressure from without*. London, 1974.

HONNETH, A. *Kritik der Macht*. Frankfurt am Main, 1985.

HUBER, E. R. Rechtsstaat und Sozialstaat in der modernen Industriegesellschaft. In: FORSTHOFF, E. (Org.). *Rechtsstaatlichkeit und Sozialstaatlichkeit*. Darmstadt, 1968.

JÄGER, W. *Öffentlichkeit und Parlamentarismus:* eine Kritik an Jürgen Habermas. Stuttgart, 1973.

KATZ, E. Communication Research since Lazarsfeld. *Public Opinion Quarterly*, winter 1987.

KEANE, J. Despotism and Democracy. The Origins of the Distinction between Civil Society and the State, 1750-1850. In: _____. *Civil Society and the State*. London, 1988.

_____. *Democracy and Civil Society:* On the Predicaments of European Socialism. London, 1988.

KLAPPER, J. T. *The Effects of Mass Communication*. Glencoe, 1960.

KOSELLECK, R.; REICHARDT, R. (Org.). *Die französische Revolution als Bruch des gesellschaftlichen Bewußtseins*. München, 1988.

KÜBLER, F. (Org.). *Verrechtlichung von Wirtschaft, Arbeit und sozialer Solidarität*. Baden-Baden, 1984.

LANDES, J. B. *Women and the Public Sphere in the Age of the French Revolution*. Ithaca, 1988.

LANGENBUCHER, W. R. (Org.). *Zur Theorie der politischen Kommunikation*. München, 1974.

LODZIAK, C. *The Power of Television*. London, 1986.

LOTTES, G. *Politische Aufklärung und plebejisches Publikum*. München, 1979.

MANIN, B. On Legitimacy and Political Deliberation. *Political Theory*, v.15, 1987.

MEYROVITZ, J. *No Sense of Place*. Oxford, 1985.

MORLEY, D. *Family Television*. London, 1988.

NEGT, O.; KLUGE, A. *Erfahrung und Öffentlichkeit. Zur organisationsanalyse bürgerlicher und proletarischer Öffentlichkeit*. Frankfurt am Main, 1972.

OFFE, C. Bindung, Fessel, Bremse. Die Unübersichtlichkeit von Selbstbeschränkungsformeln. In: HONNETH, A. et al. (Org.). *Zwischenbetrachtungen*. Frankfurt am Main, 1989.

_____; PREUSS, U. K. *Can Democratic Institutions make Efficient Use of Moral Resources?*, 1989. (Manuscrito.)

PATEMAN, C. The Fraternal Social Contract. In: KEANE, J. (Org.). *Civil Society and the State*. London, 1988.

PLUMB, J. H. The Public, Literature and the Arts in the Eighteenth Century. In: MARRUS, M. R. (Org.). *The Emergence of Leisure*. New York, 1974.

PREUSS, U. Was heißt radikale Demokratie heute? In: Forum für Philosophie Bad Homburg. *Die Ideen von 1789 in der deutschen Rezeption*. Frankfurt am Main, 1989.

PROKOP, D. (Org.). *Medienforschung:* Konzerne, Macher, Kontrolleure. Bd. I. Frankfurt am Main, 1985.

RÖDEL, U.; FRANKENBERG, G.; DUBIEL, H. *Die demokratische Frage*. Frankfurt am Main, 1989.

SENNETT, R. *The Fall of Public Man*. New York, 1977.

THOMPSON, E. P. *Making of the English Working Class*. Frankfurt am Main, 1985. (Tradução alemã.)

TUCKMANN, G. Mass Media Institutions. In: SMELSER, N. (Org.). *Handbook of sociology*. New York, 1988.

WEHLER, H. U. *Deutsche Gesellschaftsgeschichte*. Bd. 1-2. München, 1987.

WILLIAMS, R. *The Long Revolution*. London, 1961.
_____. *Communications.* London, 1962.
_____. *Television: Technology and Cultural Form.* London, 1974.
_____. *Keywords: A Vocabulary of Culture and Society.* London, 1983.

Índice onomástico

A
Abendroth, W. 5, 16, 32, 55-6, 67, 426-7, 445, 472, 476
Achinger, H. 333, 351, 517
Ackermann, B. 73
Addison, J. 153, 162-3, 189
Adorno, T. 12, 15, 18, 31, 368, 383, 455, 521-2
Alary, A. 203
Albig, W. 496, 523
Alewyn, R. 107-8, 512
Almond, G. A. 60, 527
Altick, R. 153, 175, 513
Altmann, R. 428-9, 444, 516-7
Anders, G. 377, 521
Apel, K. O. 73, 527
Arato, A. 84-5, 527
Arbuthnot, J. 189
Archenholz, J. W. 211
Arendt, H. 18, 83, 97, 123, 513
Aristóteles 97
Arndt, E. M. 474
Aron, R. 454, 486, 519
Ashley, W. 219, 511
Auerbach, E. 141, 155, 513

B
Bahrdt, H. P. 167-8, 349, 356, 483, 516
Bakhtin, M. 44
Balet, L. 156, 211, 513
Barber, E. G. 203, 511
Barnes, S. H. 61, 527
Barth, F. H. 524
Bartlett, J. 241
Bauer, W. 191, 204-5, 261, 523
Baumert, D. P. 397, 514
Bäumler, A. 241
Bayle, P. 244-5
Bellah, R. N. 60, 527
Benhabib, S. 66, 527
Bentham, L. J. 233, 257-60, 315-6
Bentley, A. F. 495

Berelson, B. R. 447-8, 450, 520-1, 524-6
Bergasse 257
Bergsträßer, L. 514, 516
Berle, A. A. 335, 339, 517
Bernays, E. L. 414, 417, 522
Bismarck, O. v. 333-4
Blackstone, W. 434
Bleichröder 401
Bleyer, W. G. 373, 514
Blucher, V. Graf 461
Blumer, H. 509, 524
Bluntschli, J. K. 320-1
Bobbio, N. 63, 527
Böckenförde, E. W. 50-1, 178, 226, 393, 515, 527
Bode, H. 125, 514
Bodmer, J. J. 152
Bogart, L. 377, 522
Böhm, M. v. 204, 513
Bolingbroke, H. 189-90, 196, 203, 246-7
Borkenau, F. 181, 202
Braubach, M. 210, 514
Breitinger, J. J. 152
Brentano, L. 218, 224, 511
Brinkmann, C. 420
Brodbeck, A. J. 448, 519
Brunner, F. O. 100, 106, 124, 136, 454, 511, 513, 515
Bryce, J. 494
Bücher, K. 119, 127, 396, 400, 514
Bunzel, J. H. 332, 519
Burckhardt, J.

Burdick, E. 448, 519
Burgess, E. W. 353
Burke, E. 79, 247-9, 259, 434
Burnham, J. 347
Butler, E. D. 448, 519

C
Calhoun, C. 62, 527
Campbell, A. 519
Carlos I. 243
Carlos II. 25, 127, 143, 155
Carolus, J. 117
Censer, J. 39
Chamisso, A. v. 362
Child, H. L. 497
Clark, J, M. 339, 517
Cohen, J. 72, 84-5, 527
Coing, H. 214, 515
Colbert, H. B. 122, 157
Congreve, W. 155
Conrad, H. 214, 515
Conze, W. 221, 511
Cotta, J. Fr. 398
Coyer 202
Cunningham, W. 220, 512

D
d'Alembert, J. 146, 203, 245
d'Argenson 204
Dahl, R. A. 424, 519
Dahrendorf, R. 330, 512
Day, B. 371
Dechamps, B. 519
Defoe, D. 25, 189
Dempf, A. 102

Dicey, A. V. 494, 524
Dideror, D.
Dilthey, W. 181
Dobb, M. 114, 122, 186, 331, 409, 512
Doob, L. W. 495-6, 524
Dovifat, E. 401, 406, 514
Downs, A. 338, 517
Dresdner, A. 518, 161, 513
Drucker, P. F. 347
Dryden, J. 144, 153, 155
Dubiel, H. 80, 530
Dülmen, R. v. 39, 527
Dumont, M. 398
Duverger, M. 433, 448, 519
Dworkin, R. 73

E
Eder, K. 39, 527
Eichler, W. 455
Eisermann, G. 233
Eldersveld, S. J, 448
Eley, G. 38, 40-1, 48, 527
Elster, J, 528
Emden, C. S. 188, 197, 200, 515
Engels, F. 296, 304-5
Enzensberger, H. M. 368, 384, 522
Escarpit, R. 371, 522
Eschenburg, T. 444, 517, 519
Eulau, H. 448, 519
Everth, E. 119, 127, 201, 515

F
Fabricant, S. 335
Faul, E. J. 461, 519

Feddersen, J. 455
Feuerbach, A. 440
Field, H. H. 453, 520
Filipe de Orléans 142
Fine, B. J, 363, 522
Fischer, H. 117, 514
Fischer, W. 129, 513
Flad, R. 263, 524
Flöter, H. H. 455
Forster, F. G. 246, 261-2
Forsthoff, E. 55, 338, 391, 421, 468, 470, 477-8, 515, 517, 526-7, 529
Foucault, M. 47
Fox, C. 198-9
Fraenkel, E. 231, 316, 485, 491-2, 515-6, 520, 524
François, E. 39
Frankenberg, G. 80, 530
Freud, S. 169
Friedeburg, L. v. 349, 446, 460, 520
Friedmann, W. 338, 343, 517
Friedrich II. 246, 261, 432, 483
Friesenhahn, E. 437, 520
Fromm, E. 169
Fugger 117

G
Gadamer, H. G. 102, 106-7, 239
Galbraith, J. K. 222, 335, 338, 410, 512, 518
Galiani, E. 147
Gans, H. 62, 288, 527
Gay, J. 189

Gehlen, A. 364, 384, 522
Geiger, T. 383
Gellert, C. F. 172-3
Gerber, K. F. W. v. 469, 518
Girardin, E. 371
Gitlin, T. 61-2, 528
Gladstone, W. E. 432
Gleim, J. W. L. 173
Goethe, J. W. v. 111-3, 173
Goitsch, H. 125, 514
Goldschmidt, M. L. 325-6, 358, 516
Goodin, R. E. 77
Görtzen, R. 37, 528
Gotthelf, J. 110
Gottsched, J. C. 147, 155-6, 160
Goudet 448, 520
Gouldner, A. W. 46, 521, 528
Graciã, B. 106
Greiser, F. 411
Grimm, D. 52, 528
Grimm, irmãos 134, 158
Gross, H. 415
Groth, H. 126, 128, 133, 156, 211, 230, 399, 402, 404, 514
Grotius, H. 127
Grundmann, W. 444
Guizot, G. 260
Günther, K. 73, 528
Gurie 448, 519
Gutenberg, J. 401

H
Haftendorn, H. 438, 517
Hall, C. 45, 529

Hall, S. 62, 529
Hallgarten, W. 330
Hamlin, A. 527
Hansenstein, F. 410
Hanson, L. 189, 192, 514
Hardenberg, K. A. v. 218
Harley 189
Harpe, Le 252
Harrington 144
Harris, C. 453, 520
Harrison 448
Hartenstein, F. 460, 520
Hartung, F. 207-8, 229, 515
Hasbach, W. 187, 515
Hauser, A. 104, 142, 144-6, 154, 156, 162, 174, 382-3, 508, 513-4, 518
Havas, C. 401, 405-6
Haym, R. 431
Heard, A. 444
Hearst, W. R. 404
Heckscher, G. 120, 122, 131
Hedemann, J. W. 340
Heers, J. 44, 529
Hegel, G. F. W. 28, 51, 69, 82, 135-6, 170, 240, 286-96, 303
Heilborn, E. 513
Heller, H. 427
Hennis, W. 89, 256, 491, 524
Herder, J. G. 172
Heydte, F. A. v. d. 474
Heynatz 95
Hicks, U. 335
Hilferding, R. 512

Hilger, D. 247, 433
Hiller, A. 160
Hirsch, E. 448, 520
Hobbes, T. 178-9, 227, 242-3, 245, 265
Hofstätter, P. R. 497, 524
Hohendahl, P. U. 40, 529
Hollis, P. 40, 529
Holtzendorff, F. v. 494, 525
Hölzen, E. 494, 524
Honneth, A. 68, 527-30
Horkheimer, M. 12, 15, 18, 31, 169, 171, 455, 512, 521-2
Huber, H. 55, 337, 341-2, 344, 489, 518, 525, 529
Hughes, H. M. 375
Huizinga, J. 105, 513
Humboldt 263, 332, 524
Hundhausen, C. 415, 522
Hylland, A. 528
Hyman, W. H. 497, 525

I
Inglehart, R. 60
Ipsen, H. P. 469, 518

J
Jäger, W. 37, 529
Jahn, H. E. 419
Janowitz, M. 448, 451-3, 519-21, 524-6
Jellinek, W. 229, 515, 517
Jentsch, J. 210, 514
Joachimsen, P. 109
Joas, H. 528

Jones, R. D. 381
Jorge I. 189
Jorge III. 259
José II. 146

K
Kaase, M. 61, 527
Kaiser, J. 425
Kant, I. 75, 135, 240, 264-8, 270-8, 280-1, 284-5, 287-8, 293-4, 393, 485
Katz, E. 61, 450, 498, 522, 525, 529
Kayser, W. 174, 369, 513, 522
Keane, J. 53, 82-3, 529-30
Kelley, S. 414, 522
Kempters, K. 125, 514
Kieslich, G. 380, 522
Kirchheimer, O. 423, 427, 436, 458, 518, 520
Kirchner, J. 98, 101, 372, 514-5, 522
Kitzinger, U. W. 444, 446, 448, 520
Klapper, J. T. 61, 529
Kluge, A. 42, 530
Kluxen, K. 186, 190, 196, 515
Knebel, H. J. 380, 522
König, H. 353
König, R. 335, 383
Koselleck, R. 39, 204, 240, 243, 245, 252, 274, 529
Krauch, H. 486
Kropff, J. F. 522
Krüger, H. P. 69

Kübler, E. 57, 529
Kuczynski, J. 250
Kugelmann, L. 324
Kuske, B. 129, 512

L
Landshut, S. 311, 489, 525
Langenbucher, W. R. 59, 530
Larabee, E. 377, 522
Lask, E. 178
Lazarsfeld, P. F. 61, 448, 450, 497-8, 520, 522, 525, 529
Le Brune 157
Leavis, G. D. 175, 513
Lee, I. 414
Lefort, C. 80
Leibholz, G. 392, 436, 492, 520
Lenin, W. I. 324
Lenk, K. 236
Lenz, F. 400, 474, 525
Lessing, G. E. 148-9, 156, 160
Liepelt, K. 461, 520
Linz, J. 450
Littmann, K. 338, 518
Locke, J. 178-9, 183, 226, 243-4, 247, 254-5, 353
Lodziak, C. 61, 530
Löffler, M. 444, 520, 525
Lohmann, K. 489, 520
Lohmar, U. 445
Lorenzen, P. 73
Lottes, G. 42, 530
Lowell, A. 494-5, 525
Löwenstein, K. 193, 195, 515
Löwenthal, L. 378, 523

Ludwig XIV.
Ludwig XVI.
Lukács, G. 330, 512

M
Maccoby, E. E. 363
Maine 142
Malesherbes, G. 204
Mandeville, B. 275
Mangold, W. 503, 523
Manin, B. 70-1, 530
Mannheim, K. 484, 520
Maquiavel, N. 177
Marcuse, H. 12, 353, 361
Marrus, M. R. 530
Marvell, A. 144
Marvick, D. 451, 520
Marx, K. 8, 12, 28-9, 49, 51, 82, 183, 240, 250, 287, 295-8, 300-1, 303-6, 324-5, 333, 387
McCallum, R. 448, 519
McPhee, W. N. 448, 520
Means, G. 335, 517
Mencken, O. 132
Menger, G. 340
Mercier, L. S. 250
Meredith, H. O. 219, 512
Meyer-Dohm, P. 371
Meyersohn, R. 61, 367, 377, 381, 522, 523
Meyrowitz, J. 85-6
Mill, J. S. 29, 64, 234, 246, 306, 309-17, 319, 322
Miller, W. E. 448, 519

Mills, C. W. 507-8, 518
Milton, J. 144, 314
Minor, D. W. 497, 525
Mirabeau, H. G. de 204
Mischke, R. 240, 250, 403, 526
Mommsen, W. 433
Montesquieu, C. Baron de 178-9, 203, 226, 253, 319
Morrison, S. 127, 515
Mosse, R. 404
Mylius, C. 160

N
Naef, W.
Napoleão I. 113, 207
Napoleão III. 324, 333
Naumann, F. 432
Necker, J. 204-5
Negt, O. 42, 530
Neumann, F. 332, 390-1, 433, 521
Neumann, S. 433
Neumark, F. 231, 336, 483, 518
Nicholas, H. G. 448, 521
Nicolai, F. 160
Niebuhr, B. 320
Niedermeyer, H. 519
Nietzsche, F. 113
Nipperdey, H.-C. 475, 521
Nixon, R. B. 404
Noelle, E. 379, 500, 523, 525
Northcliffe, A. C. W. 404

O
Oehler, K. 239
Offe, C. 77-8, 81, 83, 530

Ogle, M. B. 496, 526
Owen, R. 42

P
Palmer, P. A. 495, 526
Parfaict, F. 155
Park, R. E. 372, 515
Parsons, T. 60
Pateman, C. 46-7, 530
Peel, R. 200
Pelczynski, Z. A. 83
Pepys, S. 144
Perroux, F. 484
Pettit, P. 527
Pirenne, H. 115
Pitt, W. 199, 220
Platão 240, 283
Plessner, H. 150, 330, 358, 433, 512, 517
Plumb, J. H. 40, 530
Pope, A. 189, 190
Posselt 398
Powell, N. J. 495, 497, 526
Preuss, U. 70, 78, 530
Prokop, D. 57, 530
Pulitzer, J. 371

Q
Quesnay, F. 204

R
Ramm, T. 426, 443, 466, 521
Rathenau, W. 347
Rawls, J. 73
Readman 448, 519

Redslob, R. 257, 515
Reich, R. 404, 524
Reichardt, R. 39, 529
Reinhold, H. 144, 513
Renaudot, T. 127
Renner, K. 340, 484, 518
Retat, P. 39
Reuters, P. J., 401-2, 405-6
Ricardo, D. 235, 289
Richardson, S. 173-4, 382
Richelieu 127
Ridder, H. 424, 442, 444-5, 468-9, 473, 518
Riedel, M. 124, 177, 295
Riehl, W. 166, 512
Riesman, D. 364, 377, 413, 456, 521, 523
Riezler, K. 502
Robespierre, M. 91, 203
Rochau, A. L. v. 431
Rödel, U. 80, 530
Rosenberg, B. 377, 523
Rousseau, J. J. 70, 173, 227, 246, 250, 252-4, 256, 272
Rupnik, J. 83

S

Saint-Simon, H. 304
Sallo, D. de 132
Sauvy, A. 490, 523
Say, J .B. 289, 331
Schäffle, A. 494
Schelsky, H. 345, 352-3, 365, 428, 443, 483, 498, 512, 523
Scheuner, U. 223, 336, 521

Schieder, T. 322, 431, 516
Schiller, F. v. 211, 362, 370
Schlözer, A. L. 211
Schmidtchen, G. 456-60, 498-9, 521, 526
Schmitt, C. 102-4, 177, 225, 243, 250, 260, 391, 437, 483, 513, 516, 518, 521
Schmoller, G. 119, 512
Schneider, H. 390, 518
Schöne, W. 133
Schramm, W. 374, 411, 512, 515, 523
Schubart, C. F. D. 211
Schubert 461, 520
Schücking, L. L. 363, 513
Schulz, G. 422, 518
Schumpeter, J. A. 79, 123, 512, 518
Schwab, G. 362
Schweizer, A. 335
Sée, H. 115, 119, 512
Seldes, G. 375, 523
Sennett, R. 43-44
Shaftesbury, A. 241
Shakespeare, W. 240-1
Siebert, W. 344, 519
Simitis, S. 342, 345
Smelser, N. 530
Smend, R. 206, 517
Smith, A. 233, 289
Sombart, W. 114, 117, 127, 132, 410
Speier, H. 188, 526
Spencer, H. 372

St. Pierre, Abbé 204
Stadelmann, R. 129, 513
Staël, A. L. G. de 174
Stahl, F. J. 319-20
Stammer, O. 422, 443, 521
Stanford, F. H. 453
Steedman, C. 529
Steele, R. 144, 153, 162, 189, 246
Steffani, W. 439, 521
Stein, K. v. 263, 517
Stein, L. v. 49
Steinberg, C. S. 376, 414-7, 523
Steinhausen, G. 172, 513
Stephen, L. 144, 161, 513
Sterne, L. 174
Stouffer, S. A. 453
Strachey, L. G. 334-5, 337, 339, 519
Suarez, F. 215
Sultan, H. 427, 483, 521
Swanson, C. E. 381, 523
Swift, J. 25, 189

T
Tarde, G. 494, 526
Thomasius, C. 132
Thompson, E. 42, 530
Thomssen, W. 384
Tocqueville, A. 8, 29, 64, 306, 309, 311-3, 317, 319, 322-4, 333
Tönnies, F.
Töpfer, G. 411
Treitschke, H. v. 431
Treue, W. 131, 512

Trevelyan, G. M. 143, 145, 155, 165, 513
Tuckmann, G. 62, 530
Turgot, A. R. 204, 252
Tutchin 189

U
Ullstein, L. 404
Urwin, C. 529

V
Vajda, M. 83
Valjavec, F. 210, 516
Verba, S. 60, 527
Voider, U. de
Voltaire, F.-M. 203

W
Wagner, A. 335, 517
Walkerdine, V. 529
Walpole, R. 189, 196, 204
Ward, N. 145
Watt, J. 154, 514
Weber, K. 525
Weber, M. 65, 79, 223, 430-1, 433, 482, 512, 514-7, 519
Weber, W. 421-2
Wehler, H. U. 38, 50, 530
Weigand, G. 253
Weiß, J. A. 367
Wekherlein, L. 211
Welcker, C. T. 320, 440
Westerfrölke, H. 144-5, 162, 514
White, D. M. 374
Whyte, W. H. 354, 519

Wieacker, F. 216-7, 223, 341, 516
Wieland, M. 211, 262-3
Wilhelm III. 111, 113, 332, 514
Wilkes 192, 197
Williams, R. 40, 57, 151, 448, 514, 531
Wilson, F. G. 485, 491, 526
Wirth 403

Wittich, W. 111, 514
Wittram, R. 152
Wolff, B. 401, 405
Woodfall 192
Wuttke, H. 526

Z

Zweig, F. 500, 526

Índice remissivo

A

Absolutismo 27, 109, 148, 199, 208, 213, 216, 230, 252, 256, 319, 343, 459
Absolutismo parlamentar 199
Ação comunicativa 33, 66-9, 80-1, 85
Aclamação 30-1, 187, 256, 387, 393, 426-7, 429, 433, 446, 457, 459, 462, 486
Acumulação de capital 169, 298, 331
Administração 21, 26, 30, 120-2, 124-9, 131-2, 303, 337, 344, 349, 386, 421, 469, 483, 499, 500-1
Administração pública 479
Administração pública das finanças 120
Administradores das campanhas eleitorais, 453
Ajuste de interesses 423-4, 484

Âmbito do consumo 359, 456
Âmbito íntimo 23, 138, 361
Analfabetos 153
Antagonismo de classes 303
Antagonismo de classes 414
Antagonismo de interesses 64, 484
Aparato do Estado 68, 242, 423, 443
Aparato do partido 434
Aparatos de comunicação 416
Aristocracia 141, 144, 146, 154, 186, 309, 317-8, 321, 397
Aristocracia urbana 141
Arte 143, 150, 156-8, 161, 163, 203, 246, 264, 366, 383
Artesão 216, 276, 321
Assembleia 103, 185, 194, 201, 257-9, 288, 291, 310, 392, 410, 437, 457, 474
Assembleia de delegados 103
Assembleia dos estamentos 185, 291

Assembleia nacional 257, 310, 431
Assembleias regionais 136, 208
Associação de interesses 435
Associações econômicas 479
Associações públicas 428
Atividade do Estado 335
Atos administrativos 131
Atributo de *status* 101
Autoalienação 253
Autocompreensão política 98, 138
Autodeterminação 19, 56, 65, 252, 316, 472
Autonomia 19, 51, 96, 99, 141, 168, 181, 229, 231, 275, 304, 328, 340, 342, 346, 360-1, 389, 398, 403, 460, 467, 479, 509
Autonomia privada 23, 52-5, 110, 111, 168, 170, 212, 228, 233, 253, 271, 275, 299, 302, 304-5, 328, 333, 342, 347, 352, 378, 390, 424, 464-5, 476, 479
Autoridade 19-20, 26, 103, 110, 112, 120-2, 128, 130-1, 134-5, 149-51, 159, 169-70, 176, 179, 202, 204, 212-3, 217, 242, 246, 251, 255, 268, 304, 314, 357, 417, 428, 489
Autoridade divina 110
Autoridade política 136, 243, 295, 300, 304
Autoridade pública 21, 27, 327-8
Autoridade racional 295, 300

B

Banquetes para notáveis 108
Base natural 278, 280-1, 284, 287, 307-8
Bem comum 70, 75, 94, 100, 254, 424, 476
Bem-estar 30, 221, 262, 280-1, 284-5, 323, 349, 460, 462
Bens do Estado 120
Biblioteca pública 175
Boa sociedade 94, 106, 109, 111
Burguesia 23, 27, 50, 112, 130, 141, 144, 146, 155, 171, 175, 186, 193, 201-3, 208-9, 231, 301, 309, 319, 321, 362, 367, 382-3, 467
Burocracia 30, 50, 63, 93, 110, 131, 178, 202, 230-1, 324, 346, 421, 482-3

C

Cafés 24-5, 139, 143-5, 147, 149-50, 160-2, 175, 188-9, 362
Cálculo 116, 223, 233, 396, 400, 414
Cálculo sociopsicológico 457
Campesinato 114
Capacidade jurídica 214
Capital 116, 170, 218-9, 234, 299
Capital comercial 121, 193, 330

Capital financeiro 186
Capital industrial 193, 217-8, 224, 330, 401
Capitalismo 52, 109, 119, 124, 150, 187, 235, 329-30
Capitalismo comercial e financeiro 131
Capitalismo comercial e financeiro 131
Capitalismo concorrencial 220, 413, 474
Capitalismo do *laissez-faire* 219, 331
Capitalismo inicial 101, 105, 114-5, 119, 121, 125, 396
Caráter de Estado de direito 224-5, 476
Cartas de leitores 162
Catálogo de direitos fundamentais 465
Censura 25, 39-40, 125, 187-8, 200, 208, 244, 314, 399, 406
Censura prévia 187-8
Cidadania cosmopolita 270
Cidadão 70, 207, 235, 253, 278, 286, 299, 305, 467
Cidadão do Estado 70, 75, 305
Cidadão passivo 232-3
Cidadão politicamente ativo 235
Cidadãos ativos 233, 392, 492
Cidade 96, 108, 115, 129-30, 139-43, 147, 187, 349, 356-7, 380
Ciência 160, 163, 246
Ciência das finanças 124

Circulação de mercadorias 22, 53, 115-6, 119, 121, 123, 135, 138, 140, 168, 176, 187, 212, 218, 275, 287, 298, 333, 338, 345, 360, 395, 407, 479, 491
Circulação de notícias 116-7, 121, 126, 396, 404
Circulação do mercado 214
Círculos de leitura 175
Classe burguesa 28, 235, 301
Classe dominante 115, 236, 310
Classes 40, 42, 46, 53, 113, 186, 193-4, 202, 235, 251, 259, 262-3, 315, 320, 334, 340, 431-3, 450
Clima de opinião 451, 457
Clube do livro 175
Clubes 24-5, 82, 140, 175, 189, 198, 203, 301, 359, 362-3, 367, 369-70, 399, 430
Clubes burgueses 367
Coação da natureza 274, 284
Codeterminação 79, 229, 334, 465
Codificações 206, 214
Código civil 215
Código civil geral 215
Código civil prussiano 215
Coerção 23, 75-6, 168-9, 171, 236, 265, 272, 278, 284, 311-2, 332, 413, 418, 426, 434, 459, 490
Colonialismo 121
Comercialização 57, 154, 364, 368, 407-8

Comércio 115-6, 119, 122, 124-5, 128, 147, 186-7, 218-20, 271, 276-7, 291, 321, 330, 367, 396, 449
Comércio a longa distância 115
Companhias de comércio 121
Competência legislativa 180, 225
Componentes sociológicos 448
Comportamento eleitoral 59, 434, 446, 448, 450
Comportamento no tempo livre 357, 359
Comunicação 95, 117, 148, 199, 228, 270, 416, 450, 490, 493
Comunicação pública 38, 40-1, 43, 51, 58-9, 63-4, 70, 79, 82, 359-60, 363-4, 452, 473, 480, 483, 493, 506
Comunidade de consumo 352, 456
Comunificação 429
Comunismo 305, 324
Conceito de lei 225, 389, 392, 468, 471
Concentração de capital 330, 344, 346
Concerto 139, 158-9, 365
Concorrência 215, 223, 227, 253, 309, 311, 330, 332, 392, 408-10, 413-5, 423, 479, 484
Concorrência 215, 223, 227, 253, 309, 311, 330, 332, 392, 408-10, 413-5, 423, 479, 484
Concorrência de interesses 309, 408, 415, 423
Conflito 41, 46, 48, 157, 159, 170, 186, 225, 242, 265, 267-8, 282, 288, 290, 306, 314, 334, 382, 388, 408, 424, 426, 436, 480-1, 486, 491, 501, 509-10
Conflito de interesses 290
Conformidade 80, 169, 266, 282, 312, 354, 418, 437, 499
Consciência política, 179-80
Consenso 41, 70, 148, 227, 244, 254, 272, 309, 365, 392, 414, 417-8, 452, 484, 509-10
Constelações de poder 484
Constituição 193, 206-7, 227, 256, 282, 296, 470, 477
Constituição de Weimar 469
Constituição do Estado de direito liberal 466
Constituição francesa 470
Constituição revolucionária 206
Consumidor 31, 373, 378, 381-2, 413, 453, 456
Consumidor 418
Consumo 54, 57, 132, 218, 331, 338, 352, 358-61, 364, 366, 368-71, 373-5, 377, 380, 387, 399, 412-3, 419, 439, 481, 487, 504
Consumo conspícuo 154
Consumo de cultura 374, 380
Conteúdos de opinião 503-4

Contexto da vida 466
Contexto de comunicação 506
Contrato 46, 120, 136, 213-4, 217, 229, 253, 255, 340-4, 426
Controle 20, 25, 54-5, 58, 83, 120, 125, 137, 193, 204, 212, 230, 244, 255, 258, 266, 272, 304, 321, 325, 336, 355, 381, 401, 406, 410, 412, 439, 442, 444-5, 477-8, 481-3, 485, 490, 503
Corporação pública 110
Corporações 77-9, 110, 115, 194, 208, 215, 229, 296, 328, 344, 407, 482
Corte 20, 105-7, 109-12, 114, 116, 121, 125, 127, 130, 133, 139-43, 155-7, 164, 194, 196, 261, 429
Crise da economia mundial 410
Crítica 141, 143, 157, 176, 191, 245, 257, 298, 442
Crítica de arte 39, 158, 160-1
Crítica literária 159-63
Crítica privada 245
Crítica pública 198, 204, 247
Crítico 11-2, 26, 28-32, 61, 64, 159, 190-1, 194-5, 199, 212, 247, 264, 268, 325, 382, 388, 480-1, 183
Cultivo da opinião 415
Cultura 139, 151, 281, 367
Cultura burguesa 106, 359

Cultura de consumo 366, 370, 377, 380, 399, 439
Cultura de corte 114
Cultura de integração 410, 413, 454, 456, 504
Cultura de massa 40, 60-1, 366-8, 381, 439, 454

D
Decadência da esfera pública 43, 62, 98, 113, 325, 329, 383-4, 490, 509
Decisões eleitorais 453, 455
Delegados do partido 437
Deliberação 32, 71-2, 303, 423, 438, 483
Democracia 12, 19, 30, 32-3, 45, 49-50, 52, 56, 62-3, 65, 68, 70, 72, 75, 78, 85, 87, 256, 309, 318, 460, 472, 492
Democracia de massa 30, 49, 52, 441, 445, 492, 519
Democracia de massa do Estado de bem-estar social 70, 444, 507, 509
Democracia interna das federações 443
Democracia plebiscitária 492
Democracia social 98
Democratização 29, 32, 68, 82, 444, 481, 483, 486, 501
Deputado 257, 310, 431, 434-6
Desaparecimento da publicidade 483
Desapropriação 478

Desenvolvimento do Estado de bem-estar social 427, 478
Desintegração do eleitorado 456
Desorganização 290-1, 295, 388
Déspota do *oikos* 99, 124
Despotismo 207, 224, 322
Determinação das metas do Estado 469
Dever jurídico 281
Dialética 8, 18, 43, 45, 65, 104, 159, 287, 302, 304, 306, 329, 364, 389, 471, 486
Diferenças de classe 303
Dinâmica de grupo 497
Direcionar a informação 503
Direito 216, 271, 276
Direito a voto 448, 452
Direito burguês 48, 212, 221, 223, 225, 231-2, 235, 237, 260, 290, 295-7, 300, 316, 333, 340, 400, 449, 467, 471, 478, 488
Direito canônico 216
Direito civil 99, 214, 271, 466
Direito civil moderno 99
Direito comercial 215-6
Direito de associação burguês 425
Direito de votar 449, 467
Direito do senhor 101
Direito do trabalho 216-7
Direito fundamental 229, 257, 478
Direito industrial 216
Direito natural 52, 75, 124, 216, 222, 282, 390
Direito privado 215
Direito privado 50-1, 54, 99-100, 120, 136-7, 212-7, 222, 271, 337, 339-45, 466-7, 474
Direito romano 97-8, 120, 129, 216
Direitos de igualdade civil 432
Direitos de liberdade 228-9, 475
Direitos humanos 84, 228-9, 299, 319, 467, 470
Direitos liberais fundamentais 468, 471
Direitos sociais fundamentais 471
Discussão 251, 257, 266, 301, 314, 363-4
Discussão literária mediante razões 176, 182, 368
Discussão mediante razões 132-3, 136, 139, 144, 149, 161, 187, 236, 241, 244, 266, 271, 285, 288, 318, 322, 355, 359-60, 364-5, 374-5, 377, 384-5, 397-8, 408, 418, 447, 460
Discussão permanente 149
Discussão política mediante razões 138, 199, 204, 259, 291-2, 423, 438
Discussão pública 17, 22-3, 26, 30-1, 72, 83, 135, 137-9, 159-60, 164, 167, 179-80, 195, 199, 215, 226, 237, 244-5, 248, 254-6, 263, 302, 308, 364, 388-9, 392, 413,

418, 428-29, 437, 443, 445, 449, 462, 484, 494, 500, 505
Discussão pública mediante razões 22-3, 30, 135, 137-9, 164, 167, 179, 180, 195, 215, 226, 237, 256, 263, 302, 364, 388, 392, 413, 429, 443, 445, 449, 462, 505
Discussão publicística mediante razões 196
Disposição de ânimo econômico 114
Disposição natural 282
Disposição privada 242, 346, 406
Disputa eleitoral 460-3
Distribuição 70, 76, 154, 310, 335, 344, 356, 365, 369, 468-70
Dominação 16, 19-20, 22, 29, 56, 80, 98-9, 101, 114, 137, 177, 225-7, 259, 294, 498, 510
Dominação da lei 226
Dominação da opinião pública 197, 224, 306, 312
Dominação feudal 99-101, 107, 109, 121, 231, 250, 327
Dominação patriarcalista 182
Dominação política 51, 226, 300, 303, 307, 393, 418, 465, 482, 484, 486, 490, 494, 498, 500-1
Dominação violenta 314
Domínio de comunicação 117, 502

Domínio privado 21, 99, 132, 140, 168, 213, 300, 302, 326-9, 333, 339, 346, 359, 379, 386, 395, 418, 464, 477, 481
Doutrina da administração 124
Doutrina do direito 240, 265, 284

E
Economia 115, 120, 124
Economia clássica 224, 233, 330
Economia comercial 20
Economia de mercado 327, 410
Economia de trocas 176
Economia doméstica 18, 96, 115, 122, 124, 138
Economia escravocrata 96
Economia política 124, 138, 167, 233, 235, 289, 297, 325
Economia territorial 119
Economia tradicional 124
Economia urbana 120
Eleição 197, 228, 431, 446-7, 451, 460, 463
Eleitor 77, 433, 447, 456
Eleitorado 451
Eleitores flutuantes 451
Emancipação 11-2, 16, 46, 53, 163, 167-9, 182-3, 219, 243, 298, 309, 359, 382
Empreendedor 157, 323
Empregador 217
Enciclopédia 367

Ensaios periódicos 161
Ensejos publicitários 459
Equilíbrio de poder 30, 63, 68, 368
Equiparação da mulher 45
Era liberal 220, 329-30, 336, 343, 345, 347, 350, 407, 421, 430
Esclarecimento 18, 28, 39, 74, 98, 135, 148, 159, 161, 163-4, 175, 247, 263, 266-9, 282, 285-6, 292, 294, 317, 367, 418, 433, 453, 457, 500
Esfera íntima 21, 65, 138, 180-1, 228-9, 232, 345, 352, 354, 360-1, 379, 387
Esfera íntima burguesa 43, 503
Esfera íntima da família 53, 358
Esfera íntima da família conjugal 22, 53, 137, 169, 228, 358
Esfera privada 21, 38, 45-7, 52, 54, 96-7, 99, 101, 123, 138, 140, 167, 181-2, 221, 233, 235, 265, 269, 275, 277-8, 296, 302, 304, 325, 329, 334-5, 339, 345, 348, 355-6, 377, 391, 395, 408, 433, 435, 467
Esfera pública burguesa 18-9, 21, 25-9, 31-2, 37, 41-5, 48, 54, 65, 82, 89-91, 93, 98, 113-4, 130, 135, 137-8, 140, 147, 149, 164, 169, 176-7, 179, 182, 206, 232, 237, 239-40, 264, 274, 287, 295, 297-8, 300, 302, 304, 306-9, 325, 327, 329, 384, 386, 388-9, 419, 428, 430-1, 435, 447, 454, 465, 478, 480, 482, 486, 490, 510
Esfera pública cortesã 105
Esfera pública da grande família 165-7
Esfera pública democrática 424, 486, 499
Esfera pública helenística 97
Esfera pública interna das organizações 506
Esfera pública literária 23-5, 139-40, 176, 180-3, 185, 279, 358-9, 360-1, 370, 373, 379, 383-4, 387
Esfera pública manipulada 457
Esfera pública parlamentar 392, 435, 438-9
Esfera pública plebeia 42-3, 91
Esfera pública plebiscitária 440
Esfera pública política 12, 17, 27, 40, 45-7, 49, 52, 56, 71, 80-1, 83, 140, 176, 181-3, 206, 210, 221, 237, 247, 279, 301, 311, 358, 361, 371, 373, 384, 387-8, 415, 423-5, 430, 444-5, 447, 454-6, 464, 479-80, 482, 501
Esfera pública politicamente ativa 25, 64, 81, 84, 138, 204, 212, 225, 227-8, 232, 235, 252, 257, 261, 271, 275, 291, 297, 303, 307-8, 316, 319,

328, 361, 389, 393, 398-400, 422, 430, 448, 471-2, 478, 480-2, 486, 490, 499, 501
Esfera pública produzida 445-6, 451, 456, 458, 460, 462
Esfera pública refeudalizada 428
Esfera pública regulamentada 91, 135, 149, 176
Esfera pública regulamentada pela autoridade 135, 149, 176
Esfera pública representativa 18-20, 24, 31, 43, 48, 98, 101, 103, 105-13, 117, 120, 139, 147, 156, 159, 229, 318-9, 419, 428
Esfera social 53, 181, 328-9, 339, 345, 386
Espírito comum 259, 261
Espírito do povo 196, 263, 294
Estações comerciais de rádio 411
Estado 109, 120, 129, 138, 140, 146, 148, 150, 191, 222, 242, 244, 250, 266, 286, 290, 297, 299, 328, 343, 386, 388, 429, 444, 465-8, 476, 494
Estado de bem-estar social 338, 419-20, 441, 445, 464, 466-8, 478-81, 489, 499, 501
Estado de direito 221, 224, 231, 449, 478
Estado de direito burguês 48, 212, 221, 223, 225, 231-2, 235, 237, 260, 290-295-7, 300, 316, 333, 400, 449, 467, 471, 478, 488
Estado de direito democrático e social 84, 459, 472-3
Estado de direito liberal 56, 64, 271, 434, 440, 464-7, 480-1
Estado de direito parlamentar 257, 330
Estado de natureza 252-3, 485
Estado democrático de direito 46, 78
Estado estamental 202
Estado fiscal 120, 323, 477-8
Estado legal 226
Estado liberal 30, 467-8, 480
Estado político 296, 302
Estado social 391, 467, 480, 517
Estado-maior prussiano 105
Estamento de dominação 137
Estamentos 110, 178
Estamentos cultos 91, 128, 182, 209, 232, 367, 381
Estamentos médios 145, 194, 261
Estamentos políticos 295
Estratégia de vendas 366
Estrutura de comunicação 497-8
Eventos publicitários 457
Exclusividade estamental 147
Execução da lei 391
Exercício do poder 222, 258, 299, 387, 423, 442, 487
Exercício do poder social 464, 481, 501

Exército 111, 121, 204, 230-1, 324
Expectativa de comportamento 488

F
Facção 196
Família 21, 23-4, 53, 96, 123, 140, 165-6, 168-71, 181-2, 305-6, 345, 349-53, 360-4, 451, 467, 471, 475, 503
Família burguesa 22-4, 164, 169, 171, 181, 350, 352-3, 358, 362
Família conjugal 22-3, 44, 53, 137-8, 140, 166, 169-71, 173, 175-6, 345, 352, 357-8, 361
Família conjugal patriarcal 164, 167, 169, 228-9, 232, 350, 353
Federações 30, 342, 386, 388, 420-2, 425-7, 435-6, 439, 443-4, 469, 474, 480, 505-6
Figura 65, 308, 415, 488
Filosofia 11, 49, 66, 68, 92, 106, 133, 150, 160-1, 163, 178, 240, 246, 264, 273-4, 278, 280-2, 284-6, 297, 303, 306-8, 366, 383, 485
Filosofia da história 66, 264, 274, 278, 281, 284-6, 307-8, 485
Filosofia do direito 49, 264, 273, 286, 303
Filosofia social 178, 306

Fisiocratas 179, 181, 204, 224-5, 250-2, 256, 325
Fluxo de comunicação 431, 451, 498
Folhetins semanais, 192
Força de trabalho 96, 187, 234, 276, 298
Forças produtivas 234, 332, 484
Forma do Estado 292, 475
Forma mercadoria 139, 152, 365-6
Formação da opinião 78, 434, 442, 457, 463, 492, 509
Formação da vontade 76, 307, 434, 459
Formação da vontade nas democracias de massa 492
Formação de assembleia 474
Formação de preços 298
Formação escolar 153, 232, 380-1, 449
Formação política da vontade 78, 434, 462, 501
Formação pública da vontade 479
Funcionários 129-30, 203, 209, 292, 316, 348, 428, 436, 506
Funções de administração 500
Funções de dominação 500
Funções do Estado 222

G
Gastos de propaganda 411
Gerência eleitoral 458
Governo 195, 204, 212, 230, 268, 458, 461-2, 492, 501

Grande burguesia 155, 186, 309
Grandes proprietários de terras 224, 231
Grupos de eleitores 452-3, 460
Grupos de interesses 32, 423, 452
Grupos de *status* 380, 382, 412, 450
Guerra 96, 153, 196, 198-9, 283, 347, 415, 502
Guerra civil 153, 193, 196, 242, 265
Guerras de libertação 263
Guildas 115, 143

H
Hábitos de consumo 450, 454
Hierarquia pública 101
Hierarquia social 150, 317
Homem [*homme*] 182
Homem privado 100, 110, 138, 160, 182, 224, 232, 233-5, 298-9, 305, 350, 467
Humanidade 22-3, 28, 168-71, 174, 176, 181-2, 232, 253, 266, 270, 272, 274, 285, 359
Humanismo 65, 106, 112, 114, 171
Humanismo burguês 65

I
Idade Média 18, 90, 97-9, 101-2, 104, 107-8, 327
Ideia do Estado de bem-estar social 55
Ideia do Estado de direito 75

Identificação 138, 183, 237, 244, 299, 359, 387, 429, 457
Ideologia 16, 23, 28, 45, 49, 61, 65-7, 98, 149, 170-1, 236, 239-40, 250, 287, 300, 306, 321-2, 347, 359, 362, 409, 416, 434, 454, 486
Igreja 82, 84, 105, 110, 130, 146, 156-7, 167, 229, 243-4, 312, 348
Igualdade 24, 39, 45, 47, 50, 54, 56, 69-70, 76, 82, 146, 148, 150, 180, 202, 228, 271, 298, 306, 308-9, 311, 319-20, 334, 340-2, 432, 466, 468, 471-4, 476
Igualdade burguesa 202
Imperativo da esfera pública/da publicidade 499
Imperativo do Estado de bem-estar social 469
Império alemão 103, 333
Impostos de consumo 458
Imprensa 95, 116, 121, 125-7, 132, 140, 188-9, 191, 195, 207, 212, 228, 245-6, 254, 317, 395, 399-400, 402, 430, 441, 456-7
Imprensa crítica 191
Imprensa de fim de semana 371-3
Imprensa de massa 372-3
Imprensa diária 132, 205, 374-5, 398, 400, 440, 461
Imprensa política 207, 403, 427, 473, 505

Imunidade 77, 100, 435
Independência privada 19, 465
Indivíduo 24, 96, 107, 166, 170, 172, 175, 228, 233, 252, 266, 278, 283, 321, 351, 354, 356, 458, 463, 470, 476, 509
Indústria 185-6, 217-9, 291
Indústria cultural 31, 360, 502-3, 509
Informação 48, 57, 61, 80, 85, 116-7, 126, 150-1, 153, 375, 384, 433, 441, 448, 503
Institutos de ensino 475
Integração 47, 57, 68-9, 101, 348, 375, 384, 388, 410, 413, 419, 422, 425-7, 432-3, 439, 445, 454, 456, 476, 502, 504
Intelectuais burgueses 139, 203, 209
Inteligência 113, 288
Intercâmbio [*Verkehr*] 302, 328, 354, 377, 445
Intercâmbio 115, 121, 149, 167, 214, 219, 302, 328, 354, 377, 432, 445, 465, 467, 476, 480
Intercâmbio social 149
Interesse 468-9
Interesse comum 475
Interesse de classe 41, 235, 237, 392
Interesse de classe burguês 389
Interesse particular 299

Interesse político 448
Interesse público 130, 132, 230, 344, 406, 417, 425
Interesse universal 65, 73, 123, 227, 235-6, 307, 315, 321, 389, 418, 425, 447, 469, 483-6
Interesses de grupo 74
Interesses objetivos 460
Interesses organizados 77, 334, 422, 436
Interesses privados 30, 100, 235, 253, 299, 309, 334, 338, 347, 386, 392, 402-3, 407-8, 413-5, 418, 423, 425, 442, 445, 472, 479
Interioridade 43, 164, 169, 180, 243, 354, 357, 379
Intervencionismo 328, 335, 339, 344
Intimidade 17, 21-2, 24, 28, 53, 61, 137, 140, 142, 149, 165, 167-8, 170-1, 173, 175-7, 182, 305, 345, 355, 357, 360, 379
Intimidade burguesa 142
Intimidade da família conjugal 171, 175-6
Intimidade encenada 165
Intimidade mediada literariamente 173

J
Jornais políticos 125-6
Jornal 114, 125-8, 161, 208

Jornal diário 373, 385
Jornal do Estado 127
Jornalismo 9, 160, 189-90, 200-1, 247, 372, 385, 395-8, 403, 408
Jurisprudência 93, 176, 215, 223, 268, 439, 469, 473
Justiça 56, 74, 168, 178, 190, 201, 221-3, 226, 230, 258, 261, 278, 292, 295, 310, 313, 336, 375, 389, 465, 468-9

L
Law of Libel 188
Law of opinion 243-5, 254-5, 504
Legalidade 178, 196, 250, 274, 279, 281-2, 285
Legislação 67, 179, 225-7, 254, 266, 271, 276, 291, 306, 329, 334, 341-3, 389-91, 468-9
Legislador 55, 56, 177, 224, 251, 254, 272, 282, 391, 425
Lei 137, 177-80, 207, 225-6, 271, 310, 342, 344, 389-90, 476
Lei de Say 234, 331
Lei divina 243
Lei do Estado 243
Lei fundamental 227, 469, 472, 474
Lei geral 266, 271
Lei natural 273
Leis da liberdade 274, 283

Leis do mercado 223-4
Liberação dos camponeses 99
Liberalismo 29, 40, 51, 240, 250, 291, 306, 308, 316, 318-20, 324-5, 389, 432, 482, 490, 493
Liberdade 19, 22, 81, 90, 97, 169-70, 177, 180-1, 183, 265, 267, 272, 299, 305, 313, 398, 442, 466, 475
Liberdade civil 50, 265
Liberdade de associação 472
Liberdade de associação e reunião 472
Liberdade de contrato 342
Liberdade de decisão 476
Liberdade de discurso 472
Liberdade de imprensa 207-8, 211, 228, 261, 472-3, 376
Liberdade de opinião 39, 228
Liberdade de reunião 228
Liberdade do capital 121-2
Liberdade do comércio e da indústria 291
Liberdade empresarial 218
Liberdade estamental 137
Liberdade pessoal 228, 290, 305, 310, 475
Liberdades fundamentais 214, 474
Licensing Act 188
Literatos 154, 189, 270
Literatura 143-4, 150, 153-4, 161, 163, 170, 175, 203, 366, 370, 375, 377-8, 380, 383

Local de trabalho 348, 474
Lojas maçônicas 39, 148, 272
Lumpemproletariado 155, 383

M
Maçonaria 148-9
Mais-valia 298
Mandato 434, 436
Manipulação 388, 409, 433, 458-9, 462, 500
Manufatura 122, 128, 185
Massa 194, 448, 508
Maximização do lucro 233
Mecanismo de mercado 423, 465
Mediatização 120, 493
Medidas administrativas 131
Meio de comunicação 411
Meios de comunicação de massa 32, 37, 40, 57-8, 61, 63, 84, 86-7, 93, 95, 361, 377, 379, 381, 383-4, 388, 395, 407-8, 412, 416, 420, 439, 453-6, 490, 497, 504-5, 507, 509
Meios de produção 56, 234, 303-4, 340, 346
Menoridade 266-8, 433
Mercado 18, 26, 57, 67, 115-6, 119, 124, 150-1, 157, 168, 170, 181, 186, 234, 309, 408-11, 466-7
Mercado de bens culturais 140, 154, 365, 368
Mercado do tempo livre 366
Mercados de comércio exterior 119

Mercantilismo 119, 131, 185, 213, 250, 322, 479
Mínimo de subsistência 153
Minoria 29, 195, 231, 321, 383, 451, 456, 463, 506
Mobilidade 234, 305
Modo de produção 114, 122, 187, 193
Modo de produção capitalista 51, 122, 185-6, 213, 217, 331
Moral 33, 70-1, 73-4, 78, 106, 149, 163, 203, 232, 242, 244, 263-6, 273-5, 278-82, 284-5, 287, 289, 294-5, 312, 373, 447, 502
Moralidade 163, 274, 279, 281-2, 285, 295
Movimento cartista 41, 91, 308, 315, 371
Mudança estrutural da esfera pública 15, 31, 36-7, 40, 45, 49, 57, 61, 65, 67, 81, 87, 427, 432, 471, 510

N
Nação 80, 103, 120, 201-2, 219, 235, 298, 310
Naturalidade 250, 255
Natureza 31-2, 73-4, 179, 181, 212, 252-3, 264, 267, 270, 274, 278-9, 284-5, 289, 295, 304, 321, 337, 344, 482, 485
Negócio jurídico 213
Neomercantilismo 479

Nobre da terra 106
Nobreza 24, 50, 110-1, 146, 148, 157, 164, 193, 202-3, 205, 208-9, 308, 319, 321
Norma legal 181, 389, 392
Normas constitucionais 231, 487-90
Normas gerais 178-9, 181, 222, 390
Normatização 206, 306, 389, 391, 468, 478
Normatização dos direitos fundamentais 478-9
Notícias 116, 125, 133

O
Oikos 18-9, 96-7, 124, 349
Opinião 146, 199, 207, 236, 240-4, 250, 496-7, 500, 507
Opinião de massa 494-5
Opinião geral 246, 248
Opinião não pública 70, 254, 256, 388, 429, 446, 458-60, 462, 488, 492
Opinião política 450
Opinião popular 190, 254-6, 260, 301, 492-3
Opinião pública 28-30, 62, 64-5, 90, 93-5, 134, 140, 176, 179-82, 188, 190, 193, 197, 199-200, 204, 207, 215, 224-7, 230, 235-7, 239, 241, 244, 246, 248, 250-2, 254-64, 273, 285-94, 297, 299, 306-7, 311-22, 396, 399, 415-20, 426, 429, 438, 442-4, 447, 451-3, 457, 460, 462-6, 472, 487-502, 506-7, 511
Opinião quase pública 504, 506
Opiniões de grupos 463, 499
Opiniões manifestadas publicamente 505-6, 509
Opinion leaders 450, 504
Opinion publique 134, 181, 204, 207, 239, 241, 246, 249-52, 254-7, 260-62, 293, 460
Oposição 189-90, 195, 208, 250, 492
Ordem 221, 230
Ordem baseada na concorrência, 133
Ordem cosmopolita 284, 485
Ordem de dominação 114, 230
Ordem de propriedade 235
Ordem econômica 472
Ordem fundamental do Estado de direito democrático 473
Ordem jurídica 50, 223, 266, 468, 485
Ordem natural 29, 181, 224, 250, 287, 297, 307, 325
Ordem política 96, 98, 116, 124, 212, 231, 237, 443, 466, 471
Ordem revolucionária 195
Ordem social 56, 114, 251, 389, 390, 467-8
Organizações 30, 32, 58, 64, 352, 364, 387, 404, 406, 420-1,

424-6, 428, 435, 442-7, 452, 455, 468, 474, 476, 479-80, 483, 491-2, 506-7, 509
Organizações de massa 479
Organizações sociais 424, 442, 444, 452, 468, 479, 507
Organizadores da eleição 451
Órgão de Estado 333
Órgãos da esfera pública 95
Orientação da opinião 420-1

P

Padrão de comportamento 488
Parlamentarismo 325, 434
Parlamento 25-6, 136, 188-9, 191-5, 197-9, 205, 280, 212, 224-5, 259, 301, 310, 389, 392, 430-1, 434-40, 462, 467, 481, 492
Participação eleitoral 449, 453
Partido da oposição 196, 462
Partido de classe 432-3, 435
Partido do governo 196, 458, 462
Partidos 30, 32, 48, 59, 63, 77, 82, 195, 198, 205, 208, 212, 228, 301, 334, 386, 388, 403-4, 414, 420, 281, 301, 431, 436-62, 474, 479, 483, 492, 506
Pater familias 99, 124
Pequena produção de mercadorias 114
Pequeno produtor de mercadorias 234, 298

Pequenos principados 112
Periódicos 24-5, 57, 128, 132, 161, 163, 189, 209-10, 398, 403, 445
Pesquisa de mercado 411, 455
Pesquisa de opinião 460, 499-500
Pesquisas de grupo 504
Pesquisas de opinião 504
Pessoa pública 112-3
Pessoas privadas 17, 21-3, 26, 28-9, 48, 54, 91, 99, 110, 121, 131, 134-5, 137-8, 140, 147-52, 160, 164, 166-8, 171, 174-6, 179-82, 202, 213-5, 223, 225-9, 231, 236, 252, 264, 274, 278-9, 287, 290-1, 295, 298-9, 302, 304-6, 309, 328-9, 343, 356-60, 365, 370, 377, 386-7, 391, 395, 398, 402, 406-8, 413, 415, 417-8, 423, 435, 438, 445, 447, 449, 465, 467, 473, 480, 491, 496, 506
Pessoas privadas burguesas 44, 183, 210, 243, 266, 418, 449
Pessoas privadas que discutem mediante razões 17, 26, 91, 227, 287, 415, 417
Pluralismo 64-5, 69, 77, 445, 483-4
Poder 97, 109, 136, 150, 168, 221, 226-7, 255, 265, 267, 288, 291, 295, 298-300, 311, 318, 486, 488, 510

Poder de compra 58, 338, 369, 387
Poder de dispor 99, 137
Poder do Estado 21, 27, 51, 292, 421, 425, 472
Poder doméstico 99, 216
Poder estatal 329
Poder executivo 226-7
Poder feudal 110
Poder legislativo 178, 226, 290, 300, 303
Poder militar 120
Poder político 20-1, 29-30, 67, 75, 115, 191, 194, 274, 295, 303, 324, 327, 334, 387, 425, 444, 481, 487, 489
Poder principesco 110, 136, 293-4
Poder público 49, 94-5, 99, 109-10, 112, 121, 124, 126, 130-2, 134-5, 137-8, 140, 176, 182, 202, 213, 221, 231, 245, 258, 265, 302-3, 324-5, 327-8, 333, 343, 378, 386, 407, 419, 435, 447, 464-5, 471, 499
Poder social 332, 334, 407, 426, 464, 472, 478, 481-2, 484, 486, 501
Poder superior 267
Polêmica 27, 135-6, 177-9, 235, 239, 246, 300, 309, 311, 365, 400
Polícia 15, 121, 124, 140, 142, 155, 216, 291, 314, 324, 336-7
Pólis 18, 96-7, 104, 256

Política 93, 121, 131, 147, 178, 189, 264-5, 273-4, 278-80, 294, 430, 492
Política industrial 131, 318
População 31, 42, 59, 81, 122, 131, 144, 153, 187, 209, 231, 247, 309, 350, 370, 373, 380-1, 434, 446, 448-50, 457-8, 462-3, 495, 499-500, 505
Popularidade 264, 457-8, 462
Porcentagens de mercado 409
Posição do consumidor 453
Posições de poder 56, 476
Posse 96, 98-9, 296, 317, 324, 346, 352, 430, 448
Povo 91, 103, 129, 153-4, 165, 177, 209, 434, 456, 498
Prática arcana 311
Prejuízo 98, 136, 268
Prestígio da opinião 503
Pretensão de dominação 137, 225
Principado 110, 112
Princípio da igualdade 56, 472, 474
Princípio da publicidade 58, 177, 183, 230, 264, 311, 389, 393, 419, 439-40, 481
Princípio de organização 232, 235, 439, 440
Privacidade 22-3, 43, 106, 137-8, 164, 175-6, 326, 352-8, 360, 363, 376-7, 379
Privatização 123, 165-6, 213, 243, 278, 334, 340, 344, 349

Privilégio do Parlamento 192
Privilégios 100, 122, 146, 157, 164, 188, 202, 219, 296, 317, 390
Privilégios das corporações 122
Privilégios pessoais 122
Processo da opinião 453
Processo de comunicação 70, 446, 450, 463-4, 473, 480, 483, 494, 496, 506
Processo de concentração 410, 427
Processo de interação 496
Processo de produção 99, 122, 409, 466
Processo de reprodução 123, 213
Processo de troca 213, 222
Processo de valorização do capital 169, 299
Processos de grupos 495-6
Produção 116, 122, 131, 202, 476-7
Produção de mercadorias 114, 122, 187, 233
Produtores 219, 234, 298, 304, 332, 340, 382
Profissão 130, 145, 159, 170, 244, 345, 350, 357, 413, 430, 474
Programa eleitoral 200
Progresso 253, 266, 269, 274, 281-2, 285-6, 445, 486, 496
Proibições de coalizão 218
Proletariado 290, 331

Propaganda 384, 408-9, 413, 461
Propriedade 56, 137, 168-9, 183, 213, 217, 228, 231-2, 235, 243, 253, 275, 277, 290, 302, 340-2, 449, 465, 471, 478
Propriedade privada 47, 53-5, 167, 181, 214, 228, 299, 304-5, 311, 348, 360-1, 474-6, 478
Propriedade que funciona de modo capitalista 137, 213, 360
Propriedade rural 186, 231
Proprietário 124, 138, 168, 170, 182, 217-8, 221, 233-5, 278, 298-9, 305, 324, 341, 346, 349-50, 358-9, 387
Proprietário de mercadorias 221, 350
Proprietário privado 235, 278, 305, 349
Protecionismo 329
Psicologia 61, 138, 169, 319, 349, 358, 377, 380, 416, 459, 463, 487, 494-5, 497-8, 501
Public opinion 94, 134, 198-200, 220, 239, 241, 244, 246-7, 249, 259, 416, 429, 494-5
Public opinion research 94
Publicidade 20, 43, 94-5, 117, 134, 137, 148, 173, 179, 205, 212, 229-30, 264, 266, 274, 377, 379, 388, 418-9,

429-30, 439, 444, 474, 480, 487-8
Publicidade crítica 63, 326, 388, 439, 480-1, 486, 488, 506, 509
Publicidade manipulativa 480-1
Publicidade televisiva 411
Publicismo 117, 149, 190, 201, 263, 375, 398, 407, 412, 420, 444, 505
Publicity 95, 134, 258, 260, 326, 414, 416, 419, 428, 440-1
Público 15, 18-20, 24, 29, 64, 94, 113, 121, 130, 132-4, 137, 139, 149, 150, 152, 163, 173-6, 185, 198-9, 209, 212, 215, 225, 236, 254, 270-1, 298, 304-6, 308-9, 314, 318, 367, 381-4, 408, 417, 434, 448, 472, 480, 488, 492, 506
Público burguês 41, 48, 137, 155, 164, 180, 355, 445
Público de cidadãos 54, 72, 305, 463-4, 489
Público de pessoas privadas 21-2, 26, 28-9, 91, 176, 181, 225, 227, 229, 274, 278, 287, 295, 304, 306, 406, 415, 417, 480, 506
Público de pessoas privadas que discute mediante razões 176
Público eleitor 451
Público leitor 38, 45, 153-4, 164, 175, 182, 232, 270, 370-1, 377-8, 381

Público mediatizado 64, 393, 426-7, 480
Público que discute mediante razões 132, 149, 185, 193, 200, 205, 209-10, 228, 248, 254, 271, 300, 314, 316, 361, 407, 432, 435, 451, 463, 490
Público que discute política mediante razões 197-9, 138, 200, 204-5, 209, 245, 250-1, 259, 264, 275, 278, 290-2, 363, 373, 386, 398-9, 423, 427, 438, 440, 496
Público, redimensionamento 156

R
Racionalidade 33, 66, 104, 168, 179-81, 223, 289, 392, 409, 423, 460, 484, 491
Racionalidade econômica 168, 409
Racionalização 21-2, 28, 64, 66, 81, 129, 252, 288, 294, 303, 393, 445, 481-2, 490
Rádio 363-5, 374-6, 379-80, 404-7, 411, 437-8, 440, 456
Razão 137, 148, 181, 225, 237, 245, 259, 264, 273, 285, 299, 312
Realidade constitucional 65, 471, 480, 489, 501
Reclame 410, 415
Refeudalização 29, 328, 355, 419, 479

Reforma do direito de voto 208, 311
Reformbill 193, 199, 212
Regulamentação do salário 217
Relação de dominação 99, 115, 138, 148, 300, 360, 463
Relação de troca 214, 221
Relações de grupos 498, 504
Relações de produção 100
Relações de trabalho 216
Relações de troca 119, 121, 125, 168, 213, 327, 332, 350, 365
Religião 17, 110, 203, 229, 242-3, 496
Renascimento 97, 107-9, 130
Renda 335-6, 339, 350-2, 380-1, 449, 478
Representação 101-4, 113, 127, 142, 151, 155, 425, 428, 491
Representante do povo 438
Representantes 77, 192-3, 204, 230, 268, 301, 306, 318, 429, 436, 479, 490
Reprodução social 20, 138, 212-3, 307, 325, 327, 345, 358, 387, 478
Res publica 97-8, 177, 200, 279, 282-3
Resoluções de Karlsbad 208
Revolução 143, 194, 200, 203, 218, 257, 296
Revolução de Julho 199, 371, 403
Revolução Francesa 39, 41, 91, 133, 198, 206, 208, 247, 485
Revolução Gloriosa 143, 185
Revolução Industrial 219, 331
Revolução política 296
Romantismo político 263

S
Salão 24, 107, 141-2, 146-7, 157-8, 164, 167, 175, 254, 320, 362
Salões de leitura 139
Sans-culottes 263
Segurança jurídica 222, 343
Seguridade social 334, 348, 470
Semanários morais 24, 161, 163-4, 211, 397
Separação dos poderes 196
Serviço militar obrigatório 333
Servidor do Estado 112
Sindicatos trabalhistas 334, 342
Sistema de *caucus* 432
Sistema de conselhos 325
Sistema de direito privado 213-4
Sistema de normas 214, 390, 490
Sistema feudal 250
Situação de interesses 195
Soberania 79-80, 177, 199, 227, 248, 256-7, 272, 422, 489
Soberania popular 79-80, 257, 272, 489
Soberano 67, 103, 124, 127, 129, 133, 136, 194, 254, 256, 266
Sociabilidade 20, 22, 24-6, 53, 106, 109, 141, 167, 355, 363
Socialismo 55-6, 68, 83-4, 323-4
Sociedade 15, 17, 20-1, 29-3, 45, 50-2, 57, 62, 66-7, 74, 123,

132, 138, 140, 155, 221, 234, 266, 295-6, 305, 327-9, 333, 345, 353, 383, 388, 391, 422, 466, 468, 479, 482
Sociedade burguesa [*bürgerliche Gesellschaft*] 44, 53, 90, 93-6, 113, 139, 149, 154, 205, 212, 229, 252, 295-6, 317, 390, 417
Sociedade civil [*Zivilsocietät*] 176
Sociedade de classes 45, 298, 306, 321
Sociedade de Estado 477-8
Sociedade de livre circulação de mercadorias 215, 465
Sociedade do alto capitalismo 424
Sociedade feudal 101, 296
Sociedade hierárquica 146
Sociedade humanística aristocrática 139
Sociedade industrial 91, 339, 475, 481, 501
Sociedade industrial constituída em termos de Estado de bem--estar social 339, 475, 481, 501
Sociedade nobre e cortesã 139
Sociedade política 303, 425
Sociedade pré-burguesa 295, 317, 504
Sociedade pré-capitalista 231
Sociedade que discute publicamente mediante razões 176
Sociedades de comensais 139
Sociedades fechadas 94
Sociedades por ações 119, 329
Status 99, 150, 212, 217, 233, 298
Status da liberdade pessoal 475
Status social 45, 104, 183, 232
Subconsumo 290
Subjetividade 17, 21-4, 44, 65, 137-9, 164, 172-6, 180-2, 293-4, 358-9, 361, 377, 503
Subjetividade orientada para o público 139
Substituto para a esfera pública 113
Súditos 110, 120, 127-8, 131, 188, 202, 230, 242, 343

T
Teatro 102, 107-8, 113, 141, 146-7, 154-5, 158-60, 348, 365
Técnicas de propaganda 462-3
Televisão 59, 61, 86, 355, 363-5, 368, 374-6, 379-81, 405, 407, 437-8, 474
Teoria da arte 157-8
Teoria da oposição 196
Teoria do Estado 179, 494
Tories 145, 190, 195
Trabalhador 222, 234, 335
Trabalho 168, 170, 218, 263, 287, 289, 296, 298
Trabalho assalariado 187, 217, 276

Trabalho da esfera pública/relações públicas [*Öffentlichkeitsarbeit*] 429
Trabalho produtivo 96, 147, 202, 250, 327
Trabalho social 22, 53, 96, 99, 135, 138, 140, 212, 287, 298, 305, 333, 338, 345-6, 348, 350, 360, 449, 479, 491
Transferência do poder 421
Transformação 16, 30, 32, 37, 40, 49, 54, 91, 124, 300, 381, 408, 425, 444, 464-5, 467, 477-8, 480, 509, 510
Transparência do mercado 409

V
Vanguarda burguesa 139
Vassalagem feudal 98
Vida privada 21, 30, 53, 167, 345, 352, 355, 378, 504
Vida pública 15, 17-20, 25, 31-2, 96, 310, 352, 441
Volonté générale 492
Vontade geral 70-1, 253, 255-6

W
Whigs 145, 189-90, 195, 200, 319

SOBRE O LIVRO

Formato: 14 x 21 cm
Mancha: 23 x 44 paicas
Tipologia: Venetian 301 12,5/16
Papel: Off-white 80 g/m² (miolo)
Cartão Supremo 250 g/m² (capa)
1ª edição: 2014

EQUIPE DE REALIZAÇÃO

Edição de texto
Mariana Echalar (Copidesque)
Camilla Bazzoni (Revisão)

Capa
Megaarte Design

Editoração Eletrônica
Eduardo Seiji Seki (Diagramação)

Assistência Editorial
Alberto Bononi